**Paul und Anne Ehrlich
Der lautlose Tod**

Paul und Anne Ehrlich

Der lautlose Tod
Das Aussterben der Pflanzen und Tiere

Deutsche Bearbeitung vom Bund für Umwelt und
Naturschutz Deutschland (BUND) e.V.

Mitarbeiter: Peter Beck, Donath Kamphausen,
Dieter Popp, Hubert Weiger

Wolfgang Krüger Verlag

Aus dem Amerikanischen von Engelbert Schramm
Titel der Originalausgabe: »Extinction. The Causes and Consequences of the Disappearance of Species«
Erschienen im Verlag Random House, New York
Copyright © 1981 by Paul R. Ehrlich and Anne H. Ehrlich
Deutsche Ausgabe:
© S. Fischer Verlag GmbH, Frankfurt am Main, 1983
Alle Rechte vorbehalten
Umschlagentwurf: Rambow, Lienemeyer, van de Sand
Satz: Fotosatz Otto Gutfreund, Darmstadt
Druck und Einband: Clausen & Bosse, Leck
Printed in Germany, 1983
ISBN 3-8105-0507-2

**Für den Menschen,
der sich durch die Ausrottung anderer
selbst gefährdet**

Inhalt

Die Schraubenhändler 9

Einleitung 13
Sollen wir um Saurier trauern? 15
Wozu gefährdete Arten retten? 19
Es sind doch schon immer Arten ausgestorben! 21
Wer vermißt die Dinosaurier? 23
Würden wir den Schnecken-Grundbarsch vermissen? 25
Gibt es Organismen, die wir nicht vermissen würden? 27
Das Korallenriff 30

Die Entstehung der Arten – und ihre Ausrottung 34
Was sind Arten? 34
Evolution 36
Geographische Variabilität 40
Geographische Artenbildung 44
Das evolutionäre Gleichgewicht 48
Aussterben 50

Warum sollen wir betroffen sein? 57
Mitleid, Ästhetik, Faszination und Moral 59
Arten retten aus Mitleid? 60
Die Walmörder 61
Ästhetische Werte 63
Die Welt der Insekten 64
Andere faszinierende Lebewesen 70
Die Ansicht eines Biologen 73
Das Recht zu leben 76

Der direkte wirtschaftliche Nutzen schutzwürdiger Arten 82
Pflanzen und Mikroorganismen in der Medizin 83
Ist weiterer Nutzen zu erwarten? 85
Tiere in der Medizin 87
Das biologische Frühwarnsystem 90
Ernährung 91

Pflanzen 92
Der Nutzen der genetischen Variabilität 95
Tiere als Nahrungsquelle 98
Biologische Schädlingsbekämpfung 101
Andere Arten, andere Produkte 102

Der indirekte Nutzen: Lebende und lebenserhaltende Systeme . . 105
Ökosysteme: Strukturen und Funktionen 106
Nahrungsnetz und Ernährungsstufen 110
Nährstoffkreisläufe 112
Energiefluß und Pyramidenstruktur 113
Pyramidenstruktur und Ökosystemstörung 117
Schadstoffkonzentration 118
Ökosystemdienstleistung 122
Erhaltung der Luftqualität in der Atmosphäre 122
Kontrolle und Verbesserung des Klimas 124
Regulation der Süßwasservorräte 128
Entstehung und Erhaltung von Boden 130
Abfallbeseitigung und Nährstoffkreislauf 131
Schädlings- und Krankheitsbekämpfung 133
Bestäubung 135
Direkte Nahrungsversorgung 136
Erhaltung einer Genbank 136
Ausrottungen und Ökosystemfunktionen 136
Voraussage ökologischer Reaktionen 138
Genetische Vielfalt und Ökosystemfunktionen 142

Wodurch sind Arten gefährdet? 145
Direkte Gefährdung 147
Übernutzung 149
Gefährdung durch Jagd 154
Vorindustrielle Jägergesellschaften 154
Wandertauben und Bisons 160
Raubtierbekämpfung 164
Der Handel mit der Natur 167
Kakteenleidenschaft 169
Das Pelzgeschäft 171
Elfenbein und Wunderdrogen 174

Indirekte Gefährdung 176

Zubetonieren	179
Verstädterung	183
Landwirtschaft – Das Unterpflügen	187
Schmetterlinge als Indikatoren	187
Verluste an Pflanzen	190
Tierverluste	193
Vertrocknen	195
Das Spritzen	198
Der Auswurf der Industriegesellschaft	207
Bergbau, Dammbruch und Überflutung	214
Infrastruktur und Rodung	222
Die Wälder der gemäßigten Zone	222
Tropische Wälder	224
Transport	233
Erholung	237
Die große Explosion	245
Energie und Habitatzerstörung	248
Rückblick und Vorschau	249

Was tun wir und was können wir tun?   253

Die Politik der Ausrottung	255
Gefährdete Arten und die Gesetzgebung	256
Der schändliche Schnecken-Grundbarsch	259
Der Schutz gefährdeter Arten	264
Die Politik des Walfangs	266
Streit um Eskimos und Wale	268
Walfangpiraten	271
Der Naturhandel	276
Die Politik der Biotopzerstörung	283
AMAX gegen Crested Butte	284
Politik mit den Tropen	292

Zoos, Reservate und Schutzgebiete: Die Taktik des Artenschutzes 295

Aufzucht in der Gefangenschaft	295
Aufzucht in Zoos und Wildparks	296
Aufzucht in Gefangenschaft außerhalb von Zoos	303
Die Wichtigkeit des Habitats	311
Reservate	313
Die Planung von Reservaten	315
Die Pflege von Schutzgebieten	324

Naturschutz außerhalb von Zoos und Reservaten 333
Die Erhaltung der Vielfalt der Regenwälder 336
Erholung von Ökosystemen 338
Das Bewahren der menschlichen Vielfalt 343
Von der Taktik zur Strategie 345

Die Strategie des Natur- und Artenschutzes 347
Bevölkerungskontrolle 348
Ökonomisches Wachstum 349
Die Umwandlung des Wirtschaftssystems 351
Reiche Welt – arme Welt 354
Ein utopischer Ausblick 359

Dank 363

Register und Verzeichnis der erwähnten Tiere und Pflanzen . . . 365

Die Schraubenhändler

Stellen Sie sich vor, Sie schlendern vom Flugsteig hinaus zu Ihrem Jet und entdecken plötzlich einen Mann auf einer Leiter, der eifrig dabei ist, Schrauben aus der Tragfläche des Flugzeugs herauszudrehen. Einigermaßen verdutzt gehen Sie zu ihm hinüber und fragen, was er denn da mache.
»Ich arbeite bei der Luftlinie, bei Air Größenwahn«, antwortet er Ihnen, »und die haben entdeckt, daß sie diese Sorte Schrauben für vier Mark das Stück verkaufen können.«
»Aber um Gottes Willen, woher wissen Sie denn, daß die Tragfläche dann nicht abbrechen wird«, fragen Sie.
»Da machen Sie sich mal keine Sorgen«, beruhigt er Sie, »solche Flugzeuge haben einen sehr großen Sicherheitsspielraum, und deswegen wird gar nichts passieren. Ich habe ja schon jede Menge Schrauben hier herausgeholt, und Sie sehen, die Maschine fliegt immer noch. Außerdem braucht Air Größenwahn Geld; wenn sie keine Schrauben verkaufen, können sie nicht weiter expandieren. Und ich brauche auch Geld – ich kriege schließlich eine Mark für jede Schraube.«
»Sie müssen verrückt sein!«
»Aber nein, ich sage Ihnen doch, es gibt nicht den geringsten Grund zur Aufregung. Ich weiß doch was ich tue. Und übrigens: Ich werde selber auch mitfliegen.«
Jeder halbwegs normale Mensch würde jetzt umkehren, den Mann und die Air Größenwahn bei der Flugsicherheitsbehörde anzeigen und seinen Flug umbuchen. Schließlich zwingt Sie niemand, gerade mit dieser Linie zu fliegen. Sie müssen überhaupt nie ein Flugzeug benutzen, wenn Sie nicht wollen. Nur, unglücklicherweise sind wir alle Passagiere in einem sehr großen Raumschiff – und das können wir nicht verlassen! Dabei ist es beängstigend, wie viele Leute auf unserem Raumschiff Erde sich mit Feuereifer am Ausverkauf der Schrauben beteiligen. Wirtschaftsmanager sind an dem florierenden Handel beteiligt, aber auch die Spitzenbürokraten in unseren Verwaltungen, der Lehrkörper praktisch jeder Technischen Hochschule, so mancher Wirtschafts- und Wissenschaftsjournalist, die westlichen und östlichen Armeen, die Hierarchie der katholischen Kirche, eine ganze Menge Leute wie Du und ich und – nicht zuletzt Politiker aller Parteien: Der bayerische Ministerpräsident (der sich in einen sinnlosen Kanal verbeißt) ist ebenso ein Schraubenhändler wie sein hessischer

Kollege (dem Beton wichtiger ist als Wald) oder der deutsche Bundeslandwirtschaftsminister (dessen Aufgabe es eigentlich wäre, die Schrauben an ihrem Platz zu halten).
Alle diese Leute sind nicht etwa verrückt oder bösartig; sie verstehen einfach nicht die Konsequenzen ihres Schraubenhandels (was ein Grund ist, darüber ein Buch zu schreiben). Die Schrauben unseres Raumschiffes Erde sind Arten und Populationen nichtmenschlicher Organismen, und eine ganze Menge davon ist bereits für immer verschwunden; der Riesenalk, die Wandertaube, der Auerochse sind nur einige darunter, Schimpanse, Berggorilla oder kalifornischer Kondor gehören zu den Schrauben, an denen schon kräftig gedreht wird, und auch von dem Rest der vielleicht zehn Millionen Arten und Milliarden unterschiedlicher Populationen sitzen längst nicht mehr alle fest.
Die Ökosysteme der Erde, deren lebende Bestandteile diese Populationen sind, entsprechen den Flugzeugteilen: Ohne funktionsfähige Tragflächen, Trieb- und Leitwerke ist ein Flugzeug unbrauchbar; ohne funktionsfähige Ökosysteme ist unsere Erde unbewohnbar. Aber Ökosysteme sind viel komplizierter als etwa eine Tragfläche oder ein Motor. Manche Subsysteme sind mehrfach in ihnen vorhanden, deshalb können sie – wie ein gut konstruiertes Flugzeug – oft noch funktionieren, wenn schon einiger Mißbrauch mit ihnen getrieben wurde. Ein Dutzend Schrauben oder ein Dutzend Arten werden da nicht ins Gewicht fallen – andererseits kann die dreizehnte herausgedrehte Schraube oder die Ausrottung einer Schlüsselart des Stickstoffkreislaufs einen ernsten Unfall verursachen.
In den meisten Fällen kann deshalb ein Ökologe die Folgen des Aussterbens einer einzelnen Art auch nicht genauer vorhersagen als ein Fluggast die Folgen einer einzelnen fehlenden Schraube. Aber beide können sehr gut vorhersehen, was passiert, wenn eine Schraube nach der anderen, eine Art nach der anderen verschwindet. Kein Fluggast würde den andauernden Verlust der Schrauben aus seinem Düsenjet hinnehmen, und bevor noch viel Zeit vergeht, müssen wir dahin kommen, daß kein vernünftiger Passagier des Raumschiffes Erde mehr den anhaltenden Verlust der Populationen oder Arten nicht-menschlicher Lebewesen akzeptiert.
Seit einigen Milliarden Jahren gibt es Leben auf unserem Planeten und während der meisten Zeit wurden seine Ökosysteme »progressiv gewartet«, wie es ein Flugzeugingenieur nennen würde: Herausgefallene oder allmählich abgenützte Schrauben wurden laufend ersetzt; tatsächlich wurde unser Raumschiff sogar verstärkt, indem mehr Schrauben eingesetzt wurden als verlorengingen. Erst für die letzten 10 000 Jahre, seit der Zeit, als eine einzige Art – *Homo sapiens* – ihren Aufstieg begann, gibt es

Anzeichen dafür, daß sich dieser Vorgang umgekehrt hat. Erst im letzten halben Jahrhundert zeigt sich deutlich, daß durch die Menschheit unverhältnismäßig mehr Arten und Populationen ausgerottet werden als durch natürliche Vorgänge verschwinden oder wieder neu entstehen könnten. In den letzten etwa 25 Jahren klaffen Verlust- und Ersatzrate immer alarmierender auseinander, und wahrscheinlich wird sich das in den nächsten 25 Jahren zu einer Katastrophe für die Menschheit auswachsen – wenn nicht noch etwas dagegen getan wird!
Wie diese Katastrophe aussehen wird, ist kaum vorherzusagen. Vielleicht wird es geschehen wie in den Klagen T. S. Eliots: Die Natur verarmt allmählich, damit läßt ihre Fähigkeit nach, ein gemäßigtes Klima aufrechtzuerhalten, Luft und Wasser immer wieder zu reinigen, Abfälle wieder in die Materialkreisläufe einzugliedern, Böden zu regenerieren, Ernten hervorzubringen... Die menschliche Bevölkerung wird in dem Maße wachsen, wie das Vermögen der Erde abnimmt, die Menschheit zu versorgen. Sinkende Sterberaten und eine fallende Lebensqualität werden zu einem Zerkrümeln der postindustriellen Zivilisation führen und das Ende könnte so allmählich kommen, daß man es kaum bemerken wird.
Selbstverständlich ist immer auch der »Große Knall« möglich. Beispielsweise könnte die Zerstörung des reichhaltigen Artenkomplexes im Amazonasbecken rasche Änderungen im weltweiten Großklima auslösen. Landwirtschaft aber ist wesentlich von einem stabilen Klima abhängig, und menschliche Wesen sind wesentlich von der landwirtschaftlichen Produktion abhängig. Am Ende des Jahrhunderts könnte die Ausrottung von vielleicht einer Million Arten im Amazonasbecken zu einer Hungersnot geführt haben, in der vielleicht eine Milliarde Menschen sterben würde. Und wenn unsere Art viel Pech hat, könnte eine Hungersnot einen thermonuklearen Krieg auslösen, der wahrscheinlich unsere gesamte Zivilisation auslöschen wird.
Wir können die Beschleunigung der Ausrottungsrate noch aufhalten: aber das wird eine konzertierte Aktion von Hunderten Millionen Menschen erfordern. Keine anderen Anstrengungen sind wichtiger, denn wir müssen das Aussterben der Organismen aufhalten, bevor die Lebensstruktur unseres Raumschiffs Erde schwach genug ist, um in einem Augenblick der Belastung zu versagen.

Einleitung

Sollen wir um Saurier trauern?

**Das Schlimmste, was uns passieren kann – was uns (in den 80er Jahren) passieren wird, ist nicht die Erschöpfung der Energiequellen, der wirtschaftliche Zusammenbruch, ein begrenzter Atomkrieg oder die Eroberung durch ein totalitäres Regime. Diese Katastrophen mögen schrecklich für uns sein, aber sie können innerhalb einiger Generationen repariert werden. Aber bei einem in den 80er Jahren ablaufenden Vorgang wird es Millionen Jahre dauern, ihn zu korrigieren – bei dem Verlust der genetischen Vielfalt und des Artenreichtums durch die Zerstörung der natürlichen Lebensräume. Das ist die Torheit, die uns unsere Nachkommen am wenigsten vergeben werden.
E. O. Wilson, Harvard Magazine, Januar/Februar 1980**

In einer Lichtung des Galeriewaldes, der sich bis zum Tanganjikasee hinzieht, sitzen Flo und ihre Tochter Fifi. Bei ihnen sind Fifis Sohn Freud und Flos jüngster Sohn Flint. Freud, noch ein Baby, liegt in den Armen seiner Mutter; der halbwüchsige Flint laust seine Schwester. Die kleine Schimpansengruppe scheint die idyllische Umgebung nicht zu bemerken – den See, der durch die Lücken im Laub blinkt, die metallisch schillernden *Naja*-Falter, die Vogelrufe. Sie scheint auch uns und die beiden jungen Frauen von der Stanford University nicht zu bemerken, die das Verhalten der Affen sorgfältig aufzeichnen.
Plötzlich unterbricht Gebrüll die Szene. Die Schimpansen laufen auseinander und klettern auf Bäume, als Figan – ein junges Männchen, das bald das dominante Tier seiner Gruppe sein wird – mit gesträubten Haaren auf die Lichtung stürzt. In einem offensichtlichen Wutausbruch jagt er herum und schleudert einen fünf Pfund schweren Stein zehn Meter weit – mit einer Leichtigkeit, mit der ein Mann einen Tennisball werfen würde. Regungslos bleiben wir stehen, während Figan einen abgestorbenen Palmwedel aufhebt und damit zuerst auf die eine Studentin, dann auf die andere eindrischt. Dann rennt er auf uns zu – wir sind die nächsten in der Reihe. Kurz vor Paul hält er an, hebt den Wedel und zögert, als die beiden einander anstarren. Schließlich läßt Figan seine Waffe fallen und schlendert weg; anscheinend hat sich sein »Ärger« gelegt. Keiner von uns ist

verletzt – tatsächlich wurde hier bisher noch niemand von einem Schimpansen verletzt, nur der Schreck sitzt uns noch etwas in den Knochen. Die Forscherinnen erzählen uns, daß die Schimpansen anscheinend Männer und Frauen unterscheiden können, daß sie sich im allgemeinen Männern gegenüber weniger aggressiv verhalten – obwohl ein erwachsener Schimpanse mit Leichtigkeit den stärksten Mann zusammenschlagen könnte.

Dieser Vorfall ereignete sich in den frühen 70er Jahren in Tansania im Gombestrom-Reservat, das von der britischen Verhaltensforscherin Jane Goodall ein Jahrzehnt zuvor gegründet wurde, um das Verhalten freilebender Schimpansen zu studieren. Wir wollten dort eine Langzeituntersuchung über die Populationsbiologie einiger Waldschmetterlinge beginnen und hofften, daß die Anwesenheit der berühmten Schimpansen den Schutz des Gebietes garantieren würde. Schon damals wurde es nämlich immer schwieriger, in tropischen Wäldern Orte zu finden, an denen sich Langzeituntersuchungen durchführen ließen. Denn diese Wälder standen – und stehen immer stärker – unter dem Druck der schnell wachsenden Bevölkerung in den armen tropischen Ländern und unter dem Druck wirtschaftlicher Interessen der reichen Nationen[1]. Nachdem wir bereits gezwungen waren, eine Forschungsstation im südamerikanischen Regenwald aufzugeben, hatten wir für einen zweiten Versuch Gombe in Tansania ausgewählt.

Auch wenn man täglich vierzehn Stunden lang Schmetterlinge fängt, markiert, wieder freiläßt, schaut, wo sie wiedergefangen werden, und Protokolle und Tabellen darüber anfertigt, ist es in Gombe doch unmöglich, die Schimpansen zu übersehen (von den Pavianen ganz zu schweigen!). Bevor wir ankamen, hatten wir uns geschworen, den Tieren keine menschlichen Charakterzüge zuzuschreiben; wir wollten sie ausschließlich mit den unvoreingenommenen Augen des Naturwissenschaftlers betrachten – aber unser Vorsatz überdauerte keine zehn Minuten! Das erste Mal gaben wir ihn auf, als wir einen erschreckten jungen Schimpansen in die Arme seiner Mutter hüpfen sahen, die ihn genau so mit Streicheln und Tätscheln tröstete, wie es eine menschliche Mutter unter vergleichbaren Umständen getan hätte.

---

1 Wenn die derzeitigen Trends bestehen bleiben, wird ca. bis zum Jahr 2020 der gesamte wirtschaftlich erreichbare Wald in den unterentwickelten Regionen (z. Zt. etwa 700 Millionen Hektar) abgeholzt worden sein (Global 2000, S. 61 f.; Frankfurt, Edition 2001, 1980). Schutzgebiete für tropische Wälder gibt es nur wenige; auch in Afrika werden die meisten Schutzgebiete nicht für die Wälder unterhalten, sondern um die großen Savannentiere wie Löwen, Elefanten, Giraffen oder Antilopen zu schützen.

Jane Goodalls Hoffnung ist es, daß die Beobachtung dieser so verführerisch menschenähnlichen Tiere auch das Verhalten von *Homo sapiens* erhellen wird. Ob sich nun diese Hoffnung erfüllt oder nicht – das Verhalten der Schimpansen ist so faszinierend, daß die meisten Menschen wohl übereinstimmend die Existenz wilder Schimpansen als eine Bereicherung unserer Umwelt empfinden werden. Wir fanden sie jedenfalls unwiderstehlich, nicht selten zum Nachteil unserer eigenen Arbeit.
Während wir in Gombe waren, machte ein von den Forscherinnen beobachteter Vorfall besonders tiefen Eindruck auf uns: Ein fremdes Weibchen mit einem Jungen kam in das Territorium der Schimpansengruppe. Es wurde von den einheimischen Männchen angegriffen, zu Boden geschlagen und getreten. Auch das Baby wurde unter seiner Mutter schwer verletzt. Die Männchen ergriffen und töteten es, reichten es dann herum und fraßen kleine Teile davon. Dann schienen sie jedoch – so die Beobachterinnen – zu erkennen, daß sie etwas falsch gemacht hatten. Einer nahm die Leiche, trug sie vier Kilometer durch den Wald und legte sie auf die Treppe vor Jane Goodalls Labor!
»Wußten« die Schimpansen, daß sie studiert wurden? Könnte der Begriff »studiert werden« möglicherweise im Gehirn eines Schimpansen auftauchen? Fühlten sie sich »schuldig«? Hielten sie Jane und ihre Kolleginnen für eine Art Götter? War das alles Zufall oder eine Antwort auf Signale, die die Forscherinnen unbewußt gegeben hatten? Wir überlassen Ihnen die Auslegung dieses beunruhigenden Vorfalls.
Unbestreitbar sind die Schimpansen unsere nächsten lebenden Verwandten und verfügen über intellektuelle Fähigkeiten, die in einigen Punkten die Fähigkeiten vieler Menschen übertreffen können. So gibt es Schimpansen, die manche Intelligenztests besser bestehen als die meisten Menschen: Ein Schimpanse hat Aufgaben gelöst, die fünf kombinierte Alternativen enthielten, während viele Kinder und einige Erwachsene es in solchen Tests nur auf drei bringen (ein Test enthält beispielsweise zwei kombinierte Alternativen, wenn eine Belohnung entweder unter einer viereckigen oder runden Hülle auf einem roten oder blauen Brett liegt – unter einem Viereck, wenn das Brett rot ist, unter einer runden Bedeckung, wenn es blau ist). Wenn es also überhaupt eine Tierart gibt, für die Menschen von Natur aus etwas empfinden, dann wird dies der Schimpanse sein – und dennoch vernichten wir ihn!
Jane Goodall reiste erstmals 1960 nach Gombe, um dort etwas zu beginnen, was vielen hoffnungslos schien – nämlich das Vertrauen der Schimpansen zu gewinnen, um sie zu studieren. Als sie ankam, erstreckte sich der Wald, in dem die Schimpansen leben, ohne jede Unterbrechung 100

Kilometer vom Ufer des Tanganjikasees nach Osten. Zehn Jahre später war Jane aufgrund ihres Erfolges mit den Schimpansen weltberühmt. Im selben Zeitraum hatte aber die explodierende Bevölkerung Tansanias den Wald gerodet und fast überall in diesen 100 Kilometern Farmen errichtet. Der Lebensraum der Schimpansen ist dadurch auf das bewachte Schutzgebiet beschränkt worden, einen schmalen Streifen am See entlang, der nur noch bis zur ersten Bergkette reicht – weniger als vier Kilometer breit.

Afrika bietet noch enorme Möglichkeiten für explosives Bevölkerungswachstum. Anders als in den meisten anderen unterentwickelten Gebieten der Welt hat sich im tropischen Afrika bisher noch nicht der volle Einfluß der westlichen medizinischen Technologie ausgewirkt. Als Folge davon ist die Sterblichkeit noch verhältnismäßig hoch: etwa 18 Tote jährlich pro 1000 Personen der Bevölkerung Ostafrikas (im Gegensatz zu Raten von etwa 13 pro 1000 in Südostasien und 9 im tropischen Südamerika). Wenn in Afrika die modernen Methoden einmal so wie anderswo greifen werden, wird sich die Zuwachsrate der Bevölkerung wesentlich erhöhen, von den gegenwärtig etwa 3 Prozent im Jahr auf fast 4 Prozent[2] (wenn es keinen ausgleichenden Rückgang der Geburtenrate geben wird).

Es ist höchst unwahrscheinlich, daß die Schimpansen unter einem so großen menschlichen Bevölkerungsdruck in der Natur lange überleben werden. Ihr Schicksal wird fast sicher die Ausrottung sein. Aber voraussichtlich werden sie nicht auf Grund vorsätzlicher Jagd durch den Menschen verschwinden, sondern – so wie in Gombe – wegen der Zerstörung des Ökosystems, zu dessen lebenden Bestandteilen sie zählen. In Zoos und Laboratorien werden sie zweifellos überleben – wenigstens eine Zeit lang. Doch natürliche Schimpansengruppen werden nicht mehr lange existieren können. Nur Filme und Berichte über sie werden dann übrig sein: Wie sie füreinander sorgen, wie sie ihre frechen Jungen ertragen, wie sie Zweige als Werkzeug benutzen, um Nahrung aus engen Löchern herauszuholen, wie sie um Territorien kämpfen, wie sie ihren Verwundeten helfen, und wie sie auf manche andere Weise in ihrem Verhalten an ihre weit zahlreicheren menschlichen Verwandten erinnern.[3]

---

2 Bei einer Zuwachsrate von 3 Prozent pro Jahr verdoppelt sich die Bevölkerung innerhalb von 24 Jahren, bei 4 Prozent Zuwachsrate schon innerhalb von 18 Jahren; nach 24 Jahren ist sie bereits auf die zweieinhalbfache Größe angewachsen.
3 Jane van Lawick-Goodall: Life and Death at Gombe. National Geographic 155: 592–620; 1979 und: Wilde Schimpansen. 10 Jahre Verhaltensforschung am Gombe-Strom. rororo-Sachbuch; 1975.

Wozu gefährdete Arten retten?

Die etwas sensibleren Menschen werden sich Gedanken machen um den Verlust der Schimpansen, sie werden wohl traurig darüber sein. Nur verhältnismäßig wenige aber werden bemerken, daß das künftige Verschwinden dieser populären gefährdeten Art[4] kein isoliertes Trauerspiel ist, sondern ein Symptom der planetaren Katastrophe, auf die wir zusteuern. Denn mit dem Schimpansen werden andere Lebewesen verschwinden – die anderen lebenden Elemente seines Ökosystems, die uns vielleicht weniger nahe stehen als die Schimpansen, die aber allesamt wesentliche Bestandteile des Lebenserhaltungssystems Erde sind.

Vier Hauptargumente gibt es für den Schutz aller unserer Mitreisenden im Raumschiff Erde. Zunächst fordert schon Mitleid ihre Erhaltung. Dieses Argument wird mit der Vorstellung begründet, daß andere Produkte der Evolution ebenfalls ein Existenzrecht haben, daß die Bedürfnisse und Wünsche der Menschen nicht die einzige Grundlage für ethische Entscheidungen sind.

Das ist das älteste Argument des Naturschutzes, früher vor allen Dingen auch des Tierschutzes. Es geht auf Augustinus zurück, der lehrte, daß sich die menschliche Seele nur entwickeln könne, wenn sie Mitleid und Achtung vor der anderen Kreatur habe. Tierschutz ist im Sinne dieser klassischen Philosophie also Bildung des Charakters und der Psyche des Menschen, ist Selbst-Disziplinierung. Es ist müßig zu diskutieren, ob so eine Einstellung zum Naturschutz noch zeitgemäß ist, ob sie richtig oder vertretbar ist. Für unsere Situation kann nur die Frage gelten, ob sie sinnvoll ist – und dies trifft zu.

Ein zweiter Beweggrund fordert die Erhaltung anderer Arten aufgrund ihrer Schönheit oder ihres symbolischen Wertes. Das ist das Argument der Ästhetik, zugleich aber das problematischste Argument zugunsten des Artenschutzes: Es gibt Arten, deren Schutz selbst den engagiertesten Naturschützern nicht unbedingt am Herzen liegt – es sei nur an krankheitserregende Bakterien erinnert. Deren raster-elektronenmikroskopische Aufnahmen zum Beispiel zeigen oft ein hohes Maß an Ästhetik; das

---

4 Die grundlegende Quelle über die gefährdeten Arten bilden die Bände des *Red Data Book,* das in Loseblattform in Morges (Schweiz) veröffentlicht und von der Internationalen Vereinigung für Naturschutz und den Schutz der natürlichen Ressourcen (IUCN) immer auf den neuesten Stand gebracht wird. Für das Gebiet der Bundesrepublik Deutschland und für einzelne Bundesländer werden »Rote Listen gefährdeter Tier- und Pflanzenarten« herausgegeben. Eine Zusammenfassung der Listen für die BRD (Stand: 1977) ist erschienen in: Naturschutz aktuell, Bd. 1, Kilda-Verlag Greven, 1977.

kann aber kein Argument sein, Krankheiten weiter bestehen zu lassen. Überhaupt ist die Definition des Ästhetischen an sich ungeheuer schwierig.[5]

Schimpansen, Elefanten, vielfarbige Korallenfische, schillernd blaue *Morpho*-Falter und Pflanzen mit schönen Blüten oder bizarren Formen gefallen anscheinend automatisch allen Angehörigen der westlichen Kultur, wenn nicht sogar allen Menschen. Und viele Menschen – besonders aber Biologen – finden Schönheit an derart merkwürdigen Orten wie der feinen Flügeladerung eines malariatragenden Mosquitos, den schimmernden Flecken auf dem Rücken einer afrikanischen Zecke oder der feinfühligen Bildhauerei des Gehäuses einer mikroskopisch kleinen einzelligen Kieselalge.

Ästhetische Argumente im Naturschutz haben aber auch einen Haken: Natur läßt sich nicht nach unserem subjektiven Schönheitsempfinden einteilen; wir können uns nicht auf der einen Seite darüber beklagen, daß in unseren Gärten die »schönen« Schmetterlinge immer weniger werden – und auf der anderen Seite die »häßlichen« und »lästigen« Brennesseln und andere Wildkräuter beseitigen, die die Schmetterlingsraupen zu ihrer Entwicklung gebraucht hätten.

Das dritte Argument ist ökonomisch begründet: Rettet die Wale, weil wir jährlich x Dollars damit verdienen können, wenn wir sie auf einer ertragsreproduzierenden Basis nutzen. Rettet den Amazonas-Urwald wegen seines mutmaßlichen Reichtums an bisher nicht entdeckten Nahrungs- und Arzneipflanzen. Kurzum: Andere Arten stellen einen *direkten* Nutzen für die Menschen dar und sollten daher erhalten werden.

So wichtig dieses Argument tatsächlich ist – es steckt das gleiche Problem darin wie bei den Überlegungen zur Ästhetik der Natur. Wir können nicht nach unseren augenblicklichen Bedürfnissen »Nützliches« und »Unnützes« unterscheiden und danach bestimmen, ob Arten nun schutzwürdig sind oder nicht; denn wir haben ja nicht nur an uns zu denken, sondern auch an die nach uns kommenden Generationen: Hätte man zum Beispiel am Anfang unseres Jahrhunderts alle Schimmelpilze ausrotten können, dann wäre unseren Vorfahren dadurch wohl kein nennenswerter unmittelbarer Wertverlust entstanden. Heute allerdings würden uns Penicillin oder

---

5 Zur Thema der Ästhetik haben sich Biologen sehr selten geäußert; intensiv damit beschäftigt haben sich z. B. Architekten wie Walter Gropius, der alles Sachliche, Zweckmäßige auch als ästhetisch empfand – ein Prinzip, das manche auch in der Natur verwirklicht sehen. Vor allem Frei Otto ist heute einer derjenigen, die immer wieder Parallelen zwischen architektonischen und biologischen Formen ziehen und so eine Brücke zwischen beiden Disziplinen schlagen.

andere seither in Schimmelpilzen entdeckten Antibiotika doch sehr fehlen.

Diese ersten drei Argumente für die Erhaltung der anderen Arten sind leicht zu verstehen – auch für jene, die sie nicht überzeugend finden. Das vierte Argument aber wird nur selten gehört und noch viel weniger verstanden, denn es geht dabei um den *indirekten* Nutzen für die Menschheit: Andere Arten sind Bestandteile der lebenswichtigen ökologischen Gefüge (Ökosysteme), die die Menschheit mit unentbehrlichen Dienstleistungen versorgen – Dienste, deren Ausfall unausweichlich zu einem Zusammenbruch unserer Zivilisation führen würde. Wenn der Mensch vorsätzlich oder unwissentlich andere Arten ausrottet, greift er sich damit *selbst* an; das ist das wichtigste Argument für die Erhaltung anderer Arten – und jenes, das im Schraubenhändlervergleich unseres Vorwortes enthalten war.

Es sind doch schon immer Arten ausgestorben!

Selbstverständlich gibt es Gegenargumente. Sie werden von denen vorgebracht, die nichts Falsches dabei finden, wenn andere Arten mit menschlicher Beihilfe von der Naturbühne abtreten. Am weitesten verbreitet ist vielleicht die Ansicht, daß Aussterben ein völlig natürlicher Evolutionsvorgang sei, einer, der seit Jahrmillionen mit oder ohne menschliche Beteiligung stattfinde. Wo sollen da Probleme stecken, wenn wir doch nur der Natur dabei helfen?

Wenn man an Evolution denkt, dann denkt man im allgemeinen daran, daß neue Lebewesen allmählich aus alten entstehen – eine Art verändert sich über lange Zeit hinweg oder zwei (oder mehr) Arten entstehen, wo zuvor nur eine war. Als Charles Darwin 1859 seine Evolutionstheorie und die Beweise dafür veröffentlichte, stellte er nicht nur die natürliche Auslese als die Triebkraft des Evolutionsvorgangs heraus, sondern er bemerkte auch die Unvermeidlichkeit des Aussterbens:

»Wie neue Formen langsam aber beständig erzeugt werden, so müssen andere unausweichlich erlöschen, wenn nicht die Zahl der spezifischen Formen beständig und fast unendlich anwachsen soll«.[6]

Bereits vor Darwin haben verschiedene Naturforscher und Geologen mit

---

6 Charles Darwin, *Über die Entstehung der Arten*. 4. deutsche Auflage, Stuttgart (Schweizerbart) 1870, S. 122. Eine allgemeinverständliche Einführung in das Thema Evolution gibt es von G. Osche: *Evolution*. Freiburg i. Br. (Herder: studio visuell) 1972.

dem Gedanken an ein Aussterben von Arten gespielt, doch für die meisten Menschen des 19. Jahrhunderts war dies eine schockierende Vorstellung. Man dachte, daß alles Lebendige von Gott in einer Stufenfolge zunehmender Komplexität entworfen worden sei. Die Arten waren einmal und für alle Zeiten erschaffen und das Aussterben war aus der Sicht der »Schöpfungswissenschaft« ausdrücklich verboten. Inzwischen aber scheint sich der Kreis zu schließen: An Aussterben zu denken, schockiert heute niemanden mehr; im Gegenteil, Darwins Name wird sogar – mißbräuchlich – für die Rechtfertigung der Ausrottung anderer Arten durch den Menschen bemüht!

Zum Beispiel veröffentlichte ein gewisser Sam Witchell, Finanz- und Werbeberater, in der New York Times (vom 3. Mai 1974) einen Kommentar unter dem Titel »Gib mir den Darwin aus der alten Zeit zurück«. Die Aussage von Witchells Artikel war, daß es keinen Grund gäbe, über das Verschwinden von Arten besorgt zu sein, da ja Darwin gezeigt habe, daß das Aussterben von Arten ein Teil und ebenso eine Voraussetzung des Evolutionsprozesses sei: »Die Darwinisten sagen uns, daß die Arten kommen und gehen, daß die Natur mit Leben experimentiert. Die erfolgreichen Versuche überleben eine Zeit lang, die Fehlschläge verschwinden zu niemandes Nachteil.«

Dieses Zitat erinnert an den Mann, der einen Dammbruch beobachtet: Während sich die Risse im Beton verbreitern und immer mehr Wasser hindurchschießt, berichtet er den Leuten am Unterlauf: »Kein Grund zur Panik – schließlich ist ja schon immer Wasser aus dem Stausee abgeflossen!« Denn natürlich übersehen Leute, die solche Argumente bringen, einen wesentlichen Punkt: Wir Menschen haben die *Rate* des Aussterbens gegenüber den Raten der Artbildungsprozesse gewaltig erhöht. Zur Zeit verschwinden Arten viel schneller als neue entstehen könnten, und voraussichtlich wird die Aussterberate noch anwachsen.

Man schätzt, daß die Auslöschungsrate von Vogel- und Säugetierarten zwischen 1600 und 1975 ungefähr fünf- bis fünfzigmal höher war, als während der meisten Zeit unserer erdgeschichtlichen Vergangenheit. Weiterhin kann man hochrechnen, daß bis zum Jahr 2000? die Rate etwa 40- bis 400mal so hoch wie »normal« sein wird.[7] Um die Bedeutung solcher Schätzungen zu verstehen, sollte man etwas darüber wissen, was Arten sind, wie sie entstanden und wie sie verschwunden sind – dieses Thema werden wir im nächsten Kapitel behandeln.

---

7 Die Schätzungen stammen aus P. R. Ehrlich, A. H. Ehrlich, J. P. Holdren: *Ecoscience: Population, Resources, Environment.* San Francisco (W. H. Freeman) 1977, S. 142. Selbstverständlich sind derartige Schätzdaten nur sehr grob.

Wer vermißt die Dinosaurier?

Eine mögliche Antwort darauf, daß das Aussterben die Artenbildung so weit hinter sich läßt, ist: »Na und? Schließlich sind ja auch die Dinosaurier ausgestorben und die Menschheit hat unter diesem Verlust nicht gelitten.« So oder ähnlich lautet die Litanei. Sobald die Rede auf das Aussterben kommt, geht es tatsächlich häufig um die Dinosaurier. Ein Volkswirt bemerkte einmal im Gespräch mit uns, daß für Geld alles zu haben sei. Er forderte uns heraus, ihm doch etwas zu nennen, das nicht hergestellt werden könnte, wenn jemand bereit wäre, jede Summe zu zahlen. Wir antworteten: »Stellen Sie doch einen lebenden *Tyrannosaurus rex* her!« Nachdem er (fälschlicherweise) behauptete, daß einer der riesigen, fleischfressenden Dinosaurier hergestellt werden könnte, sofern genügend Geld und Zeit vorhanden wären, kam er behende auf ein vertrautes Thema zurück: Schließlich hätten die Dinosaurier keinen Wert. Sie wären ausgestorben, und er würde sie sicherlich nicht vermissen. Manchmal wird auch folgendermaßen verallgemeinert: Die Saurier sind ausgestorben, und niemand vermißt sie; warum sollen wir uns dann überhaupt um das Aussterben von Arten kümmern?

Diese Argumentation überzeugt uns überhaupt nicht. Zunächst einmal sind gewissermaßen nicht alle Saurier ausgestorben. Die Gruppe, zu der die Dinosaurier gehörten, hat noch lebende Vertreter.[8] Krokodile und Alligatoren gehören dazu und ihr »Nutzen« besteht zumindest darin, daß sie uns mit Ledermoden und mit furchteinflößenden Geschichten vom Menschenfresser versorgen. Darüber hinaus könnten diese Echsen – auch wenn wir ihre Rolle längst noch nicht gut genug verstehen – entscheidende Bedeutung für Sumpf- und Ästuar-Ökosysteme haben. Alligatoren zum Beispiel sind lebenswichtig für die Everglades in Florida. Mit ihren

---

8 Als »Dinosaurier« werden zwei verschiedene Gruppen der zoologischen Klasse *Archosauria* zusammengefaßt; die *Crocodylia* mit ihren heute noch lebenden Vertretern, den Krokodilen und Alligatoren, sind eine dritte Gruppe dieser Klasse. Man kann sie daher als Schwestergruppe der Dinosaurier bezeichnen. Die Vögel sind sogar noch enger verwandt: In der vergleichenden Anatomie läßt sich ihre direkte Abstammungslinie zu den Dinosauriern gut verfolgen, und manche Wissenschaftler stellen deshalb die Vögel im zoologischen System zu einer Klasse *Dinosauria* (R. T. Bakker & P. M. Galton: Dinosaur monophyly and a new class of vertebrates. Nature 248: 165–172, 1974).
Das mag befremdlich klingen für den, der sich unter Dinosauriern nur spektakuläre Riesenechsen vorstellt. Tatsächlich dürften die meisten Dinosaurier-Arten kleine, sehr bewegliche, warmblütige Tiere mit Federkleid gewesen sein. Die unmittelbaren Nachkommen dieser Art leben auch heute noch – wir nennen sie Vögel.

Schwänzen schaufeln sie bis zu dreißig Meter weite Löcher aus. Das in der Trockenzeit knappe Wasser sammelt sich darin und nur in diesen »Alligatorlöchern« kann die ganze Vielfalt an wasserlebenden und halbaquatischen Organismen wie Plankton, Wasserpflanzen, Fische, Frösche, Schildkröten – und auch Alligatoren überleben, bis die nächste Regenzeit die Everglades wieder überflutet.[9]

Trotzdem wird vielleicht das endgültige Ableben der Krokodile nur jene Leute berühren, die gerne Krokodillederschuhe oder -handtaschen tragen, oder die einfach etwas übrig haben für diese interessanten, wenn auch irgendwie trübsinnigen Erinnerungsstücke an eine alte Zeit. Jedoch auch deren Betroffenheit sollte berücksichtigt werden.

Eine noch wichtigere Gruppe der Dinosaurierverwandten sind die Vögel. Sie sind deren direkte Abkömmlinge, und einige Biologen meinen, daß sie tatsächlich als lebende Dinosaurier angesehen werden sollten. Sicherlich hätten Menschen die Vögel vermißt, wenn ihre Vorfahren – wie die meisten anderen Sauriertypen – ohne Nachkommenschaft verschwunden wären. Zahllose Menschengruppen hätten sich nicht mit Federn schmücken können; die Kopfkissen wären mit Stroh gefüttert worden, bis irgend jemand den Schaumgummi erfunden hätte; das Vogelbeobachten könnte nicht Millionen Menschen unterhalten, und die Dichter hätten viel weniger Stoff, um Gesang und anmutigen Flug zu beschreiben. Ohne das Beispiel der Vögel hätten sogar die Flugzeuge nicht erfunden werden können, und noch wichtiger ist, daß die Insekten, die in so vieler Hinsicht die wichtigsten Konkurrenten und Parasiten von *Homo sapiens* sind, wahrscheinlich viel erfolgreicher wären. Vielleicht wäre also ein Leben ohne Vögel in einer von Insekten beherrschten Welt für die Menschen viel schwerer gewesen, vielleicht wäre die landwirtschaftliche Revolution und folglich auch der Aufstieg der Zivilisation nicht möglich gewesen.[10]

Doch wie steht es nun um die Saurier, die tatsächlich ausgestorben sind? Sollen wir ihr Dahingehen bedauern? Die Antwort ist ja und nein.

Vom ästhetischen Standpunkt aus bedauern es sicher einige von uns. Es wäre doch eine Sensation, wenn einem in den Naturschutzgebieten die plumpen, 40 oder 50 Tonnen schweren Brontosaurier begegnen würden,

---

9 Hermann Remmert: Ökologie – Ein Lehrbuch. Berlin/Heidelberg, Springer-Verlag 1978.

10 Es ist selbstverständlich nicht möglich, die Folgen der hypothetischen Nichtentwicklung einer ganzen Gruppe exakt anzugeben. So könnten sich in Abwesenheit der Vögel z. B. die Fledermäuse zu Tagesfliegern entwickelt und die ökologische Rolle der insektenfressenden Vögel übernommen haben. *Sicher* ist nur, daß die Entwicklungsgeschichte ohne Vögel ganz anders verlaufen wäre, *nicht* sicher ist dagegen, ob die Menschheit in diesem Fall je auf der erdgeschichtlichen Bühne aufgetreten wäre.

oder herumstreifende Herden von Ceratopsiden, die mit ihren drei riesigen Hörnern den Nashörnern nicht unähnlich wären. Mit etwas Glück könnte man sogar jenen mächtigen Räuber *Tyrannosaurus rex* bei der Jagd beobachten. Oder es würde ein riesiger Flugsaurier mit einer Spannweite von 13 Meter (bei weitem das größte Tier, das je durch die Lüfte flog) über uns dahinsegeln. Kein Mensch hat jemals diese faszinierenden Tiere gesehen, die 50 Millionen Jahre, bevor auch nur etwas ähnliches wie der Mensch erschien, ausgestorben sind. Trotzdem sind wir Menschen ohne sie ärmer.

Aber ob jemand die Saurier vermißt, ist nur eine ziemlich unwichtige Frage; entscheidend ist, daß sie zu einer Zeit ausgetilgt wurden, zu der die Evolutionsprozesse fähig waren, sie durch Säuger zu ersetzen. Die riesigen grasenden Saurier wurden durch Huftiere wie Hirsche, Antilopen, Schafe, Ziegen, Büffel und Rinder ersetzt, die räuberischen Riesenechsen wie der Tyrannosaurier durch Beutegreifer aus den Familien der Katzen, Hunde und Bären – und durch menschliche Jäger. Hätten sich allerdings die Säugetiere nicht entwickeln und die verschiedenen Rollen der ausgestorbenen Saurier übernehmen können, dann sähe die Welt völlig anders aus. Da auch wir Säugetiere sind, gäbe es selbstverständlich keine Menschen; von unserem Gesichtspunkt aus wäre dies der wichtigste Unterschied. Der Hauptgrund dafür, daß die Menschen die Dinosaurier oder andere längst erloschene Organismengruppen *nicht* vermissen, ist also der Ersatz, der für sie entstanden ist.

Wenn dagegen heute (oder in Zukunft) Arten aussterben, wird das wahrscheinlich viel ernstere Folgen haben als in der fernen Vergangenheit. Denn – abgesehen davon, daß wir heute einen weit größeren Teil des Weltvorrats an biologischer Vielfalt vernichten, als das früher wohl jemals der Fall war – wir beginnen durch die Dezimierung von Fauna und Flora auch den Vorgang zu stören, der vielleicht die Vielfalt regenerieren könnte: einmal ausgerottete Tiere und Pflanzen stehen auch als Ausgangspunkt weiterer Evolutionsvorgänge nicht mehr zur Verfügung.

Würden wir den Schnecken-Grundbarsch vermissen?

Einverstanden, sagen Sie, jeder sollte über das wachsende Ungleichgewicht zwischen der Auslöschungsrate und der Rate der Artenentstehung besorgt sein. Soll das aber bedeuten, daß wir uns um jede einzelne Art kümmern müßten? War zum Beispiel der Schnecken-Grundbarsch (Snail darter) wirklich das ganze Getue der Naturschützer wert? War der Versuch nicht grotesk, den Bau des Tellico-Dammes (eines Multimillionen-Projektes im US-Bundesstaat Tennessee) zu stoppen, weil er diesen Schnecken-Grundbarsch vernichtet hätte (einen unscheinbaren Fisch, der sogar den meisten Fachleuten unbekannt war?).

Nein. Selbst wenn der Tellico-Damm kein sinnloses Unterfangen gewesen wäre (ein hoher Kabinettsausschuß hat festgestellt, daß er das ist), selbst wenn er nicht auch andere Werte bedroht hätte, hätte er gestoppt werden müssen – *gerade weil* er den Schnecken-Grundbarsch bedrohte. Wir werden später noch darauf eingehen.

Wir könnten zeigen, daß der Schnecken-Grundbarsch eine weitere Schraube unseres Raumschiffes ist, daß es von vornherein einfältig, ja möglicherweise gefährlich ist, in diesen Zeiten irgendeine weitere Schraube loszudrehen. Doch gibt es unserer Ansicht nach ein noch stärkeres Argument:

Irgendwo muß man eine Grenze ziehen!

Wenn wir nämlich den Wert einer gefährdeten Art oder Population immer nur für sich allein mit dem Wert der speziellen Erschließungsmaßnahme vergleichen, die sie gefährdet, dann können wir den meisten Pflanzen, Tieren und Mikroorganismen bald »Auf Nimmerwiedersehen« sagen.

Schließlich wird ein neuer Staudamm (oder ein neues Kraftwerk) Energie für einige tausend Haushalte liefern. Auf einer neuen Autobahn wird man 20 Minuten Fahrzeit von X-Stadt nach Y-Dorf einsparen. Die Baugenossenschaft ›Sonnige Heimat‹ wird für ein paar hundert Leute eine neue Trabantenstadt bauen. Durch einen neuen Regionalflughafen werden auch einige neue Arbeitsplätze geschaffen. Eine Flurbereinigung erleichtert den betroffenen Landwirten ihre Arbeit. Wie soll ein Organismus solche Argumente überleben?

Dabei könnte man gerade in überentwickelten Gesellschaften wie den USA oder den westeuropäischen Ländern solche Vorhaben durchaus in Frage stellen, durchaus erwägenswerte Alternativen ließen sich finden: Wie wichtig sind die eingesparten 20 Minuten zwischen X-Stadt und Y-Dorf wirklich? Könnte man dasselbe Ergebnis nicht auch durch den Ausbau einer schon vorhandenen Fernstraße erreichen (was wohl auch billiger wäre als eine neue Autobahn)? Muß man unbedingt in Trabantenstädten wohnen und sich damit abfinden, daß die Stadtkerne immer unwohnlicher werden? Würden neue Arbeitsplätze nicht auch durch den Ausbau anderer Verkehrssysteme entstehen? Braucht eine Gesellschaft, die Unmengen von Energie sinnlos vergeudet, wirklich noch zusätzliche Elektrizität?

Aber »Erschließung« wurde bisher bei uns von vornherein und grundsätzlich als nutzbringend angesehen. Daß viele Projekte außer dem kurzfristigen Nutzen (den oft nur einige wenige davon haben) auch langfristige Kosten nach sich ziehen (die meist die gesamte Gesellschaft bezahlen muß), hat man dabei übersehen – oder nicht sehen wollen. Erst in den letzten Jahren, seitdem wir lernen, unsere Umwelt bewußter zu sehen, wird diese Einstellung allmählich immer stärker in Frage gestellt. Nicht zuletzt ist dabei die Notwendigkeit, gefährdete Arten zu erhalten, zu einem Konfliktpunkt geworden – wir meinen, zum wichtigsten: Denn die Rate, mit der Populationen und Arten ausgerottet werden, hat den Punkt erreicht, an dem eine Industriegesellschaft besser ohne die »notwendigen« Projekte auskommen sollte – wenn diese nicht ohne weitere Ausrottung durchgeführt werden können.

Hier richtige Entscheidungen zu finden, wird schwerfallen; oft ist es ja schon schwierig genug, die entscheidenden Fragen überhaupt aufzuwerfen. Beispielsweise finden sich gefährdete Arten und Gefährdungsursachen keineswegs immer am selben Ort: Die Kraftwerks- und Industrieabgase aus dem Ruhrgebiet etwa tragen ganz wesentlich dazu bei, durch den Sauren Regen die Fischfauna in Tausenden von skandinavischen Seen auszurotten! Das heißt, es wird kaum möglich sein, gefährdete Organismen gegen das Wertesystem einer wachstumsorientierten Gesellschaft zu verteidigen, wenn man immer nur einzelne kurzfristige Werte gegeneinander aufrechnet.

Auf Dauer wäre das ein verlorenes Spiel, denn wahrscheinlich ließe sich für jede Population, für jede Art nicht-menschlicher Lebewesen irgendein Tellico-Damm finden; wahrscheinlich wird es auch weiterhin Ingenieure und Politiker geben, die uns einreden wollen, der kurzfristige wirtschaftliche Wert müsse Vorrang vor allen anderen Werten haben – und es wird sehr viel Leute geben, die das glauben. Denn sie verstehen nicht, daß *ihr eigenes Schicksal* mit den Schnecken-Grundbarschen unseres Planeten verknüpft ist. Sie merken nicht, wie sehr sie tatsächlich diese kleinen Fische vermissen werden.

Gibt es Organismen, die wir nicht vermissen würden?

Seit Darwin wissen die Biologen, daß der Erfolg einiger Arten in der Natur normalerweise mit einer Verkleinerung der Populationsgröße oder mit dem Auslöschen anderer bezahlt wird. Für uns Menschen ist beispielsweise der Versuch ganz normal, vollkommen natürlich, Populationen oder

Arten zu kontrollieren oder sogar auszurotten, die sich von uns ernähren oder unsere Ressourcen bedrohen.

Wenn sich etwa ein Weg finden ließe, um die Anopheles-Stechmücken auszurotten, die Malaria übertragen, dann würden wir das wahrscheinlich sehr gerne tun. Ökologen würden jedoch davor warnen, daß dieses Vorgehen unvorhergesehene, aber unausweichliche Veränderungen in den Ökosystemen der Erde zur Folge haben könnte, daß die Menschen danach vielleicht Schlimmeres zu erleiden hätten als zuvor durch die Malaria. Einige Demographen würden vor dem Absinken der menschlichen Sterblichkeit in unterentwickelten Ländern warnen, denn eine weitere Beschleunigung des Bevölkerungswachstums müßte deren jetzt schon ernste soziale und wirtschaftliche Probleme noch verschärfen. Aber wir neigen dazu, Probleme zunächst einmal auf uns zukommen zu lassen und uns erst dann um sie zu kümmern, wenn wir schon mitten darin stecken. Deshalb wären wir wohl versucht, die *Anopheles*-Mücken so schnell wie möglich loszuwerden – wenn wir könnten.

Dummerweise ist das nicht so einfach, denn es gibt eben keine Mittel, mit denen sich ausschließlich eine einzige Art wegzaubern ließe. Gerade bei den Insektenplagen hat sich herausgestellt, daß die meisten Bekämpfungstechniken, die wir zur Kontrolle unserer Räuber und Konkurrenten anwenden, eine zweischneidige Sache sind. Oft sind erst durch die Bekämpfungsversuche die Insekten zur Plage geworden.[11]

Mancher scheinbare Schädling könnte sich bei genauem Hinsehen auch als recht nützlich erweisen: so sind in einigen Teilen Afrikas Elefanten zur Plage geworden, sie zerstören Felder und töten manchmal sogar Menschen. Anders als bei den Anopheles-Mücken wäre es nun verhältnismäßig einfach, die Elefanten auszurotten – eben das ist ja einer der Gründe für ihre Gefährdung. In den landwirtschaftlich genutzten Gebieten Afrikas schießt man sie ab oder versucht sie einzufangen und umzusiedeln. Doch es gibt immer weniger Orte, an denen man noch Elefanten ansiedeln könnte.

Manche Nationalparks sind bereits zerstört, weil sich auf ihrer kleinen Fläche die Tiere einer weiten Umgebung zusammendrängen müssen, und es ist fraglich, ob die bestehenden Schutzgebiete ausreichen werden, um auf Dauer Elefantenpopulationen zu erhalten.[11]

Dabei wäre es auch unter dem Gesichtspunkt ökonomischen Nutzens sehr sinnvoll, Afrikanische Elefanten zu erhalten; denn vielleicht wäre es für

---

11 F. Kurt: Naturschutz – Illusion und Wirklichkeit. Zur Ökologie bedrohter Arten und Lebensgemeinschaften. Hamburg, Parey Verlag, 1982.

künftige afrikanische Generationen besser, einige Touristenzentren (mit Elefanten als Hauptattraktion) zu besitzen als alles verfügbare Land nur für die Subsistenzwirtschaft zu verwenden.

Ursache des Konflikts ist selbstverständlich auch hierbei der immer stärker werdende menschliche Bevölkerungsdruck. Wie in so vielen anderen Fällen hätten Anstrengungen zur Kontrolle des Wachstums und der Verbreitung der menschlichen Bevölkerung auf Dauer wohl größeren Nutzen für die Afrikaner als die Bemühungen, die Elefanten auszurotten. Zwar werden sich die Menschen noch ein paar Jahre weiter vermehren, wenn ihnen keine Elefanten mehr im Wege sind; das Land und damit auch das Bevölkerungswachstum wäre trotzdem bald zu Ende. Das zu erkennen und dementsprechend zu handeln setzt freilich einigen Weitblick voraus – und der scheint afrikanischen Politikern ebenso zu fehlen wie amerikanischen oder europäischen.

Sicher – man kann auf verschiedene Weise an solche Probleme herangehen. Für viele Jahrmillionen war eine anthropozentrische Denkweise die einzig mögliche und vernünftige für Menschen. Und Menschen, die heute in einer industrialisierten Großstadt leben, die praktisch nur von menschlichen Produkten umgeben sind, werden sich nur schwer vorstellen können, daß sie nicht in einem ausschließlich selbstgeschaffenen System leben, sondern nach wie vor von der Natur abhängig sind. Religionen haben diese arrogante Haltung verstärkt, indem sie lehrten, die Herrschaft über die Erde und die anderen Lebewesen sei ein gottgegebenes Recht der Menschheit. Es ist höchste Zeit, solchen menschlichen Chauvinismus zu überwinden, und der beste Weg dazu ist wahrscheinlich, Menschen (und vor allem Kindern) zu helfen, die Mitreisenden im Raumschiff Erde wieder kennenzulernen und zu verstehen, daß wir sie ebenso brauchen wie sie unseren Schutz. Fernsehsendungen über die belebte Welt haben in dieser Hinsicht schon einiges geleistet, aber ein Ersatz für eigene Erfahrungen mit der Natur sind sie nicht. Und deshalb ist es auch schade, daß wir Sie am Ende dieses Kapitels nur in Form einer Beschreibung mitnehmen können zu einem der großen Korallenriffe. Dort könnten Sie die fast unglaubliche Schönheit und Faszination relativ unbekannter Organismen entdecken, die Vernetzung ihrer gegenseitigen Beziehungen kennenlernen. Und wahrscheinlich würden Sie gerade dort in den Ökosystemen eines Korallenriffs besonders betroffen werden über die zunehmende Zerstörung unserer biologischen Ressourcen.

Das Korallenriff

Eine Einführung in die Ökologie der Korallenriffe könnte man am Großen Barriere-Riff geben, das sich an der australischen Ostküste entlangzieht – zweitausend Kilometer lang und bis zu einhundertfünfzig Kilometer breit. Es ist das größte von Lebewesen geschaffene Bauwerk der Welt, rund einhunderttausendmal so groß wie die Chinesische Mauer!

In seinen fantastischen Korallengärten leben buchstäblich Tausende verschiedener Fischarten. Anmutig schwimmen Schwärme großer Papageienfische über den äußeren Steilabfall; mit ihren harten Schnäbeln knacken sie das Kalkskelett der Korallen, verdauen die lebenden Teile und lassen weißen Kalksand übrig. Schwärme der großen Stachelmakrelen schweben über dem kilometertiefen Abgrund der offenen See, und gelegentlich kann man einen großen ozeanischen Hai sehen. Die Stachelmakrelen sind wie die Haie Fleischfresser, sie ernähren sich von kleineren Fischen.

Aber besser als am äußeren Steilabfall kann man die Vielfalt der Lebewesen und ihre Wechselbeziehungen im seichteren Wasser um die einzelnen Riffe beobachten. Wir konnten dort allein 25 Arten von Schmetterlingsfischen studieren – mit die schönsten Bewohner des Barriere-Riffs. Wie die Kaiserfische, die oft in Aquarien gehalten werden, sind sie an den Seiten abgeflacht und leuchtend weiß, schwarz, golden, blau, orange oder gelb gefärbt.[12] Nicht alle Schmetterlingsfische ernähren sich gleich. Einige sind Spezialisten und fressen nur ganz bestimmte Korallenarten; andere suchen kleine Wirbellose auf den Korallen oder im Sand. In neueren Untersuchungen um Lizard Island haben unsere Kollegen und wir bemerkt, wie gesetzmäßig sich Arten mit der gleichen Lebensweise – und damit mögliche Konkurrenten – an verschiedenen Orten ersetzen. Anstatt der drei Arten Schmetterlingsfische zum Beispiel, die sich im klaren Wasser nahe dem äußeren Riffrand von Hartkorallen ernähren, findet man zwei andere Hartkorallenfresser im trüberen Wasser um die strandnahen Riffe.[13] Man kann eine allgemeinere Schlußfolgerung aus diesem Beispiel ziehen: Auch wenn sich Arten ökologisch recht ähnlich sind, verbleiben doch immer kleine Unterschiede zwischen ihnen, so daß sie in

---

12 Zu den Ergebnissen der Arbeit über die Farbbedeutungen dieser Fische vgl. P.R. Ehrlich, T.H. Talbot, B.C. Russell und G.R.V. Anderson: The behaviour of chaetodontid fishes with special reference to Lorenz's ›poster colouration‹ hypothesis. *Journal of Zoology, London* 183: 213–228, 1977.

13 G. Anderson, A. Ehrlich, P. Ehrlich, J. Roughgarden, B. Russel & F. Talbot: The Community structure of coral reef fishes. American Naturalist, im Druck.

den Ökosystemen nicht beliebig austauschbar sind. Würde beispielsweise eine dieser Arten im strandnahen Bereich aussterben, dann wäre vermutlich keine der Arten aus den äußeren Bereichen in der Lage, deren Platz und damit deren Aufgaben im Riff-Ökosystem zu übernehmen.
Die fremdartige Lebewelt der Korallenriffe ist also nicht nur schön und mannigfaltig, sondern sie besitzt auch eine komplexe Organisation, die allerdings dem ungeübten Beobachter nicht gleich auffallen wird. Selbst für einen ausgebildeten Biologen hält diese »Unterwasserschule« noch viele andere neue Lektionen und Schlußfolgerungen bereit. Kleine Riffbarsche etwa besiedeln – jeder für sich in einem eigenen kleinen Territorium – praktisch die gesamte Oberfläche des Riffs. Die meisten sind Pflanzenfresser; am äußeren Riffabhang gibt es aber auch andere Riffbarscharten, die sich von Plankton ernähren. Schlußfolgerung: Auch nahe verwandte Fischarten können sich durchaus auf sehr verschiedene Nahrungsquellen spezialisieren und damit auch sehr verschiedene Rollen innerhalb eines Ökosystems spielen.
Meerschwalben – kleine Lippfische mit einem auffälligen schwarzen Längsstreifen – führen die Kosmetiksalons im Korallenriff. Sie leben von Hautparasiten, die sie anderen Fischen ablesen. Die meisten Fische lernen diese Hautpflege schnell schätzen; sie schwimmen zu ihnen bekannten Standorten der Putzerfische hin und bei größerem Andrang stehen sie dort Schlange, bis sie an der Reihe sind. Selbst die dicken Zackenbarsche – sonst unverträgliche Einzelgänger – kann man gelegentlich bei den Putzern friedlich nebeneinander warten sehen. Eine bestimmte Stellung der Kunden, scheinbar erstarrt mit leicht abgespreizten Flossen und geöffnetem Maul, wirkt als Aufforderung an den Putzer; und genauso gibt es Signale, wenn der geputzte Fisch zufrieden ist und weiterschwimmen will. Auf diese Weise können die Meerschwalben völlig gefahrlos selbst im Maul großer Raubfische herumschwimmen und zwischen deren Zähnen ihre Nahrung suchen. Schlußfolgerung: Die Evolution kann recht überraschende Lebensgemeinschaften oder Verhaltensmuster hervorbringen.
Wesentlich unangenehmere Zeitgenossen sind dagegen die Säbelzahnschleimfische: Sie sind Räuber, doppelt so lang wie ein Zeigefinger, die ihn ihren Höhlen zwischen den Korallen auf große, langsam schwimmende Fische lauern. Kommt einer vorbei, dann schießen sie wie ein Pfeil auf ihn zu, beißen sich ein kleines Stück Haut aus ihm heraus und verschwinden wieder in ihrem Loch; leider sehen sie manchmal auch Taucher als geeignete Opfer an. Zum Glück sind aber die Säbelzahnschleimfische in den Riffen nicht überall sehr häufig; aber wieso eigentlich? Ihre Beutetie-

re gäbe es ja mehr als reichlich. Offensichtlich ist für sie das Angebot an geeigneten Höhlen entscheidend. Schlußfolgerung: Die Knappheit einer bestimmten Ressource – zum Beispiel Höhlen – kann die Größe einer Population begrenzen.

Nun sind Fische nicht dumm; sie lernen es, diese Räuber zu erkennen und nach Möglichkeit zu meiden – aber auf den Hochstapler vom Korallenriff fallen sie immer wieder herein: Dieser ist auch ein Säbelzahnschleimfisch, aber er sieht ganz anders aus als seine Verwandten. Zum Verwechseln sieht er den Meerschwalben ähnlich, und er schwimmt auch nicht pfeilschnell auf sein Opfer zu, sondern mit den langsamen, nickenden Bewegungen der Putzerfische. Wenn er sich aus einem ahnungslosen Putz-Kunden ein Stück herausgebissen hat, dann bleibt er auch noch geradezu unverschämt ruhig neben ihm stehen und kaut weiter. Offensichtlich ist das Verhalten der Betrogenen so wenig flexibel, daß sie einen Fisch in Putzertracht einfach nicht angreifen können.[14] Schlußfolgerung: Auch in der Natur sind die Dinge nicht immer so einfach, wie sie beim ersten Hinschauen erscheinen mögen.

So faszinierend und mannigfaltig auch die Fischfauna der Korallenriffe ist, sie ist doch nur ein kleiner Teil davon. Die riesigen Riffe selbst, viel größer als irgendwelche von Menschen hergestellten Strukturen, sind das Produkt winziger Korallentiere (die mit den jedem See-Urlauber vertrauten Quallen verwandt sind). Aus deren in ungezählten Jahrmillionen abgelagerten Kalkskeletten sind die Riffe gewachsen.

Und auch die anderen Tiere des Korallenriffs, die Krebse, Würmer, Schnecken und andere wirbellose Tiere sind auf ihre Weise genauso faszinierend wie die Fischfauna – wenn auch nicht immer so auffällig oder so schön. Wenn man nur genau genug hinschaut, gibt es noch viele Lektionen von ihnen zu lernen. Vielfältig wie ihre Fauna ist auch die ökonomische Bedeutung der Korallenriffe. Ihr Fischreichtum ist wichtig für die Eiweißversorgung sehr vieler Menschen in den Tropen; auf manchen Inseln sind die Fische sogar die Hauptnahrungsquelle. Überhaupt sind die Riffe Zonen höchster Produktivität in den sonst verhältnismäßig wenig produktiven tropischen Meeren; wahrscheinlich hängt das gesamte Meeresleben bis weit in die Tiefsee hinein zum großen Teil von der Existenz der Korallenriffe ab. Für viele tropische Küsten sind die Riffe der entscheidende Schutz vor starker Brandung und damit vor Erosion,

---

14 Über Evolution und Verhalten der Putzer und ihrer Nachahmer informiert z.B. W. Wickler: Mimikry – Nachahmung und Täuschung in der Natur. Frankfurt/M., Fischer-Verlag, 1973.

und nicht zuletzt ist ihr ästhetischer Wert so hoch, daß sich ihretwegen in vielen Regionen eine blühende Tourismus-Industrie entwickelt hat.
Gerade der Tourismus bringt aber auch die Riffe in Gefahr. Nicht nur Teile des großen australischen Barriere-Riffs sind inzwischen buchstäblich leergeschossen, und zu Schutzmaßnahmen – etwa dem Verbot automatischer Unterwasserwaffen – ringt man sich in den Touristenzentren meist erst dann durch, wenn wirklich kein schießbarer Fisch mehr zu sehen ist – wenn überhaupt.
Eine andere Gefahr für die Korallenriffe sorgt seit einigen Jahren für Aufsehen: die Dornenkrone, ein bis zu sechzig Zentimeter großer Seestern, der die Korallentiere aus ihren Kalkskeletten herausfrißt. In einigen Regionen des Pazifiks treten diese Seesterne zur Zeit in solchen Massen auf, daß sie die Riffe totfressen – auch im australischen Barriere-Riff, wo sie angeblich schon mehrere hundert Kilometer zerstört haben.
Die Ursache dieser explosionsartigen Vermehrung ist unklar; liegt es daran, daß Touristen die attraktiven Triton-Schnecken – wichtige Feinde der Dornenkronen – zu intensiv abgesammelt haben? Sind durch Unterwasser-Explosionen oder durch die allgegenwärtige Meeresverschmutzung irgendwelche unscheinbare, planktonfressende Tiere ausgestorben, die bisher die kleinen, freischwimmenden Larvenstadien der Seesterne dezimiert haben? Oder gehört ihre zeitweise Massenvermehrung doch zu den ganz natürlichen Vorgängen in einer Riff-Lebensgemeinschaft? Wir wissen es noch nicht; wir wissen auch nicht, ob sich ein einmal zerstörtes Riff überhaupt wieder regenerieren kann, denn Algen können ein totes Riff so schnell überwuchern, daß sie eine Wiederansiedlung der Korallentiere vielleicht verhindern.
Es könnte also sein, daß wir zur Zeit gerade den endgültigen Niedergang aller Korallenriffe verfolgen. Jacques Cousteau hat einmal vorausgesagt, daß vielleicht schon unsere Enkel nicht mehr in der Lage sein werden, ein Korallenriff und alle die Arten, die dazugehören, zu erleben. Und dieser Verlust wäre weitaus ernster als der Verlust der Dinosaurier; denn es wird mit Sicherheit kein Ersatz dafür entstehen – zumindest nicht in der kurzen Zeit, die uns Menschen ausschließlich interessiert.

Die Entstehung der Arten – und ihre Ausrottung

Als ich an Bord der H.M.S. »Beagle« als Naturforscher war, überraschten mich gewisse Tatsachen in hohem Grade, die sich mir in bezug auf die Verteilung der Bewohner von Südamerika und die geologischen Beziehungen der jetzigen zu den früheren Bewohnern dieses Weltteils darboten. Diese Tatsache schien mir einiges Licht auf den Ursprung der Arten zu werfen, dies Geheimnis der Geheimnisse, wie es einer unsrer größten Philosophen genannt hat.
Charles Darwin, »Über die Entstehung der Arten«

Denken wir daran, daß die heute lebenden Arten die Endergebnisse einer Evolution von 20 Millionen Jahren sind; überhaupt nichts kann mehr getan werden, wenn die Arten endgültig gegangen sind, wenn das letzte Paar ausgestorben ist.
Sir Peter Scott, in einer Rede auf der Konferenz über die Zucht gefährdeter Arten 1972

Um voll und ganz zu verstehen, wie Organismen anderer Arten die Menschheit erfreuen, ihr wirtschaftlich nützen oder ihr lebenswichtige Dienste leisten, ist es notwendig, ein wenig mehr über die Natur der Arten zu wissen: über die Vorgänge, die sie schufen und über erdgeschichtliche Gründe ihres Aussterbens. Dererlei Wissen ist gleichfalls bedeutsam für eine Abschätzung, wie Arten gefährdet werden und welche Alternativen vorhanden sind, um das Ungleichgewicht zwischen den Entstehungsraten und den Austilgungsraten zu korrigieren.

Was sind Arten?

»Arten« sind unterschiedliche Formen von Pflanzen, Tieren oder Mikroorganismen. Es hat sich herausgestellt, daß es jedoch sehr schwierig ist, den Ausdruck *Art* oder *Form* genau zu definieren. Alle Biologen verstehen diese Ausdrücke mehr oder weniger, obwohl sie sich auf keine

genaue Definition einigen können. Von den meisten Biologen wird aber bejaht, daß zwei deutlich verschiedene, obzwar ähnliche Organismengruppen, die sich wenig oder gar nicht miteinander kreuzen, als zwei getrennte Arten angesehen werden müssen.
Hunde und Füchse sind getrennte Arten, weil niemand einen Bastard zwischen Hund und Fuchs gefunden hat. Die Kalifornische Wüsteneiche und die Kalifornische Schwarzeiche sind verschiedene Arten, obwohl sich hier sogar Bastarde ausbilden können. Und häufig wird darüber disputiert, ob Tiere oder Pflanzen, die sich mehr oder weniger ähnlich sehen, aber nicht nebeneinander vorkommen, als dieselbe Art angesehen werden sollten – etwa der Braunbär Europas und der Grizzly Amerikas. Diese Schwierigkeiten haben zu endlosen Streitereien in der wissenschaftlichen Literatur geführt[1], brauchen uns aber nicht zu bekümmern. Für die Zwecke dieses Buchs ist es nämlich nicht notwendig, Arten genauer als deutlich verschiedene Formen von Lebewesen zu definieren.
Weil es schwierig ist, »Art« genau zu definieren, ist auch klar, daß – selbst wenn alle Organismen unseres Planeten der Wissenschaft bekannt wären – es immer noch eine Unstimmigkeit über die Anzahl der Arten, die sie darstellen, gäbe. Die Biologen stimmen aber darin überein, daß es eine große Zahl von Arten gibt, die sie noch nicht entdeckt und formal beschrieben und benannt haben. Aus diesen Gründen kann die Frage »Wieviele Arten gibt es?« nur mit einer Größenordnungsangabe beantwortet werden – irgendeine Zahl zwischen zwei und zwanzig Millionen. Unsere über den Daumen gepeilte Schätzung ist etwa 10 Millionen Arten. Ungefähr anderthalb Millionen Arten wurden bisher beschrieben und haben wissenschaftliche Namen erhalten.
Die ungeheure Mehrheit der Arten (besonders der noch unbeschriebenen Arten) lebt vermutlich in den Tropen, besonders in den tropischen Regenwäldern. Obwohl die Tropen ein kleineres Landgebiet aufweisen als die gemäßigten Zonen, beherbergen sie vermutlich wenigstens doppelt so viele Arten. Alleine im Amazonasbecken könnte etwa eine Million Arten leben. Es überrascht kaum, daß die meisten größeren Lebewesen der Welt der Wissenschaft bekannt sind – besonders die Fische (etwa 20 000 Arten), die Amphibien (ungefähr 2600), die Reptilien (6500), die

---

1 Den konservativen Standpunkt vertritt Ernst Mayr, *Populations, Species and Evolution: An Abridgement of Animal Species and Evolution*, Cambridge, Mass., (Harvard University Press) 1970. Eher heterodoxe Standpunkte sind vertreten bei P. R. Ehrlich, »Has the biological species concept outlived its usefulness?«, *Systematic Zoology* 10, 1961, Seite 167–176 und P. R. Ehrlich und R. H. Raven, »Differentiation of populations«, *Science* 165, 1969, Seite 1228–1232.

Vögel (8600), die Säuger (4100) und die höheren Pflanzen (250 000). Hauptsächlich in den Gruppen der Insekten, der Milben und der Fadenwürmer werden noch Arten entdeckt. Beispielsweise wurden alleine 1975 786 bisher unbekannte (»neue«) Arten von Fliegen beschrieben und benannt, die damit zu über einer Million anderer Insekten traten, die bereits latinisierte Namen erhalten hatten.

Selbst in den Vereinigten Staaten und in Europa werden noch andauernd neue Arten derartig verborgener Organismengruppen ans Licht geholt. In den bekannteren Gruppen (wie etwa den Schmetterlingen) sind Entdeckungen bis dahin unbekannter Arten in den gemäßigten Gebieten größenteils auf die sogenannten Geschwisterarten beschränkt – zwei einander so ähnliche Formen, daß lange gedacht wurde, sie bildeten eine einzige Art.

Die Wissenschaftler haben aber, obwohl eine große Anzahl von Arten noch unentdeckt und unbeschrieben ist, doch recht genaue Vorstellungen, welche und wie viele Arten noch zu erwarten sein könnten und wo sie gefunden werden könnten. Das heißt, wenn nicht zu viele ausgerottet worden sind, bevor sie gefunden werden.

Ein grundlegendes Problem, an das Sie sich erinnern werden, ist das Auseinanderklaffen zwischen der *Rate* der Artenbildung und der der Artenauslöschung. Obwohl der größte Teil dieses Buches von den Gründen und der Vermeidung eines vorzeitigen Aussterbens handelt, ist für ein vollständiges Verstehen der Lage auch einiges Wissen über den Evolutionsprozeß der Artenbildung vonnöten. Denn nach allem bisher Angeführten könnte auch argumentiert werden, daß die Menschen doch, wenn ihre Tätigkeit zu einer Beschleunigung des Verschwindens von Arten führt, gleichfalls auf der anderen Seite der Gleichung eingreifen könnten und die Artenbildung erhöhen könnten, um so die Mannigfaltigkeit der natürlichen Welt zu erhalten.

Evolution

Bei der organischen Evolution lassen sich zwei größere Prozesse unterscheiden. Der erste beinhaltet einen schrittweisen Wandel innerhalb einer einzigen Abstammungslinie. Ein Beispiel für den Wandel in einer einzigen Linie über nur kurze Zeit ist der Erwerb der Resistenz gegen ein Pestizid in einer Moskitopopulation über einen Zeitraum von, sagen wir mal, zehn Generationen (eine Moskitogeneration kann kürzer als zwei Wochen sein). Ein derartiger evolutionärer Wandel wurde bei vielen Populationen schädlicher Insekten in den letzten dreißig Jahren beobachtet. Im ersten Jahr ist die Insektenpopulation sehr empfindlich gegen ein Pestizid; fast alle Individuen werden von einer verhältnismäßig niedrigen Dosis getötet. Doch ungefähr ein Jahr später behandeln die Nachkommen derselben Population das Insektizid als eine Art Aperitif und fahren fort, zufrieden auf der Ernte, die geschützt werden sollte, zu dinieren (oder unser Blut zu sucken). In verhältnismäßig wenigen Generationen haben sie sich von Lebewesen, die gegen das Insektizid empfindlich sind, zu dagegen resistenten Organismen entwickelt.

Ein anderes Beispiel für die Evolution innerhalb einer einzigen Linie (wenn auch diesmal nicht innerhalb der Spanne eines Jahres, sondern einer weitaus längeren Periode) war die schrittweise Veränderung einer affenartigen Kreatur mit dem Namen *Australopithecus* zu dem modernen Menschen im Verlauf von Millionen Jahren. *Australopithecus* war ein ganz aufrechtgehender, werkzeug-benutzender Bewohner der Steppe Afrikas. Die Nachfahren dieser »Affenmenschen« erwarben langsam größere Gehirne und komplexere Kulturen, entwickelten sich bis zur Stufe des *Homo erectus*, die den Javamenschen, den Pekingmenschen und andere umfaßt. Der Prozeß ging weiter, und *Homo erectus* entwickelte sich langsam zu *Homo sapiens*, dem gegenwärtigen Vertreter der menschlichen Linie. Sowohl beim Mosquito- als auch beim Menschen-Beispiel hat sich im Lauf der Zeit eine Tierform in eine andere verwandelt.

Der zweite größere Evolutionsprozeß ist die Artenbildung; sie ist für die große Vielfalt an Arten verantwortlich. Bei der Artenbildung verwandelt sich eine Organismenform in zwei oder mehr neue Organismenformen. So begann zum Beispiel vor ungefähr 200 Millionen Jahren, in der Trias, als die Saurier die beherrschenden Landtiere waren, eine Gruppe von Reptilien, sich einer Verwandlung zu unterziehen. Ihre Normalausstattung mit Reptilienbackenzähnen (die alle einfach und im wesentlichen identisch sind) begann sich zu einer differenzierten Ausstattung mit komplexen Molaren und Prämolaren zu verändern. Die für die meisten Reptilien charakteristischen Flachschuppen begannen sich zu schmächtigen faserigen Gebilden – die heute als Haare bekannt sind – zu verwandeln, und die evolvierenden Tiere begannen ihre Jungen intensiver zu pflegen und eine nahrhafte, weißliche Flüssigkeit – die heute Milch heißt – zu produzieren, um damit ihre Jungen zu füttern. Diese und andere Veränderungen geschahen nicht auf einmal; und aus den Zeugnissen, den Versteinerungen, ist tatsächlich keine genaue Reihenfolge zu ersehen. Aber diese Gruppe der Reptilien war auf dem besten Weg, zu Säugetieren zu werden.

Über einen sehr langen Zeitraum – wohl über 100 Millionen Jahre – waren die Säuger eine verborgene Gruppe kleiner Tiere, die immer in Schrekken vor den fleischfressenden Riesenechsen lebten, die ihnen im Dunkel der Vergangenheit nachstellten. Am Ende des Mesozooikums, etwa vor 65 Millionen Jahren, verschwanden die Saurier dann plötzlich. Die Zeit der Säugetiere war herangekommen, und aus den verhältnismäßig wenigen unserer verborgenen Vorfahren entstand eine taxonomische Gruppe, die heute durch mehr als 4000 Arten dargestellt wird und zu der derartig unterschiedliche Typen wie Känguruhs, Beutelratten, Wale, Ameisenbären, Erdferkel, Fledermäuse, Robben, Hunde, Tiger, Bären, Dachse, Gürteltiere, Pferde, Antilopen, Hirsche, Ziegen, Rinder, Mäuse, Kaninchen, Schnabeltiere, Gorillas und Menschen gehören.

Dieser Vorgang schloß nicht nur Veränderungen innerhalb einer Abstammungslinie ein, sondern ebenso offensichtlich eine Teilung der Linien – d. h. *Artenbildung*. Die genauen Mechanismen der Artenbildung sind noch nicht völlig verstanden, was zum Teil daher rührt, daß die Artenbildung ein meist sehr langsam verlaufender Prozeß ist.

Einige Punkte des Artenbildungsprozesses können aber sowohl bei heute lebenden Systemen als auch an den versteinerten Dokumenten beobachtet werden. Die steinernen Zeugnisse verdeutlichen, daß der Artenbildungsprozeß im Verhältnis zur Lebensdauer des Menschen schrittweise vor sich geht (dies wird von Beobachtungen an lebenden Arten bestätigt).

Bei einigen Organismengruppen mag es zu bestimmten Zeiten zu einer explosionsartigen Entfaltung bei der Artbildung kommen, die in wenigen Jahrtausenden oder gar nur Jahrhunderten abgeschlossen sein kann. In den meisten Fällen scheint aber die Artenbildung zehntausende oder gar Millionen Jahre zu dauern. Es ist mehr als ein Jahrhundert her, seit Charles Darwin das biologische Denken über Artenbildung begann, und dennoch muß das Hervorbringen neuer Arten durch die Natur immer noch bewiesen werden. Bisher war es den Biologen nicht möglich, die ganze Transformationsfolge einer Art in zwei oder mehr zu beobachten. (In voller Absicht beschränken wir diese Beispiele auf die Tiere. Denn die Lage bei den Pflanzen ist noch komplizierter – allerdings in Aspekten, die für dieses Buch vernachlässigbar sind!) Doch waren die Biologen immerhin in der Lage, unzählige Beispiele von Tier- und Pflanzenarten zu beobachten, die auf verschiedenen Stufen der Aufsplitterung zu sein scheinen. In der großen Mehrzahl der Fälle ist die Veränderungsrate derart langsam, daß es nicht einmal möglich war, eine Zunahme bei der

Differenzierung für die Jahrzehnte, in denen eine Beobachtung möglich war, nachzuweisen.
Bei den evolutionären Veränderungen innerhalb der Abstammungslinien und durch die Artenbildung gilt als grundlegender Antrieb die von Ch. Darwin vorgeschlagene *natürliche Auslese*. Schauen wir zunächst, wie dieser Mechanismus in einer einzigen Abstammungslinie arbeitet. Die natürliche Auslese tritt dann auf, wenn einige Individuentypen einer Population sich durchschnittlich stärker vermehren als andere Typen und wenn die Typen genetisch unterschiedlich sind. Die Individuen von sich sexuell fortpflanzenden Organismen sind (mit der Ausnahme der eineiigen Zwillinge) in ihren Genen nie ganz gleich. Einigen genetischen Typen wird es in einer bestimmten Umwelt besser als anderen möglich sein, zu überleben und sich zu vermehren. Einige genetische Typen eines Insekts werden beispielsweise resistenter gegenüber einem Pestizid sein als andere. Wenn eine Insektenpopulation besprüht wird, tritt die natürliche Auslese auf den Plan. Die resistenten genetischen Typen werden eher überleben und daher im Durchschnitt die empfindlicheren Typen »hinaus«-vermehren. Dieses »Hinaus«-Vermehren der empfindlicheren genetischen Typen durch die resistenteren führt zu genetischen Veränderungen der Population. Die Gensorten, die bei den besseren Vermehrern (des resistenten Typs) vorhanden sind, werden im »Genpool« der Population, der gemeinsamen genetischen Ausstattung der Population, häufig und jene der schlechteren Vermehrer (des empfindlicheren Typs) werden weniger häufig. Schritt für Schritt wird so die gesamte Population gegen das Mittel resistent.
Das Ersetzen eines genetischen Typs durch einen anderen in Populationen als das Ergebnis einer natürlichen Auslese erklärt sehr gut, wie sich aus der ersten selbst-verdoppelnden Form, in der das Leben seinen Ursprung hatte, über verzweigende Linien die modernen Organismen entwickelten, da ja Milliarden von Generationen zur Verfügung standen. Wie aber führte die natürliche Auslese zu jener Aufteilung der Abstammungslinien, so daß es heute Millionen unterschiedlicher Arten gibt. Die Stelle, an der wir nach der Antwort schauen können, ist die *geographische Variabilität*.

Geographische Variabilität

Wenn die natürliche Auslese Organismen schafft, die eher fähig sind, die Umwelten, in denen sie leben, auszubeuten, oder wenn sie sie dahingehend formt, daß sie sich an neue Bedingungen wie eine veränderte Umwelt anpassen, so treten *innerhalb* der Abstammungslinien Veränderungen auf. Für eine *Aufsplitterung* der Linien, d. h. für eine Artenbildung, liegt der wichtigste Grund in der Unterschiedlichkeit der Umwelt. Keine zwei Orte sind bezüglich ihrer Topographie, ihres Klimas oder des sie bewohnenden Organismenaufgebots gleich! Wenn sich daher eine Art über ein größeres Areal ausbreitet, weichen ihre Populationen bald genetisch voneinander ab; dies ist die Antwort auf die unterschiedlichen Umwelten, in denen sie sich befinden. Jede Population wird durch die natürliche Auslese an die Bedingungen des eigenen Gebietes angepaßt; jede wird von der anderen genetisch unterschiedlich. Und diese genetischen Unterschiede werden durch Unterschiede in der Struktur, im Verhalten und anderen Charakteristika der Organismen widergespiegelt. Diese zuletzt genannten Unterschiede zwischen den Populationen sind als *geographische Variabilität* bekannt. Häufig wird diese Variation von Taxonomen erkannt, die dann solche Populationen oder Populationsgruppen innerhalb einer Art als geographische *Unterart* (oder *Subspezies*) benennen und beschreiben.

Die Summe der genetischen Variabilität, die in einer Population vorhanden ist, ist ein Schlüssel zur Geschwindigkeit und zur Ausprägung, mit dem die natürliche Auslese als Antwort auf Umweltveränderungen Populationen verändern kann. Je ähnlicher sich die entsprechenden Individuen genetisch sind, um so weniger Wahrscheinlichkeit besteht, daß eine Population oder Art sich an die veränderten Bedingungen anpassen können wird. Je mehr genetische Unterschiede innerhalb und zwischen den Populationen einer Art bestehen, um so wahrscheinlicher ist es, daß die Art angesichts einer Umweltveränderung, die alle Populationen betrifft, bestehen bleibt.

Nehmen wir zum Beispiel an, daß es eine großflächige und rasche Abkühlung des Klimas gäbe. Nördlichere Populationen, die bereits an die härteren Bedingungen genetisch angepaßt sind, können nach Süden ziehen und überleben, wobei sie die ausgestorbenen südlicheren Populationen ersetzen. Oder aber: Seltenere, aber kälte-resistente Typen der südlichen Population könnten überleben und sich dort durchsetzen. Daher sollte man die genetische Variabilität für die wichtigste Ressource der natürlichen Populationen und Arten halten. Es ist diejenige Ressource, die einer Population oder Art die Chance gibt, auch in einer Welt, in der Umweltveränderung nicht die Ausnahme, sondern die Regel ist, das Evolutionsspiel zu überleben.

In einigen seltenen Fällen ist es möglich gewesen, mehr oder weniger direkt zu beobachten, daß die natürliche Auslese die geographische Variabilität verursacht.

Vor vielen Jahren arbeitete Paul mit dem verstorbenen Dr. Joseph H. Camin an der Akademie der Wissenschaften in Chikago; sie untersuchten die Übertragung einer malariaähnlichen Krankheit durch Schlangenmilben auf Schlangen. Der für diese Arbeit verwendete Stamm der Siegelringnattern kam von der großen Population auf den Inseln des Eriesees. Die Nattern kommen dort auf flachen Kalkfelsen an der Küste der Inseln vor. Wenn ein großer Fels herumgewälzt wurde, waren meistens einige Nattern ohne Schutz. Es gab eine einfache Fangtechnik – man greift ein oder zwei Schlangen, und ein oder zwei Schlangen greifen einen selbst (Nattern sind nicht giftig, aber bissig – sie versuchen sogar, durch die Eihülle zu beißen, wenn sie geboren werden!).[2]

Die Siegelringnattern besitzen eine geographische Variation des Farbmusters. Die meisten auf den Inseln gefundenen Nattern gehörten zu einem Typ, dem das Muster der sich abwechselnden hellen und dunklen Bänder fehlt, das diese Art an den Festlandufern des Eriesees und auch meist sonst im östlichen Nordamerika auszeichnet. Weil sie keine Bänderung hatten, waren die Inselnattern kaum auf den Kalkfelsen zu erkennen; woanders war es gerade die Bänderung, die die Schlangen nur schwer von den eher abwechselnden Untergründen ihres normalen Marschbiotops abheben ließ.

Wenn die weiblichen Nattern von den Inseln in die Labors gebracht wurden, produzierten sie regelmäßig Junge in großer Zahl. Die überwiegende Mehrzahl der neugeborenen Schlangen war interessanterweise gebändert. Da die Nattern während ihrer Reifezeit die Färbung nicht veränderten, mußte es etwas anderes sein, was viele der Jungen des gebänderten genetischen Typs aus der Population aussonderte und nur die zumeist ungebänderten ausgewachsenen Tiere übrigließ. Allgemein wird angenommen, daß Möwen, die sich von den jungen Nattern ernähren, die Auslese vornehmen. Es scheint so, als ob sie die gebänderten Schlangen gegen den nackten Kalkfelsen der Inseln leichter ausfindig machen können; dies konnte aber nicht mit Sicherheit bewiesen werden. Es war

---

2 Joseph H. Camin und P. R. Ehrlich, »Natural selection in water snakes *(Natrix sipedon)* on islands in lake Erie«, *Evolution* 12, 1958, Seite 504–511.

jedoch möglich zu zeigen, daß eine natürliche Auslese stattfinden muß, da es jenen drastischen Unterschied bei gebänderten Nattern zwischen den neugeborenen und den ausgewachsenen Tieren der verschiedenen Populationen gibt. Die gebänderten genetischen Typen in den Würfen hatten deutlich weniger Chancen aufzuwachsen und sich zu vermehren als die ungebänderten Typen.
Ein sehr unüblicher Umstand erlaubte die Entdeckung der gerade wirkenden Auslese in diesem Fall. Siegelringnattern der gebänderten Population der Festlandufer des Sees wanderten andauernd nach den Inseln aus und brachten die Gene für die Bänderung wieder mit. Daher wurden die Bänderungsgene, obwohl sie laufend durch die natürliche Auslese auf den Inseln ausgesondert wurden, immer wieder durch Einwanderung in die Population eingeführt. Dieses Gleichgewicht zwischen Einwanderung und natürlicher Auslese gestattet einen unüblichen Blick auf die Art und Weise, in der die geographische Variabilität erzeugt wird.
Die Versuche, mit denen Paul und Joe zeigen wollten, daß die Möwen tatsächlich die auslesenden Erbeutungen vornehmen, waren nicht von Erfolg gekrönt; es gelang ihnen in Wirklichkeit nur zu beweisen, daß Möwen Wissenschaftler anschmieren können. Sie borgten sich vom damaligen Direktor des Lincoln-Zoos, Marlin Perkins, eine Möwe, die bald Hermann getauft wurde. Sie planten einen sorgfältig erdachten Versuch, bei dem einem hungrigen Hermann sowohl Nattern vom gebänderten wie vom ungebänderten Typ auf Unterlagen, die an die Kalkfelsen der Eriesee-Inseln erinnnerten, dargeboten wurden. Als Grundidee sollte beobachtet werden, ob Hermann die gebänderten Schlangen auf diesem Untergrund schneller finden und fressen würde als die nichtgebänderten. Unglückseligerweise aber war Hermann ein langjähriger Zoobewohner und an eine Nahrung von aufgetauten Stinter (= Fischart!) gewöhnt. Als das Darbieten der jungen Nattern getestet wurde, würdigte sie Hermann keines Blicks, obwohl er hungrig war. Daher mußte zunächst ein Vorversuch unternommen werden, indem Hermann überzeugt werden mußte, daß auch Schlangen Nahrung darstellen. Etwa eine Woche lang wurde er mit Schlangenbabys gefüttert, die in seine aufgetauten Fische eingeflochten waren.
Nach diesem Sieg, der ein wenig abseits vom eigentlichen Forschungsziel war, kam die Zeit des ersten Versuchsdurchgangs: Hermann wurde vor zwei identischen künstlichen Felsen plaziert – auf dem einen lag ein gebändertes und auf dem anderen ein ungebändertes Siegelringnatternbaby. Hermann brachte es fertig, auf die ungebänderte Schlange zu steigen und sie vollständig zu übersehen, während er die gebänderte Natter griff

und fraß. Augenscheinlich konnte Hermann leichter die gebänderte Schlange als die ungebänderte sehen. Doch macht ein Durchgang noch keine wissenschaftliche Veröffentlichung – dazu ist eine lange Serie notwendig. Beim zweiten Durchgang machte Hermann zunächst die ungebänderte Natter aus, verschlang sie gierig und wendete sich dann noch der gebänderten zu. Danach war es klar, daß er wußte, daß auf jedem Felsen eine Natter war und er erst auf den einen und dann auf den anderen steigen würde, ohne sich um das Muster zu kümmern. Ein weiterer, großartiger Versuch ging den Jordan runter!
Verzweifelt wurde sich bemüht zu zeigen, daß Hermann wenigstens zwischen den gebänderten und den ungebänderten Nattern unterscheiden konnte. Der Grundentwurf des Versuchs sah vor, Hermann in einer zufälligen Abfolge mit den beiden Schlangentypen zu füttern und ihn mit lauten Gongschlägen zu erschrecken, wenn er eine gebänderte Schlange aufgepickt hatte. Der erste Durchgang war mit einer gebänderten Schlange, und Hermann ging gleich auf sie los. Der Gong wurde geschlagen! Doch Hermann scheuchte nicht wie von Sinnen auf; stattdessen machte es ihm kein bißchen aus! Er stand einfach da und begann die Schlange zu verschlingen. Paul stürzte in die Vogelvoliere und nahm ihm die Schlange weg. Weil angenommen wurde, daß diese traumatische Erfahrung Hermann auf den Gong aufmerksam gemacht hätte, wurde gleich ein zweiter Durchgang, wiederum mit einer gebänderten Schlange versucht. Hermann ging nochmal auf die Schlange los, und wieder wurde der Gong geschlagen. – Diesmal zeigten die Ergebnisse, daß Hermann wahrhaftig gelernt hatte: Er grabschte die Schlange und eilte in die entfernteste Ecke des Käfigs, bevor Paul hereinrennen und sie ihm abnehmen konnte. So viel über Verhaltensforschung! Hermann wurde Marlin mit Dank zurückgegeben.
Die Ursache für die geographische Variation bei den Siegelringnattern (auf den Eriesee-Inseln ungebändert, sonst gebändert) ist also ein unterschiedliches Überleben von Schlangen der unterschiedlichen genetischen Typen – das heißt, natürliche Auslese. Die Eigenart der Auslesekräfte auf den Inseln bleibt jedoch unklar; es bleibt aber wahrscheinlich, daß es die Möwen sind.[3]
Man braucht sich jedoch nicht notwendigerweise verhältnismäßig unbekannte Tiere als Beispiele für die geographische Variabilität anzusehen. Unsere eigene Art ist eine der geographisch variabelsten. Die meisten physischen Züge des Menschen – Größe, Körperbau, Hautfarbe, Haar-

---

3 Siehe Anmerkung 2.

typ, Blutgruppe, Augenfarbe usw. – zeigen eine geographische Variabilität. In einigen Fällen wurden die Umweltdrücke, die diese Variabilität hervorgerufen haben, verstanden. Beispielsweise können Menschen, die in bestimmten Teilen Afrikas leben (oder deren Vorfahren von dort stammen) leicht eine Krankheit namens Sichelzellenanämie bekommen. Die Genetik und die Biochemie dieser Krankheit sind jetzt ziemlich gut erforscht, und so ist bekannt, daß die Gene für Sichelzellen in einer afrikanischen Population beim Schutz gegen eine gefährliche Art der Malaria, die in jenen Gebieten auftritt, behilflich sind. Ein kleiner Prozentsatz der Menschen mit den Sichelzellen bekommt jedoch eine verhängnisvolle Form der Anämie. Das Auftreten einiger Individuen mit dieser schicksalshaften Verringerung der roten Blutkörperchen kann als der Preis aufgefaßt werden, den die Population für ihr anderweits vervollkommnetes Überleben und Fortbestehen trotz der Gegenwart der Schlafkrankheit zu bezahlen hat.

Geographische Artenbildung

Was ist aber nun die genaue Verbindung zwischen der geographischen Variabilität und der Artenbildung? Bei den Menschen gibt es augenblicklich keine: Alle Menschen gehören zu einer Art, *Homo sapiens,* und Vertreter aller Populationen des modernen Menschen können sich miteinander vermehren. In vielen Fällen hat jedoch die geographische Variabilität schon eine frühe Stufe im Prozeß der Artenbildung erreicht – wenn auch, wie wir sehen werden, nicht bei *Homo sapiens*. Wenn Populationen, die sich als Reaktion auf unterschiedliche Selektionsdrücke verändert haben, lange genug (z. B. durch einen Gebirgszug oder einen breiten Fluß) von einander isoliert sind, so können sie verschiedene Evolutionswege betreten. Über sehr viele Generationen hinweg können die getrennten Populationen so unterschiedlich werden, daß sie – falls sie durch Erosion des Gebirges oder Austrocknen des Stromes wieder vereinigt würden – unfähig zu einem Miteinanderkreuzen wären. Es gibt dann zwei Arten, wo zuvor nur eine war – es ist eine Artenbildung aufgetreten.[4]

Das klassische Beispiel für eine solche geographische Artenbildung sind die Darwinfinken der Galápagosinseln. Als wir 1979 diese Inselgruppe besuchten, waren diese spatzenartigen Vögel, die zuerst 1835 Darwins

---

4 Zum Thema Artenbildung vgl. Ehrlich, Holm und Parnell, *The Process of Evolution,* New York (McGraw-Hill) ²1974. Ernst Mayr, *Population, species and Evaluation...,* op.cit.

Aufmerksamkeit erregt hatten, noch sehr zahlreich. Ornithologen unterscheiden bei ihnen 14 Arten. Diese kleinen Vögel sind sich von der Struktur her alle sehr ähnlich; doch unterscheiden sie sich etwas in den Färbungen, ein wenig in der Größe, hauptsächlich aber aufgrund der Schnabelform und -größe und ihrer Ernährungsgewohnheiten. Das eine Extrem bildet eine verhältnismäßig große, bodenfressende Art mit einem irrwitzig langen, dreieckigen Schnabel, der zum Zerquetschen von großen, harten Samen benutzt wird. Das andere Extrem ist ein kleiner, sängerartiger Finkenvogel, mit dessen nadelförmigem Schnabel Insekten aus Bäumen gezogen werden. Die Arten sind sehr ungleich über den Archipel verteilt: Einige kommen auf allen 14 Inseln vor, einige nur auf einer einzigen. Bei den Arten, die sich auf mehr als einer Insel finden, unterscheiden sich häufig die Populationen auf den einzelnen Inseln ein wenig.

Eine Art verhält sich wie ein Specht und sondiert mit ihrem Schnabel in der Rinde, sucht sich so Insekten zum Fressen. Da ihm aber die lange Zunge, die ein richtiger Specht benutzen kann, fehlt, mußte der Fink zum Werkzeugbenutzer werden. Er verwendet einen Kakteendorn, um damit in den Löchern zu stochern und verborgene Käfer herauszubefördern. Eine andere Art wiederum ernährt sich zumeist von Samen, frißt aber auch die Zecken des Drusenkopfs. Dieselbe Art ergänzt auf eine andere Art ihren Speisezettel noch weiter: der Fink landet auf dem Schwanz großer, ziemlich einfältiger Vögel (die daher Tölpel heißen); er zwickt den Tölpel und nimmt das Blut auf, das zwischen dem Gefieder durchsickert. So bekommen sie eine hübsche Eiweißbeilage zu ihrer sonstigen Nahrung!

Zu der Zeit, als Darwin den Galápagosarchipel erreichte, waren ihm Zweifel an der üblichen Anschauung von einer Schöpfung der Lebewesen gekommen. Wenn nämlich Gott alle Arten auf einmal oder in einer Folge getrennter Schöpfungen (was die sonst unerklärlichen Versteinerungen, die gefunden worden waren, abdeckte) erschaffen hatte, warum waren dann die versteinerten Tiere, die Darwin in Südamerika gefunden hatte, so deutlich mit den noch lebenden Tieren Südamerikas verwandt? Die Ähnlichkeiten zwischen den ausgestorbenen und den lebenden Organismen in einem jeden Erdteil wurden zu einem Eckstein seiner Evolutionstheorie. So schrieb er seit der ersten Auflage von *Über die Entstehung der Arten:*

Nach der Theorie der Descendenz mit Modifikationen (d. h. Evolution im Gegensatz zur Erschaffung jeder Art) erklärt sich das große Gesetz langwährender aber nicht unveränderlicher Aufeinanderfolge gleicher Typen auf einem und demselben Gebiet unmittelbar. Denn die Bewohner eines jeden Theils der Welt werden offenbar streben, in diesem Theile während der nächsten Zeitperiode nahe verwandte, doch etwas abgeänderte Nachkommen zu hinterlassen.[5]

Obwohl es Darwin war, der als erster auf die Galapagosfinken traf, begriff er ihre Bedeutung nicht, wenn er auch die Wichtigkeit dieser vielfältigen Vogelgruppe, die ein vom Festland weit entferntes Archipel besiedelte, erfaßte. In seinem Bericht über die *Reise eines Naturforschers um die Welt* schrieb er 1839, zwanzig Jahre vor der Veröffentlichung seines Hauptwerkes: »Wenn man diese Abstufung und Verschiedenartigkeit der Struktur in einer kleinen, nahe untereinander verwandten Gruppe von Vögeln sieht, so kann man sich wirklich vorstellen, daß infolge einer ursprünglichen Armut an Vögeln auf diesem Archipel die eine Spezies hergenommen und zu verschiedenen Zwecken modifiziert worden sei.«[6]

Darwin war von der Beobachtung beeindruckt, daß die Tiere und Pflanzen der Inseln auf dem benachbarten Festland ihre nächsten Verwandten hatten. Dies ergab bei einer Schöpfungshypothese keinen Sinn. Denn wenn es einfach möglich wäre, Arten zu erschaffen, wäre es am einfachsten, solche zu erschaffen, die für die Inselbiotope gut geeignet sind und die keine Beziehung zu jenen haben, die für das benachbarte Festland geschaffen worden waren. Die Inselarten müßten sich dann untereinander ähnlicher sein, da klimatische und andere Bedingungen für verschiedene Inseln gleich sind; sie dürften nicht den Arten der völlig unterschiedlichen Festlandbiotope ähneln.

Andererseits war die Ähnlichkeit mit den Festlandarten aber genau das, was für eine Evolutionshypothese erwartet würde. Jahrhunderte zuvor hätte dann eine Gruppe finkenartiger Vorfahren die Galápagosinseln von Südamerika aus erreicht (vielleicht ein Schwarm, der von einem selten starken Sturm abgetrieben wurde). Isoliert vom Festland und unter anderen Selektionsdrücken hätten dann die Vögel begonnen, sich auf den verhältnismäßig unfruchtbaren, vulkanischen Inseln von ihren Festlandverwandten wegzuentwickeln. Es folgte eine adaptive Ausbreitung, bei der durch Artenbildung die ursprünglichen Einwanderer sich in die vielfältige Anordnung von Arten entwickelte, die jetzt auf den Inseln gefunden wird.

---

5 Charles Darwin, *The Origin of Species,* Seite 340 in der Faksimile-Paperbackausgabe der 1. Auflage bei Harvard University Press, 1964, mit einer Einleitung von Ernst Mayr.
6 Everyman's Library Ausgabe, New York (Dutton), 1959, Seite 365.

Warum gibt es nicht nur eine einzige Art auf den Galápagosinseln? Die geographische Artenbildung, die innerhalb des Archipels vor sich ging, beantwortet diese Frage. Nur selten überqueren die Finken die Wassergrenzen zwischen den Inseln. Als Folge blieben die Populationen, die von gelegentlichen Einwanderern errichtet worden waren, verhältnismäßig isoliert voneinander. Durch diese Trennungen kamen Artenbildungen vor; und wenn dann »Tochterarten« auf die älteren Inseln zurückkehrten, vermischten sie sich nicht mehr mit der Elternart. Statt dessen mußten die Tochter- und Elternarten miteinander um die Nahrung konkurrieren, und die Auslese begünstigte die Unterschiede, die in der Schnabelform und der Ernährungsweise bestanden und verringerte so die Konkurrenz. Deutlich erkannte Darwin die Wichtigkeit anderer Arten als Quelle für den Selektionsdruck. Er schrieb »von dem tief eingewurzelten Irrtum..., die physikalischen Bedingungen einer Gegend als das Wichtigste für deren Bewohner zu betrachten, während doch nicht in Abrede gestellt werden kann, daß die Natur der übrigen Organismen, mit welchen jeder zu konkurrieren hat, wenigstens eben so hoch anzuschlagen und gewöhnlich eine noch wichtigere Bedingung ihres Gedeihens ist.«[7]

Auf den verschiedenen Inseln eines ozeanischen Archipels ist eine Artenbildung aufgrund von Isolation bei anderen Organismen als den Darwinfinken aufgetreten. Andere Pflanzen- und Tiergruppen auf den Galápagosinseln zeigen zumindest den Anfang eines derartigen Vorganges an. Zum Beispiel unterscheiden sich die großen Schildkröten auf den verschiedenen Inseln und den isolierten Vulkanen der Hauptinsel alle voneinander.

Auf den Inseln von Hawaii gleicht eine Abfolge von Ereignissen der Artenbildung genau jener, die die 14 Darwinfinkenarten hervorgebracht hat. Die 23 Arten der Schwarzrot-Kleidervögel haben sich alle aus einem einzigen, vielleicht finkenartigen Vorläufer entwickelt. Wie die Galápagosfinken, so haben auch diese Vögel sehr vielfältige Schnabelformen (von papageienhaften bis zu äußerst schlanken und zu gebogenen von der eigenen Körperlänge). Die Schwarzrot-Kleidervögel sind im Unterschied zu den Darwinfinken aber sehr unterschiedlich gefärbt und einige sogar sehr lebhaft gemustert.

Die adaptive Ausbreitung, der sich diese Gruppe auf Hawaii unterzogen hat, ist noch eindrucksvoller als bei den Galápagosfinken. Doch läßt sich auch sie durch den selben Mechanismus einer geographischen Artenbildung durch Isolation erklären, die durch eine komplizierte Folge von

---

7 *The Origin of Species,* op. cit., Seite 400.

Wiederbesiedlungen und natürlicher Auslese, die die Konkurrenz herabsetzte, fortgeführt wurde, wie dies auch für die Ausbreitung der Darwinfinken gilt.

Wenn aber die Umstände nicht richtig sind, wird eine geographische Variabilität nicht zur Artenbildung führen. *Homo sapiens* hat sich keiner geographischen Artenbildung unterziehen müssen, obwohl er überreichlich geographische Variabilität aufweist. Grund dafür ist der menschliche Hang zu Wanderungen. Keine menschliche Population war von den anderen lange genug getrennt, daß eine Artenbildung hätte auftreten können – das heißt, daß die Gruppen so verschieden geworden wären, daß sie die Fähigkeit zu einer gemeinsamen Vermehrung verloren hätten. Ein anderer Grund ist, daß die kulturellen Anpassungen häufig die genetischen Adaptionen ersetzen. Beispielsweise lebt ein Eskimo in seinen Kleidern aus Seehundfell in einem ebenso warmen Mikroklima wie ein nackter Ureinwohner in der australischen Wüste. Daher besteht für die Eskimo kein Selektionsdruck, eine dicke Pelzhaut zu entwickeln. Bekleidung, Behausung und weitere kulturelle Hilfsmittel können Unterschiede der Umwelt ausgleichen; und sie haben auch diese Aufgabe. Daher fehlen im Vergleich zu den Selektionsdrücken, die auf andere Organismen wirken, die ihre Umwelt nicht in einem solchen Ausmaß wie wir verändern können, jene mannigfaltigen Drücke auf verschiedene menschliche Bevölkerungsgruppen. Andere weitverbreitete Organismen, denen zwar jener Vorteil durch kulturelle Anpassung fehlt, die aber ebenso beweglich wie *Homo sapiens* sind, können bei sich eine Artenbildung verhindern. Populationen solcher Lebewesen – für die der wandernde Monarchfalter ein gutes Beispiel ist – sind weitaus weniger isoliert und zeigen nur eine geringe geographische Variabilität. Und auch bei den Arten, die nur sehr begrenzte Ausbreitungsareale haben, gibt es kaum eine Möglichkeit zur geographischen Variabilität, da sich die Biotope ihrer Umwelt nicht ausreichend unterscheiden, um eine auseinanderlaufende Evolution zu verursachen. Beziehungsweise, wenn die Populationen nicht stark genug getrennt sind, sind sie wiederum nicht ausreichend isoliert, damit eine Artenbildung auftreten könnte.

Das evolutionäre Gleichgewicht

Wie wir gesehen haben, muß eine geographische Variabilität nicht zum Herausbilden weiterer Arten führen; wenn sie dazu führt, ist dies ein langsamer Vorgang. Gerade deshalb sollte die gegenwärtige, durch die

Menschen verursachte Beschleunigung beim Aussterben von Arten ein Grund zur Sorge sein. Die Entwicklung von Millionen Arten durch die Erde ist ein Produkt von zwei biologischen Vorgängen, die über Äonen anhielten – die Folge von Artenbildung und des Aussterbens von Arten. Neue Arten werden durch die Artenbildung geschaffen, und andere Arten werden durch Aussterben ausgesondert. Es scheint so, als ob die Artenbildung ein Wasserhahn wäre, durch den neue Arten in ein Becken eingelassen würden; die Austilgung wäre dann der Abfluß, durch den dann andere wieder entfernt werden. Während der meisten Zeit der Erdgeschichte war der Hahn ein wenig stärker aufgedreht und hat daher durchschnittlich mehr Arten hereingelassen als weggegangen sind. Als Ergebnis hat sich im allgemeinen die Anzahl der lebenden Arten über die Zeiten hin erhöht.

Heute sind wir Menschen zum hauptsächlichen Wirkfaktor der Austilgung geworden und haben den Abfluß weiter geöffnet. So werden nicht mehr länger mehr Arten geschaffen als jedes Jahr ausgerottet werden; so nimmt der Vorrat des Planeten an biologischen Ressourcen (für den die Artenzahl ein Maßstab ist) rasch ab. Einige der Vorausberechnungen, die auf der Annahme aufbauen, daß die Ausrottungsrate weiterhin so wie in den letzten Jahrzehnten steigt, laufen darauf hinaus, daß vielleicht *ein Fünftel aller Arten, die heute auf der Erde leben, am Ende des Jahrhunderts verschwunden sein werden.*[8]

Auf viele direkte und indirekte Weisen wird der Druck der Menschheit auf die Arten noch verstärkt: durch Überausbeutung und durch Biotopveränderung und Biotopzerstörung. Durch Überjagen, Überfischen, Übererneten (bei Pflanzen) und – wichtiger – durch das Zerstören oder Abändern von natürlichen Biotopen verdammt die Menschheit Populationen und Arten in einem immer größer werdenden Ausmaß zum Aussterben. Gleichzeitig wird durch menschliche Störungen beinahe sicher der langzeitige Ausgleichprozeß unterbunden: die Artenbildung! Wenn eine Population ausgetilgt wird, gehen gleichzeitig einige Bestandteile der genetischen Ressourcen einer Art verloren, wenn auch nicht die ganze Art abtritt. Wenn natürliche Biotope gestört und durch menschliche Eingriffe verschlechtert werden, wenn die Erde im ganzen eine immer gleichförmigere Umwelt verpaßt bekommt, werden auch die Möglichkeiten für eine geographische Artenbildung stark vermindert. Je kleiner und einförmiger das von einer Art besiedelte Areal ist, desto weniger wahr-

---

8 Norman Myers, *The Sinking Ark,* New York (Pergamon Press), 1979. *Global 2000, Der Schritt ins 21. Jahrhundert,* Frankfurt am Main (2001) 1980.

scheinlich wird es eine Isolation, wird es Umweltunterschiede geben, die die Voraussetzungen einer Artenbildung sind (dies wird auch die räumliche Trennung zwischen Naturschutzgebieten – wenigstens für größere Tiere – nur unangemessen ausgleichen können; Gründe hierfür werden in Kapitel 9 diskutiert!). Daher wird der Evolutionsprozeß, der in der Vergangenheit ein reichhaltiges Artenaufgebot und ein noch größeres Aufgebot von genetisch an die örtlichen Bedingungen angepaßten Populationen geschaffen hat, eventuell genau zu dem Zeitpunkt abgewürgt werden, wenn er am dringendsten benötigt wird.

Die bedeutendere Seite der Artenbildungs-/Austilgungs-Gleichung bleibt aber heute das starke Anwachsen der Austilgungsrate – die jetzt als ein dutzend Mal höher wie noch vor ein paar Jahrzehnten und als weiter anwachsend geschätzt wird. Sogar wenn die Artenbildung nicht durch die selben Vorgänge, die das Aussterben verursachen, unterdrückt werden würde, selbst wenn sie mit der normalen Rate weiterginge, könnte sie die für die nächsten Jahrzehnte wahrscheinlichen Ausrottungen nicht rasch genug ausgleichen.

Aussterben

Was ist über die von Darwin entdeckten natürlichen Vorgänge des Aussterbens, die über Jahrmilliarden andauerten, bis die Industriegesellschaft den heutigen Aderlaß an der organischen Mannigfaltigkeit begann, bekannt? Die Versteinerungen selbst geben vom Aussterben Zeugnis. Viele Organismengruppen sind völlig verschwunden, ohne auch nur eine Spur zu lebenden Abkömmlingen zu hinterlassen. Beispielsweise lebten im Kambrium, vor 600 Millionen Jahren, auf den Meeresböden zahlreiche Trilobiten, entfernte Verwandte der heutigen Krebse und Hummer. Fast 200 Millionen Jahre später jagten spinnenähnliche Räuber, von denen einige mehr als 3 Meter lang waren, ihre Beute über den Boden der Ozeane. Über 100 Millionen Jahre danach flogen Libellen mit 80 cm Flügelspanne durch primitive Urwälder. Diese Wälder haben sich vermutlich in viele der heutigen Kohlenvorräte der Welt verwandelt.

Diese Lebewesen und zahllose andere sind alle davongegangen, haben nur Versteinerungen hinterlassen, die uns von ihrem Leben berichten. In allen Zeiten der Erdgeschichte zusammengenommen lebten nach Schätzungen über eine halbe Milliarde Arten; die heutige Ausstattung der Erde macht daher vielleicht nur zwei Prozent der in allen Zeitaltern entstandenen Arten aus. Die anderen 98 Prozent sind entweder ausgestorben oder

haben sich in etwas hinreichend anderes verwandelt, das als neue Art beschrieben wurde.⁹
Daher wissen die Biologen, daß das Aussterben das Schicksal der meisten Arten ist, die durch den fruchtbaren Artenbildungsmechanismus entstanden sind. Dennoch gibt es ernstzunehmende Probleme. Die Gründe für dieses Aussterben sind aus den fossilen Dokumenten abzulesen. Allgemein wird angenommen, daß natürliches Aussterben auf Änderungen der physischen Umwelt (z. B. einem klimatischen Wechsel) oder auf Änderungen in Flora und Fauna (etwa der Evolution oder Einwanderung eines neuen Räubers oder Konkurrenten) folgten.
Epochen, in denen verhältnismäßig rasche Auslöschungen ganzer Gruppen vorgekommen zu sein scheinen, wurde recht viel Aufmerksamkeit geschenkt. Beispielsweise verschwanden vor 65 Millionen Jahren, am Ende des Mesozoikums (manchmal auch Reptilien-Zeitalter genannt) eine große Zahl an meeresbewohnenden wie auch landlebenden Tieren, wie die versteinerten Zeugnisse zeigen. Einige davon waren ganze Gruppen jener einzelligen Meerestiere mit harten Schalen, die Kammerlinge oder Foraminiferen genannt wurden. Aber sie schlossen auch die eindrucksvollen Riesenechsen mit ein.
Der plötzliche Abgang der Saurier in »nur« ein paar hunderttausend Jahren (oder gar noch weniger Zeit – das ist kaum zu bestimmen!) hat seit langem das Interesse der Paläontologen gefesselt. Daher wurden von ihnen mehrere, recht phantasievolle Hypothesen zur Erklärung aufgestellt. Einmal wurde angenommen, daß eine Veränderung innerhalb der Nahrungspflanzen alle vegetarischen Donnerechsen an Verstopfung sterben ließ, und daß die riesigen, ihrer Beute beraubten Fleischfresser daraufhin verhungerten. Eine andere, gleichfalls auf Pflanzen bezogene Annahme ging davon aus, daß zu dem Zeitpunkt, als die modernen Pflanzen mehr tödliche Toxine entwickelten, um sich vor starkem Fraß zu schützen, die riesigen Viecher vergiftet worden seien. Andere Hypothesen wiederum konzentrierten sich auf rasche Klimawechsel, die von einer Supernova oder durch das Aufbauen von Kohlendioxid in der Atmosphäre verursacht worden wären. Hätte ein weltweiter Temperaturanstieg nicht etwa bei den Sauriermännchen eine Zeugungsunfähigkeit verursachen können? Spermien sind bekanntermaßen sehr empfindlich gegen

---

9 Die Schätzungen stammen von G. G. Simpson, »How many species?«, *Evolution* 6, 1952, Seite 6–432. Diese Schätzung ist sehr kühn, noch kühner als die Annahme, daß heute über 10 Mio Arten leben. Die Wissenschaft stimmt nur der Behauptung zu, daß heute nur noch ein Prozentsatz aller Arten am Leben ist, die jemals auf unserer Erde gelebt haben.

Temperaturanstiege. Und einer der modernsten Erklärungsansätze geht davon aus, daß ein Asteroid von 10 km Durchmesser auf die Erde aufprallte und einen 150 km breiten Krater grub. Als Folge, so wird angenommen, bildete sich in der Atmosphäre ein Staubteppich aus, der die Photosynthese für ein Jahrzehnt fast völlig zum Erliegen brachte; dies habe das Aussterben verursacht.[10]

Im Gegensatz hierzu meinen einige Leute, daß der Aufstieg der Säugetiere die Echsen geschafft habe – entweder weil die Säuger deren Eier vertilgten oder weil sie die Echsen bezüglich gemeinsamer Ressourcen austricksten. Und ein Wissenschaftler hat angenommen, daß die Riesenechsen im wesentlichen Automaten gewesen seien, Gefangene eines nur genetisch programmierten Verhaltens. Er glaubt, daß die anpassungsfähigeren und intelligenteren Säuger, die ersten Wesen mit der Fähigkeit, sich über ihr genetisches Repertoire durch »bewußte« Wahl hinwegzusetzen, sehr schnell befähigt gewesen seien, die Saurier aus allen unterschiedlichen ökologischen Nischen, die sie eingenommen hatten, zu drängen.

Gegen jeden dieser Erklärungsversuche können Einwände erhoben werden, und die »Wahrheit«, sofern wir sie jemals wissen werden, erfordert vielleicht eine Verbindung von mehreren dieser Meinungen. Das kleine bißchen, was aus der Biologie heutiger Populationen und aus der Allgemeinen Evolutionstheorie bekannt ist, macht klar, daß die *Veränderung der physischen oder der belebten Umwelt der Schlüssel zur Erklärung des Aussterbens ist.*

Die beiden Veränderungen spielen zumindest manchmal (vielleicht sogar häufig) zusammen. Beispielsweise bei der Population kleiner blauer Schmetterlinge, die wir in den sechziger Jahren in den Bergen von Colorado studierten. Die Falter, deren wissenschaftlicher Name *(Glaucopsyche lygdamus)* länger ist die Spannweite ihrer Flügel, legen ihre Eier auf noch ungeöffneten Blütenknospen von Lupinen ab. Die Raupen von *Glaucopsyche* fressen dann viele Blüten und halten die Pflanzen so von der Samenerzeugung ab.

1969 zerstörte ein außergewöhnlich später Schneefall und Frost alle Lupinenknospen und löschte so die Glaucopsychepopulation aus. Dieses

---

10 L. W. Alvarez u. a., »Extraterrestrial cause for Cretaceous – Tertiary Extinction«, *Science* 208, 1980, Seite 1095–1108. Stephan J. Gould, »The belt of an asteroid«, *Natural History,* Juni 1980, Seite 26–33. Seine Behauptung, daß ein Rückgang der Photosynthese mit ein Grund für das Aussterben war, mag Berechtigung haben. Absurd dagegen ist die Annahme, daß für einen bestimmten Zeitraum keine Photosynthese stattgefunden habe, denn dann wären die meisten, wenn nicht alle Gruppen der Insekten ausgestorben.

Ereignis vermittelte uns einige Einsicht, wieso die Lupinen so früh blühen – früh genug, um lange vor Ende der Wachstumssaison genügend Samen produziert zu haben. Durch diese frühe Blüte laufen sie Gefahr, in einem Jahr mit Spätfrost ihre Samen zu verlieren – so wie 1969. Doch ist der Verlust aller Samen in einer Saison ein geringer Preis, den die Pflanze zahlen mußte; denn die Auslöschung des Glaucopsychefalters befreite sie von den Angriffen eines Pflanzenfressers, der einen Großteil ihrer Samenproduktion Jahr für Jahr zerstörte. Ein Jahrzehnt später hatte die Bläulingspopulation, die von einwandernden Individuen wiedererrichtet worden war, ihre alte Dichte noch nicht wieder erreicht.[11]

Auf diese Weise führte die Verbindung der evolutionären Errungenschaft der Population einer anderen Art (früh blühende Lupinen) und eines Wetterwechsels zur Auslöschung einer Bläulingspopulation. Wenn dies die einzige Population von *Glaucopsyche lygdamus* gewesen wäre, wäre die Art ausgestorben. Es gibt jeden Grund, anzunehmen, daß ähnliche Ereignisse, wie wir sie in Colorado beobachteten, auch über die Jahrtausende und Jahrmillionen passierten und zum Ableben der meisten je existierenden Populationen und Arten geführt haben. Ebenso wie es aber unmöglich ist, daß Naturwissenschaftler eine gesamte Abfolge der Tierartenbildung beobachten können, ist auch zu wenig Zeit vorhanden, um die schrittweise Ausrottung einer Art, wie sie ohne menschliches Zutun vonstatten geht, zu beobachten. Ausrottungen durch menschlichen Einfluß können jedoch allzu leicht beobachtet werden – vom Dodo bis zum Schnecken-Grundbarsch.

Unter dem Druck einer veränderten Umwelt verschwinden nicht alle Arten mit gleicher Wahrscheinlichkeit. Die Verletzlichkeit einer Art ist von einer Vielheit von Faktoren wie ihrer Totalpopulationsgröße, ihrer geographischen Verbreitung, ihrer Reproduktionsfähigkeit, ihren ökologischen Beziehungen zu anderen Arten oder ihren genetischen Eigenheiten abhängig. Oft wird nachdrücklich die größere Verletzlichkeit von Arten mit einer langsamen Reproduktion im Unterschied zu sich rasch reproduzierenden Arten betont.[12] Seit mehr Aufmerksamkeit auf ein paar bekannte »langsame« Arten wie den Kalifornischen Kondor oder die Elefanten verwendet wurde, stellt sich die Lage nicht mehr so einfach dar, und die Mehrzahl der »raschen« Vermehrer – etwa Insekten – erwies sich als recht ungeschützt. Bestimmte andere Faktoren wie die Spezialisierung

---

11 P. R. Ehrlich, D. E. Breedlove, P. F. Brussard und M. A. Sharpe, »Weather and the ›regulation‹ of subalpine populations«, *Ecology* 53, 1972, Seite 243–247.
12 J. Terborgh, »Preservation of natural diversity: The problem of extinction prone species«, *Bio Science* 24, 1974, Seite 715–722.

auf ganz wenige Nahrungspflanzen macht viele »rasche« Vermehrer tatsächlich verletzlicher als sich langsamer reproduzierende Arten. Es spielt keine Rolle, wie geschwind sich eine auf eine bestimmte Pflanzenart beschränkte Insektenart reproduzieren kann; wenn der Biotop der Pflanze zugepflastert wird, muß das Insekt mitaussterben. Die Verletzbarkeit wird ebenfalls von einem anderen, viel heimtückischeren Faktor bewirkt – nämlich der Weise, in der sich die Angehörigen einer Population über den Raum verteilen (das heißt: ihre Populationsstruktur). Diese Eigenschaft kann einen starken Einfluß auf die Empfindlichkeit einzelner Populationen haben – und damit auch auf das Aussterben der ganzen Art. Selbst innerhalb einer nahe verwandten Tiergruppe kann sich die Populationsstruktur dramatisch von Art zu Art verändern.

Beispielsweise gibt es fünf überlebende Nashornarten, drei in Asien, zwei in Afrika. In Asien ist die gewöhnlichste Art das Panzernashorn. Bei dieser Art leben die Individuen beider Geschlechter einzeln die meiste Zeit des Jahres in genau festgelegten Territorien. Jedes Territorium besteht aus einem kleinen Teich in einem Stück offenen Graslands und wird durch einen großen Kothaufen in der Mitte und kleinere Kothaufen an der Peripherie gekennzeichnet. Sobald die Paarungszeit kommt, beginnen beide Geschlechter weite Wanderungen. Anscheinend findet bei den sehr seltenen Begegnungen, wenn ein sexuell aktiver Bulle und ein läufiges Weibchen zufällig aufeinandertreffen, eine Paarung statt.

Das weitaus seltenere Sumatranashorn scheint noch mehr zu wandern. Vermutlich gibt es nicht mehr als 50 bis 150 Einzeltiere, die von Zentralbirma bis ins nördliche Malaysia und Sumatra hin verstreut sind. Als wir 1966 Felduntersuchungen in Malaysia machten, wurde uns von einem Biologen erzählt, der ein ganzes Jahr lang das Sumatranashorn in Birma gesucht hatte, ohne auch nur ein einziges zu Gesicht zu bekommen. Allerdings war es ihm doch vergönnt, die Fährten einiger Tiere zu verfolgen und ihren Mist zu untersuchen. Als er der Spur eines Nashorns folgte, die ihn zu seinem eigenen Lager zurückführte, kam er einem dieser Tiere sehr nahe. Sein Assistent informierte ihn, daß es eine Stunde zuvor vorbeigelaufen sei!

Die dritte asiatische Art, das Javanashorn, ist nahezu ausgestorben, und nichts über seine Populationsstruktur ist bekannt.

Die beiden afrikanischen Arten, das Spitzmaulnashorn und das Breitmaulnashorn, haben sehr verschiedene Ernährungsweisen. Das Spitzmaulnashorn ist ein Sproßfresser und benutzt seine überhängende Oberlippe, um die Blätter von Büschen und Bäumen zu rupfen. Das Breitmaulnashorn grast im Gegensatz zu ihm Gräser und Kräuter ab.

Spitzmaulnashörner scheinen in dauerhaften Paarbeziehungen oder als Einzeltiere in festen, sich nicht ändernden Territorien zu leben, während das Breitmaulnashorn in kleinen Herden wandert. Ihre Anlagen sind völlig unterschiedlich – das Breitmaulnashorn ist verhältnismäßig friedlich und anscheinend ganz neugierig. Im Wankie-Nationalpark (in Simbabwe) folgte eine Gruppe recht dicht unserem Land-Rover, zeigte aber keinerlei Anzeichen von Aggressivität. Im Gegensatz dazu gibt es für die Beobachtung von Spitzmaulnashörnern eine Grundregel für Besucher Afrikas: der Motor muß immer laufen und der Gang eingelegt sein!'

Wie alle wilden Tiere sind selbstverständlich auch die Nashörner den Risiken ausgesetzt, daß die von ihnen bewohnten Biotope eingeengt und zerstört werden. Zudem haben die Nashörner noch einen eigenen Fluch: Ihre befremdlich anzusehenden Häute wurden für die östliche Mythologie zu einer Quelle von Stoffen mit großen Hilfskräften. Eigentlich wird jeder Körperteil eines Nashorns für ein Mittel gegen irgendwas gehalten – seine Zähne, seine Haare, sein Blut, seine Innereien usw. Der Zoo in Kalkutta fand sogar einen Markt für kleine Flaschen, in die Urin ihres gefangenen Panzernashorns abgefüllt war. Doch auch wenn alle diese Teile gut verkäuflich sind, verblaßt ihr Wert im Vergleich mit dem des Nasenhorns zu völliger Unbedeutsamkeit. Die Hörner (die nicht aus Knochenmaterial, sondern einer bündigen Haarmasse bestehen) erzielen bei Indern und Chinesen, die sie für ein kräftiges Aphrodisiakum halten, besonders hohe Preise. Kleinste Mengen des gepulverten Horns, die in einen Trank gemischt werden, sollen eine weite Bandbreite an Krankheiten von den Masern bis zur Diphtherie heilen – und wenn es äußerlich in einem Umschlag Anwendung findet, wird es für wirksam gegen Beulen und Hühnerpocken gehalten.

Doch die Verknüpfung mit der Sexualität schadet den Nashörnern am meisten. Wegen der phallischen Form der Hörner besteht im Mittleren Osten eine große Nachfrage nach ihnen, um zu Dolchgriffen verarbeitet zu werden. Nashorndolche sind in diesem Gebiet traditionelle Geschenke bei Pubertätsriten. Für einen kunstvoll geschnitzten und reich geschmückten Horngriff wird bis zu 12 000 Dollar bezahlt. Allein 1975 und 1976 bearbeiteten Schnitzer im Nordjemen mehr als 2000 Hörner.[13]

Die Jagd nach dem Horn vernichtete das Javanashorn fast völlig; wenn das Jagen nicht diese Aufgabe übernommen hätte, würde aber nun die

---

13 G. E. Hutchinson und S. D. Ripley, »Gene dispersal and the ethology of the Rhinocerotidae«, *Evolution* 8, 1954, Seite 178–179. – J. Fisher, N. Simon und J. Vincent, *Wildlife in Danger,* New York (Viking) 1969.

Biotopzerstörung aufgrund des menschlichen Bevölkerungswachstums seine Populationen zermalmen. Sumatra- und Panzernashorn wurden sowohl ernstlich durch die Jäger bedrängt als auch durch die Aufsplitterung und Zerstörung ihrer Habitate. Und aufgrund ihrer Populationsstruktur wird es für sie sehr schwierig sein, sich zu erholen – denn je geringer die Populationsdichte ist, um so kleiner ist die Wahrscheinlichkeit, daß sie eines ihrer extensiven Paarungstreffen verzeichnen können. Glücklicherweise läßt sich im Zoo das Panzernashorn züchten, zumindest in diesem Fall hilft die künstliche Nähe bei der Paarung. Ob aber die großen Schutzprogramme zur Erhaltung Erfolg haben werden, bleibt abzuwarten. Das seltene Sumatranashorn aber wird – wie wir annehmen – zum Untergang verdammt sein.

Dem verhältnismäßig zahmen Breitmaulnashorn Afrikas kann man sich leicht nähern; und daher war es bis zur Jahrhundertwende bereits beinahe völlig ausgerottet. Sie konnten sich wieder erholen, wobei sie von einer Populationsstruktur, die keine riesigen Flächen verlangt, um lebensfähige und sich reproduzierende Einheiten zu erhalten, unterstützt wurden. Das Leben in Herden hat seine Vorteile.

Bis vor kurzem war das Spitzmaulnashorn durch seine Populationsstruktur, die zwischen der des Breitmaulnashorns und des Panzernashorns anzusiedeln ist, in keinerlei Schwierigkeiten. Als aber dann für ihr Horn 150 Dollar pro Unze bezahlt wurden (was ein Viertel des Goldpreises von 1980 bedeutet!), nahm in einem unglaublichen Ausmaß die Wilderei auf das Spitzmaulnashorn zu. Sein weiteres Schicksal auf der Wildbahn ist nun zweifelhaft; wenn aber sichere Schutzgebiete mit einer vernünftigen Ausdehnung geschaffen werden können, könnte es sicherer als sein indischer Vetter überleben.

Augenscheinlich ist es für das Entwerfen von Strategien zur Erhaltung einer gefährdeten Art wichtig, die Populationsstruktur und andere ihrer Eigenarten zu kennen. Bevor wir uns aber scheinbar abgehobenen Dingen wie der optimalen Größe und Form von Schutzgebieten zuwenden, müssen einige grundlegende Fragen noch detaillierter als bereits im ersten Kapitel beantwortet werden. Warum beispielsweise sollten große, einfältige Tiere wie die Nashörner (oder kleine, einfältige Tiere wie der Schnecken-Grundbarsch) überhaupt geschützt werden? Kurz: Warum sollen Sie betroffen sein, wenn viele, vielleicht sogar die meisten Ihrer Mitreisenden aus diesem Raumschiff verschwinden?

Warum sollen wir betroffen sein?

Mitleid, Ästhetik, Faszination und Moral

Lebende Organismen sind nicht nur Mittel, sondern auch Zweck. Zusätzlich zu ihrem instrumentellen Wert für Menschen und für andere Lebewesen haben sie auch einen intrinsitischen Wert.
Charles Birch, Challis-Professor für Zoologie, Universität Sidney, März 1979

Digit, den die Furcht fast überwältigt hatte, drehte sich unbewaffnet um und betrachtete die Speere und die Hunde von Munyarukiko und seine fünf Kumpanen. Er würde Zeit herausschinden, um seiner Familie die Flucht in die Berghänge zu ermöglichen. Das war seine Rolle, seine »Pflicht«; und obwohl Digit vielleicht gewußt hat, daß es seinen Tod bedeuten würde, blieb er auf dem Posten. Munyarukiko und den anderen Wilderern bot der männliche Berggorilla, der aufgerichtet und mit gebleckten Eckzähnen dastand, zweifellos einen furchterregenden Anblick. Der rasche Tod eines ihrer Hunde, der in seiner Raserei zu nahe an Digits kräftige Arme geraten war, hatte ihre Furcht noch gesteigert. Doch so stark Gorillas auch sind, durch die Waffen ihres körperlich schwächeren Verwandten, des Menschen, können sie verletzt werden. Digit schlug die Zeit für die Flucht seiner Familie heraus, dabei aber wurde er von fünf tödlichen Speerstößen getroffen.

So starb am letzten Tag des Jahres 1977 einer der wenigen übriggebliebenen Berggorillas – ein nicht untypischer Tod, wenn man von den Einzelheiten absieht, die darüber bekannt wurden. Digit gehörte zu einer Gorillagruppe am Mount Visok im Parc des Volcans von Ruanda, die eingehend von Dian Possey erforscht wird. Für Dian und für die Millionen Menschen, die ihn im Fernsehen gesehen hatten, war Digit ein guter Freund geworden. Denn man hatte ihn gefilmt, wie er Dians Stift und Notizbuch untersuchte, ihr beides sanft zurückgab und sich später hinlegte und an ihrer Seite einschlief. Diese denkwürdige Szene war Bestandteil eines Fernsehprogramms der ›National Geographic Society‹ in den USA und wurde später wenigstens noch einmal – in einer Sammlung der Filmkopien, auf die diese Gesellschaft stolz ist – wieder ausgestrahlt.

Wegen ihres Motivs ist die Tötung Digits jedoch noch viel tragischer. Denn sowohl in Ruanda als auch in Zaire glaubt man, daß bestimmte

Körperteile des männlichen Berggorillas magische Eigenschaften haben – die Hoden, die Zunge, die Ohren und Teile des kleinen Fingers. Wenn man sie in einen richtigen Zaubertrank hineinmischt, sollen sie einen Feind töten oder impotent machen. Sehr lange schon sind die Gorillas wegen dieser Körperteile getötet worden, und Dian mußte zunächst einmal das daher stammende Mißtrauen gegen die Menschen überwinden, ehe sie sich mit dem Gorilla anfreunden konnte.

Und doch war es nicht diese Überlieferung des »Sumu« (des Giftzaubers), die zum Mord an Digit führte. Als die Touristen und andere Europäer kamen, schlachteten schwarze Wilderer die Gorillas ab, um ihre Schädel und Hände zu Mitbringseln zu verarbeiten. Digit wurde nicht ermordet, weil die Afrikaner der Gegend wenig Fleisch hatten oder besonders arm waren, sondern weil ein Afrikaner namens Sebunyana-Zirimwabago dem Wilderer Munyarukiko etwa 20 Dollar für Haut und Hände eines Berggorillas bot.[1]

Arten retten aus Mitleid?

Augenscheinlich empfinden viele Menschen Mitleid mit Digit und den anderen abgeschlachteten Gorillas. Sie hoffen, daß Digits Kind, welches kurz vor seinem Tod gezeugt wurde und von Dian »Mwelu« getauft wurde, was in Suaheli »Gefühl von Helle und Licht« heißt, die Gelegenheit zu einem richtigen Gorillaleben haben wird. Andere Menschen haben kein derartiges Mitgefühl. Sie fragen: »Welchen Nutzen haben denn Gorillas?« und fassen gleich zusammen, daß sie keinen Nutzen hätten. Ihrer Meinung nach hatte Munyarukiko das Recht, das Tier um die Ecke zu bringen – das Gorillaland könne man gut verwenden, etwa als Viehweide, und die 20 Dollar könnten für menschliches Vergnügen in Form von *pombe,* von Eingeborenenbier, ausgegeben werden.

Diese Anschauung können wir mit dem Standardargument kontern, daß das Überleben von Mwelu und den anderen Gorillas der Menschheit weit mehr nützt als ihre Ausrottung. Zum Beispiel können wir Menschen durch das Studium der Gorillas zu einem besseren Verständnis unserer selbst kommen. Oder Gorillas können sinnvolle Zwecke in der Pharmaforschung erfüllen. Oder sie können den afrikanischen Staaten als Touristenattraktion dienen. Derartige Argumente werden wir noch genauer

---

1 Die Einzelheiten von Digits Tod sind beschrieben bei Dian Fossey: His name was Digit. Manuskript veröffentlicht von der International Primate Protection League, P. O. Drawer X, Sommerville, S C 29483, USA – ohne Datum.

ausführen; hier aber befassen wir uns mit anderen Gründen, aus denen wir uns um unsere Mitreisenden im Raumschiff Erde kümmern sollten. Das Verschwinden der Gorillas von der Erde wäre – auch abgesehen von den ökonomischen Werten, die sie repräsentieren – eine ganz üble Sache. Dies einfach deshalb, weil sie so interessant sind und weil sie wegen ihrer offensichtlichen Verwandtschaft mit dem Menschen unser Mitgefühl verdienen.
Mitleid und Neugier bringt man nicht nur den Gorillas entgegen, sondern auch vielen anderen Lebewesen, und das ist ihr Glück! Denn viele Arten werden – wenn überhaupt – nur deshalb vor der Ausrottung bewahrt werden können, weil sich die Menschen mit aller Kraft für sie einsetzen und sich um ihr Überleben kümmern. Man braucht nur daran zu denken, was zur Zeit mit den Walen geschieht – an deren Beispiel wir jetzt einige wichtige Gesichtspunkte der Ausrottung vorstellen werden.

Die Walmörder

Wale und Delphine gehören zu den intelligentesten Säugetieren. Ihr Gehirn läßt sich in seiner Komplexität und im Verhältnis seines Gewichts zum Körpergewicht mit dem Gehirn des Menschen vergleichen. Wie intelligent sie genau sind, ist ein wissenschaftlicher Streitpunkt. Denn unsere Anatomie und Lebensweise unterscheidet sich ungeheuer von ihrer, und deshalb ist es für uns verhältnismäßig schwierig, ihre Intelligenz zu begreifen und einzuschätzen.
Die Leute, die diese außerordentlichen Geschöpfe untersucht und mit ihnen gearbeitet haben, sind alle gleichermaßen beeindruckt von Sanftheit, Klugheit und Lerngeschwindigkeit der Wale. Sie scheinen sehr wirksame und komplizierte Kommunikationssysteme zu besitzen – das vielleicht bestbekannte Beispiel ist der Gesang der Buckelwale. Menschen, die mit Walen geschwommen sind, berichten, daß sie kein Angstgefühl hatten – sogar wenn sie so nahe bei den riesigen Geschöpfen waren, daß diese sie mit einem Flossenschlag hätten vernichten können. Die Wale waren sich ihrer Gegenwart eindeutig bewußt und paßten auf, um sie nicht zu verletzen.
Unglücklicherweise behandelt die Menschheit die Wale nicht mit gleicher Freundlichkeit. Stattdessen haben Menschen seit Jahrhunderten diese Wale so erbarmungslos gejagt, daß viele ihrer Arten jetzt kurz vor dem Aussterben stehen. Die gegen sie eingesetzten Waffen reichen von vergifteten Pfeilen und Lanzen bis hin zu Harpunen und elektrischem Strom.

Während der vergangenen hundert Jahre war die sogenannte Harpunenkanone die bevorzugte Waffe, mit der man Harpunen mit gußeisernem Sprengkopf abfeuern kann; die mit einem Zeitzünder ausgestattete Granate ist so eingestellt, daß sie erst im Körper des Wals explodiert, und wenn die erste Harpune ein Blindgänger war, wird eine zweite, die »Killerharpune« abgefeuert.[2] Manchmal kommt der Tod sofort, doch ebenso häufig dauert es zwischen einer und dreißig Minuten, bis ein Wal qualvoll verendet.

Ein beobachtender australischer Journalist beschrieb, was 1977 nach Treffern auf zwei Wale folgte:

Mit einem großen Strudel voller Blut und Schaum tauchte der Wal in Todesangst unter, ließ keine Zeit das Harpunenseil zu spannen, um so die Widerhaken der Harpune zu öffnen, sich fester einzubohren. Er tauchte weiter...

Die See war rund um uns rotgefärbt, als der Wal um sein Leben kämpfend starb.[3]

Dann beschrieb er den Tod des zweiten:

Der Wal tauchte, und eine große grüne Wolke sprang hoch an die Wasseroberfläche. In 15–20 m Tiefe wird Blut offensichtlich grün – oder kamen da die Innereien des Wals hoch?

Steuerbord tauchte er wieder auf, schüttelte sein riesiges Haupt, das ein Drittel des ganzen Körpers ausmachte, stieß dann einen schrecklichen Schrei aus, protestierend, schmerzerfüllt – und tauchte wieder ab.

Sie setzten die nächste Harpune ein, den »Killer«, konnten aber nicht genau treffen, weil er sich drehte, sich wand, wobei er sich immer weiter verletzte. Zuletzt schrie aber der Auslug aus dem Krähennest hinunter, daß er jetzt tot nach oben treibe. Sein Maul war weit geöffnet.

Derartige Schrecken werden von vermeintlich zivilisierten Nationen toleriert und sogar praktiziert – obwohl schon lange Tierschutzgesetze bestehen. Schon längst gibt es humane Methoden zum Schlachten von Vieh, das sicher weniger intelligent als Wale ist. Vielleicht waren die Proteste dagegen bis vor ein paar Jahrzehnten deshalb nur so kärglich, weil sich die Walschlachtereien auf hoher See abspielen und damit weit weg von den

---

2 Die Informationen über Methoden des Walfanges stammen von Sir Sidney Frost (Vorsitzender): *Whales and Whalling. Report of the Independent Inquiry.* Canberra (Australian Government Printing Service) 1978.
3 John Larkin in *The Melbourne Age*, 18. Juni 1977.

Augen der Öffentlichkeit – und weil viele Menschen kaum etwas über diese großartigen Tiere wissen.[4]

Doch in den späten sechziger und in den siebziger Jahren wurde durch die Tätigkeit der Naturschutzorganisationen, die andauernd auf die Notlage der überausgebeuteten Wale hinwiesen, eine weltweite Öffentlichkeit erreicht. Filme und Fernsehberichte, besonders von Jacques Costeau, haben ebenso wie die Dressuren von Delphinen und Schwertwalen in verschiedenen Vergnügungsparks Millionen Menschen begeistert. Zwar haben wir unsere Zweifel, ob es nicht unter unserer Würde ist, aus diesen munteren und charmanten Tieren Vorführspielzeuge zu machen. Aber ihre riesigen Verwandten schulden ihnen trotzdem Dank dafür, daß sie viele Menschen auf diese Weise über die Wale informiert haben. Wenn man die Wale retten kann und wenn sie auch künftige Generationen erfreuen werden, dann nur deshalb, weil Millionen Menschen gelernt haben, sich um sie zu sorgen, und weil sie darauf bestanden haben, daß das Schlachten aufhört.

Ästhetische Werte

Viele Lebewesen besitzen etwas, was man konventionelle Schönheit nennen könnte. Vögel, Schmetterlinge, Blumen und andere sind weithin als ästhetische Ressourcen anerkannt. Wie der Aquarien- und der Blumenhandel bezeugen, können Lebewesen aufgrund ihrer Schönheit auch zu ökonomischen Ressourcen werden. Daneben gibt es aber noch eine

---

4 Auf den Druck der Öffentlichkeit und vor allem einiger Naturschutzorganisationen hin beschloß die Internationale Walfangkommission (IWC) am 24. 7. 1982, von 1985 an den Walfang ganz zu verbieten. Die Walfangnationen Japan und Norwegen kündigten Protest gegen diese Entscheidung an. Rund 1300 Japaner gehen heute noch dem Walfang nach, und 50 000 weitere sind angeblich in der weiterverarbeitenden Industrie beschäftigt. Die Regierungen der angeblich zivilisierten Staaten Japan und Norwegen werden sich auf keinen Fall an internationale Vereinbarungen halten; offensichtlich will man dort die Wale erst ausrotten und sich dann Gedanken über die Weiterbeschäftigung der Arbeiter machen: Vogelstraußpolitik im zwanzigsten Jahrhundert!
Gegen das Verbot des Walfanges stimmten in dieser Sitzung der IWC außerdem die Sowjetunion, Island, Südkorea, Brasilien und Peru, der Stimme enthielten sich die Schweiz, Chile, Südafrika und die Philippinen. Zu den 25 Staaten, die für das Fangverbot stimmten, gehörten die BRD und die USA. Die Fangquote für die Saison 1982/83 wurde mit 12 000 Tieren festgesetzt, das sind 2000 oder 14,5 % weniger als in der Vorsaison. Japan ist es als einzigem Staat auch 1982/83 gestattet, von den sonst weltweit geschützten Pottwalen 850 zu töten.

zweite Kategorie von Schönheit, eine Schönheit des Interesses, die sich – sogar noch mehr als die konventionelle Schönheit – erst in den Augen des Betrachters entwickelt. Denn erst mit dem Interesse, mit dem Verständnis für ein Lebewesen kann sich allmählich auch Mitgefühl entwickeln. Die Geschichte des Widerstandes gegen den Walfang ist zum großen Teil auch gleichzeitig die Geschichte der Bekanntschaft mit den Walen als faszinierendem Teil der Schöpfung. Die Menschen begannen, die Wale *kennenzulernen* – und merkten, daß es schwierig ist, Krieg gegen Bekannte zu führen.

Millionen von Populationen und Arten treten der Menschheit noch viel fremdartiger gegenüber als die Wale; ihre Existenz ist aber durch menschliche Tätigkeit nicht weniger bedroht, und sie verdienen ebenso unsere Zuwendung und unsere Besorgnis! Sie können konventionelle Schönheit besitzen, die aber oft unerkannt bleibt, weil die meisten Menschen ihnen nicht begegnet sind oder weil sie so klein sind, daß man ihre Schönheit ohne aufwendige optische Geräte gar nicht entdecken kann. Alle aber besitzen die Schönheit des Interesses – die Schönheit ihrer komplexen Organisation, ihrer ausgefeilten Konstruktion, ihres ungewöhnlichen Verhaltens oder ihres Alters; sie alle besitzen die Fähigkeit, Menschen zu faszinieren. An den Insekten läßt sich das alles vorführen – an einer Tiergruppe also, denen viele Menschen lieber aus dem Weg gehen werden, die sie offensichtlich oft als abstoßend empfinden.

Die Welt der Insekten

Jede Käferart, die von Menschen mit Insektiziden bekämpft wird, ist »ein nicht ersetzbares Wunder, ist den Kunstwerken gleichzusetzen, die wir gläubig in Museen aufbewahren«. Niemand, der mit der erfolgreichsten Tiergruppe dieser Welt vertraut ist, wird dieser Äußerung des berühmten französischen Anthropologen Claude Lévi-Strauß widersprechen.[5]

Leider sind sich nur sehr wenige Menschen der ungeheuren Vielfalt und Schönheit der Insekten bewußt; nur einige Arten darunter sind allgemein als schön anerkannt. Schmetterlinge zum Beispiel werden in manchen Kulturen gerne als Schmuck verwendet, die riesigen, blau, grün oder golden schillernden Vogelfalter – die größten Tagfalter – etwa von den

---

5 Diskussionsbeitrag vor der Special Commission on Internal Pollution, London, Oktober 1975.

Stämmen Neuguineas.[6] Die Flügel der glänzend blauen *Morpho*-Falter aus Brasilien gelten in der Souvenirindustrie als besonders wertvoll, weil ihre Farben auch nach langer Zeit nicht verblassen. Sie sind so gefragt, daß Brasilien strenge Gesetze zum Schutz dieser Schmetterlinge erlassen mußte.

Genau so schön sind aber auch viele andere Insekten – auch wenn man oft ein Mikroskop braucht, um das wahrzunehmen. Immer wieder hat sich die menschliche Fantasie ihre Inspirationen im ästhetischen, aber auch im technologischen Bereich aus der Natur geholt – nicht selten aus der Welt der Insekten. Es ist eine üble Ironie unserer westlichen Gesellschaften, daß auf der einen Seite angestrengt nach immer neuen Möglichkeiten gesucht wird, die wachsende Freizeit auszufüllen. Auf der anderen Seite ist man aber bereit, eine Tiergruppe auszurotten, die schon viele tausend Menschen fasziniert hat und noch Millionen faszinieren könnte.

Für den, der mit den Insekten vertraut ist, verwandeln sie sich von einer gestaltlosen Plage in eine hochdifferenzierte Tiergruppe – in die Schrauben, die das Raumschiff Erde zusammenhalten. Jede Art hat dabei eine einzigartige Rolle zu spielen, und jede hat eine eigene faszinierende Geschichte. Wenn wir uns jetzt kurz einige Bilder aus der Insektenwelt anschauen, sollten wir nicht vergessen, daß es sich dabei um einen winzigen Ausschnitt aus einer kaum erforschten Welt handelt.

Nehmen wir zur Einführung die Käfer: Es gibt vermutlich mehr als eine Million Arten. Als der berühmte britische Biologe J. B. S. Haldane einst von einem Theologen gefragt wurde, was man aus dem Studium der Kreaturen über das Wesen des Schöpfers schließen könne, soll Haldane geantwortet haben, daß Gott wohl eine »ungewöhnliche Vorliebe für Käfer« gehabt haben müsse. Käfer gibt es in allen Formen und Größen. Die großen Nashornkäfer der Tropen, die mehr wiegen als die kleinsten Säugetiere, sind die schwersten Insekten. Die Männchen tragen mit ihren Hörnern groteske Liliputanerkämpfe um die Weibchen aus. Die Federflügler dagegen gehören zu den kleinsten Insekten und haben ungefähr die Größe eines Punktes auf dieser Seite. Und doch hat jeder sechs funktionierende Beine, zwei Flügelpaare, ein Nervensystem, einen Verdauungsapparat, Sinnes- und Fortpflanzungsorgane.

---

6 Papua-Neuguinea ist die erste Nation der Welt, die den Schutz von Insekten in ihre Verfassung aufnahm. Durch ein Schutzgebietssystem und durch Zuchtprogramme schützt dieses Land nicht nur die prächtigen Vogelfalter; es hat sie außerdem zu einer wichtigen ökonomischen Ressource gemacht, denn die gezüchteten Schmetterlinge werden von Sammlern in aller Welt gut bezahlt. (R. M. Pyle: Butterflies: Now you see them. *Defenders*, Januar/Februar 1981, S. 4–10).

In der letzten Zeit hat man raffinierte Mittel entdeckt, mit denen sich einige Käfer gegen ihre Feinde verteidigen; die Bombardierkäfer etwa sind Spezialisten in der chemischen Kriegsführung. Der Biologe Thomas Eisner von der Cornell-Universität in Ithaka, New York, hat großartige Filme über das Verhalten dieser kleinen Insekten gedreht, bei Angriffen einer Ameise oder einer Pinzette, mit der sich der Biß einer Ameise simulieren läßt: Zielsicher richtet der Käfer die Spitze seines sehr beweglichen Hinterleibes auf den Angreifer, man hört einen leisen Knall, sieht Dampfwölkchen aufsteigen, riecht Pulverdampf – und die angreifende Ameise wird einfach zurückgeschleudert. Der Pulvergeruch stammt von einer aggressiven, kochend heißen Flüssigkeit, die der Käfer versprüht. Selbst vergleichsweise große Tiere wie Vögel oder Amphibien, die etwas von diesem Spray abbekommen, lassen einen Bombardierkäfer sehr schnell wieder fallen.

Die Munition entsteht in Drüsen im Hinterleib des Käfers; das ist nicht außergewöhnlich, denn ähnliche Drüsen und Abwehrstoffe haben sich auch bei anderen Insekten entwickelt. Das Besondere am Bombardierkäfer ist jedoch eine regelrechte Brennkammer, in der die eingespritzten Drüsensekrete explosionsartig miteinander reagieren können. Unter anderem wird Sauerstoff dabei freigesetzt, der dann gleich als Treibgas für die Spray-Kanone dient. Außerdem wird wie in jeder chemischen Reaktion Wärme frei – so viel, daß die versprühte Flüssigkeit über hundert Grad heiß ist!

Wie kann es der Käfer aber anstellen, daß ihm solche hohen Temperaturen nicht selbst schaden? Zunächst einmal ist seine Brennkammer innen mit einer harten Chitinschicht ausgekleidet, also mit der Substanz, die auch den äußeren Insektenpanzer ausmacht. Eisner hat dann in seinen Filmen durch extreme Zeitlupenaufnahmen außerdem gezeigt, daß in der Brennkammer nicht einzelne größere Explosionen stattfinden. Durch ein automatisch arbeitendes Ventil verteilen die Käfer stattdessen den Brennvorgang – wie in einem Automotor – auf sehr viele kleine Einzelschübe: Mehr als hundert Mal pro Sekunde spritzen sie Sekrete in die Brennkammer, setzen sie um, versprühen die Produkte, spritzen wieder ein... Dadurch können sie sowohl ihre Munition optimal ausnutzen als auch die Überhitzung des eigenen Körpers verhindern.[7] Mit chemischen Abwehrstoffen ist aber der Erfindungsreichtum der Insekten keineswegs erschöpft; im Gegenteil – wir Menschen können uns wohl kaum irgendetwas

---

7 Der Bombardierkäfer und viele andere Beispiele für den Erfindungsreichtum sind beschrieben in Karl-Heinz Scharf: Pflanzen und Tiere schützen sich vor Feinden. Dynamische Biologie Bd. 10, Ravensburg (Maier), 1977.

vorstellen, das nicht in der Welt der Insekten längst verwirklicht ist. Man muß nur genau genug hinschauen, um es zu entdecken. Einer von Eisners ehemaligen Studenten, James Lloyd, hat sich mit Leuchtkäfern beschäftigt, Verwandten der Glühwürmchen. Diese Käfer lassen ihr Licht nicht etwa zur Unterhaltung menschlicher Liebespaare in lauen Sommernächten leuchten, sondern ausschließlich im eigenen Interesse: Durch die Lichtsignale finden die Geschlechter zusammen.

Jede Leuchtkäferart hat ihre eigene, unverwechselbare Signalsprache; Männchen und Weibchen verständigen sich durch einen eigenen, charakteristischen Blinkrhythmus und unterscheiden sich dadurch von anderen Arten. Manche Leuchtkäferweibchen beherrschen allerdings auch Fremdsprachen: Sie ahmen die Signalfolgen fremder Arten perfekt nach, locken damit deren paarungsbereite Männchen an – und verspeisen sie.[8]

Der Hunger auf Männchen, selbst auf den eigenen Geschlechtspartner, ist unter den Insekten recht weit verbreitet: Die Männchen der Gottesanbeterinnen werden von ihren größeren Weibchen oft gleich nach der Paarung aufgefressen, manchmal sogar schon während der Paarung! Auch die werbenden Männchen von Tanzfliegenarten sind ihres Lebens nicht immer sicher, aber gerade bei den Tanzfliegen läßt sich sehr schön die Veränderung von Verhaltensweisen im Lauf langer Evolution studieren: Bei manchen Arten gehört es zur Paarung, »Hochzeitsgeschenke« zu überreichen. Das Männchen bringt dem Weibchen ein totes Insekt (einer anderen Art) mit, das Weibchen frißt diese Beute und ist damit vom kopulierenden Männchen abgelenkt.

Bei anderen Tanzfliegenarten ist die Geschenkübergabe weiter entwickelt; hier spinnen die Männchen die Beute vorher in einem Kokon ein, und der Erfolg dieses Verfahrens ist einleuchtend: Das Weibchen ist mit dem Geschenk, das ja erst noch »ausgepackt« werden muß, länger beschäftigt. Die höchste Evolutionsstufe in dieser Tiergruppe haben aber die Arten erreicht, die gar keine Beute mehr als Geschenk überreichen, sondern nur noch einen leeren Kokon. Auch durch dieses »Spielzeug« wird das Weibchen genügend abgelenkt, damit das Männchen es ungefährdet begatten kann.[9] Wir wollen hier aber keine Parallelen ziehen zum Verhalten einer uns besser vertrauten Art!

8 J.C. Lloyd: Aggressive mimicry in *Photuris* fireflies: Signal repertoirs by femmes fatales. *Science* Bd. 187, S. 452–453, 1975.
9 E.L. Kessel hat dieses wunderschöne Beispiel einer Evolutionsreihe in einer klassischen Arbeit beschrieben: The mating activities of balloon flies. *Systematic Zoology* Bd. 4, S. 97–104, 1955. Interessanterweise wurde das letzte Evolutionsstadium zuerst entdeckt, nämlich schon 1875. Erklären konnte man es allerdings erst, nachdem auch die Zwischenstadien bekannt waren.

Die Vielfalt des Freßverhaltens unter den Insekten übertrifft wohl die aller anderen Tiergruppen zusammen. Jeder Teil von praktisch jeder Pflanzenart ist dem Angriff von Insekten ausgesetzt: Sie saugen an Wurzeln, dringen in Früchte ein, bohren sich in Stämme und Samen, verspeisen Blüten und fressen Blätter ab. Die Raupen einiger kleiner Motten leben innerhalb eines dünnen Blattes, wo sie lange, gewundene Gänge anlegen, und die jungen Larven von Gallwespen greifen Blätter so stark an, daß Wucherungen daran entstehen: die Pflanzengallen. Alfred Kinsey hat diese Gallwespen ausführlich studiert, bevor er sich der Erforschung des Sexualverhaltens einer größeren Art zuwandte. Blattschneiderameisen entlauben in tropischen Wäldern ganze Bäume, aber sie fressen die Blätter nicht selbst, sondern kompostieren sie in ihren Nestern und züchten Pilze darauf, von denen sie sich ernähren.

Raubinsekten greifen alles an von winzigen Milben oder Insekten bis hin zu größten Säugetieren. Sie können – wie der Ameisenlöwe – sandige Fallen graben und darin auf der Lauer liegen, oder sie können ihre Beute einfach niederrennen, wie es etwa die Sandlaufkäfer machen. Parasitische Insektenlarven fressen ihre Wirtstiere von innen her bei lebendigem Leib auf und unterscheiden dabei sehr sorgfältig zwischen deren Körperteilen. Die lebenswichtigen Organe heben sie sich bis zum Schluß auf und erreichen damit, daß das angefressene Opfer noch lange am Leben bleibt und sein Fleisch nicht verdirbt.

Gerade bei den parasitischen Insekten finden sich auch die raffiniertesten Methoden der Eiablage, mit denen die Eltern ihren Nachkommen geeignete Wirtstiere sichern. Den Weltrekord für den ungewöhnlichsten Weg dafür muß man vielleicht *Dermatobia hominis* zuerkennen, einer Fliegenart aus dem tropischen Amerika. Sie fängt Stechmücken, legt auf diesen Gefangenen Eier ab und läßt sie wieder frei. Sobald eine Mücke auf einem Menschen landet und in seine Haut einsticht, schlüpfen die *Dermatobia*-Maden und kriechen den Stechrüssel ihres Zwischenträgers herunter auf die Haut des Menschen. Dort bohren sie sich ein und entwickeln sich weiter, wobei sie recht groß und für den Menschen schmerzhaft werden können.

Viele Insekten sind Destruenten, das heißt, sie sorgen für die Beseitigung von Abfällen und toten Organismen. Aus menschlicher Sicht mag das manchmal unappetitlich und grotesk erscheinen, etwa wenn Mistkäfer Kugeln aus Kuhfladen formen und sie wie Fußbälle hin und her rollen. Sie sichern durch dieses Fußballspiel ihren Nachkommen ausreichende Nahrungsvorräte, indem sie jede Kugel schließlich an einer geeigneten Stelle vergraben und ein Ei hineinlegen. Die Tätigkeit der Mistkäfer und der zahllosen anderen Destruenten ist jedoch lebenswichtig für alle ökologischen Systeme; denn ohne den Abbau toter Substanz durch sie wäre das ständige natürliche Recycling aller Stoffe unterbrochen – und das Leben würde sehr schnell im Abfall ersticken.

Die Maden einiger Fliegenarten unterscheiden so genau zwischen totem und lebendem Gewebe, daß man sie vor der Entdeckung der Antibiotika in der Medizin verwendet hat, um Wunden zu säubern und vor dem Brand zu bewahren. Gelegentlich werden sie immer noch für diesen Zweck eingesetzt.

Insekten sind unglaublich weit in Zeit und Raum verbreitet. Man findet sie in tiefen Kellern und weit oben in der Atmosphäre treibend, in der Arktis und der Antarktis, in Regenwäldern und in Steppen, in Wüsten und Seen und Fließgewässern. Selbst in Ölsümpfen, in Salzseen und in heißen Quellen leben einige, und nur in den Ozeanen gibt es fast keine. Die Schaben, von denen einige zu unwillkommenen Mitbewohnern menschlicher Behausungen geworden sind, leben ohne größere Veränderung ihres Bauplans seit mehr als dreihundert Millionen Jahren – mehr als fünfzigmal so lange, wie es Menschen der Art *Homo sapiens* auf der Welt gibt. Und vielleicht werden sie die Menschen noch Hunderte von Millionen Jahren überdauern, da sie, wie die meisten Insekten, verhältnismäßig strahlenresistent sind.

Mit den Büchern, die über Insekten geschrieben wurden, kann man ganze Bibliotheken füllen. Allein darüber, wie die Bienen sich miteinander über die räumliche Lage und die Ausgiebigkeit von Nektarquellen verständigen, und über die genialen Versuche, mit denen Karl von Frisch und andere die Bienensprache entziffert haben, könnte man ein dickeres Buch als dieses hier verfassen. Das Sozialleben der Insekten ist zur Zeit Gegenstand intensivster biologischer Forschung.[10]

Sicher, wir sind nicht ganz unvoreingenommen, wenn wir über Insekten schreiben, denn wir sind seit langer Zeit vertraut mit dieser Tiergruppe, die von vielen anderen Menschen gemieden oder gar verabscheut wird (Entomophobie ist eine gut beschriebene psychische Störung). Aber den Reichtum an ästhetischen Werten, die die Insektenwelt bietet, wird niemand bestreiten können; wenn man den Insekten auch nicht unbedingt Schönheit im konventionellen Sinn zugestehen wird, dann doch die Art Schönheit, die auch Briefmarkensammler, Bibliophile, Vogelbeobachter und viele andere an ihre Studienobjekte fesselt. Man wird freilich diese

---

10 Siehe z. B. E. O. Wilson: *The Insect Societies.* Cambridge (Harvard University Press), 1971 oder K. v. Frisch: Aus dem Leben der Bienen. Verständliche Wissenschaft Bd. 1, Berlin (Springer), 1977.

Art Schönheit erst entdecken können, wenn man verstanden hat, daß nicht ein Käfer wie der andere ist – daß es keine austauschbaren Schrauben gibt, sondern jede ihren eigenen Platz hat. Die Einmaligkeit jeder Art und jeder Population ist deshalb auch ein ganz wesentliches Argument dafür, sie zu erhalten.

Andere faszinierende Lebewesen

Menschen zu faszinieren ist eine Eigenschaft aller Lebewesen, der häßlichen wie der schönen. Orchideen zum Beispiel sind eine bekannte Fundgrube für konventionelle Schönheit; aber es gibt ebenso jene andere Art der Schönheit bei ihnen: Die Blüten einiger Arten sind vergleichsweise unscheinbar, aber sie gleichen in Farben, Form und Geruch den Weibchen verschiedener Bienen- oder Wespenarten und verleiten dadurch Männchen zu Begattungsversuchen. Vielleicht haben diese ihren Spaß dabei – die Orchideen haben in jedem Fall den Nutzen: Sie werden bestäubt. Andere Orchideen berauschen die Insekten, bevor sie ihren Pollen auf sie abladen; wieder andere fangen sie in Fallen, aus denen nur ein enger Tunnel ins Freie führt. Insekten, die sich dort hindurchkämpfen, können einer Pollenladung nicht entgehen.
Für menschliche Maßstäbe sind nicht alle Blüten anziehend; die Blüten der Gräser zum Beispiel erkennen die meisten Menschen nicht einmal. Gräser werden durch den Wind bestäubt und müssen daher keine Insekten oder Vögel verführen, ihnen den Pollen von Blüte zu Blüte zu tragen. Andere Blüten wird man eher als bizarr denn als schön beschreiben. Südafrikanische Schwalbenwurzgewächse etwa ahmen die Augen, Ohren, Nasenlöcher, Wunden oder den After großer Tiere nach, wobei sie ziemlich perfekt sind und auch die passenden Gerüche nicht auslassen. Diese Pflanzen werden von Fliegen bestäubt, die normalerweise ihre Eier in die Körperöffnungen und Wunden von Kühen oder Antilopen legen.[11]
Die ganze Vielfalt der Blütenpracht, die wir Menschen so preisen, dient ausschließlich dazu, verschiedenste Tiere anzulocken. Pflanzen können sich ja nicht von der Stelle bewegen; sie sind daher für ihre Fortpflanzung auf tierische Helfer angewiesen, die ihren Pollen übertragen oder ihre Samen verbreiten. Auf der anderen Seite stehen Pflanzen aber auch unter dem ständigen Druck, pflanzenfressende Tiere von sich fernzuhalten, und

---

11 Unveröffentlichte Hypothese von R. W. Holm, Stanford-Universität.

so sind zwischen Blütenpflanzen und Tieren seltsam vielschichtige Beziehungen entstanden.[12]

Faszinierend sind aber auch die mikroskopisch kleinen Lebewesen: Zu den interessantesten Einblicken in die belebte Welt gehörten für uns die ersten Filme von lebenden Spirochäten, jenen winzigen Bakterien, die unter anderem Syphilis hervorrufen. Diese Organismen sind spiralförmig wie ein Korkenzieher, und sie drehen sich bei der Fortbewegung. Wir hatten den Eindruck, als würden sie sich andauernd am einen Ende auflösen und am anderen Ende neu bilden. Ebenso beeindruckend ist die unglaubliche Vielfalt an Einzellern, die ein kleiner Wassertropfen unter dem Mikroskop offenbart. Diesen Mikrokosmos zu beobachten kann unterhaltsamer und spannender sein, als einen Spielfilm anzuschauen.

Am anderen Ende des Größenmaßstabes finden sich die Wale, deren außerordentlichen Reiz man spürt, sobald man nur Gelegenheit hat, mit ihnen vertraut zu werden. Wir hatten die meisten unserer Kontakte mit Walen bei Besuchen der Hawaii-Insel Maui, deren Stadt Lahaina einstmals ein blühender Walfängerhafen war. Lahaina lebt heute noch von den Walen, doch jetzt stützen Walschnitzereien, Walbilder, Wal-T-Shirts, Walbücher und nachgemachtes Schnitzwerk von Walfängern die Wirtschaft. Das Walfängerdorf mit aufgestellten Walskeletten und einem Walfangmuseum ist eines der hübschesten Einkaufszentren der Stadt.

Grundlage für all das ist eine Population von Buckelwalen, die alljährlich im Winter und Frühjahr in die Gewässer vor Maui ziehen. Wenn wir morgens den Kaanapali-Strand entlanggingen, sahen wir oft ihre gewölbten Rücken oder ihre Fontänen, und manchmal konnten wir die Wale sogar beim Springen beobachten, einem einzigartigen Verhalten dieser über fünfzehn Meter langen sanften Riesen: Wie Lachse stoßen sich die Wale plötzlich fast ganz aus dem Wasser heraus. Einen Augenblick lang schweben sie schwarz glänzend in der Luft, ihre kennzeichnenden langen Flossen leuchten weiß, und mit einem donnernden Klatschen fallen sie zurück ins Wasser. Der ganze Vorgang mag ein Dutzend Mal oder noch häufiger wiederholt werden, und jeder einzelne Sprung erscheint wie in Zeitlupe, wenn sich diese Tiere von der Länge einer respektablen Yacht aus der Tiefe heben.

Eine andere Verhaltensweise ist das Schlagen: Dabei heben die Wale ihre Schwanzflossen aus dem Wasser und klatschen sie wie ein riesiger Biber flach aufs Wasser. Warum Buckelwale schlagen und springen, ist noch

---

12 Einen sehr schönen Überblick gibt Andreas Bertsch: Blüten – lockende Signale. Dynamische Biologie Bd. 2, Ravensburg (Maier), 1975.

unbekannt. Vielleicht versuchen sie, durch ihre Luftsprünge lästige Hautparasiten loszuwerden; aber man könnte auch auf die Idee kommen, daß diese intelligenten Tiere es aus reinem Überschwang tun. Hermann Melville jedenfalls beschrieb den Buckelwal so: »Von allen Walen ist er der verspielteste und freimütigste und läßt im allgemeinen mehr lustigen Schaum aufgischten als irgendein anderer.«[13]

Eines Tages schnorchelte Paul zusammen mit einem freiwilligen Assistenten vor der Landspitze von Kaanapali und versuchte, einen Doktorfisch zu fotografieren. Ein schwaches, sehr hohes Geräusch erfüllte plötzlich seinen Kopf, und er dachte zunächst, daß sein Schnorchel leck geworden wäre. Doch dann konnten Paul und sein Assistent ein geradezu unirdisches Konzert aus Quietschen und Stöhnen, Ächzen, Fiepen und anderen Geräuschen miterleben, vom tiefen Baß zum höchsten Sopran über zehn Oktaven reichend – den berühmten Gesang der Buckelwale.

Leicht kann man verstehen, wie sehr diese unheimlichen Geräusche die frühen Walfänger und Seefahrer verblüfft und geängstigt haben mögen, wenn sie in den Schiffen widerhallten. Schon immer ist der Walgesang ein fester Bestandteil des Seemannsgarnes, und erst in den fünfziger Jahren konnte er von Wissenschaftlern erklärt werden.[14] Die geisterhaft schönen Gesänge können dreißig Minuten andauern, ihre Strophen können laufend wörtlich wiederholt werden. Jeder Wal scheint seine individuelle Variation des Liedes zu haben, dessen Funktion noch unbekannt geblieben ist. Die Vermutung liegt nahe, daß sich diese sehr sozialen Tiere durch den Gesang mit anderen Mitgliedern ihrer Gruppe verständigen. Leider ist aber über das Sozialleben der Wale noch verhältnismäßig wenig bekannt.

Von ihrem faszinierenden Verhalten einmal abgesehen, sind Wale auch physische Wunder. Der Blauwal ist das größte Tier, das jemals unseren Planeten geschmückt hat. Selbst die größten Dinosaurier, die pflanzenfressenden Dinosaurier, wogen vermutlich »nur« bis zu fünfzig Tonnen; ein ausgewachsener Blauwal bringt es auf das Dreifache! Ein Blauwal kann länger als dreißig Meter werden. Wenn er senkrecht im Wasser steht (den Schwanz an der Oberfläche), dann ist seine Nase schon so tief unter Wasser, daß sie dem dreifachen Atmosphärendruck ausgesetzt ist. Aber

---

13 H. Melville: *Moby Dick*, 1851.
14 W. E. Schevill: Underwater sounds of cetaceans. In: W. N. Tavolga (ed.): *Marine Bio-Acoustics*. New York (Pergamon), 1964; R. S. Payne und S. McVay: Songs of Humpback Whales. *Science* Bd. 173, S. 585–597, 1971.
Der Walgesang ist auch auf einer Schallplatte erhältlich (Album SWR-II von CRM Records).

möglicherweise tauchen Blauwale bis zu zwei Kilometer tief, und dort herrscht mehr als das Zweihundertfache des Atmosphärendrucks, den wir Menschen auf Meeresspiegelhöhe erfahren.

Das Herz eines Blauwals wiegt eine halbe Tonne; durch seine Hauptschlagader könnte ein Kind krabbeln. Die Blutmenge des Wals beträgt bis zu achttausend Liter – wenn das Benzin wäre, reichte es aus, um mit einem Kleinwagen zweimal um die Erde zu fahren. Das Gehirn eines Blauwals kann viermal so viel wiegen wie bei erwachsenen Menschen. Seine Oberfläche ist sehr stark gefurcht, und es weist auch andere anatomische Anzeichen großer Intelligenz auf – diese Schlußfolgerung wird auch durch die an Walen in Gefangenschaft beobachteten geistigen Fähigkeiten unterstützt.[15]

Das Beispiel der Wale verdeutlicht, wie die Vertrautheit mit Organismen die Einstellungen ihnen gegenüber verändern kann. Einst hielt man die Wale einfach für eine ökonomische Ressource; deshalb sind inzwischen mehrere Arten vom Aussterben bedroht. Heute sieht man sie mehr und mehr als ästhetische Ressource an – durchaus auch mit wirtschaftlichem Wert!

Die Ansicht eines Biologen

Zu sagen, unser eigenes Leben sei durch den Kontakt mit Lebewesen anderer Arten bereichert worden, wäre eine gewaltige Untertreibung. Für einen Biologen bringt wohl jeder Tag neue Überraschungen – sei es, daß sich ein Tropfen Vogeldreck als Ansammlung zweifarbiger Käfer entpuppt, die sich als Vogeldreck tarnen; sei es die Entdeckung eines vorher unbekannten Vorkommens einer seltenen Tier- oder Pflanzenart oder einfach das Vergnügen, immer neuen Verhaltensweisen an einem vermeintlich längst vertrauten Haustier zu begegnen.

Ist es aber ein Grund, die biologische Vielfalt zu erhalten – nur weil Biologen ihre Freude an ausgefallenen Organismen haben? Aus unserer Sicht ist selbst das schon ein ausreichender Grund, nicht nur, weil wir dabei in eigener Sache reden. Die oft sehr speziellen Interessen und Beschäftigungen der Biologen sind ja eben keine ausschließliche Angelegenheit einer vernachlässigbaren Minderheit; man könnte sie eher als Spitze eines Eisbergs an Interesse für die Natur sehen. Sicher – die Begeisterung für den Bestäubungsmechanismus in einer Orchideenblüte,

---

15 George L. Small: *The Blue Whale,* New York (Columbia University Press), 1971.

für das Freßverhalten des Bläulings *Glaucopsyche* oder für ähnliche Objekte setzt wohl mehr Information und mehr Spitzfindigkeit voraus als die Begeisterung, die Millionen Menschen für Singvögel oder für die riesigen Huftierherden der ostafrikanischen Nationalparks empfinden. Voneinander trennen kann man das aber genausowenig, wie man beim Schutz der biologischen Vielfalt zwischen populären und weniger populären Arten unterscheiden kann.

Wie groß diese Begeisterung ist, zeigt jede Umfrage: Allein in den USA gab es 1965 zum Beispiel rund 8 Millionen Vogelbeobachter, fast 3 Millionen Naturfotografen, über 20 Millionen Menschen, die regelmäßig Spaziergänge zur Naturbeobachtung unternehmen.[16] Zierfischhaltung, also eine Tätigkeit, die unmöglich wäre ohne Erhaltung der Artenvielfalt der Fische, ist das am weitesten verbreitete Hobby in den USA; eine ungeheure Anzahl Menschen hält Vögel oder andere Haustiere, um von Garten-, Kakteen- oder sonstigen Pflanzenliebhabern gar nicht zu reden. In vielen Ländern sind solche Naturhobbies eher noch weiter verbreitet als in den USA.

In der Tourismusindustrie nimmt die Werbung mit der Natur, mit »naturnahen« Begriffen von Jahr zu Jahr wie eine Lawine zu. Das Angebot an Natur-Studienreisen oder ähnlichem wächst ständig; denn Menschen sind bereit, Tausende Mark zu bezahlen, nur damit sie einmal durch den Guano einer Pinguinkolonie waten oder bei der Beobachtung von Robben im Schlauchboot halb erfrieren können. Gleiches gilt für die äußerst populären Nationalparks in Ostafrika: Ein Elefantenbulle, der uns mit einem seiner sehr realistischen Scheinangriffe begegnet, eine Löwin, die unser Auto als Deckung bei ihrer Jagd benutzt – das sind unvergeßliche Erlebnisse, auch für uns als Biologen, die doch schon einige Erfahrungen mit den unterschiedlichsten Arten hinter sich haben.

Gelegenheit, die Antarktis, afrikanische Steppen, tropische Regenwälder oder andere exotische Orte zu besuchen, wird immer nur ein winziger Teil der Menschheit haben können. Aber beeindruckende und lebendige Begegnungen mit der Natur sind ja nicht nur dort möglich; die Vögel, Käfer oder Blumen im eigenen Garten oder im nächsten Wald bieten vielen Millionen Menschen genau dasselbe. Jeder Besuch im Menschenaf-

---

16 Angaben nach F. T. Bachmura: The economics of vanishing species. *Natural Ressources Journal* Bd. 11, S. 687, 1971.
Für die BRD gelten in der Relation gleiche Zahlen, auch im Hinblick auf die Haustierhaltung. Zur Zeit werden in der BRD etwa 380 000 Freizeitpferde, ca. 3 Millionen Hunde, 3 Millionen Katzen, 5 Millionen Ziervögel, 90 000 Amphibien und Reptilien und weit über eine Milliarde Zierfische gehalten.

fenhaus eines Zoos spricht Bände, und wer gelernt hat zu beobachten, wird dort eine Menge über sich selbst und seine Verwandtschaft mit den Tieren erfahren können – aber auch darüber, was Tiere in Gefangenschaft aushalten müssen. Wer nur einmal bewußt miterlebt hat, wie ein Schmetterling aus seiner Puppenhülle schlüpft, wie er ganz langsam zum ersten Mal seine Flügel entfaltet, der wird sicher keine Schwierigkeiten mehr haben, unser Anliegen, die Erhaltung der Arten, zu begreifen.

Kinder, denen anerzogene Ängste und Ekelreaktionen noch fehlen, scheinen sich ganz selbstverständlich für die Natur zu interessieren und mit ihr zu beschäftigen. Leider sind unsere Schulen oft besser geeignet, solches Interesse zu beseitigen als zu fördern. Es könnte sein, daß die Begegnung mit Tieren für die psychische Entwicklung von Kindern nicht nur Beiwerk ist, sondern tatsächlich notwendig; die wichtige Rolle zum Beispiel, die Tiere in vielen Märchen spielen, ist sicher kein Zufall. Was würde es für Kinder – und für Erwachsene – bedeuten, wenn der Kontakt mit der Natur nur noch auf Symbole reduziert wäre: auf den *Tiger im Tank* und das *Löwenbräu,* den *Pleitegeier* und die *dumme Gans,* den russischen Bär und den amerikanischen Adler? Könnte man *frei wie ein Vogel* leben, ohne jemals einem begegnet zu sein?

Die Vielfalt solcher Redewendungen und Symbole kann man vielleicht verstehen als Ausdruck eines archaischen Gefühls für die Natur und für die Vielfalt der Lebensformen, das noch in uns Menschen steckt. Man scheint Spuren dieses Gefühls immer wieder zu begegnen: in der Stadtflucht etwa, die nach dem Zweiten Weltkrieg in den industrialisierten Staaten eingesetzt hat; in dem Drang der Großstadtbewohner, an den Wochenenden oder im Urlaub »ins Grüne« zu fahren; in der beruhigenden Wirkung, die die Farbe grün im allgemeinen auf Menschen hat.

Manche Wissenschaftler erklären so eine unbewußte Bindung an die Natur damit, daß der Mensch genau wie jede andere Art an seinen natürlichen Lebensraum genetisch angepaßt ist. Man muß sich wohl diesen Lebensraum, in dem Menschen im Lauf hunderttausendjähriger Evolution entstanden sind, als eine Landschaft vom Typ der afrikanischen Savannen vorstellen.[17] In Städten jedenfalls und in Industriegesellschaften leben wir Menschen erst seit so kurzer Zeit, daß eine Weiterentwicklung unserer genetischen Anpassungen völlig unmöglich gewesen ist.

So gesehen ist Naturgenuß ein ganz alltäglicher und lebensnotwendiger

---

17 H. H. Iltis, P. Andrewa und O. Loucks; Criteria for an optimum human environment, *Bulletin of Atomic Scientists* Bd. 26 (1), S. 2–6, 1970.

Teil unserer biologischen Bedürfnisse – wie etwa Ernährung oder Schlaf. So gesehen ist Naturschutz auch nicht irgendein elitäres Ziel, sondern in erster Linie Menschenschutz.

Das Recht zu leben

Ein Argument für die Erhaltung der Arten bleibt noch zu betrachten, das nichts mit dem Gleichgewicht von wirtschaftlichen Kosten und Nutzen für die Menschheit zu tun hat. Es ist vielmehr eine Frage der *Ethik,* die vielen Menschen als erstes Argument für die Erhaltung der Arten in den Sinn kommt – nämlich, daß unsere Mitreisenden im Raumschiff Erde ganz einfach *das Recht zu leben haben.*
David Ehrenfeld nannte diese Überlegung in seinem provozierenden Buch *The Arrogance of Humanism*[18] nach einem bekannten Praktiker des Artenschutzes das »Noah-Prinzip«. Nach seiner Ansicht sollten Arten und ihre Vergesellschaftungen schon deshalb geschützt werden, »weil sie existieren und weil ihre Existenz selbst der gegenwärtige Ausdruck eines noch andauernden geschichtlichen Vorgangs von unermeßlichem Alter und unermeßlicher Erhabenheit ist. Langes Dasein in der Natur sollte ein unanfechtbares Recht auf weitere Existenz begründen.«
Auch viele andere haben – seit Buddha – immer wieder gefragt, ob die Menschheit das Recht hat, andere Tiere zu töten, ob sie es zulassen könne, daß Arten aussterben, ob sie Gott spielen dürfe. Für viele dieser Denker – auch für Ehrenfeld – ist es der Gipfel der Arroganz, daß Menschen glauben, sie alleine seien eine wichtige Lebensform, nur sie alleine dürften entscheiden, ob anderen Arten das Leben erlaubt ist oder nicht.
Dies ist ein ausschließlich religiöses Argument. Es gibt keine naturwissenschaftliche Methode, um zu überprüfen, ob Menschen oder andere Organismen ein Recht auf Leben haben. Es gibt nur den ethischen Standpunkt vieler Menschen, wonach dieses Recht existiert. Ehrenfeld nennt seine Sichtweise »nicht humanistisch«; wir werden sie hier wegen der Kontroverse, die dieser Begriff hervorgerufen hat, lieber »anthropozentrisch« nennen, das heißt, nicht ausschließlich auf die Bedürfnisse und Wünsche der Menschheit ausgerichtet. Mit anderen Worten: *Homo sapiens* wird hier nur als eine unter Millionen Arten angesehen, wenn auch als eine

---

18 New York (Oxford University Press), 1978; diesen umstrittenen Band sollte eigentlich jeder interessierte Mensch in den Industriegesellschaften lesen.

sehr zahlreich vertretene, mit der außerordentlichen Macht, den Rest der Lebewelt zu beherrschen.

Auch wir glauben, daß mit der herausragenden Stellung des Menschen tatsächlich eine große moralische Verantwortung verbunden ist – eine Patenschaft, wenn man das so ausdrücken will, der wir nicht den Rücken kehren dürfen. Gerade *weil* wir die Macht haben, unsere Mitbewohner auf der Erde zu vernichten, *müssen wir ihre Rechte achten.*

Für die Praxis wird diese Patenschaft sicher viele komplizierte moralische Probleme mit sich bringen, zumindest immer dann, wenn unmittelbare Lebensinteressen des Menschen gegen die Rechte anderer Organismen abzuwägen sind. Wir können ja nicht so tun, als gäbe es irgendeinen Weg menschlichen Lebens ohne jede Beeinträchtigung nichtmenschlichen Lebens. Zumindest müssen wir Menschen Tiere oder Pflanzen töten und essen, wenn wir selber leben wollen; aber wir können durchaus versuchen, das vitale Interesse an unserer Ernährung auf deren Überleben und auf deren Lebensbedingungen abzustimmen.

Andere Fragen werden unser Verhalten gegenüber offensichtlich feindlichen Organismen betreffen: Für unsere Vorfahren in manchen Regionen Nordamerikas und Europas waren zum Beispiel Braunbär oder Wolf gefährliche Feinde. Aber dieses Feindbild hat längst seine Berechtigung verloren; wir werden heute eher den Pockenvirus oder die Malariaerreger als ausgesprochen feindliche Lebewesen sehen.[19] Zweifellos haben wir Menschen ein Recht darauf, uns gegen Feinde zu wehren. Aber wir brauchen einen neuen Maßstab, an dem wir jede einzelne Entscheidung zwischen unserem eigenen Wohlergehen und dem Wohlergehen anderer Arten orientieren können. Das bisher vorherrschende chauvinistische Prinzip, alles nur an seinem unmittelbaren Nutzen für die Menschen zu messen, hat uns schon viel zu lange auf falsche Wege geführt.

Natürlich gibt es auch sehr überzeugende homozentrische Argumente für die Erhaltung der Arten; wir werden sie noch aufgreifen. Aber sie alle lassen die letzte Entscheidung über deren Existenzrecht offen. Wenn man beispielsweise beweisen könnte, daß das Leben des Gorillas Mwelu und seiner Artgenossen für die Menschheit keinen Nutzen hat – wäre es dann moralisch vertretbar, die Gorillas umzubringen? Wir halten es für vertretbar, nicht nur bei Gorillas, sondern genau so auch bei Schnecken-Grundbarsch, Großem Brachvogel, Mondrautenfarn und den unzähligen anderen gefährdeten Lebensformen. Sie alle sind zwar nicht so nahe

---

19 Bernard Dixon: Smallpox – Imminent extinction and an unresolved dilemma. *New Scientist* Bd. 69, S. 430–432, 1976.

Verwandte des Menschen wie die Gorillas, sie sind vielleicht weniger attraktiv oder überhaupt nicht nützlich; das Recht zu leben müssen wir ihnen *allen* gewähren.

Übereinstimmend mit vielen anderen Ökologen glauben wir, daß die Ausweitung des Begriffs »Recht« auf andere Kreaturen – ja sogar auf unbeseelte Bestandteile von Ökosystemen wie Felsen oder Landschaftsformen – eine ganz selbstverständliche Erweiterung unserer Kultur darstellt. Die Geschichte der menschlichen Ethik zeigt, daß ein Trend zu ständiger Erweiterung besteht. Von der ursprünglichen Sorge für die eigene Familie oder sonst unmittelbare Bezugsgruppe aus gab es eine beständige Vergrößerung der sozialen Umwelt. Man schloß den ganzen Stamm mit ein, dann den Kleinstaat und – in jüngster Zeit – die eigene Nation.

Moderne ethische Vorstellungen in unseren Industriegesellschaften schließen im allgemeinen die gesamte Menschheit ein, aber das ist noch nicht seit langem so selbstverständlich. Vor wenig mehr als einem Jahrhundert war Sklaverei in den Vereinigten Staaten etwas Alltägliches: Man unterschied sehr wohl zwischen seinem Verhalten, seiner Moral gegenüber Sklaven oder anderen Menschen. Die Hitler-Zeit mit ihren Vorstellungen von »minderwertigen« und »überwertigen« Rassen liegt noch nicht einmal vierzig Jahre zurück – und man kann wirklich nicht behaupten, daß solche Vorstellungen in unserer Zivilisation inzwischen ausgestorben wären.

Auch die Ausweitung unserer Besorgnis über die Menschen hinaus auf andere Lebewesen ist nicht neu; sie ist seit langem Bestandteil asiatischer Kulturen und Religionen. Die religiösen Traditionen des Abendlandes haben dagegen in der Vergangenheit eher die Mißachtung der Natur genährt, vielleicht, weil sie sich immer in dem Zwang sahen, sich von heidnischem Animismus abzuheben. Sie haben im allgemeinen die Idee gefördert, die Erde sei Eigentum der Menschen und dürfe nach ihrem Willen ausgebeutet werden.[20]

Im abendländischen Denken hat sich der Respekt vor Lebewesen, vor natürlichen Zusammenhängen erst sehr spät durchsetzen können; die frühen Siedler in Nordamerika konnten die Natur nur als Todfeind sehen, der besiegt und gezähmt werden mußte.[21] Hundertfünfzig Jahre lang war das sicher der einzig mögliche Standpunkt, und die unbarmherzigen

---

20 Lynn White Jr.: Die historischen Ursachen unserer ökologischen Krise. In: M. Lohmann (Hrg.): *Gefährdete Zukunft*. München (dtv), S. 20–28, 1973.

21 Roderick Nash: Do rocks have rights? *The Center Magazine*, Nov./Dez. 1977 und R. Nash: *Wilderness and the American Mind*. New Haven (Yale University Press), 1967.

Angriffe auf die wenigen heute noch übriggebliebenen naturnahen Gebiete der USA sind wohl auch als Ladenhüter dieser Philosophie aufzufassen. Erst im 19. Jahrhundert, als die Wildnis der östlichen Vereinigten Staaten weitgehend gezähmt war, begannen die Menschen naturnahe Gebiete auch als Zuflucht aus der Hektik ihrer Gesellschaft anzusehen. Amerikanische Autoren wie Henry David und Ralph Waldo Emerson feierten die Schönheit und die seelischen Wohltaten der Wildnis, und das letzte Jahrhundert war die Blütezeit einer Schule romantischer Landschaftsmalerei, die die spektakulärsten amerikanischen Naturszenerien porträtierte.

In Europa hat diese Entwicklung naturgemäß früher begonnen als in Amerika, aber sie entstand wohl aus den gleichen Ursprüngen und ist ähnlich verlaufen. Erinnert sei hier an die aus heutiger Sicht naive Naturverbundenheit eines Jean Jacques Rousseau, an die Romantiker des neunzehnten Jahrhunderts oder auch an die deutsche Revolution von 1848 und die spätere Wandervogelbewegung.

In den letzten hundert Jahren fanden immer mehr Nordamerikaner und Europäer zu Gedanken des Mitgefühls und der Einheit mit dem Rest der natürlichen Welt. Vielleicht am weitesten hat dies Aldo Leopold entwickelt, ein Pionier des Naturschutzes. Kerngedanke seiner Umweltethik (»land ethic«) ist, daß das »Land« – so sein abkürzender Ausdruck für natürliche Ökosysteme – nur gebraucht, niemals mißbraucht werden darf:

Die Umweltethik vergrößert einfach die Grenzen der Gemeinschaft und schließt die Böden, die Gewässer, die Pflanzen und Tiere ein oder – zusammengenommen – das Land.

... Selbstverständlich kommt auch eine Umweltethik nicht ohne Veränderung, Bewirtschaftung und Gebrauch dieser »Ressourcen« aus, doch bekräftigt sie ihr Recht auf fortgesetzte Existenz ...

Kurz ausgedrückt: Eine Umweltethik verändert die Rolle des Menschen; statt Angreifer einer Gemeinschaft zu sein, wird er zu ihrem einfachen Mitglied. Die Umweltethik schließt den Respekt vor den anderen Mitgliedern und auch vor der Gemeinschaft ein.[22]

Leopolds Manifest wurde 1948 verfaßt. Die von ihm beklagte Einstellung gegenüber der Natur, nämlich Geringschätzung und Ausbeutung, herrscht allerdings immer noch in der westlichen Kultur vor. Gedanken einer Umweltethik tauchen aber immer häufiger auf, etwa in den Schrif-

---

22 *Sand County Almanac.* New York (Oxford University Press), 1949.

ten von David Ehrenfeld oder Roderick Nash in den USA, von Carl Amery oder Hubert Weinzierl in Deutschland, die auch gegen die im Umweltschutz vorhandenen homozentrischen Anschauungen argumentieren. Solche Gedanken leben überall in den Naturschutz-Organisationen – in Shirley McGreal und ihren Kollegen von der IPPL (Internationale Liga zum Schutz der Menschenaffen), in David Brower, dem Gründer von »Friends of the Earth«, in Sir Peter Scott und seinen Mitarbeitern vom World Wildlife Fund, in den Aktionen von Greenpeace und natürlich auch in den vielen Verbänden, Gesellschaften oder Bürgerinitiativen, die überall auf der Welt für die Erhaltung der Arten kämpfen.
Daß die Natur Rechte besitzt und gegen Mißbrauch geschützt werden muß, ist in unserer Gesellschaft bereits eine anerkannte Forderung. In der allgemeinen Ablehnung von Spektakeln wie dem Gemetzel der Robbenbabies in Kanada oder von Delphinen in Japan wird das vielleicht am deutlichsten. Lange schon ist die Zeit vorbei, in der jemand sein Pferd ungestraft zu Tode prügeln konnte, weil es sein »Eigentum« war. Vielleicht werden wir bald so weit kommen, daß auch eine Art wie der Schnecken-Grundbarsch nicht mehr ungestraft geopfert werden kann.
Möglicherweise wird sich Aldo Leopolds Umweltethik in den nächsten Jahren wie ein Lauffeuer unter der menschlichen Bevölkerung ausbreiten; denn wenn die Zeit dafür reif ist, können soziale Veränderungen sehr schnell geschehen. Die Grundsätze, die die Behandlung anderer Arten bestimmen, sind bis heute größtenteils ökonomischer Natur – und wenn tatsächlich heute ein Teil unserer Kultur reif für eine Veränderung ist, dann die wankenderen Wirtschaftssysteme. Man sollte daher die Ethik des Umweltschutzes völlig von kurzfristigen wirtschaftlichen Erörterungen trennen. Roderick Nash hat dies sehr plastisch ausgedrückt: »Wenn jemand droht, unsere Tochter zu vergewaltigen, erörtert man nicht mehr Kosten oder Nutzen. Wenn es eine wirkliche Umweltmoral gibt, müßte dasselbe für Versuche gelten, das Land zu vergewaltigen.«[23]
Wenn man aber an die hohen aktuellen Aussterberaten denkt und an das derzeitige Ausmaß der Umweltverschmutzung, dann kann man nicht einfach versuchen, die Vergewaltiger unserer Umwelt von einer neuen Ethik zu überzeugen oder davon, daß sie Arten schützen müssen, weil sie schön oder interessant sind oder bemitleidenswert. Vielleicht würde so eine neue Moral weithin und rasch angenommen, vielleicht aber auch nicht – und das wäre katastrophal *für alle Arten, einschließlich uns selbst.*

---

23 R. Nash: Do rocks have rights? (s. Anm. 21).

Wir werden uns daher nun den homozentrischen Argumenten für die Erhaltung der organischen Vielfalt zuwenden, in der Hoffnung, damit auch den eingefleischtesten menschlichen Chauvinisten zu überzeugen, daß der Erhalt der Gorillas und des Mondrautenfarns auch in seinem eigenen Interesse liegt.

Der direkte wirtschaftliche Nutzen schutzwürdiger Arten

**Wenn Arten durch ihre Beiträge zur Landwirtschaft, zur Technologie und zu anderen erdverbundenen Tätigkeiten ihren Wert beweisen können, dann können sie berechtigterweise ein eigenes Stück Überlebensraum auch in einer überbevölkerten Welt beanspruchen.
Norman Myers, The Sinking Ark**

Der unmittelbare Nutzen, den wir von anderen Arten haben, kann ganz entscheidend sein – auch wenn die meisten Menschen gar nichts davon merken: So starb 1955 Pauls Vater nach einem dreizehnjährigen, schrecklichen Leiden an der Hodgkinschen Krankheit, einer leukämieartigen Störung des Lymphsystems. Kurz nach seinem Tode entdeckten kanadische Wissenschaftler, daß ein Extrakt aus den Blättern der Jungfernblume Madagaskars bei Ratten eine Abnahme der weißen Blutkörperchen bewirkt. Chemiker analysierten die Zusammensetzung der Jungfernblumenblätter; sie fanden verschiedenste Alkaloide, das sind giftige Chemikalien, die die Pflanze anscheinend entwickelt hat, um sich vor pflanzenfressenden Tieren zu schützen. Zwei dieser Alkaloide, Vincristin und Vinblastin, haben sich bei der Behandlung der Hodgkinschen Krankheit als wirksam erwiesen. Durch eine Behandlung mit Vincristin in Kombination mit anderen chemischen Wirkstoffen erreicht man heute gute Erfolge, und selbst Patienten in einem fortgeschrittenen Krankheitsstadium brauchen nur noch in langen Zeitabständen behandelt zu werden. Man hat also in einer Pflanzenart Chemikalien gefunden, die hätten mithelfen können, Bill Ehrlichs Leben zu verlängern – Stoffe, die heute allein in den Vereinigten Staaten jährlich fünf- bis sechstausend Menschen helfen, die an der Hodgkinschen Krankheit leiden. Vincristin wird auch mit anderen Mitteln kombiniert, um ein breites Spektrum von Krebsgeschwulsten und krebsähnlichen Krankheiten zu bekämpfen, und man kann als Maßstab seines Wertes angeben, daß sein weltweiter Verkauf allein 1979 35 Millionen Dollar einbrachte. Wäre die Jungfernblume vor 1950 ausgestorben, hätten wir einen enormen Verlust erlitten und niemand hätte es gemerkt.

Pflanzen und Mikroorganismen in der Medizin

Niemand kann voraussagen, bei welchen Organismen ein medizinischer Nutzen noch zu entdecken ist; aber vielleicht bekommen Sie eine ungefähre Vorstellung davon, was uns noch alles erwarten könnte, wenn wir uns etwas ausführlicher mit den bisher bekannten pflanzlichen und tierischen Medikamenten beschäftigen. Das Vincristin aus der Jungfernblume ist ja nur ein Beispiel von sehr vielen.

Pflanzen in der Medizin zu verwenden, gehört zu den uralten Traditionen der Menschheit. Wenigstens seit der Zeit des Hippokrates, also vier Jahrhunderte vor Christus, werden Verwandte der Jungfernblume und Pflanzen aus anderen Familien zur Krebsbehandlung eingesetzt. Aber der Gebrauch von Pflanzen als Arzneiquelle ist noch viel älter, vielleicht sogar so alt wie die Menschheit selbst. Zeugnisse davon finden sich in altägyptischen Darstellungen ebenso wie auf den Tontafeln der Babylonier, und anscheinend kannten auch schon die Neandertaler die medizinische Verwendung von Pflanzen.[1] Nicht selten überrascht die Vielfalt dieser traditionellen Medizin: Die Navajo-Indianer beispielsweise gebrauchen fast zweihundert Pflanzenarten.

In den letzten Jahrzehnten sind viele überlieferte Heilpflanzen näher untersucht worden, und zur allgemeinen Überraschung der Wissenschaftler haben sie sich oft als wirksam gegen die behandelten Leiden erwiesen. Allerdings, bei etwas Verständnis für die Beziehungen zwischen Mensch und Natur hätte man nicht so überrascht von dieser Entdeckung sein müssen! Die peruanischen Indios zum Beispiel kennen seit langem gegen die tödliche Geißel Malaria ein Heilmittel: Extrakte der Rinde von Bäumen aus der Gattung *Cinchona*, die in Peru, Kolumbien, Ekuador und Bolivien wachsen. Der wichtigste aktive Bestandteil dieser – wie wir heute sagen – »Chinarinde« ist das Chinin, das wie das Vincristin ein Alkaloid ist. 1820 wurde es erstmals aus der Rinde des Baumes gewonnen und ist im Handel seit 1823 erhältlich. Ein Jahrhundert lang war es das Hauptbehandlungsmittel gegen Malaria. Die große Nachfrage nach Chinin führte in der Mitte des letzten Jahrhunderts zur Anlage von Plantagen mit Chinarinden-Bäumen und – um 1930 – zur Synthese ähnlicher chemischer Verbindungen. Inzwischen haben diese synthetischen Stoffe das Chinin ersetzt, doch ohne das zuerst aus einer wildwachsenden Pflanzenart isolierte Vorbild wären sie vielleicht heute noch nicht gefunden. Auch

---

1 W. H. Lewis und M. P. F. Elvin-Lewis, *Medical Botany: Affecting Man's Health*, New York (Wiley) 1977; vgl. hierzu auch R. S. Solecki, »Shanider IV, a Neandertal flower burial in northern Iraq«, *Science* 190, 1975, Seite 880–881.

gegen Herz- und Kreislaufkrankheiten, die mit zu den häufigsten Todesursachen in den industrialisierten Ländern zählen, helfen Pflanzenstoffe: Reserpin, ein Alkaloid aus *Rauwolfia,* einer mit der Jungfernblume verwandten Art, wird oft bei zu hohem Blutdruck angewandt. *Digitalis* (Fingerhut) ist die Ausgangspflanze für wichtige Medikamente zur Behandlung chronischer Herzstörungen. Selbstverständlich verwenden Ärzte die getrockneten *Digitalis*-Blätter oder daraus isolierte, wirksame Bestandteile nur in winzigen Mengen, etwa in der Größenordnung von einem Zehntausendstel Gramm. Höhere Dosierungen würden schnell den ursprünglichen Zweck dieser Pflanzenstoffe deutlich machen: Sie verursachen Übelkeit, Erbrechen, Appetitlosigkeit, Durchfall, Nachlassen des Sehvermögens und können sogar zum Tod führen, denn sie dienen eigentlich der chemischen Verteidigung des Fingerhuts gegen pflanzenfressende Tiere.

Ebenso sind die halluzinogenen Drogen, die einige Pilze und zahlreiche höhere Pflanzen enthalten, ursprünglich ein Schutz davor, gefressen zu werden: Man kann sich leicht vorstellen, daß eine Maus nicht mehr viele Pflanzen fressen wird, wenn sie sich im Rausch einmal mit Nachbars Katze angelegt hat!

Es fällt schwer, bei der Verwendung derartiger Drogen von einem besonderen Nutzen zu sprechen, wenn man an die Folgen der Drogensucht denkt. Aber unbestreitbar benutzen Menschen seit sehr langer Zeit und überall auf der Welt psychoaktive Pflanzenstoffe aus religiösen Gründen oder zur Erholung; und nicht zuletzt sind einige aus Mohnpflanzen gewonnene Alkaloide wie Morphin oder Kodein sehr wichtige Schmerzmittel.

Man könnte ganze Bücher schreiben allein über die medizinische Nutzung von Pflanzen – vom Abführmittel bis zur Behandlung von Geschlechtskrankheiten; darüber, daß sehr viele Medikamente auch heute noch billiger und einfacher aus Pflanzen herstellbar sind als durch chemische Synthese der Wirkstoffe.

Aber wir wollen aus dieser Vielfalt nur noch ein Beispiel herausgreifen, die Antibiotika.

In vielen vorwissenschaftlichen Kulturen empfahl man, Wunden mit einem Aufguß aus schimmeligem Brot zu behandeln. Wie so viele andere Volksheilmittel erwies sich auch dieses nicht als Märchen: Louis Pasteur bemerkte 1877 erstmals, daß die Gegenwart bestimmter Bakterien und Pilze das Wachstum anderer Pilze und Bakterien blockiert. 1928 beobachtete Sir Alexander Fleming, daß die Verunreinigung durch einen Schimmelpilz, *Penicillum notatum,* eine Kultur von *Staphylococcus aureus*-

Bakterien abtötete. Staphylococcen können eitrige Entzündungen hervorrufen; daher vermutete Fleming, daß der bakterientötende Stoff aus dem Schimmel, das Penicillin, therapeutischen Wert haben könnte.
Die Zahl der jetzt bekannten Antibiotika liegt bei 1000. Einige davon stammen wie das Penicillin aus Pilzen, andere aus Bakterien. Auch in höheren Pflanzen wurden einige Antibiotika gefunden, von ihnen wird allerdings noch keines medizinisch genutzt.
So manche große Plage der Menschheit wie Tuberkulose, Beulenpest, Typhus, Scharlach, Diphtherie, Syphilis oder Tripper konnte mit Antibiotika wirksam bekämpft werden; aber auch die Risiken bei leichteren Verletzungen oder bei einfacheren chirurgischen Eingriffen sind wesentlich kleiner geworden, seitdem Antibiotika zur Kontrolle bakterieller Infektionen verfügbar sind. Wer erst nach dem Zweiten Weltkrieg geboren wurde, wird diese enorme Bedeutung vielleicht gar nicht mehr richtig einschätzen können.

Ist weiterer Nutzen zu erwarten?

Zusammen mit anderen Verbesserungen in der medizinischen Versorgung haben die Antibiotika ganz wesentlich zu einer Verringerung der menschlichen Sterberaten beigetragen, vor allem in den unterentwickelten Ländern. So erfreulich diese Entwicklung ist – es könnte sein, daß wir uns gerade dadurch den Ast absägen, auf dem wir sitzen: Wir haben am Anfang des Buches schon gesehen, daß verringerte Sterberaten ein immer stärker zunehmendes Bevölkerungswachstum bewirken, und dieses Wachstum ist die Hauptursache für die Gefährdung vieler Arten, deren Nutzen noch zu entdecken wäre!
Aber brauchen wir das überhaupt noch, könnte man vielleicht fragen. Wir wissen schon so viel über den medizinischen Nutzen der Pflanzen; lohnt es sich denn noch, wesentliche neue Möglichkeiten zu erwarten? Gerade die Antibiotika sind ein Beispiel dafür, daß die Suche weitergehen muß, denn Bakterien werden resistent gegen Antibiotika und wir brauchen daher Ersatzmittel. Vielversprechende Quellen könnten höhere Pflanzen sein, die selbst den Angriffen von Bakterien und Pilzen ausgesetzt sind und häufig Antibiotika entwickelt zu haben scheinen. Die größten Reservoire für Blütenpflanzenarten sind aber die tropischen Regenwälder, und gerade sie sind die gefährdetsten Biotope der Erde – nicht zuletzt wegen des explosiven Wachstums der menschlichen Bevölkerung in den tropischen Ländern.

Eine systematische Erforschung der Pflanzenarten auf ihre Brauchbarkeit für die Medizin hat kaum begonnen. Selbst auf Alkaloide – also auf die Klasse chemischer Verbindungen, von denen man derzeit den meisten Nutzen erwartet – sind erst ganze 2 Prozent der Blütenpflanzen, also ungefähr fünftausend Arten untersucht.[2] Immerhin rund zehn Prozent der Arten wurden bisher in einem Programm des amerikanischen National Cancer Instituts grob durchanalysiert. Dabei haben sich in fünfzehn Arten Stoffe gefunden, die auch für Versuche zur Krebstherapie vielversprechend sind.

Dennoch ist noch *keine einzige* Pflanzenart wirklich erschöpfend untersucht worden: Man sucht ja hauptsächlich nach den Chemikalien, die die Pflanzen zu ihrer eigenen Verteidigung entwickelt haben, und diese können innerhalb der Pflanzen sehr ungleichmäßig verteilt sein. Manche Stoffe finden sich beispielsweise in den Samen, aber nicht in den Blättern. Blätter unterschiedlichen Typs oder unterschiedlichen Alters können verschiedene Konzentrationen aufweisen. Zwischen den Individuen, zwischen den Populationen derselben Art können erhebliche Unterschiede bestehen.

Das macht zum einen die Suche nach nutzbaren Pflanzenstoffen sehr schwierig und arbeitsaufwendig. Es bedeutet andererseits, daß der Schutz der Arten an sich nicht ausreicht, wenn wir uns die Möglichkeiten ihrer Erforschung und Nutzung jetzt oder für künftige Generationen offenhalten wollen. Ebenso wichtig ist es, möglichst viel *Variabilität innerhalb der Art* zu erhalten, also dafür zu sorgen, daß möglichst viele Populationen einer Art überleben und sich weiterentwickeln können. Und selbst wenn es irgendeine Pflanzenart gäbe, die bereits ohne Erfolg bis zur letzten chemischen Verbindung untersucht wäre, wir hätten keinen Grund, sie als endgültig nutzlos beiseite zu schieben. Denn in wenigen Generationen könnten sich die Fragestellungen der Forscher und damit auch die möglichen Antworten längst geändert haben. Die Urgroßväter der heutigen Mediziner oder Biologen hatten auch noch keine Vorstellung davon, wie Bakterien oder andere Erreger Krankheiten verursachen. Ihnen wäre die Entdeckung des Penicillins wahrscheinlich völlig nutzlos erschienen.

Sicher – eine systematische Untersuchung der Pflanzenarten auf mögliche medizinische Wirkstoffe ist teuer.[3] Das oben genannte Programm des amerikanischen National Cancer Institute kostet zum Beispiel eineinhalb

---

2 *The Sinking Ark,* New York (Pergamon Press) 1979, Seite 70.
3 Vgl. N. Farnsworth und R. Morris, »Higher plants – the sleeping giant of drug development«, *American Journal of Pharmacology* 148, März–April 1976, Seite 46–51.

Millionen Dollar pro Jahr; aber im Vergleich zu den mehr als 6 Milliarden Dollar, für die allein 1980 in den USA Medikamente gehandelt wurden, ist das gerade ein Vierzigstel Prozent. Die enorme Bedeutung der medizinischen Versorgung sollte uns die Finanzierung entsprechender Untersuchungen wert sein, vielleicht über eine Arzneimittelsteuer von zwei oder drei Prozent. Aber die Finanzierung ist nicht das entscheidende Problem: In erster Linie müssen wir dafür sorgen, daß die Quellen potentieller Medikamente erhalten bleiben – die natürlichen Pflanzengesellschaften, insbesondere in den artenreichen tropischen Wäldern.

Tiere in der Medizin

Genau wie Pflanzen oder Mikroorganismen werden natürlich auch Tiere für medizinische Zwecke genutzt; zwar sind »nur« drei Prozent der heute gebräuchlichen Medikamente tierischen Ursprungs (gegenüber fünfundzwanzig Prozent aus Pflanzen und dreizehn Prozent aus Mikroorganismen) – aber wer weiß, welche Entwicklungen sich noch ergeben können? Schon jetzt liefern beispielsweise Schwämme, See-Anemonen, Moostierchen und andere marine Tiere Breitspektrum-Antibiotika, Empfängnisverhütungsmittel, gerinnungshemmende Substanzen, Mittel zur Blutdruckregulation und viele andere.[4] Aber wenn wir weiterhin die Ozeane als Müllplätze benutzen, dann werden wir – wie in den tropischen Regenwäldern – enorme medizinische Potentiale vernichten, noch bevor überhaupt jemand untersuchen konnte, wie man sie hätte nutzen können.

Aber der medizinische Nutzen von Tieren beschränkt sich nicht nur auf die Gewinnung von Medikamenten. Mindestens ebenso wichtig ist ihre Verwendung für Forschungsversuche, die unser Verständnis von menschlicher Gesundheit und Krankheit erweitern können. In großer Zahl haben Ratten, Mäuse oder Rhesusaffen als Ersatz für Menschen gedient, wenn neue Verbindungen auf ihre nützlichen – oder schädlichen – Eigenschaften zu testen waren. Aber auch die Forschung an exotischen Tierarten hat uns wesentlich geholfen, die menschliche Physiologie zu verstehen: Untersuchungen an Elefanten unter Streß und in verschiedenen Biotoptypen lieferten zum Beispiel Anhaltspunkte für die Rolle der Umwelt bei Herzkrankheiten des Menschen.[5] Tintenfische spielten die Haupt-

4 G. D. Ruggieri, »Drugs from the sea«, *Science* 194, 1976, Seite 491–497.
5 S. K. Sikes, »Observations on the ecology of arterial disease in the African elephant (Laxodonta africana) in Kenya and Uganda«, *Symposium of the Zoological Society of London,* Nr. 21, Seite 251–273, 1968.

rolle bei Untersuchungen, wie Nerven – einschließlich menschlicher Nerven – eigentlich funktionieren. Gürteltiere sind die einzigen bekannten Organismen, die außer dem Menschen von Lepra befallen werden; wären sie vor dieser erst einige Jahre alten Entdeckung ausgestorben, dann wäre die Chance, neue Lepra-Medikamente zu finden, sehr viel geringer.[6]

Dank vieler Versuche an Baumwoll-Tamarinen und anderen Menschenaffen bestehen gute Aussichten für die Kontrolle einiger möglicherweise krebserzeugender Viren; zu den wichtigsten Objekten genetischer und embryologischer Untersuchungen – die unter anderem auch Grundlagen für die Krebsforschung liefern – gehören beispielsweise Fruchtfliegen, Wespen, Schmetterlinge, Seegurken, Salamander, Krallenfrösche, Meerschweinchen – und die Liste ähnlicher Beispiele ließe sich beliebig verlängern. Auf keinen Fall kann man voraussagen, welche Untersuchungen an welchen Tierarten sich in der Zukunft als nutzbringend erweisen werden.

Nun sind Tierversuche aber auch eine zweischneidige Angelegenheit[7], und scheinbar haben wir uns hier selber in einen Widerspruch verwickelt: Einerseits fordern wir, Arten zu erhalten, weil sie in irgendeiner Weise nutzbar sind oder sein könnten – andererseits sind sie vielleicht gerade durch die Nutzung gefährdet! Wie hätten Sie zum Beispiel in folgendem Fall entschieden?

Hepatitis B ist eine weitverbreitete, langwierige, aber nur selten tödliche Krankheit, die durch einen Virus verursacht wird.[8] Er wird durch Bluttransfusionen, durch die verunreinigten Injektionsnadeln von Drogensüchtigen, durch Geschlechtsverkehr und möglicherweise durch Insektenstiche übertragen. In den USA gibt es jährlich rund 150 000 Krankheitsfälle, von denen ungefähr ein Prozent tödlich verläuft; in Bayern sind 1980 zum Beispiel 994 Menschen an Hepatitis B erkrankt und fünfzehn daran gestorben.

Zwischen der pharmazeutischen Firma Merck, Sharp & Dohme und der Naturschutzbehörde der USA entstand 1978 ein Streit: Merck wollte 125 Schimpansen importieren, um einen neuen Impfstoff gegen Hepatitis B zu testen. Biologen protestierten dagegen – allerdings nicht, weil die Tests

---

6 S. S. Cohen, »Comparative biochemistry and drug design for infectuous disease«, *Science* 205, 1979, Seite 964–971.
7 Siehe z. B. Horst Stern, »Tierversuche in der Pharmaforschung«, München (Kindler) 1979.
8 Es gibt auch Hepatitis A (infektiöse Hepatitis), hervorgerufen durch einen anderen Virus als den, der Hepatitis B verursacht (hämatogene Hepatitis).

für die Schimpansen hätten gefährlich werden können. Jedes Tier hätte nur für einen Versuch mit niedrigem Risiko eingesetzt und danach wieder in seine Heimat zurückgebracht werden sollen. Der Protest richtete sich vielmehr gegen den Fang der Schimpansen: Denn die normale Methode dafür ist, eine Schimpansenmutter mit Kind zu finden, die Mutter zu erschießen und das Kind mitzunehmen. Außerdem ist die Sterblichkeit junger Schimpansen beim Transport sehr hoch. Schätzungsweise hätten über fünfhundert Schimpansen sterben müssen, um 125 gesunde Tiere in den Vereinigten Staaten abzuliefern.

Merck hielt dem entgegen, daß ihr Tierhändler in Sierra Leone die Schimpansen nicht abschießen wolle, sondern mit vielen Leuten so lange jagen, bis die Jungtiere müde würden. Wer mit Schimpansen in freier Wildbahn vertraut ist, wird diese Geschichte als frei erfunden erkennen. Aber vielleicht muß man den Merck-Managern dabei einige Naivität zugestehen. Ernster zu nehmen war das Argument, daß die Schimpansen in der Wildnis durch die eskalierende Biotopzerstörung ohnehin verurteilt seien und daß die beste Hoffnung für ihr Überleben die Gefangenschaft sei. Und schließlich deutete Merck auch an, daß man einfach den Impfstoff an polnische oder japanische Pharmafirmen weitergeben könne, die bereits Verträge für die Schimpansenbeschaffung hätten (und deren Regierungen sich noch weniger als die der USA um gefährdete Arten kümmern würden).

So schien das Dilemma ziemlich klar – keine Schimpansen, kein Impfstoff. Wie viele Schimpansen dürfen geopfert werden, um eine manchmal tödliche Krankheit zu heilen? Darf man gefährdete Populationen noch weiter verkleinern, um ihre Jungen in Gefangenschaft zu halten und eventuell weiter zu züchten? Auf diese Frage werden wir in Kapitel 9 noch eingehen. Nicolas Wade faßte damals die Meinung vieler Biologen und Naturschützer zusammen: »Die Welt hat eine wachsende Bevölkerung von 4 *Milliarden* Menschen und eine Bevölkerung von ungefähr 50 000 Schimpansen mit abnehmender Tendenz. Da der Impfstoff ungewöhnlich harmlos zu sein scheint und die Krankheit nur selten tödlich verläuft, wäre es vielleicht besser, wenn die größere Bevölkerung eine Problemlösung finden könnte, die nicht zu Lasten der kleineren geht.«[9] Die Erlaubnis zur Einfuhr wurde schließlich nicht erteilt.

Inzwischen hat sich herausgestellt, daß die Schimpansen anscheinend gar nicht gebraucht werden, denn Kalifornische Ziesel sind für die Versuche

---

9 Hier stützen wir uns vor allem auf folgenden Beitrag: »New vaccine may bring man and chimpanzee into tragic conflict«, *Science* 200, 1978, Seite 1027–1030.

mit dem neuen Impfstoff ebenso geeignet. Sie kommen überall an der nordamerikanischen Westküste vor und gelten nicht als gefährdet.
In diesem Fall stellte sich eine anfangs schwere Entscheidung zwischen dem menschlichen Wohlergehen und dem Schutz einer gefährdeten Art letztlich als Scheinalternative heraus. Sicher – wenn Hepatitis B wirklich eine sehr gefährliche, unkontrollierbare Krankheit wäre, wenn die Schimpansen mit Sicherheit die einzigen geeigneten Tiere für die Impfstoffherstellung wären, dann wäre es völlig gerechtfertigt, sie dafür einzusetzen. Aber gerade das ist eben auch ein entscheidendes Argument dafür, sie zu erhalten!

Das biologische Frühwarnsystem

Relativ nahe mit der medizinischen Nutzung verwandt ist die Verwendung von Tieren und Pflanzen als Bio-Indikatoren für Umweltverschmutzungen, denn sie könnten uns auf diese Weise helfen, gesund zu bleiben.
Wahrscheinlich haben viele Menschen erstmals bewußt über Umweltprobleme nachgedacht, als in den sechziger Jahren Berichte über DDT-verursachte Vogelsterben bekannt wurden, als der Buchtitel »Der stumme Frühling« von Rachel Carson zum Schlagwort wurde. Hauptsächlich waren das aber wohl diejenigen, die mit ihrem biologischen Wissen oder mit einem guten Gespür für ihre Umwelt solche Probleme begreifen konnten – viele andere werden es für ausgesprochen verrückt gehalten haben, sich wegen ein paar toter Vögel aufzuregen, wenn es andererseits doch um den großen Nutzen des Schädlingsbekämpfungsmittels DDT ging.
Heute, zwanzig Jahre nach dem »Stummen Frühling«, wären wir wohl froh, wenn die damalige Warnung ernster genommen worden wäre. Denn obwohl bei uns in Mitteleuropa nach langen Diskussionen die Anwendung von DDT seit einigen Jahren verboten ist, findet sich heute selbst in menschlicher Muttermilch durchschnittlich das Mehrfache des DDT-Gehaltes, der von der Weltgesundheitsorganisation bereits als gesundheitsschädlich angesehen wird.[10]
Die Vögel waren unter anderem deshalb am DDT gestorben, weil sie es angereichert hatten: Mit ihrer Nahrung haben sie immer wieder kleine – im Moment unschädliche – Giftmengen aufgenommen und in ihrem

---

10 Elke Pröstler, »Stillen trotz verseuchter Umwelt?«, Öko-Institut, Freiburg i. Brsg., Bericht Nr. 19, 1981.

Fettgewebe gespeichert, bis sie schließlich höhere Konzentrationen enthielten als die Insekten, gegen die das DDT eigentlich eingesetzt war. Solche Anreicherungsvorgänge können bei vielen anderen Schadstoffen auch auftreten – auch in der Nahrung der Menschen; durch technische Meßgeräte lassen sie sich aber nicht überwachen. Ebenso gibt es keine technischen Meßverfahren, mit denen sich befriedigend die gemeinsame Wirkung mehrerer gleichzeitig vorhandener Schadstoffe prüfen ließe: Von den wahrscheinlich rund zehntausend verschiedenen gefährlichen Stoffen, die das Rheinwasser enthält, können in chemischen Routineanalysen beispielsweise höchstens dreißig erfaßt werden.

Deshalb werden immer mehr Organismen als »Überwachungsgeräte« eingesetzt: Luftverunreinigungen werden in der ganzen Bundesrepublik Deutschland unter anderem durch ihre Auswirkung auf die Flechte Hypogymnia physodes aufgespürt; Torfmoose oder Fichten sind im Einsatz, um den Schwermetallgehalt in den Niederschlägen zu messen; Orfen – eine Fischart – testen in manchen Chemiewerken die Schadwirkung der Abwässer, und das Spektrum der zum Beispiel in der Stadt Saarbrücken für die Umweltüberwachung eingesetzten Tierarten reicht von Regenwürmern und Schnecken bis zu Habicht und Rotfuchs.[11]

Vielleicht erinnern Sie sich noch an die »Air Größenwahn« aus unserem Vorwort: Nur ein verrückter Angestellter dieser Fluglinie würde es vielleicht fertigbringen, Meßgeräte aus dem Flugzeug-Cockpit herauszureißen, nur weil er ihren Zweck und ihre Funktion nicht kennt. Tier- und Pflanzenarten, deren Zweck und deren Funktion wir noch nicht kennen, werden am laufenden Band ausgerottet – aber wer hält das schon für verrückt?

Ernährung

Man könnte auf die Idee kommen, aus dem Zwang zur Sicherung der menschlichen Ernährung würden sich eher Argumente gegen als für den Artenschutz ergeben. Denn unsere Nahrungsquellen sind heute fast ausschließlich domestizierte Pflanzen und Tiere, und deren Anbau oder deren Haltung scheint nur auf Kosten des Lebensraums anderer Arten möglich zu sein: In Deutschland beispielsweise sind landwirtschaftliche Maßnahmen die unmittelbaren Gefährdungsursachen für rund sechzig

---

11 Quellen: Paul Müller und Irmhild Günther in *Bild der Wissenschaft* 12, 1980, S. 68–85; *Der Spiegel* 14, 1982, Seite 75.

Prozent der bedrohten Pflanzenarten, rund siebzig Prozent der bedrohten Schmetterlings- und Vogelarten.[12]

Immer wieder – und in verschiedenen Variationen – kann man das Argument hören, unsere Ernährung sei ja wohl wichtiger als Blumen oder Schmetterlinge.[13] Aber so verbreitet diese Meinung ist, so falsch ist sie auch – zumindest in dieser einfachen Form. Im Gegenteil, man kann mit einiger Wahrscheinlichkeit davon ausgehen, daß von der Erhaltung wildlebender Tier- und Pflanzenarten auch unsere zukünftige Ernährung abhängen wird.

Pflanzen

Von etwa dreitausend Pflanzenarten ist bekannt, daß sie irgendwann einmal als Nahrung verwendet wurden. Das entspricht rund einem Prozent aller höheren Pflanzen. Kommerziell gezüchtet wurden nur rund 150 Arten, und weniger als zwanzig machen die Hauptnahrungsmittel für den größten Teil der Menschheit aus: Getreide wie Hirse und Mohrenhirse; Gemüse wie Erbsen, Bohnen, Sojabohnen und Erdnüsse (die alle wichtige Eiweißquellen sind); Hackfrüchte wie Kartoffeln, Yamy, Süßkartoffeln und Kassava; Zuckerrohr und Zuckerrüben; Kokosnüsse und Bananen.[14] Die drei Getreidearten Reis, Weizen und Mais schließlich sind so wichtig, daß sie allein auf über der Hälfte der gesamten Ackerfläche der Erde angebaut werden.[15]

Die Nationale Akademie der Wissenschaften der USA drückte es sehr bündig aus: »Diese Pflanzen sind das Hauptbollwerk zwischen Menschheit und Hungertod. Es handelt sich um eine sehr kleine Festung!«[16] Daß unsere Nahrungsmittelversorgung auch global gesehen von so wenigen Nutzpflanzenarten abhängt, liegt nicht etwa daran, daß es keine anderen gäbe. Zumindest die Tropen mit ihrem Artenreichtum sind ein riesiges Lagerhaus mit noch unentdeckten oder wieder vergessenen Kulturpflanzen. Aber die Auswahl und Weiterentwicklung der kultivierten Arten in den tropischen Ländern ist wesentlich durch die Verbrauchergewohnhei-

---

12 Quellen: Sukopp u. a./Blab und Kudrna/Bauer und Thielke.
13 *Der Spiegel* 13, 1982, Seite 81.
14 National Academy of Sciences, *Underexploited Tropical Plants of Promising Economic Value,* National Academy of Sciences, Washington, D. C., 1975.
15 P. R. Ehrlich, A. H. Ehrlich und J. P. Holdren, *Ecoscience: Population, Resources, Environment,* San Francisco (W. H. Freeman) 1977, Seite 286.
16 Siehe Anmerkung 14.

ten während der Kolonialzeit bestimmt worden. Dabei wurden die Bedürfnisse – ebenso wie das Wissen – der eingeborenen Völker größtenteils ignoriert.
Nach dem Ende der Kolonialzeit änderte sich die Lage kaum. Investitionen zur Forschung und Entwicklung gab es nur für Nutzpflanzen, deren Vermarktung fest etabliert und kontrollierbar war[17], und die jungen Nationen in den Tropen hatten nicht die finanziellen Mittel, um eigene Wege in Richtung auf eine Diversifikation ihrer Nahrungsmittelversorgung auszuprobieren. Zudem sind Bürokraten und Wissenschaftler der tropischen Länder zum großen Teil in den Industriestaaten ausgebildet worden und haben dort mehr oder weniger Einstellung und Geschmack der früheren Kolonialherren übernommen. Deshalb fehlt oft das Interesse, nach neuen domestizierbaren, tropischen Arten zu suchen, und in einigen Ländern war der europäische Einfluß so durchschlagend, daß sich die Nahrungsgewohnheiten und damit auch die Nachfrage völlig an die wenigen eingeführten Pflanzenarten angepaßt hat.
Inzwischen verschlechtert sich die Nahrungsmittelversorgung in den unterentwickelten Ländern weiter: Mitte der siebziger Jahre war etwa eine halbe Milliarde Menschen erheblich unterernährt; im Jahr 2000 werden es schätzungsweise 1,3 Milliarden sein.[18] In dieser Hochrechnung sind die konventionellen Steigerungsmöglichkeiten der landwirtschaftlichen Produktion – also mehr Düngereinsatz, mehr Biozideinsatz, neue Sorten der bekannten Nutzpflanzen, Vergrößerung der Anbaufläche – schon in recht optimistischer Weise berücksichtigt worden.
Man sieht, diese konventionellen Antworten allein werden das Problem Nahrungsversorgung langfristig wohl nicht lösen können. Zumindest die tropischen Länder können es sich eigentlich nicht leisten, *keine* neuen potentiellen Nahrungspflanzen zu suchen. Drei recht vielversprechende Beispiele wollen wir hier vorstellen:
Einige Arten der Gattung *Amaranthus* sind in unseren Gärten als Zierpflanzen bekannt; in den Tropen Lateinamerikas und Afrikas wachsen mehr als 800 Amaranthus-Arten[19], und viele davon enthalten in Samen oder Blättern qualitativ sehr hochwertiges Eiweiß (die meisten pflanzlichen Eiweiße sind im Vergleich mit tierischem Eiweiß von verhältnismäßig niedriger Qualität). In Mittel- und Südamerika wurden solche Arten einst häufig angebaut, doch sie sind heute durch Mais ersetzt, eine in ihrer Zusammensetzung minderwertigere Nahrungspflanze. Den Anbau einer

17 Serie in *Der Spiegel* 9 ff., 1981.
18 *Global 2000,* Frankfurt am Main (2001) 1980, Seite 50 ff.
19 Siehe Anmerkung 14.

Amaranthus-Art hat beispielsweise die katholische Kirche verboten, weil religiöse Zeremonien der Azteken auf sie ausgerichtet waren.

Zu Zeiten der Inka war in den Hochanden die Reismelde aus der Familie der Gänsefußgewächse eine wichtige Nahrungspflanze. Nachdem die Spanier kamen, wurde sie in vielen Gebieten durch die weit weniger nahrhafte Gerste ersetzt. Nur in sehr hohen Lagen werden noch verwandte Arten angebaut. Würden sie systematisch weitergezüchtet, könnte sich vielleicht eine brauchbare Versorgungsmöglichkeit auch für andere tropische Gebirgsregionen ergeben. Andere Arten aus der Gänsefuß-Familie sind gegenüber Salz besonders tolerant. Vielleicht könnte man sie auf salzhaltigen Böden in Wüsten- und Halbwüstengebieten anbauen oder überall dort, wo durch künstliche Bewässerung die Böden versalzt sind.

Mit den Seegräsern gibt es sogar eine Pflanzengruppe, die im Meerwasser wächst und die in dichtbevölkerten Küstenregionen ein wichtiger Ersatz für traditionelle Getreide werden könnte. Die Seri-Indianer an der Westküste Mexikos haben lange Zeit aus Samen einer der achtzehn Seegras-Arten Mehl hergestellt. Hier haben wir eine mögliche Nutzpflanze vor uns, die kein frisches Wasser, keine Pestizide und keinen Dünger benötigt.[20]

Diesen Pflanzen – Seegräsern, Melden oder dem Fuchsschwanz – wird vermutlich kein Laie ihre Bedeutung ansehen; es sind ziemlich unscheinbare und nicht besonders produktive Pflanzen. Aber genau das gleiche kann man auch von unseren Hauptgetreidearten sagen: Wenn Sie in den Mittelmeerländern oder in Kleinasien einmal die Wildformen von Weizen, Gerste oder Roggen finden sollten, dann werden Sie wahrscheinlich achtlos daran vorbeigehen, wenn Sie nicht gerade Botaniker oder Agrarwissenschaftler sind. Nichts an diesen harten, borstigen Gräsern erinnert an goldene Getreidefelder!

Genausowenig kann man es den vielen noch unerforschten Pflanzenarten ansehen, welche Erträge irgendeines Produktes sie einmal liefern könnten – wenn sie nicht vorher ausgerottet sind. Dabei ist das Aussterben potentieller zukünftiger Nutzpflanzen noch gar nicht unser einziges Problem: Mindestens ebenso wichtig für die zukünftige Ernährung der Menschheit ist es, die genetische Vielfalt der bereits jetzt bekannten Nutzpflanzen zu erhalten.

---

20 Seegräser sind keine echten Gräser, sondern gehören zur Familie der Zosteraceae, die teilweise auch zur Familie der Potamogetonaceae gehören. Vgl. zum Thema Nahrungswert: R. Felger und M. Maser, »Eelgrass *(Zostera marina L.)* in the Gulf of California: Discovery of its nutritional value by the Seri Indians, *Science* 181, 1973, Seite 355-356.

Der Nutzen der genetischen Variabilität

Im zweiten Kapitel dieses Buches haben wir uns unter anderem damit beschäftigt, wie sich Arten in der Evolution allmählich verändern können: Das beruht – vereinfacht gesagt – auf zwei gegenläufigen Vorgängen; zum einen auf der Produktion immer größerer genetischer Vielfalt durch Mutationen und durch die Rekombination der Gene bei der Fortpflanzung, zum anderen auf der Selektion, die aus dem vielfältigen Angebot ganz bestimmte genetische Typen, also Individuen mit ganz bestimmten Eigenschaften bevorzugt. Ändern sich die Umweltbedingungen, dann werden andere Eigenschaften oder Anpassungen erforderlich, und in der Selektion werden die entsprechend anderen genetischen Typen bevorzugt.
Unser Beispiel war die Entwicklung von Insektizidresistenz in einer Moskitopopulation: Die meisten Moskitos sind gegenüber Insektiziden sehr empfindlich – darauf beruht ja die Wirkung dieser Stoffe. In einer großen Population werden sich aber vielleicht einzelne Tiere befinden, die sie etwas besser vertragen können. Diese Individuen können sich um so stärker vermehren, wenn ein großer Teil der empfindlicheren Artgenossen aus dem Weg ist. Das Resultat so eines Vorgangs ist leicht vorauszusagen: Nach ein paar Generationen gibt es in der Moskitopopulation praktisch nur noch Nachkommen der wenigen widerstandsfähigen Tiere – die Population ist resistent geworden. Andererseits: wäre die genetische Variabilität der Moskitos am Anfang nicht groß genug gewesen, hätte es nicht diese paar Außenseiter mit der Fähigkeit gegeben, das Insektizid zu vertragen, dann wäre die Population wohl vollständig ausgerottet worden.
Ein ganz ähnlicher Vorgang ist die Züchtung von Kulturpflanzen, nur ist es nicht die Selektion, sondern der Pflanzenzüchter, der die genetischen Typen mit den erwünschten Eigenschaften – etwa einer höheren Ertragsleistung – auswählt. Dummerweise machen auch andere Organismen, die von den Kulturpflanzen leben, diese künstliche Evolution mit. Im amerikanischen Nordwesten beispielsweise überdauert eine neugezüchtete Weizensorte im Durchschnitt ganze fünf Jahre. Dann haben sich Rostpilze so gut an die Varietät angepaßt, daß ihr Befall durch Bekämpfungsmittel nicht mehr befriedigend zu kontrollieren ist. Eine widerstandsfähigere Weizensorte muß entwickelt werden.[21] Das geschieht mittels künstlicher

---

21 Siehe Anmerkung 15, op. cit., Seite 345.

Auslese; sorgfältig kombinieren die Pflanzenzüchter andere genetische Typen, die eine bessere Widerstandsfähigkeit versprechen.
Das ganze Unterfangen einer Hochertragslandwirtschaft beruht also darauf, daß genügend Vorrat an genetischen Typen vorhanden ist. Aber der Vorrat nimmt ab, und das hat zwei Gründe. Das größte Potential an genetischer Variabilität für unsere Nutzpflanzen findet sich in den wilden Stammformen oder in nahe verwandten wildlebenden Arten; diese haben sich ja in ihrer langen Geschichte ständig mit den vielen Bedrohungen etwa durch pflanzenfressende Tiere oder durch Mikroorganismen auseinandersetzen müssen, und die Fähigkeiten, die sie entwickelt haben, um trotzdem zu überleben, wären oft auch bei Kulturen sehr erwünscht. So konnte man durch Einkreuzung eines türkischen Wildweizens erreichen, daß amerikanische Sorten widerstandsfähiger gegen den Steinbrand – eine Pilzkrankheit – wurden. Schätzungsweise liegt der Wert dieser einen genetischen Verbesserung alleine für die amerikanische Landwirtschaft bei rund fünfzig Millionen Dollar.
Eine 1977 in einem mexikanischen Bergwald entdeckte Verwandte des Mais ist mehrjährig – das bedeutet, die einzelnen Pflanzen leben jahrelang, treiben – wie ein Wiesengras – nach jeder Ernte wieder aus und brauchen nicht jedes Jahr neu angesät zu werden. Wenn sich diese Eigenschaft durch Kreuzung auf unsere Maissorten übertragen läßt, wird man sehr viel Arbeitszeit oder auch Kosten für Saatgut einsparen können. Vor allem wäre es aber wichtig, daß dadurch die furchtbare Bodenerosion auf den bisher üblichen Maisfeldern geringer würde.[22]
Aber die Wahrscheinlichkeit, so wichtige Entdeckungen zu machen, wird von Jahr zu Jahr kleiner. Auch der Bergwald, in dem der mehrjährige Mais gefunden wurde und in dem noch weitere, unerforschte Wildgetreidearten wachsen, ist inzwischen für den Hirseanbau gerodet worden.[23]
Der zweite Grund für den Verlust der genetischen Variabilität ist der besondere Erfolg der Hochertragslandwirtschaft. Natürlich neigen Landwirte dazu, die Nutzpflanzen anzubauen, die ihnen die höchsten Erträge liefern. Als Folge davon machen beispielsweise in den USA ganze vier Sorten 70 Prozent des Kartoffelanbaus aus; in Kanada nehmen vier Weizensorten drei Viertel der gesamten Anbaufläche ein.
Verdrängt werden dadurch viele alte Kultursorten, die zwar geringere Erträge liefern, deren andere Eigenschaften aber unersetzlich sein könn-

---

22 Siehe Anmerkung 2, op. cit., Seite 68; vgl. hierzu auch Schwertmann, Bodenerosion in Bayern.
23 Serie in *Der Spiegel* 14, 1982, Seite 64.

ten. Manchmal ist der Preis für die genetische Einförmigkeit unserer Monokulturen sehr hoch. 1970 trat in den USA eine neue Mehltau-Varietät auf; diese befiel zwar nur wenige Maissorten, aber gerade diese Sorten waren auf 80 Prozent der Ackerfläche angebaut. Fast ein Fünftel der Maisernte in den USA wurde vernichtet.

Ein noch drastischeres Beispiel ist aus den vierziger Jahren des vorigen Jahrhunderts bekannt: Die damals in ganz Irland angebauten Kartoffeln entstammten alle einer einzigen eingeführten Sorte. Dadurch konnte sich eine einmal eingeschleppte Kartoffelseuche in kürzester Zeit über ganz Irland ausbreiten: zwei Millionen Hungertote waren das Resultat fehlender genetischer Vielfalt.

Noch gibt es genügend genetische Reserven, um derartigen Katastrophen durch die Züchtung neuer Sorten zu begegnen, aber man kann absehen, daß wir uns allmählich den Boden unter den Füßen wegziehen. Vor allem die Sortenvielfalt der tropischen Nutzpflanzen verschwindet immer mehr – und schuld daran ist nicht zuletzt die »Grüne Revolution«, also der hochgelobte Versuch, die Landwirtschaft der unterentwickelten Länder zu modernisieren und ertragreicher zu machen.

Ein Kernstück der Grünen Revolution sind die besonders ertragreichen HY-Sorten, die beispielsweise als »Wunderweizen« oder »Wunderreis« bekannt geworden sind. Nun wird es niemand einem Bauern gerade in den unterentwickelten Ländern verdenken, wenn er seine traditionellen Sorten gerne gegen diese Wundersorten austauscht – aber oft stellt sich der wunderbare Ertrag auch nur ein, wenn intensiv mit Bewässerung, mit Düngung und Pestiziden gearbeitet wird, und das kann zu einer bedenklichen wirtschaftlichen Abhängigkeit der unterentwickelten Länder von den Industriestaaten führen.[24]

Vor allem führt es dazu, daß die genetische Vielfalt auf der ganzen Welt immer weiter abnimmt, daß immer mehr unersetzliche Populationen verschwinden. Der Genetiker Reuben Olembo vom Umweltprogramm der Vereinten Nationen drückte das Problem recht plastisch aus: »Wenn Bauern ihre Felder von primitiven Getreidesorten säubern, werfen sie den Schlüssel für unsere Zukunft weg.«[25]

---

24 Vgl. hierzu »Kontrolle des Weizenmarktes durch Multis«, *Der Spiegel* 9 ff., 1981.
25 »What comes naturally«, *Newsweek,* 1. September 1975.

Tiere als Nahrungsquelle

Die Menschen haben viel weniger Tier- als Pflanzenarten domestiziert – nur ein paar Dutzend. Fast das gesamte von Menschen verzehrte Haustiereiweiß stammt von gerade neun Arten: Rind, Schwein, Schaf, Ziege, Wasserbüffel, Huhn, Ente, Gans und Truthahn. Einige andere Tierarten wie Kaninchen oder Tauben steuern eine statistisch vernachlässigbare Menge bei. Kühe liefern etwa 90 Prozent der Milch und der Milchprodukte; Ziegen, Schafe und (gelegentlich) Rentiere und Kamele produzieren den Rest.

Im Unterschied zu den Wildpflanzen liefern jedoch die wildlebenden Tierarten beachtliche Beiträge zur menschlichen Ernährung. Am wichtigsten sind dabei die Seefische: Seit 1971 schwankt der Fischerei-Ertrag der ganzen Welt zwischen 70 und 75 Millionen Tonnen – das ist wahrscheinlich nicht mehr weiter zu steigern. Deshalb wird der relative Ertrag wegen des menschlichen Bevölkerungswachstums abnehmen, aber immerhin steuern Meeresfische derzeit direkt 14 Prozent des tierischen Eiweißes zur Ernährung des Menschen bei; einen weiteren indirekten Beitrag liefern sie aufgrund ihrer Verwendung als Tierfutter. In einigen Ländern bilden die Fische sogar die Hauptquelle für tierisches Eiweiß, und auch andere eßbare Meerestiere wie Krebse oder Muscheln sollte man nicht ganz vergessen.

Wilde Säuger, Vögel und manchmal auch Reptilien sind ebenfalls überall auf der Welt eine Nahrungsquelle, aber nicht überall haben sie große Bedeutung. In Nordamerika, Westeuropa, Neuseeland und Australien ist die Jagd eher Freizeitgestaltung als Nahrungsbeschaffung, aber in den unterentwickelten Ländern ist das nicht unbedingt der Fall. Besonders in den Gebieten, in denen die Wälder noch nicht zerstört sind, machen die gejagten Tiere vermutlich einen beachtlichen (wenn auch unbekannt großen) Nahrungsbestandteil aus.

Jagen ist jedoch eine zweischneidige Sache. Die Nutzung einer freilebenden Tierpopulation bringt immer auch die Gefahr der Ausrottung mit sich. In der Geschichte ist Bejagung ein Hauptfaktor für Ausrottung gewesen, und sie bedroht auch heute viele Arten und Populationen. Aber mit den Problemen der Jagd werden wir uns später noch auseinandersetzen müssen.

Wie bei den Pflanzen sind auch die Möglichkeiten der Domestikation von Tieren noch längst nicht ausgeschöpft. Immerhin ist bereits ein kleiner Teil des ungeheuren Potentials der Aquakultur für die Domestizierung von See- und Süßwasserfischen verwirklicht worden: 1975 wurden auf diese Art sechs Millionen Tonnen Fische und Muscheln erzeugt; zwischen 1970 und 1975 verdoppelte sich die Aquakulturproduktion, und dieses Wachstum hält an. Heute produziert Israel zum Beispiel die Hälfte seiner Fische in Aquakultur, und in China sind es schätzungsweise neunzig Prozent.[26] Gerade in China und anderen Nationen des Fernen Ostens hat die Fischkultur in den überfluteten Reisfeldern lange Tradition, und sie ist ein klassisches Beispiel für eine Mehrfachnutzung: Die Fische kann man nicht nur essen, sie fressen ihrerseits auch die Larven von Moskitos und anderen schädlichen Insekten, und ihr Kot düngt den Reis.

Zu den ertragreichsten Nutzfischen gehört der afrikanische Buntbarsch *Tilapia massambica*. An manchen Orten bringt er Erträge von über tausend Kilogramm pro Hektar; aber das Domestikationspotential der vielen anderen Buntbarscharten ist noch gar nicht erforscht. Die großen afrikanischen Seen haben sehr reichhaltige Buntbarschfaunen. Im Tanganyika-See gibt es 126 Arten, die alle ausschließlich in diesem einen See vorkommen; im Victoria-See gibt es 170 und im Malawi-See mehr als 200 Arten, von denen jeweils nur wenige auch in anderen Seen gefunden wurden.[27]

Diese vielen Arten unterscheiden sich voneinander in ihrer Nahrung und in ihrem Vermehrungsverhalten. Vielleicht könnte man solche Unterschiede in ein Aquakultursystem mit einplanen: Mehrere Arten könnten die Ressourcen eines Teichs viel besser aufteilen – so wie sie sich jetzt in die Nahrungsressourcen der Seen teilen – und dadurch besser ausnützen als eine Buntbarschmonokultur. Entsprechend höhere Eiweißerträge wären zu erwarten. Aber die Grundvoraussetzung für das alles ist klar – die Erhaltung der Buntbarscharten in der Natur. Eine andere Tiergruppe, die sich für Domestikation oder Semidomestikation geradezu anbietet, sind die großen afrikanischen Huftiere: Elenantilopen zum Beispiel haben sich bereits als Haustiere bewährt; ihr Schlachtgewicht ist – bei etwa gleichem Lebendgewicht – um ein Drittel höher als bei Rindern, und auch ihre Milch ist sehr gut zu verwerten. Genauso könnten sich aber auch andere Antilopen wie die Gnus, die Kob-Antilopen oder die vielen kleineren Gazellenarten für eine Haustierhaltung eignen.[28]

---

26 Quellen: UN Food and Agriculture Organization, *State of Food and Agriculture, 1977;* Council on Environment Quality, *Global 2000:* Einzug ins 21. Jahrhundert, Frankfurt am Main (2001), 1980.

27 G. Fryer und P. D. Iles, *The Cichlid Fishes of the Great Lakes of Africa: Their Biology and Evolution,* Hongkong (P. F. H. Publications) 1972.

28 M. H. Crawford, »The case for new domestic animals«, *Onyx* 12, 1974, Seite 351–360.

Komplizierter, aber ökologisch und vom Ertrag her noch befriedigender wären halbwilde gemischte Herden, da diese ein sehr breites Spektrum der natürlichen Vegetation ausnutzen; die einzelnen Huftierarten haben nämlich – wie die Buntbarsche in den Seen – recht unterschiedliche Ernährungsweisen. Giraffen, Elenantilopen und Ducker-Antilopen beispielsweise fressen das Laub von Bäumen und Sträuchern auf verschiedener Höhe ab.

Die berühmten riesengroßen Huftierherden der ostafrikanischen Savannen fressen allerdings überwiegend Gras oder Kräuter und weniger Laub; aber auch bei ihnen gilt das ökologische Prinzip von der Aufteilung der Ressourcen: Im Serengeti Nationalpark in Tanzania zum Beispiel sind Böhmzebra, Weißbartgnu und Thomson-Gazellen mit zusammen rund 700 000 Tieren die drei häufigsten Huftierarten. Zebras können relativ geringwertige Nahrung vertragen, brauchen aber dafür relativ große Mengen; am Ende der Regenzeit findet man sie daher überall in den Gebieten mit hohem Gras, dessen Halme und Blütenstände sie hauptsächlich abweiden; danach ziehen die Zebraherden in neue Gebiete weiter. Die übrigbleibenden Blätter am Grund der Grashorste hätten zwar hohen Nährwert, würden aber für die Zebras nicht ausreichen. Gnus dagegen können damit sehr viel anfangen, also folgen die Gnuherden den Zebras – denn wo diese nicht bereits die hohen Grashalme abgeweidet haben, kämen die Gnus schlecht an die tieferen Grasblätter heran. Als dritte Welle folgen schließlich die Gazellenherden, und sie fressen hauptsächlich die jungen Gräser und Kräuter, die nach der Abweidung durch Zebras und Gnus nachwachsen.[29]

Durch diese regelmäßige Weidefolge werden die Savannen der Serengeti gewissermaßen dreifach genutzt. Es überrascht daher nicht, daß die Wildbestände in den Savannen zwischen zwei- und siebenmal so hoch sind, wie man es unter günstigsten Bedingungen mit Haustieren erreichen könnte, wobei das bessere Schlachtgewicht der wilden Huftiere noch nicht eingerechnet ist. Und nicht zuletzt könnte man durch die Eiweißproduktion auf Wildbasis die afrikanischen Savannen vor einer Übernutzung schützen. Rinder zum Beispiel sind längst nicht so gut an den Savannenlebensraum angepaßt wie die einheimischen Huftiere; unter Umständen zertrampeln sie mehr als sie fressen können und tragen dadurch ganz wesentlich zu der immer weiter fortschreitenden Verwüstung der afrikanischen Trockensavannen bei.

---

29 Vgl. hierzu Beitrag von R. H. V. Bell, *Scientific American* 225, 1971, Seite 83–98 sowie P. Götz, *Biologie in unserer Zeit* 5, 1975, Seite 110–121.

Biologische Schädlingsbekämpfung

Wer verändernd in natürliche Systeme eingreift, muß mit unerwarteten Folgen rechnen. Ein recht drastischer Eingriff ist zum Beispiel der Transfer von Tier- oder Pflanzenarten aus ihren Ursprungsgebieten in neue Lebensräume, in denen man sie für eine Nutzung anbauen oder halten will. So etwas kann sehr erfolgreich verlaufen – wie man am Beispiel des Weizens oder an *Tilapia mossambica* sieht; es kann aber auch danebengehen: *Opuntien* kennen Sie vielleicht aus den Mittelmeerländern; diese großen, stacheligen Feigenkakteen stammen eigentlich aus Mittelamerika, und von dort hat man sie im vorigen Jahrhundert als lebende Weidezäune nach Australien eingeführt. Dafür waren sie auch hervorragend geeignet – aber sie sind außer Kontrolle geraten und haben sich immer weiter ausgebreitet. Rund 250 000 Quadratkilometer waren schließlich mit Opuntien zugewachsen und konnten nicht mehr als Weideland genutzt werden.[30] Australische Entomologen fuhren nach Amerika, suchten nach natürlichen Feinden und brachten eine kleine Kaktusmotte mit. Auf den so überreichlich vorhandenen Opuntien vermehrte sie sich schnell und fraß sie nieder. Heute gibt es Opuntien in Australien nur noch in kleinen, zerstreuten Gruppen, sie stehen im Gleichgewicht mit den Mottenpopulationen und stellen keinerlei Bedrohung mehr dar.

In der Geschichte der biologischen Schädlingsbekämpfung finden sich viele ähnliche Fälle, von den Marienkäfern und Schwebfliegen etwa, die den kalifornischen Zitrusanbau vor der eingeschleppten Wollsackschildlaus gerettet haben, über die Myxomatose, einen Virus für die Bekämpfung der Kaninchenplage in Australien, bis zu den vielen verschiedenen Arten parasitischer Schlupfwespen, die heute überall in der Welt gegen landwirtschaftliche Schadinsekten gezüchtet und eingesetzt werden.[31]

Australien hat auch noch ein besonders delikates Beispiel zu bieten, die Buschfliege. Diese äußerst lästigen Fliegen legen ihre Eier in frischen Tierkot, und halten sich deshalb immer in der Nähe von Kotquellen auf, also an Tieren oder an Menschen – offensichtlich wissen sie nicht, daß sich das Defäkationsverhalten von Tieren und Menschen im allgemeinen unterscheidet.

Nun gibt es in Australien etwa 60 Millionen Rinder, und deren enorme

---

30 Paul De Bach, *Biological Control by Natural Enemies,* London (Cambridge University Press) 1974, Seite 118.
31 F. J. Simmonds u. a., »History of biological control«, in C. B. Huffaker und P. S. Messenger, *Theory and Practice of Biological Control,* New York (Academic Press) 1976.

Mistmengen sind ein richtiges Buschfliegenparadies, in dem sie keine natürlichen Konkurrenten haben. Mistkäfer beispielsweise wären solche Konkurrenten, denn sie vergraben den Mist, bevor sie ihre Eier daran ablegen – und in dem eingegrabenen Mist können sich Buschfliegenlarven nicht entwickeln.
Aber die australischen Mistkäfer sind an den trockenen Kot von Känguruhs und Wombats angepaßt und können mit dem feuchten Kuhfladen nichts anfangen, bevor diese nicht getrocknet sind und die Buschfliegen sich längst vermehrt haben. Schließlich hat man in den siebziger Jahren ein biologisches Bekämpfungsprogramm begonnen. Aus aller Welt wurden 55 verschiedene Mistkäferarten – alles Spezialisten für feuchte Fladen – nach Australien eingeführt, und ihre ersten Ergebnisse sehen recht vielversprechend aus. Hätten Sie geglaubt, daß selbst Mistkäfer unter Umständen sehr wichtige Nutztiere sein können?

Andere Arten, andere Produkte

Fast endlos könnte man weitere Beispiele dafür finden, wie abhängig wir von der Existenz nichtmenschlicher Arten sind. Viele industrielle Rohstoffe sind pflanzlichen Ursprungs, Gerbstoffe etwa, Terpentin und verwandte Stoffe oder Kampfer, den man zur Produktion von Kunststoffen, Lacken oder Filmen verwendet. Pflanzliche Öle wie Lein- oder Sojaöl braucht man zur Farbenherstellung, und aus den Samen der Rizinuspflanze wird Rizinusöl gewonnen, das sich außer für seine allgemein bekannte Anwendung auch als Schmiermittel eignet. Für die Flugzeugmotoren im Ersten Weltkrieg wurde es viel benutzt, und die Piloten in ihren offenen Cockpits hinter den ölverspritzenden Maschinen werden gelegentlich einige Unannehmlichkeiten damit gehabt haben.
Naturfasern wie Baumwolle oder Wolle machen nach wie vor einen großen Teil unserer Bekleidung aus, weil sich ihre angenehmen Eigenschaften nicht oder nur sehr schwierig durch synthetische Fasern nachahmen lassen. Die Rohstoffe für das Buch, das Sie gerade lesen, sind irgendwo in einem Wald gewachsen, und auch der Kaffee oder das Bier, das Sie vielleicht dazu trinken, ist ein pflanzliches Produkt.
Nun sind das alles Beispiele, die Ihnen sicher vertraut sind, und ebenso wissen Sie wahrscheinlich längst, daß die Natur eine gewisse Rolle spielt etwa bei unserer medizinischen Versorgung oder bei der Schädlingsbekämpfung – nur das Ausmaß unserer Abhängigkeit in diesen Bereichen ist vielleicht nicht jedermann vertraut. Aber haben Sie schon einmal etwas

von *Guayule, Jojoba* oder *Leucaena* gehört? Diese drei Pflanzen wollen wir Ihnen zum Schluß dieses Kapitels noch vorstellen.

Der Guayulestrauch wurde zu Beginn dieses Jahrhunderts in Nordwestmexiko und Texas weithin angebaut, weil sein Milchsaft im wesentlichen dem der Parakautschukbäume gleicht. Um 1910 lieferte Guayule rund zehn Prozent des Gummiweltverbrauchs und den halben Verbrauch in den USA. Die Umwälzungen der mexikanischen Revolution, die Überausbeutung der Pflanzen und die große Wirtschaftskrise in den dreißiger Jahre ließen diesen Industriezweig zusammenbrechen – obwohl zeitweise die Kultivierung in Kalifornien wieder aufgenommen wurde, da während des Zweiten Weltkrieges die Parakautschukeinfuhr aus Südostasien in die USA unterbrochen war.

Der Guayulestrauch hat zahlreiche attraktive Eigenschaften: Er wächst auf den armen Böden von Halbwüsten und könnte daher für die Indianer im Südwesten der Vereinigten Staaten und im Nordwesten Mexikos eine wichtige Nutzpflanze werden. Außerdem wird er bis zu fünfzig Jahre alt; einmal angelegte Pflanzungen stellen daher eine Art lebende Kautschuklager dar. Für viele Verwendungszwecke ist Guayulekautschuk hochwertiger als synthetischer Gummi, weil er beispielsweise elastischer und hitzebeständiger ist. Trotzdem ist wahrscheinlich der Anbau zur Zeit nicht rentabel; aber man darf nicht vergessen, daß der synthetische Gummi ein Erdölprodukt ist, und steigende Erdölpreise könnten das schon bald ändern.

Die Samen von Jojoba, einem mit dem Buchsbaum verwandten Strauch, enthalten bis zu sechzig Prozent flüssiges Wachs, das mit dem aus Pottwalen gewonnenen Spermöl beinahe identisch ist. Spermöl ist ein sehr begehrter Bestandteil hochwertiger Schmieröle, und es gibt noch viele andere Verwendungen.

Weil die Pottwale gefährdet sind, darf Spermöl nicht länger in die USA und einige andere westliche Länder eingeführt werden. Dennoch ist es auf dem Schwarzen Markt zu einer mehr als doppelt so hohen Summe wie dem Weltmarktpreis zu haben – und dieser Preis wird sogar noch weiter steigen, wenn die Wale entweder wirksam unter Schutz gestellt werden oder aber ausgerottet sind. Glücklicherweise hat sich Jojobaöl als ausgezeichneter Ersatzstoff erwiesen. Außerdem enthalten die Samen viel Eiweiß und könnten, wenn das Öl extrahiert ist, zu Viehfutter verarbeitet werden.[32] Wie Guayule wächst auch Jojoba auf Grenzertragsböden in

---

32 Thomas K. Maugh II, »Guayule and Jojoba: Agriculture in semiarid regions«, *Science* 196, 1977, Seite 1189–1190; vgl. hierzu auch Anmerkung 14, op. cit.

Halbwüsten und Wüsten, daher würde sein Anbau nicht mit dem anderer landwirtschaftlicher Produkte konkurrieren.

Leucaena schließlich ist eine Gattung aus der Familie der Hülsenfrüchtler; die Sträucher und Bäume wachsen in Mittelamerika. In einer Studie der Nationalen Akademie der Wissenschaften der USA wird berichtet:

Von allen tropischen Hülsenfrüchten bietet wahrscheinlich Leucaena *das breiteste Nutzungsspektrum. Ihre vielen Varietäten können hochwertige Futtermittel, Feuer- und Bauholz und guten organischen Dünger liefern und eignen sich für Wiederaufforstungen, Wind- und Feuerschutzpflanzungen in den Tropen. Obwohl Leucaenabäume mit die höchsten Holzerträge abwerfen können, obwohl mit die höchsten Gewichtsgewinne von Rindern bei Leucaenafütterung gemessen wurden, ist sie bisher doch eine vernachlässigte Nutzpflanze geblieben und ihr volles Potential nicht realisiert worden.*[33]

Einige Leucaenasorten bilden dichte Wälder und sind sehr schnellwachsend, alle drei bis zehn Jahre können sie gefällt werden. Das macht sie vorzüglich geeignet für Biomasseplantagen: Leucaenapflanzungen können – zusammen mit Windkraftwerken – zum Beispiel in Hawaii den größten Teil des künftigen Energiebedarfs decken.

Da wir gerade von Energieversorgung reden: Einige tropische Wolfsmilchgewächse produzieren Kohlenwasserstoffe, die sich eigentlich nur durch ihren niedrigen Schwefelgehalt vom Erdöl unterscheiden. Sollte es gelingen, diese Pflanzen durch Züchtung weiter zu »verbessern«, dann wäre die Idee von »Benzinfarmen« vielleicht gar nicht so phantastisch.[34]

Aber wir müssen es noch einmal sagen, auf die Gefahr hin, daß die Wiederholung langweilig wird: Voraussetzung dafür, daß diese und viele andere phantastisch erscheinende Ideen verwirklicht oder wenigstens auf ihre Realisierbarkeit untersucht werden können, ist nun einmal die Erhaltung der wildlebenden Tier- und Pflanzenarten und ihrer genetischen Vielfalt.

---

33 National Academy of Sciences, *Leucaena: Promising Future and Tree Crops for the Tropics,* National Academy of Sciences, 1977.
34 J. D. Johnson und C. W. Hinman, »Oils and rubber from arid land plants«, *Science* 208, 1980, Seite 460–463.

Der indirekte Nutzen: Lebende und lebenserhaltende Systeme

Der Mensch ist zum Überleben auf die Natur angewiesen, und die Natur auf den Menschen. Beide müssen einen Weg finden, um zusammen auf diesem Planeten Erde zu leben – oder aber es wird auf der Erde gar kein Leben mehr geben.
Raymond R. Dassmann, ›Wildlife and Ecosystems‹, in »Wildlife and America«

Kehren wir noch einmal kurz zu der »Air Größenwahn« zurück, mit der wir dieses Buch begonnen haben, und zu jenem verrückten Schraubenhändler, der eine Schraube nach der anderen aus dem Flugzeug herausdrehte, um sie für ein paar Mark zu verkaufen. Wir haben uns im vorigen Kapitel etwas näher mit dem Materialwert dieser Schrauben beschäftigt, d. h. mit dem wirtschaftlichen Wert, der sich aus der Nutzung einzelner Tier- oder Pflanzenarten ergibt – oder ergeben könnte.

Es dürfte deutlich geworden sein, daß wirtschaftlich gesehen die Ausrottung von Arten mindestens ebenso wahnsinnig ist wie der Schraubenhandel bei der »Air Größenwahn«. Dabei ist dies gar nicht einmal unser Hauptproblem. Die Schrauben im Flugzeug haben ja nicht nur ihren Materialwert, sie haben darüber hinaus auch eine Funktion: sie halten Teile zusammen, denn ohne Schrauben würde das Flugzeug auseinanderfallen.

Ebenso haben alle Tier- und Pflanzenarten (natürlich auch die Mikroorganismen) über ihren unmittelbar nutzbaren Wert hinaus ganz bestimmte Funktionen in den ökologischen Systemen unseres Raumschiffs Erde. Wenn das nicht der Fall wäre, könnten wir uns vieles recht einfach machen. Wir könnten beispielsweise unsere lebende Umwelt ganz schlicht in »Schädlinge« und »Nützlinge« einteilen; dann könnten wir versuchen, die »Schädlinge« auszurotten und die »Nützlinge« vor der Ausrottung zu bewahren. Tatsächlich ist ja so eine einfache Denkweise in der Auseinandersetzung mit der Natur über sehr lange Zeit weit verbreitet gewesen – und viele Menschen lassen sich auch heute noch nicht so recht davon abbringen.

Ganz so einfach liegt der Fall aber doch nicht. Unter den »Nützlingen«, die wir im vorigen Kapitel vorgestellt haben, waren auch einige Pflanzen, deren Inhaltsstoffe in der Medizin äußerst wertvoll sind. Wir haben dort auch schon angedeutet, weshalb manche Pflanzen eigentlich solche Wirkstoffe enthalten. Dies liegt ja nicht etwa daran, daß diese Pflanzen in weiser Voraussicht die Heilung menschlicher Krankheiten eingeplant hätten; vielmehr sind die Arzneistoffe entstanden, weil sie auch für die Pflanzen selbst irgendeinen Nutzen mit sich bringen. In vielen Fällen besteht der Nutzen darin, daß die Stoffe – in entsprechender Konzentration – giftig sind. Das Gift schützt die Pflanzen davor, von Tieren aufgefressen zu werden. Nebenbei gesagt, gilt das nicht nur für Heilpflanzen, sondern z. B. auch für viele Gewürzpflanzen. Die Würzstoffe, die uns das Essen erst so richtig schmackhaft machen, dienten in ihrer ursprünglichen Funktion auch dazu, nicht-menschlichen Pflanzenfressern den Appetit gründlich zu verleiden. Es sind also für uns nützliche Eigenschaften mancher Pflanzen entstanden, weil diese unter dem Druck von »Schädlingen« standen; umgekehrt könnte man daher auch sagen, ohne die »Schädlinge« gäbe es diesen Nutzen für uns nicht.

Sicher ist auch diese Aussage stark vereinfacht, aber sie hat einen wahren Kern. Wir können nicht die Organismen eines Ökosystems nach unseren beliebten Nutzen-Schaden-Vorstellungen auseinandersortieren, denn diese sind alle direkt oder indirekt voneinander abhängig. Erst aus der Vielfalt solcher wechselseitiger Abhängigkeiten ergibt sich die Funktionsweise ökologischer Systeme. Auch wir Menschen stehen völlig in dieser Abhängigkeit. Davon befreit uns auch nicht unsere – wenn auch beeindruckende – Fähigkeit, natürliche Ressourcen zu nutzen oder einzelne Aspekte unserer Umwelt zu kontrollieren. Menschliches Leben wäre unmöglich auf unserem Planeten ohne die vielen wichtigen Dienstleistungen, mit denen uns natürliche Ökosysteme versorgen. Aber bevor wir einige Beispiele solcher ökologischer Dienstleistungen kennenlernen, sollten wir etwas mehr darüber wissen, wie Ökosysteme aufgebaut sind und was sie gegenüber manchen Störungen so empfindlich macht.

Ökosysteme: Strukturen und Funktionen

Die wissenschaftliche Definition eines Ökosystems hört sich zunächst recht einfach an. Ein Ökosystem besteht aus allen Organismen – Pflanzen, Tieren, Mikroorganismen –, die in einem bestimmten Gebiet leben *und* allen physikalischen Faktoren ihrer Umwelt, wie z. B. Temperatur,

Sonneneinstrahlung, Bodenzusammensetzung oder Feuchtigkeit, gleichermaßen ausgesetzt sind. Entscheidend für die Funktionsweise eines Systems ist aber nicht die Aufzählung seiner Bestandteile, sondern die Art der Beziehungen zwischen ihnen.

Alle Organismen werden von ihrer physikalischen Umwelt beeinflußt oder sogar verändert. Kälte z. B. ist für viele Tiere ein ganz entscheidender Umweltfaktor, weil sie durch zu niedrige Temperaturen in ihrer Entwicklung gehemmt oder direkt getötet werden. Die Beziehung zwischen diesen Tieren und dem Faktor Kälte kann sich allerdings sehr unterschiedlich auswirken. Ein plötzlicher, ungewöhnlicher Kälteeinbruch in einem Gebiet wird möglicherweise ganze Populationen schlagartig auslöschen. Eine allmähliche Abkühlung des Klimas dagegen wird vielleicht einen Evolutionsprozeß auslösen, in dem sich die Populationen allmählich an niedrigere Temperaturen anpassen.

Natürlich wirken nicht nur die Umweltfaktoren auf die Organismen ein, sondern auch umgekehrt: bei der Verwitterung von Felsen zur Erde wirken Flechten mit, Bäume senken die Temperatur in ihrer unmittelbaren Umgebung durch ihren Schatten und durch die Verdunstungstätigkeit ihrer Blätter, Regenwürmer lockern den Boden auf und durchmischen ihn, die Wurzeln von Bäumen oder Gräsern schützen den Boden vor Erosion.

Leider aber bleiben die Verhältnisse in Ökosystemen niemals so leicht überschaubar wie in unseren Beispielen; denn jeder Organismus steht ja nicht nur mit einem Umweltfaktor oder mit einem anderen Organismus in Beziehung, sondern immer mit sehr vielen gleichzeitig. Das führt zu einer Vielfalt indirekter Auswirkungen: Pflanzenfressende Tiere z. B. beeinflussen indirekt die Bodenerosion, indem sie die Vegetation abweiden (die ihrerseits ja den Boden vor Erosion schützen würde). Längst ist gerade dieser indirekte Zusammenhang zum Problem geworden. In den Ländern der afrikanischen Sahel-Zone dehnt sich die Sahara immer weiter nach Süden aus. Man schätzt, daß pro Jahr rd. 15 000 qkm Sahel-Savanne zur Wüste werden[1] und die Gründe für diese gigantische Verwüstung liegen nicht ausschließlich in klimatischen Veränderungen. Vielmehr spielt auch die Überweidung der trockenen Savannen durch zu große Haustierherden – vor allem durch Rinder – eine entscheidende Rolle.

Man kann diese Beziehung Rinderherden – Überweidung – Verwüstung des Bodens auch als *Wirkungskette* bezeichnen und bei näherem Hinsehen

---

[1] Viele dieser Einflüsse sind so klein, daß sie aufgrund des »Rauschens« im System nicht bemerkt werden.

wird man viele weitere Glieder entdecken, mit denen sich die Kette fast beliebig verlängern läßt. In weiten Teilen der afrikanischen Savannen leiden Hausrinder unter der Nagana-Seuche, deren Erreger von Tsetsefliegen übertragen werden. In stark verseuchten Gebieten ist die Rinderhaltung ganz unmöglich, in anderen Gebieten hält die Nagana den Rinderbestand möglicherweise so niedrig, daß die Gefahr der Überweidung erst gar nicht entsteht. Mit anderen Worten: Die relativ unscheinbaren und auch für den Menschen »schädlichen« Tsetsefliegen können u. U. äußerst wichtig sein für die Erhaltung der Vegetation und der Bodenqualität afrikanischer Savannen.

Nun sind allerdings solche Wirkungsketten niemals einfache lineare Anordnungen von Ursachen und Wirkungen. Da fast überall auch Nebenwirkungen auftreten, sind die Ketten stark verzweigt; von den Verzweigungen können auch neue Wirkungsketten ausgehen, können sich ihrerseits weiter verzweigen, können die Verbindung herstellen zu weiteren Ketten. Man kann daher auch von einem umfassenden *Wirkungsnetz* sprechen, das Organismen und Umweltfaktoren miteinander verbindet. In der Natur ist dieses Prinzip der Vernetzung so allgegenwärtig, daß eigentlich *jedes Lebewesen auf irgendeine Weise mit jedem anderen Lebewesen dieses Planeten in Wechselwirkung steht*. Diese Behauptung mag vielleicht etwas übertrieben sein – falsch ist sie sicher nicht.

In unserem Beispiel aus den Sahel-Savannen findet sich eine solche Verzweigung etwa bei der Überweidung der Vegetation. Diese wird ja nicht nur zu verstärkter Bodenerosion führen, sondern auch zu klimatischen Veränderungen. Unbewachsener Boden reflektiert die Sonneneinstrahlung stärker als eine Vegetationsdecke; die stärkere Rückstrahlung kann die Entwicklung von Regenwolken behindern. Der – in den Sahel-Savannen ohnehin spärliche – Regen wird dadurch weniger; weil Regen fehlt, kann sich die überweidete Vegetation nicht mehr erholen. Hier hat sich aus der Verzweigung der Kette schließlich eine *Rückkoppelung* ergeben. Ein Vorgang – die Zerstörung der Vegetation – wirkt auf sich selber zurück und kann sich im Kreislauf von Ursachen und Wirkungen bis zur Katastrophe, bis zum Zusammenbruch des ganzen Systems aufschaukeln.

Natürlich muß es nicht unbedingt zur Aufschaukelung kommen. Rückkoppelungen ermöglichen andererseits auch *Regelkreise,* durch die die Vorgänge in Ökosystemen unter Kontrolle bleiben. Die zunehmende Überweidung eines Gebietes hat ja immer auch den Effekt, daß den Pflanzenfressern allmählich die Nahrungsgrundlage entzogen wird. Das heißt, deren Populationen werden wegen des Nahrungsmangels kleiner werden –

schließlich so klein, daß sich die Pflanzendecke von der Überweidung erholen kann. Wenn danach wieder mehr Nahrung zur Verfügung steht, können die Tierpopulationen wachsen, werden aber dann auch wieder die Vegetation stärker abweiden – und der Kreislauf kann von vorne beginnen. Solange dieser Regelkreis funktioniert, kann sich ein stabiles Gleichgewicht zwischen Vegetation und Pflanzenfressern erhalten. Wird er allerdings unterbrochen – etwa dadurch, daß der Mensch die Zahl seiner Weidetiere selbst festlegt ohne die Belastbarkeit des Ökosystems zu berücksichtigen –, dann wird die Tragfähigkeit der Sahel-Savannen überschritten und es kann an die Stelle des Regelkreises ein Aufschaukelungskreis treten, der letztlich vielleicht zur totalen Vernichtung von Vegetation und danach den Tieren führt.

Ökosysteme sind eigentlich nichts anderes als eine Unzahl solcher Regelkreise, die alle wie die Zahnräder in einem Getriebe ineinandergreifen müssen, wenn das ganze funktionieren soll. Weil sie ineinandergreifen, kann sich die Unterbrechung eines Regelkreises auch an ganz anderer Stelle auswirken. Die Reaktionen der vernetzten ökologischen Systeme auf störende Eingriffe sind deshalb oft völlig unvorsehbar. In einem Programm der Weltgesundheitsorganisation zur Moskitobekämpfung auf Borneo setzte man vor einigen Jahren große Mengen DDT ein. Bald waren die Inselbewohner von der Stechmückenplage befreit, litten aber unter einer Plage von Raupen, die die strohgedeckten Dächer ihrer Häuser fraßen und sie zum Einsturz brachten. Wegen ihres Freßverhaltens ist nämlich die Empfindlichkeit der Raupen gegenüber DDT begrenzt, aber die Schlupfwespen, die früher die Raupen kontrolliert hatten, waren durch das Gift dezimiert worden.

Auch in den Häusern wurde DDT gespritzt, um die Stubenfliegen zu bekämpfen. Für die Geckos, die bisher die Fliegen gefangen hatten, war es jetzt viel einfacher, tote oder halbtote DDT-verseuchte Fliegen aufzusammeln; dadurch bekamen sie aber als Ergebnis selber soviel DDT mit, daß sie den Hauskatzen nicht mehr entkommen konnten. Über Fliegen und Geckos nahmen auch die Katzen ungeheure Mengen DDT auf – und starben daran. Dies führte zu einer ganz neuen Plage: Ratten. Die fraßen nicht nur die Nahrung der Menschen auf, sondern wurden vor allem als Pestüberträger bedrohlich. Borneos Regierung war schließlich so besorgt, daß sie als letzte Rettung an Fallschirmen Katzen in das Gebiet abwerfen ließ![2]

---

2 Die Geschichte vom DDT und den Katzen wurde berichtet von Gordon Harrison, *Natural History,* Dezember 1968.

Nahrungsnetz und Ernährungsstufen

Man sieht, der Ablauf des Geschehens in einem Ökosystem kann reichlich verwickelt sein. Für einen Moment wollen wir das aber vergessen und versuchen, hinter den Einzelheiten einige einfache Grundstrukturen zu entdecken. So kann man z. B. die Organismen je nach der Art ihrer Ernährung in verschiedene Ebenen einteilen. In das unterste Stockwerk – das alle anderen trägt – gehören alle grünen Pflanzen und ein Teil der Mikroorganismen. Man bezeichnet sie als *Produzenten,* weil sie – von den mikroskopisch kleinen Algen im Tümpel bis zu den riesigen Urwaldbäumen – eines gemeinsam haben: Sie leben von Wasser, Luft und Sonne. Dies bedeutet, sie produzieren aus dem Kohlendioxid in der Luft und aus Wasser in einer langen Kette chemischer Reaktionen Zucker (aus dem dann über viele weitere Reaktionen auch andere organische Pflanzenstoffe entstehen können). Dabei wird außerdem Sauerstoff freigesetzt.

Für diesen Vorgang, den man Photosynthese nennt, brauchen die Pflanzen Energie – und die holen sie aus dem Sonnenlicht. Sie besitzen einen grünen Farbstoff, das Chlorophyll, der die Sonnenenergie einfängt und in die Synthese der Zuckermoleküle einbringt. Im Zucker (oder in anderen organischen Stoffen) bleibt diese Energie gespeichert und davon leben alle anderen Organismen – also alle Tiere und die Menschen, aber z. B. auch die Pflanzen, die kein eigenes Chlorophyll besitzen und sich als Parasiten von anderen Organismen ernähren müssen. Sie sind nicht zur Photosynthese fähig, sondern beziehen die Energie, die sie zum Aufrechterhalten ihrer Lebensvorgänge brauchen, aus dem Abbau organischer Substanz. Dafür verbrauchen sie die gleiche Menge Sauerstoff, die vorher von den Produzenten freigesetzt wurde.

Einige Mikroorganismen können allerdings auch andere Energiequellen als Sonnenlicht für die Produktion organischer Stoffe nutzen, doch sind das für unsere Betrachtung vernachlässigbare Ausnahmen. Praktisch hängt das Leben aller Organismen und jeder ökologische Vorgang auf unserer Erde von der Sonnenenergie ab, oder besser gesagt von der Ausnutzung der Sonnenenergie durch die biologischen Produzenten.

Als *Konsumenten* bezeichnet man die Organismen, die direkt oder indirekt von der Tätigkeit der Produzenten leben. Sie besetzen in den Ökosystemen gleich mehrere Etagen – die man auch Ernährungsstufen oder trophische Ebenen nennt. Unmittelbar an die Produzenten schließen die Pflanzenfresser oder *Herbivoren* an, an diese wiederum die *Carnivoren* oder Räuber, bzw. fleischfressende Tiere. Bei ihnen kann man weiter unterscheiden zwischen Carnivoren erster Ordnung (das sind Tiere, die sich von Herbivoren ernähren) und Carnivoren zweiter Ordnung (das sind Tiere, die Carnivoren erster Ordnung fressen). Entsprechend gibt es auch Carnivoren dritter und ggf. noch höherer Ordnung, aber die Einteilung ist natürlich nicht immer ganz eindeutig. Kohlmeisen z. B., die herbivore Schmetterlingsraupen vertilgen, sind Carnivoren erster Ordnung. Habichte, die Kohlmeisen fressen, gehören zur zweiten, und Zecken, die an Habichten Blut saugen, zur dritten Ordnung der Carnivoren. Kohlmeisen fressen allerdings nicht nur Raupen, sondern u. a. auch Pflanzensamen. Sie können also auch Herbivoren sein und ebenso lassen sich Habichte – und die meisten anderen carnivoren Tiere – je nach ihrer momentanen Nahrung in ganz unterschiedliche trophische Ebenen einordnen.

Wichtig ist hier das Prinzip, daß die Organismen aus den verschiedenen Ebenen durch *Nahrungsketten* miteinander verbunden sind – unabhängig davon, wo man die einzelnen Arten im Moment gerade einordnen kann. Immer werden Produzenten von Herbivoren gefressen, diese von Carnivoren erster Ordnung usw. Weil nun die meisten Arten in ihrer Ernährung nicht nur auf eine Pflanzen- oder Beutetierart spezialisiert sind, ergeben sich zahlreiche Verzweigungen und Verbindungen zwischen den einzelnen Nahrungsketten. Deshalb wird man auch hier im allgemeinen nicht von Ketten, sondern vom *Nahrungsnetz* in Ökosystemen sprechen. Für manche Fragen – wir werden darauf zurückkommen – wird es aber übersichtlicher sein, sich an das Prinzip der Nahrungsketten, also an die regelmäßige Abfolge unterschiedlich hoher Ernährungsstufen zu erinnern.

Die dritte große Organismengruppe neben Produzenten und Konsumenten sind die *Destruenten*. Dazu gehören z. B. unzählige Insekten, Milben, Würmer, Pilze oder Bakterien. Sie ernähren sich von toter organischer Substanz, also von Abfallstoffen oder von Tier- und Pflanzenleichen. Damit fallen die Destruenten aus unserem Schema der Ernährungsstufen etwas heraus, denn sie sind ja durch ihre Abbautätigkeit gleichermaßen mit allen anderen Ebenen verbunden. Andererseits können von ihnen wieder neue Nahrungsketten ausgehen. Eine solche Kette, die nicht bei einem Produzenten beginnt, sondern bei einem Destruenten, haben wir oben gerade beschrieben, nämlich Stubenfliege – Gecko – Hauskatze. In Landökosystemen leben die meisten Destruenten im Boden oder in der Laubstreu, also dort, wo die meiste tote organische Substanz anfällt. Dadurch, daß sie das von den Produzenten aufgebaute und von Konsumenten durch verschiedene Ernährungsstufen weitergegebene Material schließlich abbauen, vervollständigen die Destruenten den ökologischen Kreislauf.

Nährstoffkreisläufe

Kein Tier, keine Pflanze – auch wir Menschen nicht – kann von Zucker oder ähnlichen Stoffen allein leben. Alle müssen sie Zugang zu einem breiten Spektrum chemischer Elemente haben. Über Kohlenstoff, Wasserstoff und Sauerstoff hinaus sind die wichtigsten darunter Stickstoff, Phosphor, Kalium, Schwefel, Eisen, Kalzium, Magnesium, Kupfer, Molybdän, Mangan, Bor und Zink. Phosphorverbindungen (Phosphate) sind z. B. überall für Energieübertragungen nötig – für die in der pflanzlichen Photosynthese geschehene Umwandlung von Sonnenenergie in die chemische Energie des Zuckers ebenso wie für die Umwandlung dieser chemischen Energie in Bewegungsenergie, die in den Muskeln der Tiere abläuft. Pflanzen nehmen Phosphate – in Wasser gelöst – durch ihre Wurzeln aus dem Boden auf. Die Konsumenten decken ihren Phosphorbedarf aus Pflanzen oder Tieren, die sie fressen, und die Destruenten setzen beim Abbau organischer Substanz Phosphate im Boden frei – wo sie den Pflanzenwurzeln wieder zur Verfügung stehen. So bewegt sich der Phosphor in einem ständigen Kreislauf (der hier natürlich sehr vereinfacht geschildert wurde) durch die verschiedenen trophischen Ebenen der Ökosysteme.

Im Prinzip gleichen die Kreisläufe der anderen Elemente dem des Phosphors; im einzelnen können sie aber außerordentlich kompliziert sein. Am verwickeltsten ist der des Stickstoffs – vor allem deswegen, weil dieses Element in der Natur in verschiedener Form vorkommt. Es ist z. B. ein notwendiger Bestandteil der Eiweißmoleküle, aus denen sich der Körper jedes Lebewesens aufbaut, oder der Nukleinsäuren, in denen alle Organismen ihre genetische Information speichern und vererben. Den Pflanzen steht Stickstoff allerdings nicht in dieser Form zur Verfügung, sondern in Form der im Boden enthaltenen Minerale (Nitrate). Um den mineralischen Stickstoff in organisch gebundenen Stickstoff zu überführen, ist Energie notwendig, die die Pflanzen – genau wie bei der Photosynthese – aus dem Sonnenlicht gewinnen. Wie die Photosynthese ist daher auch der Aufbau organischer Stickstoffverbindungen eine spezielle ökologische Leistung der Produzenten. Alle Konsumenten sind darauf angewiesen, mit ihrer Nahrung genügend organischen Stickstoff aufzunehmen und die Destruenten schließen auch hier den Kreis, indem sie den organischen Stickstoff wieder zu Nitrat abbauen.

So weit gleicht der Stickstoffkreislauf dem des Phosphors oder anderer Elemente; hinzu kommt aber, daß auch in der Atmosphäre sehr große Mengen Stickstoff vorhanden sind – unsere Luft besteht ja fast zu vier

Fünfteln daraus. Dieser riesige Vorrat ist allerdings für die meisten Organismen nicht direkt nutzbar, nur einige Gruppen spezialisierter Mikroorganismen beziehen den Luftstickstoff in den ökologischen Kreislauf mit ein. So gibt es Bakterien, die aus Nitraten im Boden Stickstoff freisetzen und an die Atmosphäre abgeben. Durch ihre Tätigkeit geht also laufend für Pflanzen nutzbarer Stickstoff verloren. Umgekehrt gibt es vor allem Blaualgen und einige Bakteriengruppen, die Luftstickstoff fixieren, d. h. sie können ihn in chemische Verbindungen überführen, die dann auch von anderen Organismen genutzt werden können. Am bekanntesten darunter sind die Bakterien, die in den Wurzelknöllchen von Pflanzen aus der Familie der Schmetterlingsblütler leben. Dazu gehören z. B. Erbsen, Bohnen, Erdnüsse, Klee, Luzerne oder Lupinen. Wegen ihrer Symbiose mit den Knöllchenbakterien liefern diese Pflanzen nicht nur besonders eiweißreiche Nahrung für Mensch und Tier; ihr Wert liegt außerdem darin, daß sie auch auf wenig gedüngten und daher stickstoffarmen Böden gute Erträge bringen können. Auch in Gewässern findet – hauptsächlich durch Blaualgen – diese Art der Stickstoffixierung statt. Wichtig sind hierbei Blaualgen, die in Symbiose mit einem Wasserfarn in überfluteten Reisfeldern leben.[3]

Energiefluß und Pyramidenstruktur

Die Nahrung, die wir Menschen (oder andere Organismen) verzehren, hat zwei Komponenten. Zum einen bedeutet Nahrung, daß wir die Baustoffe aufnehmen, aus denen sich unser eigener Körper zusammensetzt, wie etwa die in den Knochen enthaltenen Mineralien oder die Eiweißbausteine, aus denen u. a. die Muskeln, Blut oder Haut bestehen. Zum anderen bedeutet Nahrung aber auch, daß wir Energie aufnehmen. Wir essen energiereiche Substanzen wie Zucker, Stärke oder Fett und verbrennen diese mit dem eingeatmeten Sauerstoff zu den energiearmen Produkten Kohlendioxid und Wasser. Mit der freigesetzten Energie können wir uns bewegen oder unsere Körpertemperatur aufrechterhalten oder es können andere Vorgänge in unserem Stoffwechsel dadurch ablaufen. Wer jemals die Kalorientabellen eines Diätplanes studiert hat, der

---

3 Diese Pflanzensymbiose wird daher beim Reisanbau manchmal zur sogenannten Gründüngung verwendet. Je Hektar Reisfeld können durch die Blaualgensymbionten bis zu 50 kg Stickstoff im Jahr gebunden werden. Vgl. D. v. Denffer, F. Ehrendorfer, K. Mägdefrau und H. Ziegler, *Lehrbuch der Botanik (»Strassburger«)*, Stuttgart, New York (G. Fischer) 1978, Seite 549.

weiß, daß man Nahrung auch in den Maßeinheiten der Energie messen kann. »Kalorien« sind allerdings als Maßeinheit nicht mehr gebräuchlich. Man verwendet heute die Einheit »Joule« und so entspricht etwa ein Pfund Schokolade gut 10 Mio Joule oder 10 000 Kilojoule.

Während die Nahrungsstoffe in den Ökosystemen immer wieder verwendbar sind, weil sie sich ja in den verschiedenen Kreisläufen bewegen, fließt die Energie auf einer Einbahnstraße durch die Ökosysteme hindurch und wird auf diesem Weg ständig umgewandelt. Die von der Sonne kontinuierlich gelieferte Lichtenergie wird in der Photosynthese der Pflanzen in chemische Energie umgewandelt, diese wiederum in den Muskeln der Tiere in Bewegungsenergie oder in Wärmeenergie. Natürlich kann man auch chemische Energie (in Form von Kohle oder Erdöl) in einem Kraftwerk in Wärmeenergie umwandeln, diese weiter in elektrische Energie und diese – im Elektroherd oder im Bügeleisen – noch einmal in Wärmeenergie. Alle *ökologischen und technologischen* Vorgänge, bei denen solche Energieumwandlungen eine Rolle spielen, folgen zwangsläufig den Grundgesetzen der Thermodynamik. Aus diesen geht u. a. hervor, daß mit jeder Umwandlung immer auch ein Verlust an nutzbarer Energie verbunden ist.[4]

Weder ökologische noch technologische Systeme können Energie vollständig ausnutzen. In keinem Automotor z. B. läßt sich die chemische Energie des Benzins zu hundert Prozent in mechanische Energie (also in Fortbewegung) umsetzen. Im Gegenteil, der Wirkungsgrad der üblichen Verbrennungsmotoren ist sehr gering, nämlich unter dreißig Prozent. Das

---

4 Der erste thermodynamische Hauptsatz besagt, daß die Gesamtmenge an Energie gleichbleibt, selbst wenn sich seine Verteilung auf verschiedene Energieformen ändert. Da alle natürlichen und technologischen Vorgänge Energie bewahren, könnte man glauben, daß Energie im Recycling benutzt werden könnte. Doch die Eigenschaft der Energie, die sie für uns nützlich macht, ist ihre Fähigkeit, Arbeit zu verrichten, und genau diese Eigenschaft wird nicht erhalten. Der zweite thermodynamische Hauptsatz besagt, daß alle Energieumwandlungen zu einer nicht ausnutzbaren Verminderung der Fähigkeit der Energie, Arbeit zu leisten, führen. Diese Kapazitätsverminderung ist gleichgroß oder größer als die ausgeführte Arbeit, und in Vorgängen in der »wirklichen Welt« herrscht immer das »größer als« vor. Die nützliche Eigenschaft der Energie – ihre Fähigkeit zum Verrichten von Arbeit – läßt sich daher nicht in einem Kreisprozeß, sondern nur einmal ausnutzen. Aus diesem Grunde benötigen alle Systeme – natürliche wie künstliche – für ihren kontinuierlichen Betrieb eine mehr oder weniger kontinuierliche Zuführung frischer Energie.
Häufig wird der Teil der Energie, der seine theoretische Kapazität, Arbeit zu leisten, darstellt, die *verfügbare Energie* genannt. Dieser Anteil ist nur von den Eigenheiten der Energie selbst abhängig – d. h. von ihrer Form (chemische, elektrische, Wärmeenergie) und manchmal auch von anderen Kennzeichen wie – im Falle der Wärmeenergie – der Temperaturdifferenz zwischen der Energie und ihrer Umgebung.

heißt, daß weniger als dreißig Prozent der im Benzin enthaltenen Energie tatsächlich als Bewegung genutzt wird. Der Rest bleibt in den unverbrannten Bestandteilen der Auspuffgase und in der Erwärmung von Motor, Kühlwasser und Abgasen stecken. Die Muskulatur von Tieren oder Menschen arbeitet in dieser Hinsicht übrigens auch nicht wirkungsvoller als ein Verbrennungsmotor. Auch ihr Wirkungsgrad ist begrenzt, weil von der chemischen Energie der Nahrung einiges in unverdaubaren Stoffen zurückbleibt und weil bei jeder Bewegung auch Abwärme entsteht. Wir spüren diese Abwärme sehr deutlich, wenn wir bei der Arbeit oder beim Sport ins Schwitzen geraten.

Den Begriff »Wirkungsgrad« kann man nun auf die verschiedensten Energieumsetzungen beziehen. Eben ging es darum, daß Motoren oder Muskeln Energie in Form von Bewegung nutzen. Umgekehrt aber muß man Bewegungsenergie in manchen Energiebilanzen zum nicht nutzbaren Anteil zählen – beispielsweise wenn man berechnen will, wie viel Energie in den Nahrungsketten von einem Glied zum nächsten weitergegeben wird. Für einen Geflügelzüchter etwa bedeutet ein zwanzigprozentiger Wirkungsgrad, daß er Hühnerfutter im Energiewert von hundert Kilojoule verfüttern muß, um Brathähnchen im Energiewert von zwanzig Kilojoule zu erhalten. Dieser auf die Fleischproduktion bezogene Wirkungsgrad ist natürlich um so höher, je weniger Energie die Hühner für ihre eigenen Bewegungen umsetzen. Aus der vordergründigen Sicht eines Geflügelzüchters ist es daher sinnvoll, Hühner in möglichst engen Käfigen zu halten, in denen sie sich möglichst wenig bewegen können. Aus der

> Welcher Teil des theoretischen Potentials jedoch durch einen gegebenen energieverbrauchenden Vorgang ins Joch gespannt wird, hängt von den Einzelheiten dieses Vorgangs selbst ab. Obwohl daher die chemische Energie beim Benzin eine Verfügbarkeit von eigentlich hundert Prozent hat, obwohl theoretisch fast alles davon eingesetzt werden könnte, um eine beabsichtigte Arbeit zu leisten, erreichen die heutigen Benzinverbrennungsmotoren eine Ausnutzung von ungefähr dreißig Prozent für die Nutzarbeit. Hier wird der größte Teil der verfügbaren Energie bereits beim ersten Schritt des Prozesses, dem Verbrennen des Benzins, verloren. Die verfügbare Energie in diesen Verbrennungsprodukten liegt nur halb so hoch wie die des Benzins! Folglich besteht die Differenz zwischen der eingesetzten und der als Arbeit freigesetzten Energiemenge aus zwei verschiedenen Bestandteilen: einem nichtverfügbaren Anteil und einem verlorengegangenen Anteil (aufgrund der Unzulänglichkeiten des spezifischen Prozesses, der benutzt wurde). Beide Arten des Energieverlustes werden tendenziell in derselben Form sichtbar: als Emission der Abwärme (thermische Energie), deren Verfügbarkeit nur gering ist, weil ihre Temperatur kaum über der ihrer eigenen Umgebung ist. Es ist wichtig zu bemerken, daß selbst die als Arbeit freigesetzte Energie früher oder später als Abwärme in der Umgebung endet; dies in der Folge weiterer Umwandlungen, die unausweichlich in jene Richtung führen.

Sicht der Hühner ist es allerdings gar nicht sinnvoll, in möglichst engen Käfigen zu leben!

Durch die Nahrungsketten fließt Energie immer schrittweise zur nächsthöheren Energiestufe – also von Produzenten zu Herbivoren, von ihnen zu Carnivoren erster Ordnung (oder vom Hühnerfutter zu den Hühnern). Erfahrungsgemäß liegt der Wirkungsgrad bei solchen Übergängen zwischen fünf und fünfundzwanzig Prozent; als durchschnittliche Faustregel kann man etwa zehn Prozent annehmen. Mit anderen Worten: von der Sonnenenergie, die die Pflanzen aufgefangen und umgewandelt haben, können die Pflanzenfresser eines Ökosystems von vornherein nur etwa ein Zehntel für sich ausnutzen. Den Carnivoren erster Ordnung steht davon wieder nur ein Zehntel zur Verfügung – auf den Energiegehalt der Pflanzen bezogen also nur noch ein Hundertstel und für die Carnivoren zweiter Ordnung ist dann nur noch ein Tausendstel verfügbar.[5]

Je weniger nutzbare Energie auf einer trophischen Ebene vorhanden ist, desto weniger Organismen können darauf leben. Man findet deshalb eine allen Ökosystemen gemeinsame Grundstruktur – die *Nahrungspyramide*. Die große Masse der grünen Pflanzen bildet in allen Ökosystemen den Grundstock, von dem – im zweiten Stockwerk – eine bereits wesentlich kleinere Masse an Pflanzenfressern lebt. Nochmals wesentlich kleiner ist die Masse der Carnivoren im dritten Stockwerk, und die stufenweise Verkleinerung setzt sich fort, bis schließlich im obersten Stockwerk an der Spitze der Pyramide nur noch sehr wenige Carnivoren der höchsten Ordnung leben können. Nehmen wir als Beispiel einen Luzerneacker: Auf einem Morgen Ackerfläche wachsen im Laufe eines Jahres ungefähr siebeneinhalb Tonnen Luzerne (was einem Energievorrat von rd. 60 Milliarden Joule entspricht). Davon können drei Kälber mit zusammen etwa 700 Kilogramm ernährt werden (die ihrerseits dabei Rindfleisch mit einem Energiegehalt von etwa 3,5 Milliarden Joule produzieren). Ein Mensch mit etwa 70 Kilogramm Gewicht und einem täglichen Nahrungsbedarf von 10 Millionen Joule könnte von diesem Rindfleisch gerade ein Jahr lang leben.

---

[5] Herbivoren können mehr als die Pflanzen, von denen sie sich ernähren, wiegen, wenn die Pflanzen sehr rasch wachsen und es daher einen raschen Umschlag auf der Produzentenstufe gibt. In einigen marinen Systemen sind die Pflanzen einzellige Algen, die sich rasch vermehren. Daher wird die Masse der Pflanzen die der Tiere übertreffen, obwohl diese sich von ihnen ernähren, aber sich nicht so rasch vermehren können. Diese Situation wird *umgekehrte Biomassen-Pyramide* genannt. Allein der Energiefluß läßt sich nicht umdrehen und fließt immer in eine Richtung. Für weitere Einzelheiten vgl. E. P. Odum, *Grundlagen der Ökologie in zwei Bänden*, Band 1, Stuttgart, New York (Thieme) 1980.

Das ist freilich ein sehr theoretisches Beispiel, denn kein Mensch ernährt sich ausschließlich von Rindfleisch. Unrealistisch ist es allerdings nicht, denn die meisten Haustiere sind Herbivoren und Menschen könnten sich allein von ihrem Fleisch ernähren. Ebenso gut könnten sie aber auch allein von pflanzlicher Nahrung leben – und würden dann in unserem Beispiel an die Stelle der Kälber treten. Zwar essen Menschen im allgemeinen keine Luzerne, aber man könnte stattdessen Sojabohnen oder Getreide anbauen. In jedem Fall lassen sich von der gleichen Ackerfläche wesentlich mehr vegetarisch lebende, als ausschließlich Fleisch essende Menschen ernähren.

Pyramidenstruktur und Ökosystemstörung

Die Konsequenzen aus der Pyramidenstruktur von Ökosystemen müssen verstanden sein, um die Art und Weise, in der diese Systeme auf Störungen reagieren, zu würdigen und um zu verstehen, warum Populationen und Arten auf einigen trophischen Stufen leichter ausrottbar sind als solche auf einer anderen Stufe. Aufgrund der Pyramidenstruktur der Ökosysteme sind die Populationen von fleischfressenden Tieren gewöhnlich kleiner als die Populationen von Pflanzenfressern. Natürlich sind die kleineren Populationen in bezug auf das Aussterben empfindlicher als größere Populationen. Einen Grund bildet einfach der Zufall, wie beispielsweise ein katastrophales Ereignis – etwa ungewöhnlich später Frost –, bei dem 99 Prozent aller ihm ausgesetzten Organismen getötet werden. Bei einer Population von 1000 Organismen wird es 10 Überlebende geben – vielleicht gerade noch genug, um eine etwaige Erholung zu ermöglichen. Wenn die ursprüngliche Populationsgröße aber nur 100 betragen hat (solche Fälle gibt es heute, denken wir nur z. B. an das Sumatranashorn), würde jedoch die Populationsgröße auf ein einziges Lebewesen herabgesetzt. Sofern es sich um eine sexuell vermehrende Art handelt, heißt die Konsequenz Aussterben.

Bei den sich sexuell vermehrenden Organismen (die die riesige Mehrheit ausmachen) bringt eine Verminderung der Populationsgröße viele Probleme, nicht nur unbedingt auf die Anzahl der Nachkommenschaft. Denn wenn die Populationsgröße auf wenige Individuen vermindert würde, ginge auch viel von der genetischen Variabilität der Population verloren. Wenn die Population klein bleibt, wird die Variabilität weiter zusammenschmelzen. Das kann sehr ernsthafte Folgen haben und wird in den meisten Fällen ein Aussterben wahrscheinlicher machen. Denn eine geringere Variabilität bedeutet, daß eine Population weniger befähigt ist, sich an Veränderungen ihrer Umwelt anzupassen – gleichgültig, ob es sich um einen plötzlichen Klimawechsel, eine Verringerung des Nahrungsangebots, das Auftreten eines neuen Raubbeuters oder um eine Krankheit handelt.

Darüber hinaus kann bei vielen sozial lebenden Tieren eine Minderung der Gruppengröße auf die übrigbleibenden »Individuen« in anderer Hinsicht verletzend wirken. Es gibt Belege dafür, daß viele Tiere vor ihren Räubern sicherer sind und daß sie besser ernährt sind, wenn sie in Gruppen einer bestimmten Größe zusammenleben. Als Beispiele können Hirsch- und Antilopenherden genannt werden, wandernde Scharen von Vögeln und Fischen, die sich in großen Schwärmen ernähren.

Wenn eine Population ein Areal nur sehr extensiv besiedelt, kann schließlich die Suche nach einem Geschlechtspartner durch eine verminderte Populationsgröße erschwert werden. Aus diesem Grund sind die Bären, die die größte Zeit des Jahres als Einsiedler leben und deren Populationen auf allen Kontinenten drastisch verringert wurden, die nächsten Kandidaten für eine endgültige Ausrottung. Von der auf nur noch rd. 5 Exemplare geschätzten Bärenpopulation im italienischen Alpenraum ist seit über 10 Jahren keine Nachkommenschaft mehr bekannt. Auch einige Nashornarten sind auf diese Weise bei verminderter Populationsdichte außerordentlich anfällig geworden. Dieses Vermehrungproblem kann selbst Pflanzen treffen, wenn die Einzelpflanzen so weit voneinander entfernt sind, daß eine Bestäubung nicht mehr stattfinden kann. Dies läßt sich z. T. in feuchten tropischen Wäldern beobachten, wo die Individuen der Pflanzenpopulationen ohnehin weit zerstreut zwischen zahlreichen anderen Pflanzenarten wachsen. Die Zerstörung weiter Teile der tropischen Regenwälder – in jeder Minute gehen weltweit 14 Hektar für immer verloren – läßt dieses Problem dann kulminieren und führt zum Artenverlust.[6]

Schadstoffkonzentration

Ein wichtiges Kennzeichen biologischer Systeme ist ihre Fähigkeit, bestimmte Stoffe zu konzentrieren – und das verursacht eine differenzierte Empfindlichkeit gegenüber möglicher Ausrottung. Viele Menschen nehmen an, daß eine in ein Ökosystem gelangte Substanz sich dort gleichmä-

---

6 Prof. Dr. Fröhlich in *»Schützt unsere schöne Natur«*, Hrsg. H. Sielmann, München (Naturalis-Verlag) 1982, Seite 376–380.

ßig verteilen wird. So machte z. B. 1971 der britische Chemiker Sir Robert Robinson, ein Nobelpreisträger, einen klassischen Schnitzer, als er die Verdünnung von Blei als Umweltgift in den Ozeanen berechnete und mitteilte, daß es in derart niedrigen Konzentrationen auftreten würde, daß seine schädliche Wirkung vernachlässigbar sei.[7] Bei dieser Schlußfolgerung wurde der Vorgang der *Schadstoffkonzentration* vollkommen übersehen.
Bei Nahrungsfiltrierern, wie den Korbmuscheln oder den Austern, findet sich eine der einfachsten und wirksamsten Formen der möglichen Konzentration derartiger Schadstoffe. Sie ernähren sich, indem sie kleinste Nahrungsteilchen aus dem Wasser ihrer Umgebung sieben. Unbeabsichtigt konzentrieren sie dabei manchmal Umweltgifte, die mit ihrer Nahrung verbunden sind. Es ließ sich aufzeigen, daß Austern die Konzentration von DDT-ähnlichen Insektiziden auf das Siebzigtausendfache des Wertes in ihrer Umgebung erhöhen können. In der Affinität bestimmter Umweltchemikalien zu den Bestandteilen lebender Systeme liegt ein wichtiger Mechanismus der Schadstoffkonzentration. So haben beispielsweise die chlorierten Kohlenwasserstoffe – die Gruppe von Chemikalien, zu der DDT und PCB gehören – eine starke Affinität zu Fetten. Wenn daher ein chlorierter Kohlenwasserstoff in die Umwelt freigesetzt wurde, sollte nicht in der Luft oder im Wasser, sondern in den Lebewesen nach ihm gesucht werden. So konzentrieren z. B. Menschen in ihrem Fettkörper DDT in Dimensionen, die weit über denen der von ihnen normalerweise gegessenen Nahrung liegen. Und in den späten 60er Jahren wurden in der Muttermilch DDT-Konzentrationen festgestellt, die über den Grenzwerten für Kuhmilch im internationalen Handel lagen. Seit dem Verbot von DDT in den Vereinigten Staaten 1972 sind die Konzentrationen im Fett menschlicher Körper und in der Muttermilch auch wesentlich gefallen. Wenn alle anderen Faktoren gleich sind, werden daher langlebige Organismen mehr Gift konzentrieren als kurzlebige, da sie ihnen längere Zeit ausgesetzt sind. Doch die Ökosystem-Pyramidenstruktur ist für einen zusätzlichen Mechanismus der Schadstoffkonzentration verantwortlich. Im Körper der Herbivoren beispielsweise ist nur noch ein kleiner Anteil der Energie vorhanden, der ursprünglich in den Pflanzen vorhanden war. Der Rest wurde entweder abgesondert, zum Antrieb ihrer Aktivitäten genutzt oder in Wärme umgewandelt. Werden aber Pflanzen mit DDT besprüht, wird ein sehr großer Prozentsatz des DDT mit den Pflanzen aufgenommen und gespeichert. Die Populationen der

---

7 Brief in der *Times* (London), 4. Februar 1971.

Carnivoren wiederum, die sich von den Herbivoren ernähren, erhalten nur einen geringen Teil der in den Herbivoren vorhandenen Energie. Aber wieder wird der größte Teil des DDT übertragen. Daher nimmt das Gewicht des DDT beim Vordringen in der Nahrungskette nur sehr langsam ab, während das Gesamtgewicht für Organismen auf den nachfolgenden trophischen Stufen zumeist sehr jäh abnimmt. Mit jedem Glied in der Nahrungskette nimmt der DDT-Anteil bezogen auf die Fleischmengen zu. Die DDT-Konzentration ist daher bei den oberen Stufen in der Nahrungskette viel höher als bei den unteren Stufen – was u. a. den beschriebenen Tod der Katzen auf Borneo verursachte.

In den 60er Jahren entwirrten die Ökologen George Woodwell, Charles Wurster und Peter Isaacson in einer klassischen Untersuchung das Nahrungsnetz eines Ästuars bei Long Island und maßen die DDT-Konzentrationen seiner Glieder. Sie fanden heraus, daß die Konzentrationen bei einigen Wasserpflanzen niedriger als der zehnte Teil pro Million (0,1 ppm) war, während sie bei den Raubvögeln an der Spitze der Pyramide eine Höhe bis zu 75 ppm hatte.[8] Das war das Ergebnis des Zusammenwirkens von Pyramidenmechanismus und der Langlebigkeit der Organismen an der Pyramidenspitze.

Die hohen Konzentrationen von DDT und anderen chlorierten Kohlenwasserstoffen an der Pyramidenspitze stellen eine ernsthafte Bedrohung für die Populationen von Pelikanen, Wanderfalken, Adlern und anderen Raubvögeln dar. Denn diese Gifte stören beim Aufbau der Eischalen, die dann so dünn werden, daß die Eier durch das Gewicht der ausbrütenden Eltern zerbrechen können. Durch das fast vollständige Verbot von DDT in den USA und weitgehende Beschränkung in anderen Ländern wurde glücklicherweise die Bedrohung dieser Raubvögel etwas abgemildert.

Die Erfahrung mit dem DDT zeigte in dramatischer Weise, wie anfällig Raubbeuter auf Gifte reagieren, die von Menschen in Ökosystemen freigesetzt werden. Die Gründe liegen einmal in der geringen Populationsgröße der Raubbeuter – die sie auch anfällig für zufällige Auslöschungen und für den Verlust genetischer Variabilität macht – und zum anderen in der Konzentration giftiger Stoffe durch Nahrungsaufnahme, die weitaus höher als jene sind, denen die Herbivoren ausgesetzt sind.

Es gibt jedoch noch einen weiteren Grund, wieso die Raubbeuter häufiger aussterben als Herbivoren. Bekanntlich haben die Herbivoren an einem über viele Jahrmillionen dauernden Evolutionsprozeß mit den Pflanzen

---

8 Vgl. G. M. Woodwell, »Toxic substances and ecological cycles«, *Scientific American*, März 1967.

teilgenommen. Die Pflanzen haben immer bessere Wege entwickelt, um die Pflanzenfresser zu entmutigen, und die Herbivoren haben wiederum Möglichkeiten entwickelt, die Verteidigungsmaßnahmen der Pflanzen zu unterlaufen. Diese allmähliche, wechselseitige Evolution von ökologisch aufeinander angewiesenen Lebewesen wird *Koevolution*[9] genannt. In ihrem »Koevolutionsrennen« mit den Tieren, haben die Pflanzen einen großen Nachteil – sie können nicht davonlaufen. Daher haben die Pflanzen ihre Zuflucht in der Panzerung und besonders in der chemischen Abwehr gesucht. Eigentlich jeder bemerkt, daß es die Dornen von Pflanzen wie den Kakteen gibt, um Tiere davon abzuhalten, die Pflanzen zu fressen. Nur wenige Leute bemerken aber, daß alle Dornen, das Koffein, Nikotin, die wirksamen Bestandteile von Drogen wie Marihuana, Kokain, Opium und Heroin sowie eine große Zahl von Arzneien Verteidigungsmittel sind, die die Pflanzen entwickelt haben, um die Tiere zu vergiften (wir haben dies im letzten Kapitel kurz skizziert).

Daher haben die pflanzenfressenden Insekten eine Menge evolutionärer Erfahrungen mit Pestiziden gemacht. Sie sind einer Vergiftung mit ihnen vorangepaßt. Ihnen ist es leicht möglich, auf die menschlichen Versuche, sie zu vergiften, mit der Entwicklung resistenter Nachkommen zu reagieren. Im Gegensatz zu ihnen waren die Raubbeuter nicht so viel Druck ausgesetzt, physiologische Abwehrmaßnahmen gegen Vergiftungen zu entwickeln. Ihnen fehlt die Fähigkeit, mit Entgiftung auf ein neues Pestizid umgehend zu reagieren. Gemeinsam mit ihrer geringen Population setzt sie dies weit höheren Risiken als die Herbivoren aus und macht sie gerade für den lautlosen Tod der Ausrottung sehr anfällig.

Jede Population eines natürlichen Ökosystems hat bestimmte Verhaltensmuster entwickelt, die sie zu einem einzigartigen funktionalen Teil dieses Systems selber macht. Sie kann ein Spektrum physischer Eigenschaften (Temperatur, Feuchtigkeit, Salzhaltigkeit u. ä.) ertragen, welche für das Ökosystem selbst charakteristisch sind, und sie hat sich – weil dies notwendig ist – so entwickelt, daß sie mit den anderen Populationen des Ökosystems mehr oder weniger im Einklang steht. Geographische Variationen aber offenbaren die Anpassung der Populationen in das jeweilige Ökosystem. Aus diesem Grund ist es auch nicht ohne weiteres möglich, ein Individuum aus einer bestimmten Population in einem bestimmten Ökosystem in eine andere Population eines anderen Ökosystems durch Aussetzung zu übertragen, weil dieses Individuum dann nicht der geogra-

---

9 P. R. Ehrlich und Peter Raven, »Butterflies and plants: a study in coevolution«, *Evolution* 18, 1964, Seite 586–600.

phischen Variation der betreffenden Population entspricht. Es ist, als ob jede Schraube im Flugzeugflügel (um auf unsere Analogie zurückzukommen) eine etwas andere Form hätte. Wenn einmal eine Schraube herausgedreht und verloren ist, mag es sehr schwierig oder gar unmöglich sein, eine andere zu finden, die zufriedenstellend in das Gewinde paßt.

Ökosystemdienstleistung

Mit diesen Hintergrundinformationen über die Struktur und Organisation von ökologischen Systemen können wir nun erörtern, wie sie das menschliche Leben beeinflussen. Bei dieser Diskussion muß daran erinnert werden, daß – gefährdete und nichtgefährdete – Populationen und Arten lebenswichtige Bestandteile aller Ökosysteme sind. Jede Lebensform hat im Ökosystem ihre Rolle und ist zu einem bestimmten Grad – häufig zu einem sehr großen Grad – für das fortgesetzte gesunde Funktionieren des gesamten Systems wichtig. Und für das eigene Leben ist wiederum jede Lebensform von anderen Elementen des Ökosystems abhängig.
Auf keinen Fall läßt sich eine Erhaltung von Arten von einer Erhaltung ihrer natürlichen Ökosysteme trennen, denn beide sind lediglich die zwei zueinandergehörigen Teile der gleichen grundlegenden Menge von Ressourcen. Theoretisch könnte jede der unendlich vielen Funktionen eines Ökosystems durch die Streichung *irgendeiner* Art angegriffen werden und *sicherlich* verursachen fortgesetzte Austilgungen von Arten und Populationen im jeweiligen System schwere Störungen.
Uns macht hier freilich die Abhängigkeit der menschlichen Zivilisation von den durch die Ökosysteme bereitgestellten Funktionen betroffen, daher sollten wir diese Dienstleistungen im besonderen betrachten.

Erhaltung der Luftqualität in der Atmosphäre

Das Gemisch von Gasen und anderen Stoffen in der Atmosphäre wurde zu einem sehr großen Teil von den Lebewesen dieses Planeten geschaffen und jene, das Leben erhaltende Zusammensetzung, wird durch diese Arten aufrechterhalten. Die etwa 21 Prozent Sauerstoff, die den Menschen und den anderen Tieren auf der Erde das Atmen erlauben, sind das Produkt der photosynthetischen Aktivitäten der grünen Pflanzen. Bevor die Photosynthese begann, gab es keinen Sauerstoff in der Erdatmosphäre, daher gab es auch keine Tiere. Der Rest der Luft besteht im wesentlichen aus Stickstoff (78 %). Die Stickstoffkonzentration wird durch den bereits beschriebenen Stickstoffkreislauf kontrolliert.

Das Verhältnis der beiden Gase zueinander ist für das Weiterbestehen der menschlichen Existenz von großer Bedeutung. Ein erhebliches Sinken der Sauerstoffkonzentration würde viele Störungen verursachen, wie jede und jeder sich vorstellen kann. Nur wenigen aber ist freilich bewußt, daß selbst ein geringfügiger Anstieg der Sauerstoffkonzentration möglich wäre. Wenn die Sauerstoffkonzentration von 21 auf 25 % anwüchse, würde irdisches Leben unmöglich werden. In einer Atmosphäre von 25 % Sauerstoff würden nach einem Blitzschlag selbst die tropischen Regenwälder unkontrollierbar brennen und durch weltweite Feuer würde die gesamte Vegetation auf der Erde vernichtet.

Das eine Prozent (trockener) Luft, das weder aus Sauerstoff noch aus Stickstoff besteht, setzt sich aus einer Vielzahl von Gasen zusammen, die für die Menschheit wichtig sind, und deren Konzentrationen ebenfalls durch die funktionierenden Ökosysteme kontrolliert werden. Zu ihnen gehören das Kohlendioxid und das Ozon (beide sind zur Regelung des Klimas wichtig), aber auch das Methan, das in die Regulation der Sauerstoffkonzentration verwickelt ist.

Wegen der ungeheuren Gasmengen in der Atmosphäre würden bedeutsame Veränderungen in der Sauerstoff- oder Stickstoffkonzentration – selbst wenn ihre Regulierung durch Ökosysteme ernsthaft gestört wäre – vermutlich nur in Zeiträumen von Jahrtausenden stattfinden. Aber der Störungsgrund, der dann die Voraussetzung für wesentliche Veränderungen wäre, würde die Zivilisation vermutlich auf andere Weise beenden.

Dies gilt aber nicht für die Veränderungen der nur in »kleinen« Mengen vorhandenen Gase oder des Wasserdampfes (der ebenso z. T. durch biologische Vorgänge in der Atmosphäre erhalten bleibt). So ist beispielsweise das Ozon, das nur einen hunderttausendstel Teil der Atmosphäre ausmacht, sehr wichtig. Es filtert die ultraviolette Strahlung der Sonne, die Tiere und Pflanzen schädigen kann, und ist auch deswegen bedeutsam, weil eine Veränderung der Ozonkonzentration das Klima erheblich beeinträchtigen könnte. Die Stickoxide (andere von Ökosystemen produzierte Gase) beeinflussen die Ozonkonzentration auf eine Weise, die bisher nicht richtig bekannt ist. Bekannt wurde jedoch, daß die Mikroorganismen, die die Stickoxide produzieren, dies eher dann machen, wenn ihre Umwelt saurer wird. Im übernächsten Kapitel diskutieren wir, wie durch menschliche Tätigkeiten der Regen saurer gemacht wird. Mit diesem Vorgang hat die Menschheit vermutlich die Entstehung größerer Stickoxidmengen verursacht, die wiederum die wichtige Ozonschicht angreifen können. Darüber hinaus sollte bemerkt werden, daß natürliche Ökosysteme durch ihre bodendeckende Vegetation auch bei der Kontrolle des Staubgehalts der Atmosphäre behilflich sind (dies wirkt sich auf die Menschen und auch auf das Wetter aus). Außerdem entfernen Pflanzen Staub und andere Umweltgifte mit Mitteln aus der Atmosphäre, die bisher kaum bekannt sind (z. B. Wälder als riesige Staubfilter).

Kontrolle und Verbesserung des Klimas

Nicht nur für die gegenwärtige Zusammensetzung und für die Eigenheit der Atmosphäre sind Ökosysteme verantwortlich, sondern sie beeinflussen auch tiefgreifend die globalen Strukturen der Luftzirkulation, die das Wetter und Klima an jedem beliebigen Ort der Erde bestimmen. Die Wetterveränderungen unseres Planeten werden mit der Kraft der Sonne betrieben. Die Sonnenwärme läßt über erhitzten Gebieten der Erdoberfläche Säulen steigender Luft entstehen, denen die fallende Luft über kälteren Gebieten ein Gegengewicht bietet. Eine Zirkulation durch die Atmosphäre ist die Folge. Außerdem läßt die Sonnenwärme Wasser aus den Weltmeeren und aus den anderen Gewässern verdunsten. Wenn die warme, feuchte Luft aufsteigt und sich abkühlt, so bilden sich Wolken, aus denen es regnen oder schneien kann.

Durch die Unregelmäßigkeiten der Erdoberfläche wird dieses grundlegende Heizungs- und Verdunstungssystem weitgehend kompliziert. Hohe Gebirgszüge haben beispielsweise große Auswirkungen auf das Klima in ihrer Nachbarschaft, weil sie die Luft zwingen, auf ihren Aufwindseiten aufzusteigen und sie dabei abkühlen und zum Niederschlag auf dieser Seite des Gebirges bringen. Auf der anderen Seite wird dadurch jedoch ein Regenschatten erzeugt. Es überrascht nicht, daß die Faktoren, welche die Menge Sonnenenergie bestimmen, die von der Erde aufgenommen wird, von erheblichem Einfluß auf das Wetter sind. Zu ihnen gehört die Reflexion der Atmosphäre (Wolken reflektieren einen Teil des Sonnenlichts zurück ins All), die Reflexion der Erdoberfläche (Wüsten reflektieren mehr als Waldungen) und das Einfangen von Sonnenenergie in der Atmosphäre – ein Mechanismus, der als Treibhauseffekt bekannt ist.[10]

10 In Wirklichkeit ist die Bezeichnung »Treibhauseffekt« falsch, da in einem Treibhaus der größte Teil des Wärmeeffekts nicht aus einem ähnlichen Vorgang wie dem, der in der Atmosphäre abläuft, herrührt – vgl. P. R. Ehrlich, A. H. Ehrlich und J. P. Holdren, *Ecoscience: Population, Resources, Environment,* San Francisco (W. H. Freeman) 1977, 2. Kapitel.

In jedem dieser drei Faktoren sind die Ökosysteme des Planeten unmittelbar einbezogen. So schicken beispielsweise die Waldungen des Amazonasbeckens den Regen viele Male zurück in die Atmosphäre. Nicht das ganze Wasser, was auf die Wälder fällt, fließt direkt zurück in die See, denn durch die erstaunliche Verdunstung der Pflanzen wird ein erheblicher Teil zunächst zurück in die Atmosphäre geschickt.
Wie jeder Gartenbesitzer weiß, der einmal das Gießen vergessen hat, ist die aufrechte Stellung von Gräsern und Krautpflanzen ebenso wie die Blattform auch von der Verfügbarkeit von Wasser in den Pflanzen abhängig. Andauernd ziehen die Pflanzen Wasser aus dem Boden, um am Leben zu bleiben und durch diese Pflanzen gelangt das Wasser dann in die Atmosphäre. Nicht unwesentlich ist daher die Bewölkung über dem Amazonasbecken eine direkte Folge der Funktionsfähigkeit der dortigen Waldökosysteme. Wenn dort die Wälder gerodet werden, wäre die Reflexion der Atmosphäre über jenem Gebiet vermindert, während die Reflexion der Oberfläche vermutlich verstärkt würde. Das Ergebnis eines solchen Eingriffs wäre ein beachtlich erwärmtes Klima und eine zunehmende Trockenheit in diesem Gebiet. Wenn die Lebensgemeinschaft einer Region aber so dramatisch verändert wird, ändert sich auch die Reflexion der Erdoberfläche und vermutlich auch die der Atmosphäre, was eine örtliche oder gar eine regionale Klimaänderung nach sich ziehen kann. Der Umfang dieser Änderung hängt davon ab, wie stark die Lebensgemeinschaften verändert wurden und über welche Fläche sie sich erstrecken. Aus der Sicht dort lebender Menschen bewirken Klimaänderungen selten eine Besserung.
Es gibt noch andere wichtige Wege, auf denen die Ökosysteme die Reflexion der Erde beeinflussen. Ganz allgemein verankern beispielsweise die Pflanzen den Boden ziemlich gut an seinem Standort. Werden diese Pflanzengesellschaften entfernt oder durch die Einführung der Weidewirtschaft oder des Anbaus von Nutzpflanzen geändert, nehmen die Verluste an Bodenkrume durch Deflation (Abtragung durch Wind) zu. In einigen Teilen der Welt ist der Abtrag von Boden in die Atmosphäre so kontinuierlich, daß ein mehr oder weniger dauerhafter Staub geschaffen wird – wie etwa der »Harmattan-Dunst« in Afrika.[11] Die Anwesenheit von Staub in der Atmosphäre ändert aber deren Reflexion selbst und damit eben auch das Klima.
Für den tiefgreifenden Einfluß, den Ökosysteme auf regionales Klimage-

---

11 R. A. Bryson und W. M. Wendland, »Climatic effects of atmospheric pollution«, in S. F. Singer, *Global Effects of Environmental Pollution*. New York (Springer) 1970, Seite 130.

schehen haben, ist das Problem der in vielen Gebieten zunehmenden Wüstenbildung ein gutes Beispiel. So wandelt sich permanent zu Ackerbau oder Viehhaltung geeignetes Land weltweit in Wüsten um. Überintensive Nutzung des Bodens löst einen sich noch verstärkenden Vorgang der Bodenverschlechterung aus. Grasende Tierarten wählen auch in den Trockengebieten der Erde meist die schmackhaftesten Pflanzenarten aus und weiden sie ab. Wenn so weitere Teile der spärlichen Pflanzendecke entfernt sind, verdunstet von dort das Oberflächenwasser rascher, das Kleinklima wird trockener – eine Abwärtsspirale beginnt. Blanker Boden, der noch von den Hufen der Tiere verfestigt wird, kann sowohl vom Regen wie auch vom Wind leicht abgetragen werden. Diese Veränderungen machen wiederum die Bedingungen für ein weiteres Pflanzenwachstum problematischer. Immer weniger und häufig kaum noch wünschenswerte Pflanzen wachsen auf den so in Mitleidenschaft gezogenen Böden. Das erhöht wiederum den Weidedruck auf die noch übrig gebliebenen bevorzugten Weidepflanzen und so wird ein brauchbares Grünland langsam aber sicher zu einer Wüste.

Es gibt hinreichend Grund zur Annahme, daß die Ausbreitung der Sahara in den letzten Jahrhunderten nach Süden bis in das Gebiet, das heute als Sahel-Zone bekannt ist, auf Überweidung zurückzuführen ist, die durch die Überbevölkerung der Menschen und ihrer Haustiere verursacht wurde. In der Trockenperiode von den späten 60er bis in die Mitte der 70er Jahre fraßen die Rinder und Ziegen der Nomadenvölker eigentlich jeden grünen Stengel, der über die Bodenoberfläche ragte. Diese Trockenheit könnte eine normale zyklische Erscheinung gewesen sein, doch wurden eindeutig dessen Folgen vom Bevölkerungsdruck der Menschen und ihrer Tiere verstärkt. Klimamodelle haben gezeigt, daß die Reflexionszunahme, die durch die Entfernung der Vegetation verursacht wurde, die ohnehin spärlichen Niederschläge des jeweiligen Gebietes noch weiter verringert hat.[12]

Über eine Änderung der Kohlendioxidkonzentration in der Atmosphäre führt der vielleicht dramatischste Weg, auf dem Ökosysteme das Wetter beeinflussen können. Möglicherweise hat dies Auswirkungen im Weltmaßstab. Für den Ausstoß von Kohlendioxid in die Atmosphäre sind viele menschliche Tätigkeiten mit verantwortlich. An erster Stelle sind gegenwärtig in den Industrieländern das Verfeuern fossiler Brennstoffe und in

---

12 W. E. Omerod, »Ecological effects of control of African trypanosomiasis«, *Science* 191, 1976, Seite 815–821. Vgl. auch C. Sagan, O. B. Toom und J. B. Pollack, »Anthropogenic albedo changes and the Earth's climate«, *Science* 206, 1979, Seite 1263–1368.

den Entwicklungsländern das Brandroden der Wälder zu nennen. Gleichzeitig findet ein Kohlendioxidaustausch statt, in dem es in den Weltmeeren gelöst und beim Photosyntheseprozeß von den grünen Pflanzen wieder aufgenommen wird. Momentan gibt es wissenschaftliche Diskussionen darüber, wie diese Vorgänge miteinander im Gleichgewicht stehen, doch kann es keinen Zweifel darüber geben, daß die Kohlendioxidkonzentration in der Atmosphäre beständig wächst.
Einige Wissenschaftler vermuten, daß ein beachtlicher Teil dieses Anstiegs auf die Kombination einer Minderung der weltweiten Photosyntheseprozesse (aufgrund der ständigen Rodungen der Wälder dieses Planeten) und einer zusätzlichen Einleitung von Kohlendioxid in die Atmosphäre (durch das Verbrennen des Holzes, das in diesen Wäldern stand) zurückzuführen ist.[13] Demnach könnte dieselbe weitflächige Zerstörung der Waldökosysteme, die ein Hauptgrund für die Ausrottung vieler Arten ist, auch zu einem anderen wichtigen Umweltproblem beitragen. Andere Wissenschaftler meinen jedoch, daß die Wald- und Brandrodung im Vergleich mit dem Verfeuern fossiler Brennstoffe vernachlässigbar sei oder daß sie durch die zusätzliche Photosynthese auf bebautem Land ausgeglichen werde. Es besteht allerdings Übereinstimmung darüber, daß die Ökosysteme der Welt sehr eng in die Erhaltung des Kohlendioxidgleichgewichts der Atmosphäre direkt einbezogen sind. Es ist dies eine der größten Dienstleistungen, die von anderen Organismenarten für uns angeboten wird.
Warum ist das für uns so wichtig?
Der Aufbau von atmosphärischem Kohlendioxid könnte zu einer weltweiten Erhöhung der Durchschnittstemperatur führen. Selbst ein geringer Anstieg – vielleicht in der Größenordnung von nur einem Grad – könnte weltweit drastische Klimaveränderungen verursachen. Eine selbst unscheinbare Veränderung in der Durchschnittstemperatur würde in der Verteilung der Niederschläge massive Veränderungen verursachen – gerade wie ein zusätzlicher Druck von einem zehntel Gramm ein Gewehr abfeuern kann, dessen Abzugsbügel einen Druck von insgesamt 60 Gramm erfordert.
Ein solcher Klimawechsel wirkt sich selbstverständlich auch auf die Ökosysteme und die darin lebenden Arten aus. Rasche Klimaänderungen haben bekanntlich die Populationen vieler Arten in den lautlosen Tod getrieben. Eine weltweite Störung der Klimastrukturen, wie dies durch einen weite-

---

13 George Woodwell, »The carbon dioxide question«, *Scientific American* 238 (1), Januar 1978, Seite 34–43.

ren Kohlendioxidanstieg eingeleitet werden könnte, wird auf Flora und Fauna der Erde sicherlich tiefgreifende Auswirkungen haben.
Ein derartiger Wechsel in der Klimastruktur – etwa eine Zu- oder Abnahme der jährlichen Niederschlagsmenge oder Veränderung der Länge der Wachstumsperiode – würde z. B. auch für die Landwirtschaft ernsthafte Probleme aufwerfen. Im allgemeinen sind die Tätigkeiten der Bauern den örtlichen Klimabedingungen angepaßt. Wenn sich das Klima ändert, so müßten sich die Landwirte dem anpassen – doch neigen sie in der Regel dazu, konservativ zu sein und sich nur langsam an veränderte Situationen anzupassen. Zwischenzeitlich müßten sie dann aber mehrere Mißernten in Kauf nehmen. Ein Kohlendioxidaufbau könnte jedoch für alle wichtigen landwirtschaftlichen Anbaugebiete der Erde gleichermaßen Klimaänderungen mit sich bringen, was dann weltweit Mißernten hervorruft und dadurch zu katastrophalen Hungersnöten führen muß. Wie der Physiker John Holdren ausführte, ist denkbar, daß vor dem Jahre 2020 eine durch Kohlendioxid und Klimaänderung beeinflußte Hungersnot eine Milliarde Menschen dahinraffen könnte.[14] Dies wäre in der Tat ein hoher Preis, der für die Zerstörung tropischer Wälder gezahlt werden müßte. Aber die Menschheit vernichtet in voller Erkenntnis dieser Tatsache z. Z. jede Minute 140 000 qm tropischen Regenwaldes überwiegend für den Bedarf an Luxusgütern der wenigen Industrienationen. Mit dem Totalverlust dieser Wälder kann schon im Jahre 2000 gerechnet werden. Dann wird die Hälfte aller Pflanzenarten dieser Erde für immer verschwunden sein.[15]

Regulation der Süßwasservorrräte

Mit der Funktion der Ökosysteme bei der Beeinflussung des Klimas ist auch ihre Rolle bei der Regulation der Süßwasservorräte der Erde eng verbunden. So neigen beispielsweise bewaldete Hänge zum Halten und – im Laufe der Zeit – zum Verbessern des Bodens. Waldböden haben auch eine große Kapazität, Regenwasser zurückzuhalten. Dieses Niederschlagswasser wird nur allmählich in das Grundwasser, an Quellen und Fließgewässer abgegeben. Waldgebiete sind aber auch befähigt, Umwelt-

---

14 »Observations for the California Energy Futures Conference«, Sacramento, Mai 1978. Als ausgezeichneten Überblick über Klima und Landwirtschaft vgl. S. H. Schneider und L. E. Mesirow, *The Genesis Strategy: Climate and Global Survival,* New York (Plenum) 1976.
15 Prof. Dr. Fröhlich, s. Anmerkung 11.

gifte, wie Säuren, Schwermetalle oder radioaktive Stoffe aus dem Regenwasser zu filtern. Daher wird die Wasserqualität auch von der Vegetation direkt beeinflußt.[16]

Der Wert solcher boden- und wasserhaltenden Funktionen von Ökosystemen wird von der Menschheit meist erst dann erfaßt und voll gewürdigt, wenn das ökologische System bereits nachhaltig geschädigt ist und seine Leistung nicht mehr voll entfalten kann. So läuft das Regenwasser nach der Entwaldung in Sturzbächen die Hänge hinab, trägt sehr rasch wertvollen Boden ab, was in den sich anschließenden Tiefebenen zu Lehmüberlagerungen führt und wechselnde Perioden von hohem Wasserfluß und Trockenheit verursacht.

Als wir über einige tropische Länder flogen, waren wir von den braunen Flüssen, die Ladungen wertvollen Bodens von den entblößten Berghängen zur See transportierten, sehr betroffen. Eines der beeindruckendsten Beispiele, das wir zu sehen bekamen, war die Dominikanische Republik. Dieses Land bezahlte durch schreckliche Überflutungen einen sehr hohen Preis für den Verlust an guten Wassereinzugsgebieten, als 1979 ein Hurrikan auftrat. Wären die Wälder damals noch intakt gewesen, die Verluste an Leben und Eigentum hätten sich in Grenzen halten können. Der Juni-Monsun hinterließ 1979 aber auch in Indien Schäden von mehr als 2 Milliarden Dollar und die Fluten des Ganges zerstörten ungezählte Menschenleben. Diese Überschwemmungen waren nicht nur das Ergebnis riesiger Waldrodungen in den nördlichen Staaten Indiens, sondern auch im benachbarten Nepal.[17]

Erst kürzlich wurde berichtet, daß die Höhe des jährlichen Flutpegels am Amazonas in Iquitos (Peru) seit 1970 kontinuierlich zugenommen hat – allem Anschein nach aufgrund der im großen Maßstab vorgenommenen Entwaldungen, die die rasche Bevölkerungszunahme in den oberen Bereichen des Flußquellgebietes in Peru und Ekuador begleiteten. Die Autoren des Berichtes schließen damit, daß – obwohl der größte Teil des Amazonasbeckens noch nicht gerodet ist – »die lange vorhergesagten klimatischen und hydrologischen Änderungen, die als Ergebnis der Entwaldungen Amazoniens erwartet werden, bereits begonnen haben könnten«.[18] Die Folgen eines weiteren Ansteigens des Flutpegels könnten für die

---

16 F. H. Bormann, »An inseparable Linkage: Conservation of natural ecosystems and the conservation of fossil energy«, *BioScience* 26, 1976, Seite 754–760.
17 Norman Myers, »Development rather than destruction for tropical moist forest«, Manuskript vom 14. Februar 1980, erscheint voraussichtlich im *New Scientist*.
18 A. H. Gentry und J. Lopez-Parodi, »Deforestation and increased flooding of the upper Amazon«, *Science* 210, (1980), Seite 1354–1356.

Bevölkerung Amazoniens im unteren Flußtal katastrophale Folgen haben.
Aber auch zu Änderungen lokaler Niederschlagsmuster können Entwaldungen führen. In vielen Gebieten – vor allem in den Tropen – folgen auf die Rodung des feuchtigkeitsrückführenden Waldsystems meist örtlich verringerte Niederschläge und Fallwinde. Dadurch wurden einige früher feuchte bewaldete Gebiete jetzt zu Wüsten. Hierfür sind weite Strecken des verarmten Nordostens von Brasilien ein abschreckendes Beispiel.
Aber auch die Hochwasserwellen in der Bundesrepublik Deutschland wurden in den vergangenen Jahrzehnten immer steiler und höher und haben 1983 zu dicht aufeinanderfolgenden Flutwellen an Rhein, Neckar und Mosel mit erheblichen Sachschäden geführt. Es ist dies die direkte Folge von tiefgreifenden Veränderungen des Wasserhaushalts durch Zerstörung oder Umwandlung von natürlichen Pflanzengesellschaften. Die Überbauung und Versiegelung von tätigen Böden, die Trockenlegung von wasserhaltenden Feuchtgebieten, die Umwandlung der Laubwälder in Nadelforste und das Umbrechen letzter Auewiesen zugunsten von Maisäckern sind neben der Begradigung der Flußgewässer die wesentlichen Gründe für die hausgemachten Katastrophen.[19]

Entstehung und Erhaltung von Boden

Andauernd wird aus Felsen neuer Boden erzeugt. Physische Kräfte tragen die Felsen ab und gemeinsame Tätigkeiten von Myriaden Pflanzen und Tieren (von denen viele mikroskopisch klein sind) helfen den Felsen zu zermahlen und mit organischem Material anzureichern. Gewöhnlich ist jedoch der Umfang der Bodenneubildung sehr niedrig – die Größenordnungen liegen bei wenigen Zentimetern pro Jahrtausend. Böden sind jedoch nicht einfach nur pulverisierte Felsen, sondern selbst außerordentlich komplexe Ökosysteme. Ihre Fruchtbarkeit ist das Ergebnis der Tätigkeit von solch unbeliebten Organismen wie Bakterien, Pilzen, Regenwürmern und Milben, die alle sehr wichtige Funktionen haben und jeweils nur auf dem Boden, in dem sie gefunden werden, diese Funktionen voll erfüllen können.
Die Mannigfaltigkeit der Organismen, die in einem kleinen Stück Boden gefunden werden, ist fürwahr erstaunlich. So wurden in einem Quadrat-

---

19 »Die hausgemachte Naturkatastrophe«, Presseinformation des Bundes für Umwelt und Naturschutz Deutschland (BUND) vom 26. 5. 1983.

meter Boden einer dänischen Weide etwa 45 000 kleine Regenwurmverwandte, 10 Millionen Rundwürmer und 18 000 winzige Insekten und Milben gefunden. Ein Gramm fruchtbaren Ackerbodens erbrachte über 30 000 einzellige Tiere, 50 000 Algen, 400 000 Pilze und über 2,5 Milliarden Bakterien.[20] Die Bedeutung dieser winzigen kleinen, lebenden Bestandteile des Bodens kann nicht hoch genug eingeschätzt werden. Die Mikroben, die den Luftstickstoff »fixieren« und so anderen Lebewesen zur Verfügung stellen, gehören zu ihnen, aber auch die Destruenten, die so wichtig für die Rückführung der Nährstoffe sind. Regenwürmer und Ameisen »graben« den Boden um, d. h. sie bewegen tiefliegende Bodenteilchen nach oben und umgekehrt, was den Zersetzungsvorgang erleichtert und den Boden locker genug hält, damit Luft und Wasser in ihn eindringen können.
Einige der am wenigsten augenfälligen Organismen könnten die wichtigsten dieser Ökosysteme sein. So sind beispielsweise bestimmte Pilze für die Erhaltung der Populationen verschiedener Bäume verantwortlich. Auch wenn oberflächlich betrachtet die großen Bäume die alles beherrschenden Organismen der Wälder zu sein scheinen, kann der wichtigste Organismus dennoch ein Verwandter des Champignons sein, der im Waldboden lebt. Die Bäume können sehr auffallend sein, sie können eine ökologische Dominanz ausüben, indem sie die Bedingungen für die meisten anderen Arten kontrollieren, dennoch können sie ohne den Pilz nicht überleben, der ihnen beim Transport der Nährstoffe aus dem Boden hilft. Für die landwirtschaftliche Produktivität sind Bodenlebewesen ebenso lebenswichtig wie für die natürlichen Ökosysteme. Der Verlust der Funktion der Bodenlebewesen in bezug auf die Erhaltung der Bodenfruchtbarkeit würde für die Landwirtschaft verheerende Folgen haben und könnte durch künstliche Düngung nicht einmal in Ansätzen ausgeglichen werden.

Abfallbeseitigung und Nährstoffkreislauf

Mit den Funktionen der Ökosysteme für die Entstehung und Erhaltung der Böden eng verbunden sind jene für die Abfallbeseitigung und den Nährstoffkreislauf. Destruentenorganismen, die alle jene von Lebewesen erzeugten Abfallstoffe und auch deren Leichen beseitigen, leben häufig im Boden. Die großen, komplex aufgebauten Moleküle, die im Kot und in den toten Körpern gefunden werden, sind von Destruentensystemen in

---

20 Weitere Einzelheiten in *Ecoscience*, a. a. O., Seite 252 ff.

einfache, anorganische Chemikalien (hauptsächlich in Nährstoffe) zurückgeführt worden, die dann – häufig auf verschlungenen Pfaden – wieder an ihre Ausgangspunkte im System gebracht werden. Daher sind der Nährstoffkreislauf und die Abfallbeseitigung nur zwei verschiedene Betrachtungsweisen ein und desselben biologischen Vorgangs.

Um auf das Stickstoffbeispiel zurückzukommen: ein Stickstoffatom aus dem Muskeleiweiß einer toten Kuh im südkalifornischen Küstengebirge könnte in einem Strang von DNA (das Molekül, das den genetischen Kode enthält) eines Kalifornischen Kondors sitzen, nachdem der Kondor vom Kadaver der Kuh gefressen hat. Mit der DNA könnte das Stickstoffatom auf eine Tochter des Kondors übertragen werden und dann eventuell an den Lebensvorgängen eines Käfers teilhaben, der nach dem Tod der Kondortochter u. a. von diesem Leichnam lebt. Nach dem Einbau in ein Molekül Harnsäure könnte das Atom vom Käfer ausgeschieden werden und durch ein Bodenbakterium wieder in Luftstickstoff überführt werden. Das Stickstoffatom könnte durch das Tätigsein eines stickstoffixierenden Bakteriums, das sich in einem eigens ausgebildeten Knöllchen in der Wurzel einer Luzernepflanze niedergelassen hat, wiederum in die lebenden Bestandteile des Ökosystems eingebracht werden. Wenn wir seinem Einbau in das pflanzliche Eiweiß folgen, könnte es dann in eine Kuh kommen, die Luzerne frißt und dann in das Muskeleiweiß der Kuh eingebaut werden. So sind wir zum Ausgangspunkt zurückgekehrt.

Zu den Organismen, die die trophische Stufe der Destruenten bilden, gehören winzige Bakterien ebenso wie Hyänen und Geier. Diese Kreaturen sind häufig hochspezialisiert und unterliegen manchmal auch einer starken Nahrungskonkurrenz.[21] Auch für die Beseitigung der vom Menschen produzierten Abfälle ist die Arbeit der Destruenten sehr wichtig. Wesentlichen Anteil an dem Vorgang der Abwasserbeseitigung haben bestimmte Bakterien. Unglückseligerweise werden die durch menschliche

---

21 Die Erfordernisse und Beziehungen zwischen – beispielsweise – den Schmeißfliegen, die Schafkadaver in Australien abbauen, sind erstaunlich komplex. Einige Arten gedeihen auf gerade erst gestorbenen Schafen am besten; andere haben sich auf bereits stark zersetzte Leichen spezialisiert. Einer der Spätkommer, *Chrysomia rufifaces,* kann eine der frühen Arten von einer erfolgreichen Individualentwicklung abhalten, indem er mit ihr um die Nahrung konkurriert, sie aus dem Leichnam vertreibt oder sie direkt tötet. Im Detail wurde das Leben dessen, was man das »Tote-Schaf-Ökosystem« nennen könnte, von australischen Biologen beschrieben, deren wissenschaftliche Hingabe die Nervenimpulse aus ihren Geruchsorganen besiegen konnte. Eine Zusammenfassung der Schmeißfliegenuntersuchungen findet sich in dem klassischen Buch von H. G. Andrewartha und L. C. Birch, *The Distribution and Abundance of Animals,* Chicago (University of Chicago Press) 1954, Seite 449 ff.

Tätigkeit freigewordenen Nährstoffe häufig einfach in die Flüsse oder das Meer abgelassen, anstatt sie zurück in den Boden zu überführen. Durch die Destruenten werden auch gefährliche Mikroben, die im Abwasser oder anderen Abfällen anwesend sein können, gleichfalls entweder in Kläranlagen oder in natürlichen Systemen zersetzt. So können Flüsse sich mit eigener Kraft reinigen und das Wasser wieder für eine menschliche Nutzung säubern – vorausgesetzt, daß ihre aquatischen Ökosysteme nicht mit Giften belastet, durch Nährstoffe überdüngt oder durch das gebrauchte Kühlwasser von Kraftwerken erhitzt worden sind. Viele der Industrieabfallprodukte, die heute ihren Weg in die Umwelt finden, können durch Ökosysteme ebenfalls verringert und abgebaut werden. Zu ihnen gehören Seifen, Spülmittel, Pestizide, ausgelaufene Öle, Phenole, Säuren, Laugen, Papier, Kunststoffe, alte Reifen usw. Unter den richtigen physikalischen Bedingungen und in Gegenwart eines geeigneten Destruenten lassen sich die meisten mehr oder minder rasch abbauen. Einige Stoffe wie DDT oder einige Kunststoffe sind allerdings nicht zerstörbar. Sie sind wahrhaftig »Müll« und es ist bezeichnend, daß sie nur von *Homo sapiens* produziert wurden. Es ist von großer Bedeutung, die Funktion des Nährstoffkreislaufs in den Ökosystemen der Erde langfristig zu sichern und zu erhalten. Ohne das Funktionieren der vielen Organismen, die für den Abbau von Abfällen und das Recycling von Kohlenstoff, Stickstoff, Phosphor, Schwefel und allen anderen wichtigen Elementen verantwortlich sind, würde das Leben auf der Erde sehr schnell zum Stillstand kommen. Ganz besonders gilt dies für menschliches Leben. Auch in landwirtschaftlichen Ökosystemen sind diese Stoffkreisläufe in Betrieb und absolut wichtig für ihr Fortbestehen. Daher muß die Landwirtschaft sehr sorgfältig mit den ihr anvertrauten Böden und seinen Organismen umgehen.

Schädlings- und Krankheitsbekämpfung

Die überwiegende Mehrzahl möglicher Schädlinge auf unseren Nutzpflanzen und ebenso die Überträgerorganismen menschlicher Krankheiten werden durch natürliche ökologische Systeme kontrolliert. Gelegentlich haben auch Menschen versucht, eine Kontrolle auszuüben. Die Ergebnisse haben jedoch häufig die in sie gesetzten Erwartungen nicht erfüllen können.
Wenn Anstrengungen zur Schädlingsbekämpfung erfolglos blieben, dann gewöhnlich deshalb, weil die Kontrolleure die Funktion des jeweiligen Ökosystems nicht begriffen hatten.

So dachten zum Beispiel die Baumwollfarmer des Cañete-Tals in Peru 1949, daß DDT die Antwort auf ihre Gebete sei. Als sie etwas DDT auf ihre Felder aufbrachten, bewirkte dies zunächst eine erfolgreiche Kontrolle verschiedener wichtiger Baumwollschädlinge. Wenn ein bißchen DDT schon etwas Gutes tut – so nahmen die Bauern an –, müsse eine Menge DDT noch Besseres tun. Sie sprühten mehr und mehr DDT und ähnliche Mittel und die nicht erwarteten Folgen waren Massenvermehrungen der Schädlinge Mitte der 50er Jahre. Die Ernten sanken weit unter den Stand der Zeit vor dem Insektizideinsatz. Und die alten Schädlinge wurden nicht nur gegen die verwendeten Gifte resistent, sondern auch andere Insekten – die zuvor überhaupt nicht als schädlich aufgefallen waren – befielen nun ebenfalls die Baumwollpflanzen.[22]

Diese »Beförderung« zu Schädlingen wurde bereits damals von den Populationsbiologen erkannt. Doch von den meisten Menschen in der Pestizidindustrie und vielen Bürokraten in Landwirtschaftsministerien ist das bis heute immer noch nicht begriffen worden. Wie weiter vorne ausgeführt, sind Herbivoren immer schwieriger mit Giften zu töten als Carnivoren. Durch das Besprühen ihrer Felder mit Pestiziden hatten die Peruaner die Populationen vieler Raubbeuter vernichtet und so jene Organismen, von denen sich die Raubbeuter bisher ernährten, von den Kräften »befreit«, die bisher ihre Bevölkerungsgröße kontrolliert hatten. Die sofortige Folge waren Populationsexplosionen neuer Schädlingsformen – einschließlich Blattwickler, Blattwürmer und Sonneneulen.

In vielen anderen Ökosystemen überall auf der Welt wurde die Erfahrung aus dem Cañete-Tal wiederholt. Spinnmilben, die jetzt zu den wichtigsten Nutzpflanzenschädlingen gehören, sind im wesentlichen eine Schöpfung der DDT-Industrie. Sie wurden nach einem überreichen Gebrauch von DDT, der wenig Wirkung bei den Milben zeigte, zu Schädlingen, weil die Populationen der räuberischen Insekten – die normalerweise die Milben in Schach hielten – sich nun stark verringerten.

Diese Erfahrungen beleuchten eine sehr grundlegende Funktion der Ökosysteme: die Kontrolle solcher Arten, die – wenn das Ökosystem gestört wird – zu bedeutsamen Feinden u. a. auch von *Homo sapiens* werden können. Es scheint sicher zu sein, daß über 95 % der Organismen, welche mit der Menschheit um Nahrung konkurrieren können oder die uns schaden können – indem sie z. B. Krankheiten übertragen –, im Moment noch durch andere Arten in den natürlichen Ökosystemen kostenlos kontrolliert werden und damit keinen Schaden anrichten. Wir

---

22 Ecoscience, a. a. O.

sind jedoch zunehmend dabei, die natürlichen Regulationsketten zu sprengen, ohne einen Gedanken an die – für uns – katastrophalen Folgen zu verschwenden.

Bestäubung

Eine weitere wichtige Funktion von Ökosystemen ist die Bestäubung, welche die Voraussetzung für die erfolgreiche Vermehrung vieler Blütenpflanzen ist. Etwa 90 Nutzpflanzen sind in den Vereinigten Staaten bei der Bestäubung ausschließlich von Insekten abhängig. Neun weitere lassen sich ab und an von Insekten bestäuben.[23]
Dieser Dienst wird von einer überraschenden Anzahl von Tieren, hauptsächlich von Insekten, durchgeführt. In einer Untersuchung im US-Staat Utah wurde herausgefunden, daß Mohrrüben von 334 Insektenarten, die zu 37 verschiedenen Familien gehören, besucht werden. Zu den wirksamsten Bestäubern gehören die Honigbienen, Wespen, Schwebfliegen und eine Waffenfliege. Ganz im Gegensatz hierzu sind viele Varietäten von landwirtschaftlich genutzten Feigenbäumen bei ihrer Bestäubung von einer einzigen kleinen Wespenart abhängig, die wiederum die Feigenblüten als ausschließlichen Brutplatz benötigt. Es scheint tatsächlich so zu sein, daß jede der mehr als 900 Feigenarten ihre eigene Wespenart besitzt, die sie bestäubt und die von ihr in der gleichen Weise abhängig ist.[24]
Bei einigen Nutzpflanzen ist die Bestäubung durch die Honigbienen, die ja eigentlich Haustiere sind, völlig ausreichend. Viele andere aber sind zum Teil von den Bestäubungsdiensten wilder Insektenarten abhängig. Blaue Luzerne wird in den kühleren Regionen, in denen sie angebaut wird, am besten von Wildbienen bestäubt. Die Landwirtschaft in vielen Teilen der Welt würde schwer leiden, wenn die Bestäubungsdienste der Hummeln, der Bienen, vieler Fliegen usw. nicht völlig kostenlos von den umliegenden natürlichen Ökosystemen angeboten würde. Die Vernetzung gerade auch landwirtschaftlich intensiv genutzter Flächen mit naturnahen Landschaftsteilen wird dadurch deutlich.
Aber es müßten natürlich auch viele Tausende von Wildpflanzenarten aussterben, wenn nicht genug Insekten zur Bestäubung zur Verfügung stünden.

23 U. S. Department of Agriculture, *Agricultural Statistics,* Washington (U. S. Government Printing Office) 1977.
24 William Ramirez B., »Host specificity of fly wasps (Agaonidae), *Evolution* 24, (1970), Seite 680–691.

Direkte Nahrungsversorgung

Neben ihrer Rolle bei der Unterstützung der landwirtschaftlichen Produktion liefern natürliche Ökosysteme selbst den Menschen auch direkt Nahrung. Das bekannteste und wichtigste Beispiel ist die Nahrung aus den Weltmeeren und den Süßwassersystemen. Für die überwiegende Mehrzahl der Fischereierträge werden alleine Jägermethoden benutzt, denn es gibt weder Herdenwirtschaft noch eine Haushaltung im eigentlichen Sinne. Auch die terrestrischen Ökosysteme produzieren »freie« Nahrungsmittel – in der Form von Wildbret und Wildpflanzen wie Nüsse, Beeren, Ahornsirup, um nur einige wenige Beispiele hier zu nennen. Wie die Fische enthält auch das Wild gerade für viele Länder der Dritten Welt eine wichtige Eiweißergänzung zum Speiseplan.

Erhaltung einer Genbank

Letztendlich erhält *Homo sapiens,* wie wir im letzten Kapitel erörterten, viele direkte Nutzen von Tausenden von Arten, die alle Bestandteile natürlicher Ökosysteme sind. Daher lassen sich die freilebenden Tiere und wildwachsenden Pflanzen auch als eine enorme Genbank betrachten, aus der die Menschheit bereits eine riesige Zahl nützlicher Substanzen geholt hat – von den Lebensmitteln über die Drogen bis hin zu den Schmierölen. Und zweifelsohne beinhalten die natürlichen Ökosysteme noch viele Tausende Organismen und Produkte, deren Funktionen aber noch entdeckt werden müssen. Die Erhaltung dieser Genbank ist daher die wertvollste – und die am wenigsten ersetzbare – aller Funktionen, die von Ökosystemen für die Menschheit geleistet werden. Die genetische Informationsfülle kann aber nur erhalten werden, wenn es uns gelingt, für die ungezählten Tier- und Pflanzenarten genügend große Lebensräume zu erhalten, in denen der weiteren Evolution keine Schranken gesetzt sind. So wird das Ausweisen strenger Reservate oder Naturschutzgebiete zu einer der zentralen Überlebensfragen der Menschheit schlechthin.

Ausrottungen und Ökosystemfunktionen

In welchem Ausmaß werden die verschiedenen wichtigen ökologischen Funktionen für die Menschheit durch den andauernden Trend der Ausrottungen beeinträchtigt?

Die Antwort lautet, daß *alle* Funktionen bedroht sind, wenn die Ausrottungsrate weiter steigt, obwohl das Ausmaß dieses Rückgangs zweifelsohne von Ort zu Ort verschieden sein kann. Ist es nicht möglich, mit Hilfe der Technik viele oder vielleicht alle der Funktionen der Ökosysteme zu ersetzen?
In einigen Fällen ist ein teilweiser Ersatz der verlorenen Funktionen möglich. Durch einen angepflanzten Forst, der nur wenige Arten enthält, können beispielsweise die bodenerhaltenden und wasserspeichernden Eigenschaften des naturnahen Waldes fast erreicht oder stellenweise gar überschritten werden. Die langzeitige Stabilität des angepflanzten wird allerdings viel geringer als die des naturnahen Waldes sein. Im allgemeinen lassen sich Umwandlungen eines naturnahen in ein künstliches bzw. bewirtschaftetes Waldökosystem erfolgreicher in den gemäßigten Gebieten mit tiefen und nährstoffreichen Böden vornehmen als in den Gebieten der tropischen Regenwälder, wo die Böden häufig sehr viel ärmer sind und die Nährstoffe zum überwiegenden Teil in den Pflanzen selbst und nicht im Boden gelagert sind. Wenn der Wald teilweise oder ganz gerodet wird, werden Überschwemmungskontrollen und Auffangbecken notwendig. Diese gleichen teilweise den Verlust bestimmter Ökosystemfunktionen aus und erlauben sogar das Regeln von größeren Wasservorräten für entfernt liegende Städte. Bei der Kontrolle der Bodenerosion oder des Ausgleichs örtlicher Klimaextreme bewirken sie absolut nichts und haben darüber hinaus sehr zerstörerische Effekte auf die Ökosysteme der Fluß- und Fließgewässerufer. Der tropische Regenwald z. B. ist in seinen Funktionen nicht durch ›Technik‹ ersetzbar.
Andererseits ist ein Ersatz für die meisten Ökosystemfunktionen völlig unmöglich! Es ist z. B. offensichtlich, daß die Qualität der Genbank automatisch und laufend durch den Verlust der biologischen Vielfalt entwertet wird. Die Ausrottung einer Art ist der unwiederrufliche Verlust einer möglichen Ressource, deren Wert für den Menschen möglicherweise noch nicht bekannt war.
Nur verhältnismäßig schwer läßt sich für die Lebensgemeinschaften im Boden und für die Abfallbeseitigungs- und Nährstoffkreisläufe der Ökosysteme vorhersagen, wie die Auswirkungen der Verluste von Populationen oder Arten aussehen werden. Es scheint, als würde es enorme Unterschiede geben, je nachdem, *welche* Populationen und Arten verloren würden. Wenn stickstoffixierende Organismen betroffen sind, könnten die Ergebnisse besonders für die Landwirtschaft ernstlich bedrohend sein. Zwar kann die Menschheit künstliche Stickstoffdünger einsetzen, doch sind mit deren intensiver Verwendung erhebliche Umweltprobleme

verbunden. Und selbst in den Vereinigten Staaten, in denen heute Düngemittel intensiv verwendet werden, ist die Versorgung mit Stickstoff aus natürlichen Ökosystemen erheblich größer als die Vesorgung durch Kunstdünger.[25]

Bei den Bemühungen um eine Eindämmung von Schädlings- und Krankheitsüberträgern lösen Verluste einzelner Funktionen eines Ökosystems vermutlich Katastrophen aus, da eine gezielte Schädlingskontrolle – selbst noch beim Vorhandensein dieser Funktionen – eine sehr schwierige Aufgabe ist. Unglückseligerweise bedingt die Anwendung der modernen chemischen Schädlingsbekämpfungsmittel auch eine Schädigung des jeweils kontrollierenden Systems und seiner Organismen. Ein Ersatz für diese natürliche Kontrolle von Schädlingen und Krankheitsüberträgern ist außerordentlich schwierig – und daher oft unmöglich.

Dies macht deutlich, daß ein technologischer Ersatz für die Funktionen eines Ökosystems in den meisten Fällen nur teilweise Erfolg verspricht. Fast immer macht es die Natur besser. Wenn die Gesellschaft die natürlichen Funktionen für andere Ziele opfert – beispielsweise um landwirtschaftliche Flächen auszudehnen, Holz einzuschlagen oder Mineralstoffressourcen auszubeuten –, muß sie auch die Kosten für ihren Ersatz tragen. Weiterhin greift das gegenwärtige Handeln der Menschheit zunehmend viele Funktionen gleichzeitig an, was die Bewältigung der damit zusammenhängenden Probleme – selbst wo sie möglich sein sollte – noch viel schwieriger gestaltet.

Voraussage ökologischer Reaktionen

Für die Ökologen ist heute eines der großen Probleme ihr Unvermögen, in den meisten Fällen die Folgen der Auslöschung einer beliebigen Art oder Population vorauszusagen. Die Komplikationen sind unermeßlich, da jedes Ökosystem, wie immer seine Grenzen gezogen werden, einzigartig und nicht kopierbar ist. Weiterhin deutet das nur begrenzt vorhandene Wissen an, daß die Folgen des Auslöschens jeder beliebigen Gruppe fatal ist, weil deren Weiterentwicklung unterbunden wird und sein evtl. erst später nachzuweisender Nutzen nicht mehr zu würdigen ist. Einige Arten mit zentraler Funktion scheinen beispielsweise als »Schlußsteinarten« zu wirken. Wird eine solche Art aus ihrem System entfernt, kann auf ihren

---

25 C.C. Delwiche, »The nitrogen Cycle«, *Scientific American,* 223 (3): 137–158 (1970).

Verlust eine Kaskade weiterer Auslöschungen folgen.[26] Wenn ein räuberischer Seestern aus einer Gezeitengemeinschaft – die Organismen, die an der Küste zwischen den Tidelinien von Ebbe und Flut leben – entfernt wird, verringert sich die Anzahl der Arten der Gemeinschaft in zwei Jahren von fünfzehn auf acht. Die Miesmuscheln, die die bevorzugte Beute des Seesterns waren, konnten während seiner Abwesenheit zahlenmäßig anwachsen, dabei die anderen Arten verdrängen und so zum örtlichen Aussterben zwingen.[27] Es gibt gute Gründe anzunehmen, daß die »Schlußsteinarten« eine weitverbreitete Erscheinung in allen ökologischen Systemen sind, doch aufgrund der Schwierigkeit, geeignete Experimente durchzuführen und aufgrund der Störung, die dies in den untersuchten Lebensgemeinschaften verursachen würde, konnten bisher nur sehr wenige dieser Arten identifiziert werden. Andererseits üben viele Arten, die oberflächlich den »Schlußsteinarten« auf derselben trophischen Stufe gleichen, keine solchen Funktionen aus. Ihr Verlust wird daher verhältnismäßig wenig Folgen für die Arbeitseigenschaften des jeweiligen Ökosystems und die von ihm gelieferten Dienstleistungen haben. Ein Grund für diese scheinbar geringere Bedeutung könnte sein, daß die von ihm übernommenen Funktionen auch durch andere Organismen des jeweiligen Ökosystems ausgeübt werden können. So könnte ein Insekt, das sich nur von einer bestimmten Pflanzenart ernährt, diese Nahrungsquelle z. B. mit fünf anderen Insektenarten, mit Kaninchen und Hirschen teilen. Und umgekehrt hätten die Kröten, Eidechsen und Vögel, die dieses bestimmte Insekt fressen, noch verschiedene andere Insektenarten, von denen sie sich ernähren können, wenn dieses einmal durch Ausrottung verschwunden sein sollte. Dieses Maß an Überfülle – analog zu den Extraschrauben in den Flügeln unseres Flugzeugs – könnte ein wichtiger Faktor für die beobachtete Stabilität und Flexibilität der funktionellen Eigenschaften vieler natürlicher Ökosysteme sein.[28] Wenn die Konkurrenten des Insekts (oder seiner Raubbeute) aber ebenfalls verringert würden, verliert auch dieses System dann seine Stabilität. Heute wirken die meisten Eingriffe in die Natur nicht nur auf eine Art, so daß die immer häufiger anzutreffende Destabilisierung hier ihre eigentlichen

---

26 Für eine theoretische Diskussion über Schlußsteinarten und andere Fragen der Populationsbiologie vgl. Jonathan Roughgardens ausgezeichnete *Theory of Population Genetics and Evolutionary Ecology: An Introduction*, New York (Macmillan) 1979.
27 R. T. Paine, »Food web complexity and species diversity«, *American Naturalist* 100, 1960, Seite 65–75.
28 S. J. McNaughton, »Diversity and stability of ecological communities: A comment on the role of empirism in ecology«, *American Naturalist* 111, 1977, Seite 515–525.

Ursachen hat. Es wäre ein Fehler anzunehmen, daß die Funktionen natürlicher Ökosysteme – gerade weil Ökologen das Ausmaß eines Eingriffs nicht im Detail vorhersagen können – bequem durch die Funktionen künstlicher Ökosysteme ersetzt werden könnten. Denn da gibt es ein deutliches Dimensionierungsproblem: Es existieren Grenzen, bis zu denen *Homo sapiens* eine derartige Bewirtschaftung übernehmen kann. Der Ersatz von Funktionen natürlicher Ökosysteme erfordert aber große Mengen an Kapital, an Energie, an Material und an Arbeitskraft. Der Ökologe F. H. Bormann von der Yale-Universität faßte dieses Problem sehr gut zusammen, als er den Verlust der Funktionen von Waldökosystemen erörterte:

»Diese natürlichen Dienstleistungen werden mit Sonnenenergie betrieben und sie müssen bis zu dem Umfang ihres Verlustes durch immense und permanente Investitionen an fossilen Brennstoffen und anderer natürlichen Ressourcen ersetzt werden, wenn die Lebensqualität gehalten werden soll. Wir müssen Ersatz für Holzprodukte finden, Maschinen zum Erosionsschutz bauen, Wasserreservoire vergrößern, Technologien gegen Luftverschmutzung verbessern, Hochwasserschutzeinrichtungen installieren, Wasserreinigungswerke installieren, Klimaanlagen vermehren und neue Erholungsmöglichkeiten schaffen. Diese Substitute stellen eine ungeheure Steuerbürde dar, eine Inanspruchnahme des Weltvorrats an natürlichen Ressourcen, aber auch einen wachsenden Streß für das übrigbleibende natürliche System. Die Verminderung der sonnenbetriebenen, natürlichen Systeme und die Ausdehnung der mit fossilen Brennstoffen betriebenen künstlichen Systeme sind eindeutig durch einen positiven Rückkoppelungskreis verbunden. Wachsender Verbrauch von fossiler Energie bedeutet vergrößerten Streß für natürliche Ökosysteme, was wiederum einen noch größeren Verbrauch an fossilen Brennstoffen nach sich zieht, um verlorene natürliche Funktionen zu ersetzen, wenn die Lebensqualität erhalten werden soll.«[29]

Selbst wenn prinzipiell ein Ersatz für Funktionen eines Ökosystems möglich ist, stehen häufig politische, soziale und ökonomische Umstände einem dafür erforderlichen Umweltmanagement im Weg. Dies wurde beispielsweise durch die Versuche demonstriert, Fließgewässer im Südwesten der Vereinigten Staaten zu manipulieren, was zu verschiedenen ökologischen Katastrophen führte. Und am wichtigsten aus der thematischen Sicht dieses Buches ist, daß viele – wenn nicht sogar die meisten – Bestandteile der natürlichen Ökosysteme nicht ersetzbar sind. Mit ande-

---

29 F. H. Bormann, a. a. O., S. 759.

ren Worten, *ohne Zugang zu den ursprünglichen Bestandteilen ist es einfach nicht möglich, Ökosysteme erfolgreich künstlich zusammenzubauen und zu bewirtschaften.*

Eine drastische Demonstration dieses letzten Punktes ist die Folge des Einführens von Rindern in die trockenen Gebiete Afrikas. Die Rinder haben keine Koevolution mit der dortigen Vegetation. Eingeborene Huftiere, wie die Thompsongazelle oder das Streifengnu, weiden auf eine Art, die die Produktivität der Grasländer noch *erhöht,* während Kühe in dieser Region zum Überweiden neigen.[30] Des weiteren sind die eingeborenen Tiere an die Wüstenbedingungen angepaßt. Sie besitzen Mechanismen zur Begrenzung ihrer Wasserverluste und verwenden zum Teil das Wasser der Pflanzen, die sie verzehren und das Wasser aus dem Prozeß des Zuckerabbaus. Viele Arten brauchen überhaupt nicht mehr zu trinken. Im Gegensatz hierzu müssen die Rinder andauernd zu Wasserlöchern marschieren, wobei sie die Bodenoberfläche verfestigen (was wiederum zum Bodenabtrag führt), Pflanzen zertrampeln, die andernfalls gefressen werden könnten, und verschwenden dabei ihre eigene Energie.[31]

Überall in Afrika war das Ergebnis des Ersatzes eines natürlichen Ökosystems durch ein bewirtschaftetes Ökosystem die Verwandlung großer Landstriche in Wüste und damit die Bedrohung weiterer Gebiete durch Austrocknung. Erstaunlicherweise können natürliche Systeme höhere Fleisch- und Fellerträge erbringen als künstliche Systeme. Allmählich werden aber die Populationen der noch vorhandenen eingeborenen Tiere aus den natürlichen Ökosystemen zum Aussterben gezwungen und wenn sie erst endgültig verschwinden, kann meist ein dauernd produktives System nicht mehr stabil gehalten werden. Die Tiere der afrikanischen Steppen sind nicht nur eine großartige ästhetische Ressource für den Planeten, sondern sie sind auch die arbeitenden Teile eines unersetzbaren Ökosystems, das für die Völker Afrikas sehr wichtig ist. Sie könnten Grundlage für ein besseres, ihr afrikanisches Leben sinnvoll unterstützendes System bilden als all das, was sie jetzt verdrängt.

---

30 S. J. McNaughton, »Serengeti megratory wildebeest: Faciliation of energy flow by grazing«, *Science* 191, 1976, Seite 92–94.
31 David Hopcraft, »Nature's technology«, Mitchell Prize-Aufsatz (vervielfältigt).

Genetische Vielfalt und Ökosystemfunktionen

Es ist wichtig, die von der genetischen Vielfalt für das Funktionieren der Ökosysteme vorhandenen Rollen wahrzunehmen. Denn es gibt Gründe anzunehmen, daß z. B. die genetische Vielfalt *innerhalb* einer Pflanzenpopulation diese Pflanzen vor Angriffen von Herbivoren schützen kann.

Einige der ersten Belege für diese These enthält die Forschungsarbeit unserer Gruppe über die Koevolution der Lupinenpflanzen und des kleinen blauen Schmetterlings *Glaucopsyche lygdamus,* dessen Raupe sich von Lupinen ernährt. Bereits in einem frühen Stadium der Untersuchung entdeckten wir, daß diese kleinen Herbivoren einen ungeheuren Einfluß auf die Samenproduktion der Lupine haben und daß daher eine sehr starke auslesende Kraft auf die Ausbreitung der Lupinen erwartet werden konnte.[32] Wir stellten jedoch fest, daß die Lupinenbestände nicht gleichmäßig unter den Angriffen von *Glaucopsyche* zu leiden hatten. Einige Pflanzen wurden sehr heftig angegriffen und verloren die meisten ihrer Samen. Andere verloren kaum einen. Da wir danach zu dem Schluß gekommen sind, daß die Pflanzen sich in erster Linie mit giftigen Chemikalien gegen Herbivoren verteidigen, wollten wir aufdecken, ob es Unterschiede bezüglich jener Chemikalien in den verschiedenen Lupinenbeständen gab. Die offensichtlichsten Gifte, nach denen auch gesucht werden sollte, sind die Alkaloide. Alkaloide sind in den Lupinen überreichlich vorhanden, und wir hatten die Arbeitshypothese, daß die am wenigsten durch *Glaucopsyche* geplagte Population die höchsten Alkaloidkonzentrationen aufweisen müßte.

Doch wie es immer wieder bei der wissenschaftlichen Arbeit vorkommt, stellte sich auch hier heraus, daß diese Annahme falsch war. Einige der Populationen mit den höchsten Alkaloidkonzentrationen waren diejenigen, die am meisten unter den Angriffen des Bläulings zu leiden hatten. Die entdeckte Relation bestand nicht mit der Alkaloid*menge*, sondern mit der *Variabilität* des Alkaloidgehalts innerhalb von Populationen. Die Lupinenbestände, die sich am besten verteidigten, enthielten Pflanzen, die sich voneinander stark in den Sorten und den Mengen der enthaltenen Alkaloide unterschieden.

Etwas Nachdenken enthüllte den wahrscheinlichen Grund für diese Beziehung. Die Raupen reifen auf einer einzigen Lupinenpflanze und anschließend legen die ausgewachsenen Falter ihre Eier auf eine Vielfalt von

---

32 D. E. Breedlove und P. R. Ehrlich, »Coevolution: Patterns of legume predation by a laycaenid butterfly«, *Oecologia* 10, 1972, Seite 99–104.

Pflanzen derselben Population. Wenn alle Pflanzen der Population bezüglich der Alkaloide gleich wären, würde jede Faltergeneration genau dem gleichen Giftstreß ausgesetzt sein. Dies würde – ebenso wie die wiederholte Anwendung von synthetischen Pestiziden – zur Entwicklung einer Resistenz der Bläulinge gegenüber dem Gift führen, was wiederum immer heftigere Angriffe auf die Pflanzen zur Folge hätte. Wenn die Populationen aber eine Variabilität aufweisen, hätte dies den unschätzbaren Vorteil, daß jede Raupengeneration einer unterschiedlichen Anordnung von Giften ausgesetzt würde. Die Nachkommen eines Falters, der Resistenz gegen die Kombination von Alkaloiden der Lupinen erworben hat, auf der er reifte, könnten diese Resistenz vererben. Doch würden die Raupen aller Wahrscheinlichkeit nach mit einer unterschiedlichen Alkaloidausstattung der Lupinenpflanzen – auf denen sie aus ihren Eiern schlüpfen und von denen sie sich ernähren müssen – ausgesetzt. Die Entwicklung einer Resistenz ist daher sehr viel schwieriger.[33]

Seitdem diese Untersuchung durchgeführt wurde, haben andere Forscher gleichartige Ergebnisse erhalten, welche beispielsweise zeigten, daß die biochemische Variabilität wichtig für die Widerstandsfähigkeit von Kiefernpopulationen gegen Insektenangriffe ist.[34] Bei den wilden Vorfahren des Weizens wurde eine auf diese Weise schützende Variabilität ebenfalls gefunden. Diese Entdeckung wird nun in der wissenschaftlichen Pflanzenzucht des Kulturweizens verwertet.[35]

Da die Pflanzen sehr unterschiedliche chemische Verteidigungsstoffe haben, reicht es eben nicht aus, einfach eine begrenzt ausgewählte Zahl einer Art in nur einem kleinen Reservat zu erhalten, um aus dem genetischen Potential dieser Art eine Nutzanwendung ziehen zu können. Es scheint vielmehr so zu sein, daß die biochemische Variabilität *zwischen* und *innerhalb* von Pflanzenpopulationen häufig für das Funktionieren des Ökosystems sehr wichtig ist. Der Verlust dieser Variabilität könnte ernst-

---

33 Für die Einzelheiten dieser Untersuchung und einen Erklärungsversuch, wie die Variabilität in den Pflanzenpopulationen erhalten bleibt, vgl. P. M. Dollinger, P. R. Ehrlich, W. L. Fitch und D. E. Breedlove, »Alkaloid and predation patterns in Colorado lupine populations«, *Oecologia* 13, 1973, Seite 191–204.

34 G. F. Edmunds, Jr. und D. N. Alstad, »Coevolution in insect herbivores and conifers«, *Science* 199, 1978, Seite 941–945; K. B. Sturgeon, »Monoterpene variation in ponderosa pine xylem resin related to western pine beetle predation«, *Evolution* 33, 1979, Seite 803–814.

35 J. Artie Browning, »Relevance of knowledge about natural ecosystems to development of pest management programs for agroecosystems«, *Proceeding of the American Phytopathological Society* 1, 1975, Seite 191–199; Graham Harvey, »The Cambridge Strategy«, *New Scientist* 16, Februar 1978, Seite 428–429.

hafte Auswirkungen auf die Fähigkeit des Ökosystems haben, seine lebensunterstützenden Dienstleistungen zu erhalten.

Genauer gesagt: Der Verlust der genetischen Variabilität wird die Fähigkeit von sexuell sich vermehrenden Populationen einschränken, sich als Reaktion auf bestimmte Umweltveränderungen dieser Entwicklung anzupassen. Besonders in Zeiten rascher Wechsel, die die Evolutionsfähigkeit eines Ökosystems bis zum äußersten beanspruchen, sind solche Verluste als sehr kritisch anzusehen. Heute befinden wir uns in einer Zeit von ständigen Veränderungen – Veränderungen, die von einer einzigen Art *(Homo sapiens)* eingeleitet wurden. Ob Ökosysteme diese Herausforderung annehmen können und ihre wesentlichen Funktionen für das Überleben auf diesem Planeten weiter zur Verfügung stellen können, wird sowohl von ihrem unbekannten Grad der Widerstandsfähigkeit und ihrer Evolutionsfähigkeit abhängen als auch von der unbekannten Bereitschaft der Menschheit, die Eingriffe in die natürlichen Ökosysteme spürbar zu vermindern.

Homo sapiens ist eine Wette eingegangen, daß eine Verstärkung seiner Eingriffe in den nächsten Jahrzehnten zu keinem totalen Zusammenbruch der ökologischen Funktion führen wird. Wir glauben, daß die Wette so überflüssig ist als auch wahrscheinlich verloren wird. Der Preis für das Verlieren wären massive Hungersnöte und Ressourcenverknappungen, die möglicherweise zu einem weltweiten Atomkrieg führen können.

Da nun die Hintergründe der Funktionen der Ökosysteme, ihre Unterstützung der menschlichen Kultur und die Folgen des Verlustes all dieser Dienstleistungen dargestellt worden sind, können wir uns nun der Frage zuwenden, wie die Menschheit direkt Populationen und Organismenarten bedroht. In diesem Zusammenhang müssen immer zwei Punkte mitbedacht werden.

1. Sind die Angriffe auf Einzelarten immer auch Eingriffe in die Ökosysteme, deren integrierte Bestandteile sie darstellen und
2. daß Eingriffe in Ökosysteme (wie Entwaldung, Umwandlung von Grün- in Ackerland, Eindeichung oder Begradigung von Fließgewässern, Versiegelung der Erdoberfläche) direkt auch die Population der Organismen, die Bestandteil des jeweiligen Ökosystems sind, unausweichlich bedrohen.

Es ist also bedeutungslos, ob ein gesamtes Ökosystem angegriffen wird oder einige seiner Bestandteile daraus entfernt werden. Das Ergebnis ist immer das gleiche – ein Verlust der einst vorhandenen Funktionen dieser Lebensgemeinschaft.

Wodurch sind Arten gefährdet?

Direkte Gefährdung

**Was für eine entsetzliche Anklage ist es, welche Schande für die Menschheit, daß der Weg zu ihrer sogenannten Zivilisation auf der Erinnerung an ausgerottete und fast ausgerottete Arten errichtet werden soll.
The right honerable Earl of Jersey, in einer Rede vor der Konferenz über die Aufzucht gefährdeter Arten 1972**

1974/1975 konnten wir zwei aufregende Wochen auf einem Schiff in der Antarktis verbringen. Viele Kolonien von Adelis-, Esel- und Zügelpinguinen haben wir dort besucht – in einigen davon gibt es Hunderttausende der Vögel mit den prächtigen schwarzen Fräcken und weißen Westen. Fast alle waren zusammenlebende Pärchen, die ihre Eier oder Jungen behüteten. Einer der Partner bewacht immer das »Nest« (das gewöhnlich nur aus einem Kreis Kieselsteinen besteht), während der andere in der See war, um Krill zu fangen, jene garnelenartigen Tiere, die im Nahrungsnetz der antarktischen Meere ein sehr wichtiges Glied sind.

In den Kolonien herrscht ein unglaublich großer Lärm, da die heimkehrenden Pinguine komplizierte und geräuschvolle Begrüßungszeremonien mit ihren Gatten veranstalten und dann – ebenfalls mit viel Lärm – den Inhalt ihres Kropfes in die Schnäbel der wartenden Jungen würgen. Die Pinguine sind so zahm, daß man sich ihnen bis auf wenige Zentimeter nähern kann, nahe genug, um sogar Fotos der hornigen Zungen zu machen, mit denen die Jungen den Krill überhaupt ergreifen können.

Auf die meisten Menschen wirken Pinguine komisch mit ihrem aufrechten, schlurfenden Watschelgang, mit ihrem offensichtlichen Spaß daran, verschneite Hänge auf dem Bauch hinunterzurodeln – vielleicht, weil sie dabei so menschlich aussehen. Jedenfalls fühlt man sich unweigerlich an seinen Bekanntenkreis erinnert, wenn man ein Pinguinpärchen beobachtet, das über seiner zärtlichen Begrüßungszeremonie völlig seine Umgebung vergißt – bis die lieben Nachbarn die schönsten Kieselsteine aus dem Nest geklaut haben; und auch das Verhalten der Pinguine an der Küste, wenn ein Seeleopard in der Nähe ist, wirkt irgendwie vertraut: Da traut sich keiner so recht ins Wasser, jeder wartet, ob nicht doch ein anderer den ersten Schritt tut, bis schließlich die von hinten nachdrängenden die vordersten einfach hineinstoßen. Auch wenn Pinguine sehr schnell und behende schwimmen können, bekommen die Seeleoparden doch immer ihre Mahlzeit. Am Land aber sind die ausgewachsenen Pinguine seit vielen Jahrtausenden ohne Feinde (nur ihre Eier und Jungen werden von Raubmöwen erbeutet). Deshalb haben die Pinguine so wenig Furcht vor Menschen, und deshalb werden sie gelegentlich fürchterlich mißbraucht. Auf einer der antarktischen Stationen konnten wir angekettete Schlittenhunde beobachten, die jeden Pinguin angriffen und töteten, der auf seiner Wanderung zur Küste in ihre Reichweite kam. Man erzählte uns von argentinischen Touristen, die in ihrer Fußballbegeisterung Pinguine als Bälle benutzten, und von Angehörigen einer amerikanischen Antarktisstation, die eine Brutkolonie zum Teil mit Dynamit in die Luft jagten – sie »wollten die Pinguine einmal fliegen sehen«!

So faszinierend Pinguine und Seeleoparden, die verschiedenen Seevögel und die unglaubliche Landschaft der Antarktis auch sind, eine Walart hat uns auf unserer Reise doch so stark beeindruckt wie zuvor nur wenig in unserem Leben. Langsam bewegte sich unser Schiff durch den Lemaire-Kanal zwischen einigen Inseln und der Antarktischen Halbinsel hindurch nach Norden. Es war ein Tag von starrer, traumhafter Schönheit. Der Himmel war bedeckt, das Wasser glatt und tintenblau – nur gelegentlich wurde es von Pinguingruppen durchbrochen, die wie Delphine aus dem Wasser sprangen und sich dann zurückplatschen ließen. Vor der dunklen Felsenküste leuchteten blaßblaue Gletscher, die einzig helle Farbe, die außerhalb des Schiffes zu sehen war. Wir standen vorne am Bug und beobachteten, wie das Schiff in meterdicke Eisfelder eindrang.

Plötzlich hörten wir den Kapitän über den Brückenlautsprecher: »Schwertwale voraus!« Da waren sie – fünf oder sechs dieser großartigen schwarzweißen Tiere, fünf bis sieben Meter lang. Eines davon war ein Männchen mit einer großen Rückenfinne. Sie umschwammen eine Eisscholle, auf der sich eine Weddell-Robbe verborgen hatte. Immer wieder jagten sie gemeinsam darauf zu, versuchten Wellen über die Scholle zu treiben und die Robbe hinunterzuspülen, bis ihnen das schließlich gelungen war. Keiner auf unserem Schiff, Biologe oder Nichtbiologe, konnte in seiner Aufregung so recht glauben, daß sich eines der größten und schrecklichsten Schauspiele der Natur vielleicht fünfzig Meter vor uns abgespielt hatte.[1]

Auch den Naturforscher Robert Cushman Murphy hatten die Wale beeindruckt, als er 1912 in die Antarktis fuhr. Er berichtet, daß er sie »in allen

---

1 Vgl. hierzu auch P. R. Ehrlich, A. H. Ehrlich und J. P. Holdren, *Ecoscience: Population, Resources, Environment,* San Francisco (W. H. Freeman) 1977, Seite 168.

Richtungen « gesehen hätte, und das, obwohl die antarktische Walfangindustrie schon weit fortgeschritten war: Die Küste um die Walfängerstation auf Süd-Georgien lag »meilenweit voller Walknochen«.[2] Als wir 60 Jahre später durch dieselben Gewässer fuhren, sahen wir keine Wale außer den Schwertwalen, eine Art, die noch nie kommerziell gejagt worden ist.

Übernutzung

Die Geschichte des Walfangs ist ein klassisches Beispiel für die direkte Gefährdung wirtschaftlich wertvoller Arten durch Übernutzung: Aus einer Population werden so viele Individuen genommen, daß sie sich nicht mehr selbst erhalten kann.

Als es im Walfang noch Schiffe aus Holz und Männer aus Eisen gab, waren die Wale nicht ernsthaft bedroht. Auf einer Rekordfahrt Mitte des letzten Jahrhunderts wurden in drei Jahren weniger als hundert Wale gefangen. In den dreißiger Jahren dieses Jahrhunderts dagegen sorgten die schnellen Fangboote und die großen Fabrikschiffe für einen wesentlich höheren Druck auf die Walpopulationen: 1933 wurden fast 30 000 Wale getötet, die zweieinhalb Millionen Barrel (1 Barrel = 119 l) Tran erbrachten; 1967 lieferten doppelt so viele Wale nur noch 1,5 Millionen Barrel Tran, denn die größeren Arten wie Blau- und Finnwal waren bereits fast bis zur Ausrottung bejagt worden. Die Walfänger mußten sich auf immer kleinere Arten umstellen – zunächst auf Seiwale und Pottwale, die etwa 20 Meter lang werden, und schließlich auf Zwergwale, die höchsten 10 Meter erreichen.

Lange Zeit haben wir dieses selbstzerstörerische Verhalten der Walfangindustrie, diese Kurzsichtigkeit, mit der Wirtschaftswissenschaftler Ressourcen behandeln, nicht verstanden. Biologen der Internationalen Walfangkommission empfahlen, den Jagddruck zu verringern, damit sich die Walbestände erholen könnten – das Gegenteil geschah. Neue Technologien – Hubschrauber, um die Wale zu finden, Echolot, um ihnen zu folgen, Peilsender auf toten, mit Druckluft aufgeblasenen Walen – erhöhten noch die Geschwindigkeit des Abschlachtens.

In den frühen siebziger Jahren erklärte uns dann ein japanischer Ökonom, daß wir das Problem eben mit den Scheuklappen der Biologen gesehen hätten: Wir hatten gemeint, die Wale müßten erhalten werden,

---

2 Zitate von Murphy stammen aus *Logbook for Grace,* New York (Time-Life-Books) 1965, Seite 188.

damit künftige Generationen sie nachhaltig nutzen oder sich an ihrem Gesang erfreuen oder sie einfach sich selbst überlassen könnten.

Die Walfangindustrie hat jedoch überhaupt kein Interesse an den Walen selbst; sie ist ausschließlich an der Maximierung ihres Einkommens interessiert, und der momentane wirtschaftliche Wert der Wale läßt sich maximieren, indem man sie ausrottet. Das heißt, die beste *ökonomische* Strategie wäre es, die Wale weiterhin zu jagen, bis die Fänge keinen Profit mehr abwerfen. Die dann wertlosen Fang- und Fabrikschiffe könnte man anschließend für andere Zwecke verwenden und das Kapital der Industrie für die Ausbeutung anderer Ressourcen einsetzen.

Auf diese verrückte Weise geht man nicht nur mit Walen um, sondern auch mit vielen anderen erneuerbaren Ressourcen; zwei Ursachen dafür sind erkennbar: Zum einen fällt es offensichtlich den meisten Menschen schwer, für die Zukunft vorauszudenken – und zwar um so schwerer, je weiter weg die Zukunft liegt. Das Versprechen, Ihnen nächste Woche hundert Mark zu schenken, ist sicherer und leichter zu begreifen als ein Versprechen, Ihnen in zehn Jahren tausend Mark zu schenken. In den Wirtschaftswissenschaften nennt man das die »Abwertung der Zukunft«: Weil unsere Zukunft abgewertet ist, ist der Wert eines Blauwales in hundert Jahren für die Walindustrie von heute im wesentlichen Null.[3]

Der zweite gegen die Wale arbeitende Faktor ist, daß sie »Allgemeinbesitz« sind. Eine Ressource, die jeder braucht, die aber niemandem persönlich gehört, wird im allgemeinen geplündert. Garret Hardin beschreibt dieses Problem sehr klar in dem klassischen Artikel »Die Tragik der Allmende«:[4] Auf einer Gemeindeweide, die für alle offen ist, wird jeder einzelne Viehbesitzer andauernd seine Herde vergrößern. Vom individuellen Standpunkt aus ist das die einzig sinnvolle Strategie, denn wer die größte Herde besitzt, bekommt auch den größten Anteil von dem »Allgemeinbesitz« Gras. Jeder Besitzer der Allmende argumentiert gleich: »Wenn nicht meine Tiere das Gras bekommen, kriegen es die von jemand anderem.« Schließlich ist die Kapazität der Gemeindeweide überschritten, das Gras ist aufgefressen, und die Herden verhungern.

---

3 Für den gegenwärtigen »Wert« (gW) eines Lebewesens ließe sich folgende Formel aufstellen: $gW = \frac{zW}{(1 + Ir)^t}$, wobei zW der zukünftige »Wert« ist, Ir bedeutet die Interessensrate und t die Zeit in Jahren ausgedrückt. Vgl. hierzu auch Colin W. Clark, »The economics of overexploitation«, *Science* 181, 1973, Seite 630–634.

4 *Science* 162, 1968, Seite 1243-1248. Für eine eher technische und optimistische Betrachtungsweise steht S. Ciriacy-Wantrup und R. Bishop, »Common property' as a concept in natural resource policy«, *Natural Resources Journal* 15, 1975, Seite 713ff.

Auch die offene See ist immer als internationales Gemeineigentum behandelt worden, in dem Walfang und Fischerei aller Nationen frei konkurrieren. Zwar haben in den siebziger Jahren viele Staaten ihre nationalen Hoheitsgewässer von der Küste aus auf zweihundert Meilen ausgedehnt und damit auch die Verantwortung für die biologischen Ressourcen der küstennahen Meere übernommen. Das bringt aber im Prinzip kaum eine Änderung, denn die Ressourcen dieser Zonen sind nun eben nationales Gemeineigentum. Jedem ist klar, daß ein nicht gefangener Wal oder Fisch ja nicht unbedingt weiterlebt und sich vermehren kann; viel wahrscheinlicher würde ihn jemand anderer fangen. Daher versucht jeder Walfänger (jedes Fischerboot, jede Nation), den eigenen Fang zu maximieren.
Parallel zum Walfang hat sich auch die Fischereiindustrie mit Fabrikschiffen, Echolot, neuen Netzsorten und anderen technologischen Verbesserungen weiterentwickelt. Man ist stolz auf die Fähigkeit, die See immer effektiver auszubeuten, und die Zukunft mag selbst für sich sorgen. »*Simrad Echo*«, eine von einem norwegischen Hersteller von Echolotausrüstungen für die Fischerei herausgegebene Zeitschrift, prahlte 1966 damit, daß dreihundert Schiffe aus Norwegen und Island die Fischgründe der Shetland-Inseln industriell erschlössen. In ihren Schlagnetzen fingen sie auch wesentlich kleinere Fische als in den Treibnetzen der britischen Fischer, und das brachte nie dagewesene Heringserträge.
Ein Leitartikel im »*Simrad Echo*« fragte: »Wird die britische Fischereiflotte jetzt auch Schlagnetze einsetzen, um den Rückgang beim Heringsfang wieder wettzumachen?« Ein anderes Zitat aus der Zeitschrift gibt die Einstellung der Industrie besonders gut wieder: »Was werden die Shetländer sonst in der nächsten Zukunft machen? Werden sie mitmachen und *das Goldlager ausbeuten, solange es noch etwas hergibt,* oder werden sie weiter mit dem Treibnetz fischen und ihre Fänge schwinden sehen, falls es sich herausstellt, daß sich die Schlagnetze negativ auf die Heringsvorkommen auswirken?« (Hervorhebung von uns).
Es dauerte nicht lange, bis die Antwort kam. Im Januar 1969 erklärten die Zeitungen die britische Heringsfischerei als vernichtet. Die jungen Heringe, die durch die weiten Maschen der britischen Treibnetze noch hindurchschwimmen konnten, wurden in den Schlagnetzen mitgefangen. Dadurch blieb ihr Nachwuchs aus. Von 1966 bis 1970 fielen die Heringsfänge von 1,7 Millionen Tonnen auf 20 000 Tonnen – also auf gerade noch ein Hundertstel.[5]
Walfang und Heringsfischerei sind nicht die einzigen, die durch Überfi-

---

5 Das meiste Material stammt aus *Ecoscience,* op. cit., Seite 363–364.

schen sich selbst ruiniert haben. Die kalifornische Sardinenfischerei ist ein ebenso bekanntes Beispiel. In der Saison 1936/37 wurde eine dreiviertel Million Tonnen kalifornischer Sardinen gefangen; nur 21 Jahre später, 1957/58, waren es ganze 17 Tonnen. Bis heute hat sich der Sardinenfang nicht mehr erholt, und die Cannery Row in Monterey ist sein Denkmal. Dort hat man sich allerdings schon längst von der Fischverarbeitung auf Tourismus umgestellt.

Nun könnte man meinen, die Überfischung sei ja kein so gravierendes Problem, denn zwischen der biologischen Ausrottung einer Art und ihrer ökonomischen Ausrottung (das heißt, dem Punkt, ab dem ihre Ausbeutung nicht mehr profitabel ist) besteht doch noch ein Unterschied. Wenn eine Fischart wirtschaftlich uninteressant würde, dann könnten sich ihre Bestände ja wieder erholen. Aber so einfach geht das nicht unbedingt. In Peru beispielsweise wurden 1970 rund 13 Millionen Tonnen Sardellen gefangen, fast ein Viertel des weltweiten Seefischertrags. Im nächsten Jahr fiel dann – bedingt durch eine vorübergehende Verlagerung der planktonreichen Meeresströmungen vor der peruanischen Küste – die Fangmenge auf nur noch ein Drittel ab, und seither hat sich die Sardellenfischerei trotz verstärkter Fangbeschränkungen nicht wieder erholt.

Das Problem dabei ist, daß man nicht weiß, wie viele Sardellenpopulationen die peruanischen Fischer eigentlich ausgebeutet haben. Ein möglicher Grund dafür, daß sich die überfischten Bestände nach der Störung 1971 nur teilweise wieder erholt haben, könnte sein, daß es mehrere voneinander isolierte Populationen gegeben hat. Einige davon waren vermutlich durch die Übernutzung so strapaziert, daß sie durch die zusätzliche Störung endgültig zusammengebrochen sind. Das ist ein Beispiel dafür, weshalb man bei der Unterscheidung zwischen ökonomischer und biologischer Ausrottung vorsichtig sein muß; sicher – ein wirtschaftlich »ausgestorbener« Organismus wird in den wenigsten Fällen wirklich ausgestorben sein – aber vielleicht ein Teil seiner Populationen.

Weiterhin können die Gesetzmäßigkeiten der Marktwirtschaft dazu beitragen, ein teilweise erschöpftes Fischvorkommen endgültig auszurotten. Wenn eine Fischart seltener wird, steigt ihr Preis. Je höher der Preis ist, desto kleinere Bestandsreste können rentabel genutzt werden. Der Druck auf die Fischbestände hält also an oder verstärkt sich sogar noch. Das kann bis zum Punkt der biologischen Ausrottung gehen – in einigen Fällen ist es auch schon dazu gekommen.[6]

---

6 UN Food and Agriculture Organization, *State of Food and Agriculture,* 1978, Food and Agriculture Organization, Rom 1979, Seite 1–28.

Es gibt noch viele andere Faktoren, die mit bestimmen könnten, ob sich überausgebeutete Meeresorganismen wieder erholen oder schließlich aussterben. Konkurrenten könnten sich breitmachen, wenn eine Population durch Übernutzung klein gehalten wird; den Zusammenbruch der Kalifornischen Sardine beispielsweise erklären die Biologen durch solche Vorgänge.[7]

Eine ganz wichtige Rolle spielt auch die allgemeine Verschlechterung der marinen Umwelt. Um die Bedeutung der Meeresverschmutzung richtig einzuschätzen, muß man wissen, daß sich der biologische Reichtum der Weltmeere nicht überall gleichermaßen findet, sondern sich in den flachen, küstennahen Gewässern konzentriert. Hier finden sich die meisten mächtigen Meeresströmungen, die Nährstoffe an die Oberfläche bringen und das Phytoplankton ernähren (die winzig kleinen, schwebenden Pflanzen, die der Grundstock der Nahrungsketten in den Weltmeeren sind). Im Gegensatz hierzu ist, wie es der Meeresbiologe J. H. Ryther ausdrückte, »die offene See – neunzig Prozent der Meeresfläche und nahezu Dreiviertel der Erdoberfläche – im wesentlichen eine biologische Wüste. Sie produziert gegenwärtig nur einen vernachlässigbaren Teil des Weltfischfangs und besitzt nur wenig oder gar kein Potential für höhere Erträge in der Zukunft«.[8]

Folglich leben die wirtschaftlich interessanten marinen Populationen gerade in den Teilen der Ozeane, die von der Umweltverschmutzung am stärksten betroffen sind. Die meisten Umweltgifte gelangen von der Küste aus ins Meer und sind deshalb in Küstennähe viel stärker konzentriert als weiter draußen auf hoher See. Die höchsten Schadstoffkonzentrationen finden sich naturgemäß im Brackwasser im Bereich der großen Flußmündungen, aber gerade diese extrem belasteten Biotope sind auch äußerst wichtig. Denn viele Fisch- oder auch Krebsarten, die zwar als Erwachsene im Meer leben und dort gefangen werden, machen ihre Jugendentwicklung ganz oder teilweise in den Brackwasserzonen durch. Über zwei Drittel des gesamten Fischfangs an der Ostküste der USA hängt in irgendeiner Weise von der Produktivität des bedrohten Biotops Flußmündung ab.[9]

Um es kurz zusammenzufassen: viele Meeresorganismen sind zur Zeit

---

7 Colin W. Clark, *Mathematical Bioeconomics: The Optional Management of Renewable Resources,* New York (Wiley) 1976.
8 G. I. Murphy, »Population biology of the Pacific sardine *(Sardinops caerulea), Proceedings of the California Academy of Sciences* 34, 1966, Seite 1–84.
9 J. H. Ryther, »Photosynthesis and fish production in the sea«, *Science* 166, 1969, Seite 72–76.

vom Aussterben bedroht, zwar in den wenigsten Fällen *allein* durch die Übernutzung ihrer Bestände, aber diese hat ganz entscheidende Bedeutung unter den vielen negativ wirksamen Faktoren. Die meisten gefährdeten Arten ließen sich wahrscheinlich erhalten, wenn an Stelle ihrer unkontrollierten Ausbeutung sinnvolle Strategien für ihre langfristige, nachhaltige Nutzung entwickelt würden.

Gefährdung durch Jagd

Wenn die Rede ist von der Gefährdung, vom Aussterben vieler Tierarten, dann werden viele Menschen – besonders solche, die der Natur interessiert und freundlich gegenüberstehen – wahrscheinlich als Erstes an die Jagd als Gefahrenquelle denken. Ob es um die vielen Millionen in Italien gefangenen Zugvögel geht oder um das Abschlachten junger Sattelrobben und Klappmützenrobben in Kanada – Diskussionen um diese Art der Naturgefährdung werden sehr intensiv (und manchmal sehr unsachlich) geführt. Aber welche Rolle spielt die Jagd nun wirklich für die Statistik der ausgestorbenen und aussterbenden Arten?

Vorindustrielle Jägergesellschaften

Man muß erwarten, daß eine in der Evolution erfolgreiche Art negative Auswirkungen auf andere Arten haben wird. Darwin bemerkte schon, daß, »da die Selektion nur durch die Erhaltung nützlicher Abänderungen wirkt, ... jede neue Form in einer schon vollständig bevölkerten Umwelt streben (wird), ihre eigene – weniger vollkommene – Stammform sowie alle anderen weniger vollkommenen Formen, mit welchen sie in Konkurrenz kommt, zu ersetzen und endlich zu vertilgen. Die Selektion geht... mit dieser Vernichtung Hand in Hand«.[10] Schon früh gab es jedoch Anzeichen dafür, daß der Mensch diesen Vorgang zu einem Extrem führen würde. So verschwanden beispielsweise innerhalb kurzer Zeit am Ende des Pleistozäns, etwa vor 12 000 Jahren, ungefähr zwei Drittel der großen Säugetierarten Nordamerikas: verschiedene Arten der elefantenähnlichen großen Mammuts, ein Verwandter des Dromedars, große Schnabeltiere, der Säbelzahntiger und andere Arten.
Alfred Russel Wallace, der mit Darwin die Evolutionstheorie entwickelte,

---

10 Charles Darwin, *The Origin of Species*.

schrieb hierzu 1875: »Es leuchtet... ein, daß wir uns jetzt in einer durchaus ungewöhnlichen Phase der Erdgeschichte befinden. Wir leben in einer zoologisch verarmten Welt, aus welcher die ungeheuersten, wildesten und seltsamsten Formen neuerdings verschwunden sind.... Doch ist dieses plötzliche Aussterben so vieler großer Säugetiere – nicht etwa nur an einem Platze, sondern über die Hälfte der Landoberfläche der Erde hin – sicherlich eine wunderbare Tatsache.«[11]

Die Daten dieser Auslöschungen stimmen mehr oder weniger mit der Ankunft der ersten Menschen auf der westlichen Halbkugel überein. Zusammen mit Daten über die Verbreitung vorgeschichtlicher Völker und über die Fortentwicklung menschlicher Jagdtechniken (wie sie sich beispielsweise an der Verbesserung der steinernen Speerspitzen ersehen läßt) hat dies zur Theorie eines »pleistozänen Over-Kill« geführt. Ihr Grundgedanke besagt, daß die verhältnismäßige Armut der heutigen Megafauna (damit bezeichnet man insgesamt die Tiere mit mehr als 50 Kilogramm Gewicht) auf der Erde in erster Linie auf ihre Ausbeutung durch eine immer weiter zunehmende Zahl von immer geschickteren menschlichen Jägern zurückzuführen ist. Auch Wallace, der zunächst annahm, daß Gletscher der Eiszeit das Aussterben verursacht hätten, schrieb 1911: »Wir suchen nach einer Ursache, die über die ganze Erde hin während der fraglichen Periode tätig war und die auch hinreichend war, das beobachtete Resultat zu erzeugen. Wenn die Frage in dieser Weise gestellt wird, ist die Antwort sehr offensichtlich..... Die Schnelligkeit der Auslöschung so vieler großer Säuger rührt von der Tätigkeit des Menschen her.«[12]

Noch immer ist diese »offensichtliche« Antwort umstritten; aber moderne Paläontologen – besonders Paul S. Martin – haben Beweise dafür zusammengetragen. Besonders der Zeitpunkt der nordamerikanischen Ausrottung ist zu beachten: Die Alte Welt wurde über eine Million Jahre früher von *Homo erectus* besiedelt, von den frühen Vorfahren der Art *Homo sapiens,* zu der auch die heutigen Menschen gehören. Jene frühen *Homo-erectus-Menschen* entwickelten nur allmählich ihre großen Hirne und damit auch ihre Fähigkeiten zum Bau wirksamer, todbringender Waffen. Im Gegensatz hierzu gehörten die ersten Menschen, die über die (damals trockene) Bering-Straße in die westliche Hemisphäre eindrangen, schon zu *Homo sapiens* und waren bereits zu einer sehr wirkungsvollen Jagd fähig. Ihre Ausbreitung nach Süden und Osten stimmt zeitlich und

---

11 *The Geographical Distribution of Animals,* Bd. 1, London (Macmillan) 1876, Seite 150.
12 *The World of Life,* New York (Moffard, Yard and Company) 1911.

räumlich ziemlich genau mit der Auslöschung der Tiere der Neuen Welt überein.[13]

In anderen Teilen der Welt hat die Besiedlung von Inseln durch Menschengruppen zur raschen Abnahme der Großtiere geführt. Neuseeland wurde erst vor rund tausend Jahren zum ersten Mal von Homo sapiens – von den Maori – erreicht. Es gab dort keine landlebenden Säuger, stattdessen aber eine äußerst reichhaltige und ungewöhnliche Vogelwelt. Verschiedene Arten straußähnlicher, flügelloser Moas, darunter auch der spektakuläre, fast vier Meter große *Dinornis* erwarteten die menschlichen Eindringlinge, die auch sofort mit der Jagd begannen und sie in ein paar hundert Jahren ausrotteten. Es ist aber recht unwahrscheinlich, daß alleine der Druck durch die Jagd einen derart schnellen Untergang der Moas verursachte. Die Ratten und die Hunde, die mit den Maori angekommen waren, werden sich außerdem über die Eier und die Jungen dieser Vögel hergemacht haben. Da es vorher ja keine Säugetiere gegeben hatte, war auch keinerlei Schutz gegen solche Raubtiere entwickelt worden.

Etwa zur gleichen Zeit verschwand auf Madagaskar die Megafauna, zu der ein riesiger, flügelloser Urvogel und ein Zwergnashorn gehörten – kurz nachdem die Insel von Menschen in Besitz genommen worden war. Weder in Neuseeland noch auf Madagaskar gibt es irgendein Anzeichen für einen klimatischen oder sonstigen Wechsel, der die Auslöschung erklären könnte. In beiden Fällen ist die Verbindung mit der Besiedlung durch Menschen zu groß, um als Zufall gewertet zu werden.

Vor einigen hundert Jahren brachten vom Menschen eingeschleppte räuberische Säugetiere zusammen mit einer drastischen Biotopzerstörung die großen, flügellosen Vögel zur Strecke, die auf der Insel Mauritius im Indischen Ozean Jahrmillionen dominiert hatten. Der Name dieses Vogels wurde in der englischen Sprache zum Symbol für alles unwiederbringlich Verlorene: »Tot wie ein Dodo« heißt die gebräuchliche Redewendung.

Es besteht kein Zweifel, daß am Ende der Eiszeiten vor mehr als zehntausend Jahren die Menschen fähig waren, Großtiere in großen Mengen zu töten, denn auf der ganzen Welt gibt es pleistozäne Knochenfelder; die Umgebung von Předmost in der Tschechoslowakei zum Beispiel war im Mittelalter als Wohnsitz von Riesen bekannt – immer wieder wurden Knochen von »Riesen« gefunden. Um die Mitte des letzten

---

13 Paul S. Martin und H. E. Wright, Jr. (Hrsg.), *Pleistocene Extinction: The Search for a Cause.*, New Haven (Yale University Press) 1967. Vgl. auch P. S. Martin »The discovery of America«, *Science* 179, 1973, Seite 968–974.

Jahrhunderts grub man schließlich einen wahren »Riesen«-Friedhof aus – ausgedehnte Lager von riesigen Knochen und Zähnen.

Die untersuchenden Wissenschaftler fanden eine ungefähr zehn Meter dicke Schicht, grau gefärbt von der Asche unzähliger Feuer und durchmischt mit zahllosen Werkzeugen und Steinabschlägen der Aurignac-Kultur sowie unglaublich vielen Knochen von Auerochsen (den ausgestorbenen Vorfahren der Hausrinder), Moschusochsen, Wildpferden, Rentieren und vor allem Wollmammuts. Die Mammutknochen machten Dreiviertel der Gesamtzahl aus; viele davon stammten von Jungtieren.[14]

Nicht nur die Funde vieler ähnlicher Jagdlager in ganz Mitteleuropa belegen, daß gerade die Mammuts für die Eiszeitjäger wichtig waren, sondern auch die Regelmäßigkeit, mit der sie in den Höhlenmalereien dieser Zeit auftauchen. Es ist nicht unwahrscheinlich, daß der wachsende Jagddruck ein wichtiger Faktor, wenn nicht sogar ein Hauptfaktor für das Aussterben dieser großen Dickhäuter war – vor allem, weil offensichtlich sehr viele Jungtiere getötet wurden. Es läßt sich aber ebenso belegen, daß auch andere Ursachen beteiligt gewesen sein müssen: Denn zumindest in Sibirien existieren Knochenfelder ohne Waffenreste, ohne aufgeschlagene Knochen (um das Mark herauszuholen) oder Anzeichen von Feuer, was sonst menschliche Jagdplätze kennzeichnet.[15]

Deshalb meinen manche Wissenschaftler, daß die sich ausdehnende menschliche Bevölkerung kein primärer Wirkfaktor für die pleistozäne Ausrottung war. Klimaveränderungen sollen zu jener Zeit so drastisch und so schnell abgelaufen sein, daß die großen Herbivoren ebenso wie die von ihnen abhängigen Raubtiere auf inselartigen Restflächen geeigneter Biotope zurückgedrängt wurden – so kleine Inseln, daß sich die entsprechend kleinen Populationen nicht auf Dauer halten konnten.[16] Eine andere Meinung ist, daß im frühen Pleistozän bei verschiedenen Säugertypen ein außergewöhnlicher Evolutionsbruch stattgefunden hätte; sie sehen daher in dem späteren Aussterben vieler Arten nur die unausweichlichen Folgen der Auslese, die in einer überdiversifizierten Fauna einfach stattfinden mußte.[17]

14 Geoffrey Bibby, *The Testimony of the Spade,* New York (Knopf) 1936.
15 N.K. Vereschchagin, »Primitive hunters and Pleistocene extinction in the Soviet Union«, in Martin und Wright, *Pleistocene Extinction,* op. cit., Seite 388–392.
16 Zum Beispiel vgl. John E. Guilday, »Differential extinction during late-Pleistocene and recent time«, in Martin und Wright, Pleistocene Extinction, op. cit., Seite 121–140, vgl. aber auch Van Valen, a. a. O.
17 P.D. Gingerich, »Patterns of evolution in the mammalian forsil record«, in A. Hallam (Hrsg.), *Patterns of Evolution as Illustrated by the Fossil Record,* Amsterdam (Elsevier) 1977, Seite 476–478.

Alle diese Erklärungsansätze schließen sich aber keinesfalls aus: Denn – einmal abgesehen davon, daß für letztere Deutung erst noch die Ursachen der vorangegangenen verstärkten Artenbildung erklärt werden müßten – sowohl bei der Reduzierung einer »überdiversifizierten« Fauna als auch bei der Auswirkung klimatischer Veränderungen kann der menschliche Jagddruck eine entscheidende zusätzliche Rolle gespielt haben. Einen Eindruck von der Effektivität der Jagd in vorindustriellen Kulturen kann man bei den Völkern erhalten, die bis in unsere Zeit diese Kulturstufe beibehalten haben. Wir hatten 1952 Gelegenheit, einige Zeit bei den Aivilingmiut zu verbringen; bei diesem Eskimostamm im Nordosten Kanadas haben sich die alten Jagdmethoden so lange erhalten, daß man uns noch sehr detailliert die Jagd auf Karibus mit Hilfe von Inukshuks beschreiben konnte.

Inukshuks sind aufgerichtete Steine, die ähnlich wie stehende Jäger aussehen. Das Wort stammt aus der gleichen Wurzel wie *inuk* (ein Eskimo) und *Inuit* (die Menschen – wie sich die Eskimo selbst nennen). Mit den Inukshuks wird ein großes V errichtet, dessen Spitze an einem Seeufer oder oben an einem hohen, steilen Felsen liegt. Dann versuchen die Jäger, Karibus in die breite Öffnung der V zu treiben. Einmal darin, sind die Karibus zum Untergang verurteilt, weil sie die Steinsäulen mit Menschen verwechseln – besonders, da sich Frauen und Kinder hinter einigen Steinen aufstellen, ihre Arme bewegen und schreien. Die Tiere werden bis zur Spitze des V getrieben und fallen dort entweder über den Felsen herunter oder geraten ins Wasser, wo man sie von Kajaks aus leicht mit dem Speer erlegen kann. So ersetzen die Inukshuks den Eskimo die vielen Menschen, die eigentlich für Treibjagden im großen Stil notwendig wären. Es gibt viele Hinweise dafür, daß auch die eiszeitlichen Jäger in ähnlicher Weise hohe Felsklippen für ihre Jagden benutzten.

Neben der überraschend hohen Effektivität der Jagd ist das zweite Kennzeichen jagender Völker – zumindest, wenn die Eskimo für sie repräsentativ sind – das Fehlen einer Artenschutzethik.[18] Die Eskimo erklärten sich die ungleichmäßige Verfügbarkeit des Wildes mit religiösen Vorstellungen. Einige Jahre lang waren die Götter freundlich gestimmt, und es gab reichlich Wild; in anderen Jahren waren sie verärgert, und das Wild knapp. – Die Seelen der Karibus, Eisbären und Robben waren für die Eskimo besonders wichtig und mußten durch das Einhalten angemessener Tabus beruhigt werden. So durfte man zum Beispiel eine gerade

---

18 J. J. Hester, »The agency of man in animal extinctions«, in Martin und Wright, *Pleistocene Extinction,* op. cit., Seite 178–179.

getötete Robbe niemals auf den schmutzigen Igluboden legen; die Seele des Tieres hätte auch Schaden genommen auf einem Boden, den vorher eine Frau betreten hatte.[19] Ebenso war auch das Abschaben von Karibuhäuten während der Jagd verboten – denn dabei hätte die Seele des Karibus verletzt werden können, und das wiederum hätte andere Karibus veranlassen können, vor der Jagd davonzulaufen. Um sich also auch für die Zukunft Jagderfolg zu sichern, gab es keine Regeln für die Behandlung der Beutepopulation, sondern nur für die der Einzeltiere und ihrer Seelen.

Es ist wohl nicht ganz unberechtigt, unsere Erfahrungen bei den Aivilingmiut etwas zu verallgemeinern: Man kann davon ausgehen, daß auch vorindustrielle Jägervölker in der Lage sind, durch ihre Jagdmethoden sehr hohen Druck auf Großsäugerpopulationen auszuüben, und daß dies – unmittelbar oder im Zusammenwirken mit anderen Faktoren – zu deren Aussterben führen kann. Trotzdem sind alle die Ausrottungen, die man vielleicht unter diesem Punkt aufsummieren könnte, nur ein verschwindend kleiner Beitrag zu der biologischen Verarmung unseres Planeten.

In sehr große Gefahr sind aber jagbare Tierarten oder -populationen offensichtlich immer dann gekommen, wenn sich in den menschlichen Jagdmethoden wesentliche technologische Verbesserungen ergeben haben: Bei den Aivilingmiut ist in den fünfziger Jahren mit der Einführung von Gewehren ein sehr drastischer technologischer Wandel geschehen. Mehr noch als Karibus bilden verschiedene Robbenarten die Lebensgrundlage dieser Eskimo, vor allem Walroß, Bartrobbe und Seehund. Bis etwa 1950 war es die übliche Jagdmethode, die Tiere vom Kajak aus zu harpunieren. Die Jagd mit Gewehren ist natürlich wesentlich einfacher – aber sie hat einen Nachteil: Es kann passieren, daß die getroffenen Tiere versinken, bevor sie der Schütze erreicht und an Land ziehen kann. Man schätzt, daß auf diese Weise mindestens neunzehn von zwanzig geschossenen Robben verloren gingen, und es überrascht nicht, daß seit den fünfziger Jahren die Robbenbestände im Aivilingmiut-Gebiet jäh abgenommen haben.

---

19 Asen Balikci, *The Nestilik Eskimo,* Garden City, N.Y. (Natural History Press) 1970.

Wandertauben und Bisons

Die sehr schnelle technologische Weiterentwicklung der Jagdmethoden hat wohl auch bei fast allen Ausrottungen oder Beinaheausrottungen jagbarer Tiere in geschichtlicher Zeit eine entscheidende Rolle gespielt – oder, vom Standpunkt der Tiere aus gesehen, die fehlende Fähigkeit zur Anpassung an den stärkeren Jagddruck. An der vielleicht spektakulärsten und berüchtigsten Ausrottung einer Tierart in unserer jüngeren Vergangenheit, der der Wandertaube in Nordamerika, läßt sich dieser Vorgang gut verfolgen.

Die Wandertaube war ein faszinierendes Geschöpf, ein hübscher, anmutiger Vogel mit schieferblauem Rücken und dunkelrosa Brust; sie gurrte nicht wie eine Haustaube, sondern brachte »Schreie, Geschnatter und Gegluckse« hervor.[20] Berühmt war sie wegen der riesigen Größe ihrer Populationen – sie war vielleicht die häufigste Vogelart, die jemals gelebt hat. Audubon, einer der Begründer der amerikanischen Ornithologie, berichtet von einem ziehenden Taubenschwarm. Drei Tage lang ohne Unterbrechung flogen die Vögel an ihm vorbei, manchmal – so schätzte er – mehr als dreihundert Millionen in der Stunde! Ihr Fluggeräusch war noch zehn Kilometer entfernt zu hören. Einen anderen Schwarm schätzte Alexander Wilson, ein Zeitgenosse Audubons, auf zwei Milliarden Vögel. Die Tauben brüteten im östlichen Nordamerika, wo sie sich von den Früchten der Waldbäume ernährten, besonders von Eicheln und Buchekkern. Ihre Brutkolonien mögen bis zu 65 Kilometer lang und mehrere Kilometer breit gewesen sein, und in den bevorzugten Nistgebieten war der Boden mehrere Zentimeter dick mit Kot bedeckt, so daß alle Kräuter und Sträucher – und manchmal sogar die Bäume abstarben.

Den frühen Siedlern in Nordamerika machte es keine Schwierigkeiten, die Wandertaube auf ihren Speisezettel zu setzen. Die Nistkolonien waren so überfüllt, daß immer verletzte Altvögel oder aus dem Nest geworfene Jungvögel herumlagen. Man brauchte die Tauben gar nicht zu jagen, sondern man konnte einfach durch eine Nistkolonie spazieren und sein Essen einsammeln. Als aber die menschliche Bevölkerung anwuchs, passierten zwei Dinge: Eisenbahnen schoben sich in die Wildnis vor und öffneten Transportwege nach den Zentren wie New York, und die großen Eichen- und Buchenwälder, in denen die Vögel nisteten, wurden gerodet.

20 W. Craig, »The expression of emotion in the pigeons. III. The Passenger Pigeon *(Ectopistes migratorius Linn)*,« *Auk* 28, 1911, Seite 408; Hilmar Hoffmann, *Das Taubenbuch*, Frankfurt am Main (W. Krüger), 1982.

Die Jäger fanden viele Methoden, um diese großen Vogelmengen zu töten. Die Tauben wurden erstickt, indem man unter ihren Horstbäumen Gras oder Schwefel verbrannte; sie wurden mit alkoholgetränkten Körnern gefüttert und dann totgetrunken eingesammelt; mit langen Stöcken wurden sie von den Nestern heruntergeschlagen, mit Schrotflinten abgeschossen oder in Netzen gefangen und danach mit der Kneifzange umgebracht. Auch die amerikanische Bezeichnung für Lockvogel (stool pigeon) erinnert noch an den Massenfang der Wandertaube.

Rasch begann der Niedergang der Tauben. Nach dem amerikanischen Bürgerkrieg waren die großen Schwärme aus den Ostküstenstaaten verschwunden; aber immer noch wurden viele Millionen aus dem Mittelwesten nach New York geliefert – so viele, daß man die lebenden Tauben als Zielscheiben auf den Schießständen benutzte. 1878 verschickte ein Jäger aus Michigan, dem Bundesstaat mit den letzten größeren Vorkommen, noch drei Millionen Vögel; elf Jahre später wurde die letzte wilde Taube in diesem Bundesstaat beobachtet. Um 1900 war die Wandertaube überall ausgerottet, und 1914 starb auch die letzte in Gefangenschaft im Zoo von Cincinnati;[21] ihr Name war Martha.

Auch die Wandertaube ist ein Beispiel dafür, daß ökonomische und biologische Ausrottung einer Art zwei verschiedene Sachen sind: Ökonomisch weitestgehend uninteressant sind die Tauben geworden, als die großen Schwärme nicht mehr existierten; die letzten einzelnen Vögel oder kleineren Trupps sind vermutlich nicht mehr abgeschossen worden, sondern überwiegend aufgrund anderer Ursachen gestorben. Daraus aber zu schließen, die exzessive Bejagung sei letzten Endes gar nicht verantwortlich für das Aussterben dieser Art, wäre völlig falsch; denn offensichtlich war für das Überleben der Wandertauben die Möglichkeit zur Schwarmbildung ganz wesentlich. Vorteile der riesigen Schwärme könnten im Schutz vor natürlichen Feinden gelegen haben, oder auch bei der Entdeckung und Ausnutzung von Nahrungsquellen. Als die Brutkolonien zu klein wurden, um noch wirtschaftlich interessant zu sein, sind wohl auch Sterblichkeit durch Raubtiere, Inzucht oder andere Gründe für Brutmißerfolge erheblich höher geworden und haben die Wandertaube in den lautlosen Tod getrieben.

Man könnte den Jägern des vorigen Jahrhunderts allerdings zugestehen, daß sie das Schicksal dieser Art vielleicht nur um ein paar Jahrzehnte vorverlegt haben; denn es ist schwer vorstellbar, daß sich die Wandertaube mit ihrer so außergewöhnlichen Lebensweise an die Bedingungen in

---

21 Hilmar Hoffmann, *Das Taubenbuch,* siehe Anmerkung 20.

den heutigen USA hätte anpassen können – aber sicher kann man das natürlich nicht sagen. Eine andere amerikanische Tierart jedenfalls, die es vor hundertfünfzig Jahren noch in riesigen Mengen gab, hat in dieser Hinsicht etwas mehr Glück gehabt: der Bison.

Die Präriepopulationen des Bisons waren fast unglaublich groß, schätzungsweise dreißig bis vierzig Millionen Tiere. Die Indianer nutzten den Bison kaum, bis sie von den Spaniern Pferde bekamen. Danach allerdings stützten einige Stämme ihre gesamte Wirtschaft auf Bisons – dennoch rissen sie keine feststellbaren Lücken in die Populationen; anscheinend waren die von ihnen erbeuteten Mengen geringer als die jährliche Nachwuchsproduktion der Herden.[22]

In den sechziger Jahren des letzten Jahrhunderts begann mit der Ankunft der Siedler aus Europa und vor allem mit dem Bau der Eisenbahnen das Bisonschlachten. Professionelle Bisonjäger schossen die Tiere hauptsächlich wegen ihrer Zungen und ihrer Häute; die Kadaver ließen sie liegen. Später sammelten dann andere die gebleichten Knochen und verfrachteten sie ostwärts, wo man sie als Dünger verwendete. Zwischen 1870 und 1875 töteten weiße Jäger jährlich vielleicht zweieinhalb Millionen Bisons und 1883 wurde die letzte ansehnliche Herde – vielleicht zehntausend Tiere – geschlachtet. Um die Jahrhundertwende waren nur etwa fünftausend Bisons übrig – nun unter gesetzlichem Schutz.

Der Bison wurde gerade noch vom Rand des Abgrunds zurückgezogen. Heute gibt es vielleicht wieder 25 000 Tiere in Nordamerika, die sich auf Nationalparks und auf private Herden verteilen; in freier Wildbahn lebt kein Präriebison mehr. Kürzlich ist einem kalifornischen Züchter eine fruchtbare Kreuzung zwischen Rind und Bison gelungen; die Bastarde, die »Beefalo« heißen, sollen gegenüber Rindern leichter zu züchten sein, schneller wachsen und kein Getreidemastfutter benötigen. Trotzdem sollen sie mehr und besseres (weil fettärmeres) Fleisch liefern als Rinder.[23] Vielleicht haben also auch wir Menschen Glück gehabt, daß der Bison nicht völlig ausgerottet ist.

»Glück« ist dafür allerdings nicht ganz der richtige Ausdruck, denn der Bison ist uns nicht etwa durch Zufall erhalten geblieben. Technische Schwierigkeiten hätte wohl auch der Abschuß der letzten paar tausend Tiere nicht gemacht, und vermutlich wäre es auch dazu gekommen, wenn man nicht rechtzeitig die an sich vorhandene Ausrottungskapazität der

---

22 F. G. Roe, *The North American Buffalo: A Critical Study of the Species in the Wild State,* Toronto (University of Toronto Press) 1951.
23 *San Francisco Examiners and Chronicle,* 5. Oktober 1975.

Jagd unter Kontrolle gebracht hätte – durch gesetzliche Abschußverbote und durch die Einrichtung von Schutzgebieten. Heute sind derartige Kontrollen überall auf der Welt das entscheidende Hindernis für die Ausrottung einer ganzen Reihe von Tierarten.

Absolute Sicherheit ist allerdings nicht zu erreichen. Es kommt immer wieder vor, daß die Jagd – oder die Wilderei, wie immer man es auch nennen mag – außer Kontrolle gerät; in Uganda beispielsweise ist ein solcher Vorgang zur Zeit in besonders schrecklichem Ausmaß zu verfolgen. Uganda wurde 1979 beim Sturz Idi Amins von tansanischen Truppen besetzt. Während man in Tansania selbst keineswegs schlechter oder sorgloser mit der Natur und mit den Tierbeständen umgeht als in den meisten anderen afrikanischen Staaten, hatten die Besatzungstruppen in Uganda offensichtlich keinerlei Hemmungen: In gut drei Monaten hatten sie unter anderem rund ein Drittel des gesamten Großtierbestandes in Afrikas (vorher) reichhaltigstem Schutzgebiet, dem Ruwenzori-Nationalpark, niedergemetzelt – 6000 Flußpferde, 5000 Kob-Antilopen, 2000 Büffel, 400 Topi-Antilopen, 100 Elefanten, 70 Löwen.[24]

Ähnliches hat sich auch in Iran nach der Errichtung der Islamischen Republik abgespielt. Die unter dem Schahregime geschützten Tierarten sind so zahm geworden, daß sie jetzt um so leichter abgeschossen werden können – und davon betroffen sind einige der am stärksten gefährdeten Säugetierarten oder -unterarten auf der ganzen Welt: Kaspi-Tiger, Mesopotamischer Damhirsch und Onager.[25] Aber derartige Gemetzel sind keineswegs auf unterentwickelte Länder in Aufruhrzeiten beschränkt. Auch in der straff kontrollierten Gesellschaft der Sowjetunion wird Wilderei auf einem beispiellosen Niveau betrieben, etwa in der Kyzyl-Agad-Reserve am Kaspischen Meer, in der immer wieder Armeeoffiziere von Hubschraubern oder von Panzern aus die Wildtiere abschießen. Es ist kaum überraschend, daß nur wenige übriggeblieben sind. Ja, es gibt sogar Berichte, wonach eine sowjetische Division in der Nähe des Baikalsees Raketen mit Wärmesuchkopf verwendet haben soll, um Hirsche zu jagen![26]

---

24 »I witnessed a massacre«, *International Wildlife,* Januar/Februar 1980, Seite 29.
25 Michael Weisskopf, »Iran's Wild Casualties«, *Defenders,* April 1980.
26 »Creatures«, *Audubon,* Mai 1980.

Raubtierbekämpfung

Aus verschiedenen Gründen sind größere Raubtiere oder Greifvögel oft besonders anfällig gegenüber menschlicher Verfolgung; im wesentlichen rührt das daher, daß sie in den Nahrungspyramiden der Ökosysteme die Spitzenpositionen besetzen – wir haben uns damit im vorigen Kapitel näher beschäftigt. Deshalb sind ihre Populationen im allgemeinen relativ klein, und kleine Populationen reagieren meist empfindlicher auf negative Einwirkungen als große; wegen der Anreicherung in den Nahrungsketten können solche »Spitzenräuber« auch eher den in die Umwelt gelangten Giftstoffen zum Opfer fallen als andere Tierarten.

Zu allem Überfluß werden viele Arten aus dieser Gruppe auch noch intensiv verfolgt, weil sie die »Unverfrorenheit« besitzen, sich von den gleichen Sachen wie wir Menschen zu ernähren. Fast überall in den USA ist zum Beispiel der Grizzlybär ausgerottet, auch im Staat Kalifornien, in dem er ironischerweise das Wappentier ist. Der Wolf ist als Opfer des schlechtesten Rufs, den je ein Tier hatte, über weite Strecken Europas und Amerikas ausgerottet. Dieses intelligente Tier ist alles andere als das böse, tückische Biest, zu dem es durch unzählige Schauergeschichten aufgebaut wurde.[27]

Offizielle und inoffizielle Bekämpfungsprogramme gegen tierische Räuber trugen zur Gefährdung sehr vieler Arten bei. In den USA werden Weißkopfseeadler, obwohl streng geschützt, immer wieder abgeschossen; sehr große Anstrengungen unternimmt man hier auch zur Kojotenbekämpfung; allerdings wird diese Art kaum deswegen aussterben, denn sie ist offensichtlich recht anpassungsfähig. Kojoten können unter hohem Jagddruck beispielsweise ihre Vermehrungsrate vergrößern und dadurch die erhöhte Sterblichkeit wieder ausgleichen; außerdem besetzen sie keine unbedingte Spitzenposition in den Nahrungspyramiden, sondern fressen außer größerer Beute auch Kleintiere, Aas und andere Abfälle. Deshalb sind sie von vornherein nicht gar so selten, und sie finden gerade in der Nähe des Menschen besonders gute Lebensbedingungen.

Unter Umständen können Kojoten beachtliche Verluste an Schafen und Lämmern verursachen, aber doch nicht in dem Ausmaß, wie dies die Lobby der Schafhalter gerne darstellt. Einige Jahre lang konnte sie sogar die Erlaubnis zum Gifteinsatz gegen Kojoten durchsetzen; erst 1972 stoppte ein Erlaß des Präsidenten das Vergiftungsprogramm. Es hatte

---

27 Man erinnere sich an die Wolfhysterie, als vor einigen Jahren ein paar Wölfe aus dem Nationalpark Bayerischer Wald ausbrachen.

zwar ein großes Sterben bei vielen *anderen* wildlebenden Arten zur Folge gehabt, seine Wirksamkeit gegen die Kojoten war jedoch nicht sehr groß; in vielen Gebieten erhöhten sich sogar die Kojotenbestände während der Bekämpfung. Wo sie aber erfolgreich war – und das wird Sie nicht mehr überraschen –, waren danach oft weitere Bekämpfungsprogramme notwendig gegen Erdhörnchen: Es gab nämlich keine Kojoten mehr, die die Erdhörnchen hätten fressen können.

Sicher, in manchen Fällen ist eine Kojotenbekämpfung durchaus sinnvoll und legitim. Gegen den Abschuß einzelner Individuen, die sich auf die Erbeutung von Haustieren spezialisiert haben, ist wenig einzuwenden, und darüber hinaus gibt es genügend Methoden, die Räuber abzuschrecken ohne sie gleich auszurotten. Sehr einfach und offensichtlich sehr wirksam ist es zum Beispiel, ein oder zwei Schäferhunde bei der Herde zu halten. Im übrigen muß man wohl auch davon ausgehen, daß ein gewisser Tierverlust durch Kojoten oder andere Raubtiere zu den ganz normalen Unkosten einer Schafhaltung gehört; zumindest gilt das für die Herden, die nicht auf privatem Grund und Boden weiden, sondern auf öffentlichem Land. Denn dessen Aufgabe besteht eben nicht *ausschließlich* darin, Schafe zu ernähren, sondern unter anderem auch, die wildlebende Fauna zu erhalten.

Nicht nur Raubtiere wurden (und werden noch) von dem Menschen bekämpft, sondern auch große Pflanzenfresser, die sich von Kulturpflanzen ernähren, oder die – tatsächliche oder eingebildete – Konkurrenten der weidenden Haustiere sind. Die Ceylonelefanten etwa sind aus diesem Grund seit hundertfünfzig Jahren intensiv verfolgt worden; ein besonders gefeierter Jäger des vorigen Jahrhunderts, Major Rogers, hat allein über tausendvierhundert abgeschossen. Rund 2500 Elefanten haben in Sri Lanka bis heute überlebt, aber ihr Schicksal ist unsicher. Zwar gibt es Schutzgebiete, aber aus dem umliegenden Land, in dem sich die menschliche Bevölkerung und die Landwirtschaft immer weiter ausdehnen, drängen sich immer mehr Elefanten in den kleinen Reservaten zusammen – und zerstören dort wegen ihrer zu hohen Dichte ihre eigenen Lebensgrundlagen.[28]

Eines der widerwärtigsten Bekämpfungs- oder »Jagd«-Programme wird jedoch in Australien praktiziert. Seit eh und je haben die australischen Schafzüchter jedes Känguruh umgebracht, dessen sie habhaft werden konnten, damit diese ihren Schafen nicht das Gras wegfräßen. Tatsächlich

---

28 Fred Kurt, *Naturschutz – Illusion und Wirklichkeit*, München (Parey) 1982. Kurt beschreibt die Situation des Yala-Schutzgebietes in Südceylon unter dem Titel »Yala – ein Paradies zerstört sich selbst«.

haben aber wohl die Schafherden selbst durch Überweidung mehr Weideland zerstört, als das die Känguruhs jemals hätten tun können. Bereits 1863 befürchtete der berühmte Naturforscher und Maler John Gould, daß das Rote Riesenkänguruh und einige andere Beuteltierarten bald von den Viehhaltern ausgerottet sein würden.[29] Er irrte sich – in den trockeneren Gebieten, in denen man keine Schafe halten konnte, fand das Rote Riesenkänguruh noch Refugien.

Nach 1950 wurde aber dann ein Markt für Känguruhfleisch erschlossen, verarbeitet zu Tierfutter, heißen Würstchen oder Känguruhschwanzsuppe – ein Känguruhfieber brach aus. Die gebräuchlichste Jagdtechnik ist, die Tiere nachts mit den Autoscheinwerfern anzuleuchten; sie sind dann durch das Licht geblendet und leicht mit Gewehren abzuschießen. Manche Jäger töten die Känguruhs absichtlich nicht gleich, sondern verwunden sie nur; sie lassen sie so manchmal Stunden oder Tage leiden, damit das Fleisch bis zum Verkauf frisch bleibt. Obwohl zur nächtlichen Känguruhjagd weder Mut noch besondere Geschicklichkeit gehört, ist sie sehr bald auch zum »Sportereignis« ernannt worden.

Seit Gründung des Staates Australien hat man jährlich über eine Million Känguruhs abgeschlachtet, und das Töten dauert noch an. Einige kleinere Känguruharten, deren Lebensraum zusätzlich noch aus anderen Gründen bedroht ist, sind heute so gut wie ausgestorben. Für das Rote Riesenkänguruh sieht es zur Zeit noch etwas günstiger aus, aber australische Naturschützer fürchten, daß sich das bald ändern wird. Ende 1980 hat nämlich die Regierung der USA ein Importverbot für Känguruhfellprodukte aufgehoben. Das bedeutet, zum Futterneid der Schafhalter, zu der Gier und dem pervertierten Sportgeist der Jäger werden noch die sogenannten Sachzwänge der internationalen Vermarktung als zusätzliche Gefährdung der Känguruhs hinzukommen. Die Erfahrung zeigt, daß die Lage bedrohter Tierarten immer dann besonders kritisch wird, wenn sie einmal den Status eines internationalen Handelsobjektes erreicht haben; mit ein paar Beispielen dafür wollen wir das Kapitel über die direkte Gefährdung abschließen.

---

29 Marshall (Hrsg), *The Great Extermination: A Guide to Anglo-Australien Cupidity Wickedness and Waste,* London (Heinemann) 1966, Seite 19.

Der Handel mit der Natur

Vor einigen Jahren erhielten wir – völlig unaufgefordert – ein Angebot aus Nigeria, uns verschiedene Tiere für »Forschungszwecke« zu liefern. Die beigefügte Liste enthielt unter anderem Strauße, zwei Gänsearten, Marabus, Füchse, Kronenkraniche, Paviane und Schimpansen – und das ist nur ein Beispiel für den mittlerweile weltweiten Handel mit Forschungstieren.

Besonders bei den Menschenaffen trägt die Vermarktung im Namen der Forschung wesentlich zu ihrer Ausrottung bei – besonders, weil viele schon beim Fang oder auf dem Transport getötet werden oder gleich in den ersten Tagen ihrer Gefangenschaft sterben, noch bevor ein einziger Versuch mit ihnen angestellt werden konnte.[30] Ein besonders widersinniger Fall ist das kürzlich mit Unterstützung eines französischen Ölkonzerns eingerichtete Internationale Zentrum für Medizinische Forschung in Frangeville, Gabun. Ziel dieser Institution ist es, menschliche Unfruchtbarkeit zu studieren und heilen zu helfen. In Gabun sieht man diese als ein ernstes Problem an, und ist der Meinung, das Land sei unterbevölkert. Aber 1979 betrug die Wachstumsrate der menschlichen Bevölkerung in Gabun 1,1 Prozent jährlich – das entspricht einer Verdoppelung der Bevölkerung alle dreiundsechzig Jahre. Mit rund 2,7 Einwohnern pro Quadratkilometer ist Gabuns Bevölkerungsdichte tatsächlich sehr niedrig, aber was soll ihre Erhöhung dem Land bringen außer einer Verringerung des jetzt verhältnismäßig hohen Lebensstandards? Das durchschnittliche Pro-Kopf-Einkommen in Gabun ist zur Zeit fast so hoch wie in England.[31]

Um also Gabun vor einem Problem zu retten, um das es der größte Teil der Welt beneidet, wurde im neuen Forschungszentrum eine große Menschenaffenabteilung eingerichtet. Dort werden Gorillas und Schimpansen studiert, um eine Antwort zu finden, die vielleicht längst bekannt ist; jedenfalls hat – wie gemeldet – der Präsident von Gabun bestätigt, daß die Unfruchtbarkeit der Bevölkerung von einer Tripperepidemie herrührt. Die ersten sechs Gorillababies kamen Ende 1979 in die Abteilung; fünf davon starben schnell durch die Unerfahrenheit des Personals.

Dr. Shirley McGreal von der Internationalen Liga zum Schutz der Menschenaffen (IPPL) wies treffend darauf hin, daß »... Kaninchen wohl bessere Modelle für die menschliche Fruchtbarkeit darstellen würden;

---

30 D. Cousins, »Man's exploitation of the Gorilla«, *Biological Conservation* 131, 1978, Seite 287–296.
31 Die Statistiken stammen aus *World Population Data Sheet,* 1979.

schließlich haben Gorillas und Schimpansen so wenig Nachwuchs, daß sie nicht einmal die Jagd und den Fang für die Forschung kompensieren können und kurz vor dem Aussterben stehen«.[32] Irgendwie ist das eine makabre Situation – denn es sind ja gerade die Folgen der menschlichen Fruchtbarkeit, die überall Gorillas und Schimpansen bedrohen. Henry Heymann von der IPPL bemerkte dazu, daß in Gabun »die Gorillas gefangen werden, um ihr Leben, ihre Gesundheit und ihre Freiheit der Beschleunigung des eigenen Niederganges zu widmen. Das erinnert an die Häftlinge in den Konzentrationslagern, die vor ihrer Ermordung gezwungen wurden, ihre eigenen Gräber zu schaufeln«.[32] Weil sie den Menschen sehr ähnlich sind, ist die Nachfrage nach den großen Affen für die medizinische Forschung überall groß; ihre Verwendung läßt sich aber heute nur noch unter strengsten Kontrollen rechtfertigen. Leider ist die Qualität der medizinischen Forschung oft recht armselig, und viele Projekte, für die Menschenaffen eingesperrt und geopfert werden, bleiben ohne Wert. In dieser Hinsicht steht jenes verrückte »wissenschaftliche« Programm in Gabun nicht allein. Es ist bedauerlich, daß gerade manche Wissenschaftler so unempfindlich für die Notlage bedrohter Arten sind.

Auch durch Zoos wird ein »wissenschaftlicher« Druck auf gefährdete Arten ausgeübt, weil mit der Seltenheit einer Tierart auch ihr Schauwert gewaltig steigt. Häufig sind die Bedingungen schrecklich, unter denen die Tiere gefangen und transportiert werden. Auf dem Flughafen von Bangkok beispielsweise fand man 1978 sechs völlig überfüllte Käfige, die – für Belgien bestimmt – dort in der unerträglichen Hitze für einige Tage stehen geblieben waren. Außer drei Schabrackentapiren, drei Bengalkatzen und fünfzig Bärenmakaken saßen vierzig junge Gibbons darin, und nach den bisherigen Erfahrungen mit den Fangmethoden schätzte die IUCN (Internationale Union für die Erhaltung der Natur und der natürlichen Hilfsquellen), daß für den Fang dieser vierzig Menschenaffen mindestens hundert Gibbonfamilien in der Natur vernichtet werden mußten.[34]

Für den Aquarienhandel werden große Mengen Süßwasser- und Korallenfische gefangen. Genaue Zahlen sind nicht bekannt, doch läßt sich die Größenordnung der Wildfänge anhand einiger Statistiken abschätzen: 1970 wurden nahezu vierundachtzig Millionen lebende Fische in die USA eingeführt, und 1979 waren es vermutlich 250 Millionen;[35] über zwei

---

32 Das Zitat stammt aus einem Brief vom 6. Februar 1980 an die Autoren.
33 Brief an Russel Train vom 21. Januar 1980.
34 *IUCN Bulletin,* September 1978, Seite 52.
35 Die Statistiken des Jahres 1970 stammen aus *Biological Conservation,* Bd. 4., Nr. 1, Oktober 1971. Die Schätzzahlen für 1979 stammen aus *Defenders,* Februar 1980.

Millionen Reptilien wurden 1970 legal in die USA importiert, 1979 doppelt so viele. Einige dieser Reptilien waren für private Sammlungen bestimmt, noch aber machen die Lieferungen für öffentliche Zoos wahrscheinlich einen großen Teil dieses Geschäfts aus. Zusätzlich aber gibt es noch – in unbekannter Größenordnung – die illegale Einfuhr, besonders von seltenen Schlangen. Acht der angesehensten Zoos in den USA wurden 1977 als Käufer illegal eingeführter Reptilien identifiziert. In den Verkaufskatalogen der Händler sind viele geschützte Arten aufgelistet,[36] und das Wildern seltener Schlangen wie der Arizonaklapperschlange, wird im Südwesten der USA fast schon industriell betrieben.[37]

Reptilien sind auch in Europa in Mode gekommen: Schon ist in England die Glattnatter gefährdet; sie wird aber immer noch gefangen und in Tiergeschäften zum Verkauf angeboten. In fast unglaublichen Mengen werden alljährlich Schildkröten nach Großbritannien eingeführt. Alleine aus Marokko kamen zwischen 1967 und 1972 mehr als 1,2 Millionen Exemplare der empfindlichen Mauretanischen Landschildkröte – und man kann annehmen, daß auf den europäischen Kontinent ähnliche Mengen gelangen. Achtzig Prozent der Tiere sterben – so wird geschätzt – bereits im ersten Jahr der Gefangenschaft.[38]

Die Zahl der Vögel, die in die USA und nach Europa importiert werden, um dort im Käfig zu sitzen, geht in die Millionen, und für viele Populationen stellt dies zweifellos eine ernste Bedrohung dar. Der leuchtend rote Guyanaklippenvogel aus Südamerika ist beispielsweise einer der Vögel mit dem höchsten Handelswert. Man nimmt an, daß für jeden, der lebend in die Volièren eines Zoos kommt, fünfzig andere sterben mußten.[39]

Kakteenleidenschaft

Auch Pflanzenarten haben unter Sammlern und Jägern zu leiden. Im Südwesten der USA, jenem Zentrum des Schlangenwilderns, ist zur Zeit noch eine andere Tätigkeit in Mode – Kakteenstehlen. Kakteen und andere sukkulente Gewächse sind in den USA so populär, daß zwischen

---

36 *Der Spiegel* 18, 1981.
37 A.S. Johnson, »The Snakers Game«, *Defenders,* Februar 1980 sowie *IUCN Red Data Book,* 1975.
38 I.F. Spellerberg, »The amphibian and reptile trade with particular reference to collecting in Europe«, *Biological Conservation* 10, 1976, Seite 221–232. *IUCN Red Data Book,* 1975.
39 Vgl. Halliday, *Vanishing Birds,* op. cit., Seite 44.

Oktober 1977 und September 1978 fast sieben Millionen Stück aus über fünfzig Ländern eingeführt wurden.[40] Aber viele Sammler mögen nicht nur die eingeführten Exoten; sie holen sich ihre Pflanzen aus den Wüsten der USA. Die Kakteen schmücken dann Häuser und Gärten, bis sie eingehen; an den gewöhnlich ungeeigneten Standorten dauert das meist nicht lange. Arizona hat nun sieben »Kaktuspolizisten« angestellt, die versuchen sollen, der Plünderung seiner Flora Einhalt zu gebieten. Die Gesetze Arizonas verbieten ein Ausgraben für 222 geschützte Pflanzenarten und sehen für Übertretungen Strafen bis zu einem Jahr Gefängnis und Geldstrafen bis zu tausend Dollar vor. Aber selbst die schärfsten Gesetze können den momentanen Kakteenwahnsinn nicht bremsen, denn die Streifengänge der sieben Überwacher verteilen sich über gut 250 000 Quadratkilometer.

Nicht nur in den USA wütet die Kaktusmode, sondern auch in Europa und in Japan. In der UdSSR gibt es jetzt 114 Kakteensammlerclubs; in Japan werden die riesigen Saguarokakteen aus Arizona für mehr als 250 Mark pro Meter verkauft; bei einer von japanischen Händlern finanzierten Expedition wurden kürzlich *alle* Kakteen und andere Sukkulenten von einer Insel vor Baja an der kalifornischen Küste entfernt. Einige der mitgenommenen Arten waren nur von dieser Insel bekannt und sind nun vermutlich in der Natur ausgerottet.

In fünfzehn Koffer verpackt landete 1978 eine komplette Population einer Kakteenart (von der überhaupt nur zwei Populationen bekannt waren) in Deutschland; 1979 holten die Zollbeamten auf dem Frankfurter Flughafen 3600 Individuen sehr seltener Kakteenarten aus dem Gepäck der Teilnehmer an einer von einem Stuttgarter Reisebüro veranstalteten »Kakteenstudienreise«. Man könnte den Verstand verlieren über der Kakteenplünderei: In einem texanischen Gebiet nahe dem Big Bend-Nationalpark werden monatlich fünfundzwanzig- bis fünfzigtausend Kakteen ausgegraben, von denen viele – ähnlich den Käfigvögeln – sterben, bevor sie den Markt erreichen; und insgesamt wurden aus Texas 1977 Kakteen in der Größenordnung von 10 Millionen Exemplaren weggeschafft. Allein in Arizona ist der Pflanzendiebstahl heute eine Unternehmung mit rund einer Million Dollar Jahresumsatz: Kakteen sind zum größten Geschäft geworden. Die Folge ist, daß – wie das Smithsonian Institute kürzlich schätzte – zweiundsiebzig Kakteenarten und -varietäten, also etwa ein Viertel der gesamten Familie, akut vom Aussterben bedroht

---

40 F. Campbell und J. Tarr, »The international trade in plants is still unregulated«, *National Parks and Conservation Magazine,* April 1980.

oder in naher Zukunft gefährdet sind. Und viele Kakteen besetzen zentrale Positionen in den Ökosystemen der amerikanischen Wüsten; sie liefern Nahrung und Lebensraum für viele Wüstentiere.
Aber Kakteen sind nicht die einzigen Pflanzen, die durch Sammler gefährdet sind. Auch Orchideen sind äußerst populär. In den letzten Jahren wurden mehr als eine Viertelmillion Orchideen in die Vereinigten Staaten eingeführt,[41] und zweifellos sind einige Populationen und Arten aus dieser artenreichen Familie sehr gefährdet. Die seltenste britische Orchidee etwa, der Widerbart, steht unter gesetzlichem Schutz; für Beschädigungen der Pflanzen können Geldstrafen bis zu hundert englische Pfund verhängt werden. Die letzte britische Widerbartkolonie produzierte 1974 nur noch fünf blühende Pflanzen. Zwei davon wurden gestohlen und eine dritte von »Naturfreunden« zertrampelt. Manche andere europäische Orchideenart bringt Preise bis zu tausend Mark das Stück – je seltener, desto teurer.[42]
Kaum ein Lebensraum ist sicher vor solchen Pflanzenliebhabern – ob es die höchsten Alpenlagen sind, in denen die bewußte Ausrottung von Pflanzenarten oft gewagte Klettertouren erfordert, oder der Dschungel von Sumatra, in dem die größten Blumen der Welt – *Rafflesia arnoldii* mit einem Blütendurchmesser bis zu einem Meter – eine offensichtlich unwiderstehbare Anziehungskraft auf die Sammler ausüben.[43]

Das Pelzgeschäft

Die vielleicht bekannteste direkte Bedrohung der Säugetiere ist die Jagd nach einem ihrer wichtigsten Säugerkennzeichen – nach ihren Haaren. Der Pelzhandel ist ein viel größeres Geschäft als etwa der Handel mit Kakteen – und, wie sich gezeigt hat, ein viel gefährlicheres. Selbstverständlich ist die Verwendung von Fellen für Bekleidung, Decken, Zelte und ähnliche Zwecke eine Tradition, die vermutlich so alt ist wie die Menschheit selbst. Doch die Massentötung von Tieren wegen ihrer Häute ist eine Entwicklung der letzten Zeit – hauptsächlich der letzten ein oder zwei Jahrhunderte, als die ökonomischen Bedingungen einen großräumigen Pelzhandel erlaubten.
Eigentlich kein häufiges Säugetier mit einem nutzbaren Fell konnte der

---

41 Siehe Anmerkung 40.
42 *New Scientist*, 3. April 1980.
43 *IUCN Bulletin*, Februar 1979.

gnadenlosen Ausbeutung entrinnen, und oft wurden durch diesen Vorgang häufige Tiere zu seltenen Tieren. Denken Sie bloß an den Koala, jenes Geschöpf, das als lebendes Vorbild für die Teddybären gedient hat. In den zwei Jahren, die wir in Australien verbringen konnten, sahen wir nicht einen einzigen Koala außerhalb von Zoos oder Schutzgebieten. Die Tiere waren nicht immer so selten, doch ihr Felle waren wertvoll, und seit den frühesten Tagen der europäischen Invasion wurden sie erbarmungslos gejagt. Jährlich ein bis zwei Millionen Felle wurden ausgeführt, aber um 1900 hatte die Zahl der Koalas außerhalb des nordöstlichen Staates von Australien, Queensland, stark abgenommen; dennoch war es 1908 noch möglich, fast sechzigtausend Pelze von Sydney aus zu exportieren. Kurz nach dem Ende des Ersten Weltkrieges war im südlichen Zentralaustralien der Koala ausgerottet.

Queensland ist das Hinterland Australiens. Es ist bekannt für seine fröhlichen und unabhängigen Siedler, seine unglücklichen Ureinwohner und seine konservativen, engstirnigen Politiker. In Queensland weigert man sich, die sonst in Australien gültige Sommerzeit einzuführen, und ein Standardwitz der Piloten ist: »Wir haben gerade die Grenze von Queensland überflogen – stellen Sie bitte Ihre Uhr eine Stunde und zehn Jahre zurück.«

Bis 1927 war Queensland das letzte Bollwerk der Koala, aber in jenem Jahr erlaubte Queensland die uneingeschränkte Jagd auf sie – obwohl ihre prekäre Lage wohlbekannt war. Die Staatsregierung gab an nicht weniger als zehntausend Fallensteller Lizenzen aus, die in wenigen Monaten mehr als eine halbe Million Koalas abschlachteten. Warum verhielt sich die Regierung von Queensland so? Aus den gleichen zwei Gründen, aus denen auch schon viele andere Politiker viele ähnliche Scheußlichkeiten begangen haben: Wählerstimmen und Geld. Landbesitzer und Farmarbeiter wollten Geld, und die Regierung wollte ihre Stimmen. Die wären aber vielleicht verlorengegangen, wenn nicht die Jagd freigegeben worden wäre. Der australische Biologe A. J. Marshall nannte dies »die schmutzigste Episode in der Geschichte dieses Staates«.[44]

Beim Koala gibt es also den Fall, daß seine Zahl viel stärker durch direkte Verfolgung als durch Biotopzerstörung verringert wurde. Obwohl auch seine Lebensräume zum großen Teil vernichtet wurden, stehen noch immer reichlich geeignete Eukalyptuswälder – nur Koalas gibt es fast nicht mehr. Für viele andere Fellträger, etwa für die Großkatzen, war

---

44 »On the disadvantages of wearing fur«, in A. J. Marshall (Hrsg.), *The Great Extermination*, a.a.O.

dagegen das Zusammenwirken von Pelzjagd und großflächiger Zerstörung ihrer Lebensräume verheerend; außerdem wird der Schutz ihrer Restbestände auch dadurch nicht gerade einfacher, daß sie sich unter anderem von Haustieren ernähren oder sogar in einzelnen Fällen ihre Speisekarte durch die Jäger bereichern.

Von den acht bekannten Unterarten des Tigers beispielsweise sind zwei bereits ausgestorben: Der Balitiger ist verschwunden und wahrscheinlich auch der Kaspitiger, der früher einmal in der Ufervegetation der Flüsse und Ströme in der südlichen UdSSR und im nördlichen Iran und Afghanistan lebte. Er wurde immer weiter zurückgedrängt, je weiter in der Sowjetunion Kolchosenwirtschaft und großflächige Bewässerungssysteme ausgebaut wurden, und beschleunigt hat man seine Ausrottung noch durch gezielte Bekämpfungsprogramme, für die sogar das Militär eingesetzt wurde. Grund für die Bekämpfung war vor allem, daß menschliche Siedlungsflächen und die immer kleiner werdenden Restareale der Tiger immer dichter zusammenrückten und deshalb trotz abnehmender Tigerbestände die Gefahr für Haustiere und auch Menschen noch zunahm.

Drei weitere Tigerunterarten werden vermutlich bald nachfolgen; vom Sibirischen Tiger, dessen langhaariges Fell früher besonders gefragt war, sind vielleicht noch zweihundert Tiere übrig, vom Javatiger wohl weniger als zwanzig, und von der chinesischen Unterart weiß niemand, ob oder wie viele Tiere noch leben. Am »besten« geht es noch dem Königstiger in Indien und Hinterindien, wo es vermutlich noch mehrere tausend Individuen gibt, hauptsächlich in Schutzgebieten. Nach wie vor werden aber in Indien Tiger gewildert, und noch 1979 wurden Tigerfelle nach Großbritannien illegal eingeführt.[45]

In Asien waren auch Geparde einmal weitverbreitet; heute sind dort nur noch sehr wenige übrig, und in Afrika sind sie in einer ähnlich gefährdeten Situation wie der Tiger in Asien. Die rasend schnellen Hetzjagden der Geparde sind sehr auffällig; deshalb, und weil sie Menschen nicht besonders gefährlich werden können, fällt es den Hirten leicht, sie von Haustierherden abzuwehren oder auch zu töten. Geparde sind aber immer mehr auf Haustiere als Beute angewiesen, denn ihre eigentlichen Beutetiere, die kleineren Antilopenarten, werden in den afrikanischen Savannen immer weiter von den Haustierherden verdrängt.

45 Die Informationen über die Tiger stammen von Simon und Géroudet, *Last Survivors: The National History of Animals in Danger of Extinction,* New York (World Publishing Company) 1970, Seite 114–131 und von *IUCN Bulletin,* Mai 1979, Seite 136–137.

Geparde leben selbst unter günstigen Bedingungen in sehr niedriger Dichte, ungefähr einer auf sechzig bis siebzig Quadratkilometer. Wenn sie außerhalb von Schutzgebieten wegen der Haustierhaltung weitgehend ausgerottet sind, könnten deshalb auch in großen Nationalparks ihre Populationen zu klein sein, um sich dort auf die Dauer zu erhalten. Man sieht, selbst wenn Geparde ein völlig wertloses Fell hätten, wäre es schon schwierig genug, sie vor dem Aussterben zu retten; daß sie außerdem noch wegen des Pelzgeschäftes gewildert werden, wird die Rettung vielleicht unmöglich machen.[46]

Elfenbein und Wunderdrogen

Pelze sind freilich nicht die einzigen Tierprodukte, die dem Modediktat der industrialisierten Welt unterworfen sind; Millionen Vögel – von den Straußen bis zu den Paradiesvögeln – haben ihr Leben lassen müssen, damit sich modebewußte Damen mit fremden Federn schmücken konnten. Manche Krokodil- oder Schlangenart »existiert« wohl inzwischen häufiger in Form von Taschen oder Schuhen als in Form lebender Individuen. Das Rautenkrokodil beispielsweise überdauert gerade noch in zwei kleinen Restpopulationen in kubanischen Sümpfen.
Unverändert hoch ist auch die Nachfrage nach Elfenbeinprodukten, obwohl längst allgemein bekannt sein dürfte, daß sich das umfangreiche Geschäft mit den Stoßzähnen verheerend auf die Elefantenpopulationen in ganz Afrika auswirkt. Zaire, Südafrika und einige andere afrikanische Staaten sind die Drehscheiben dieses Handels, dem schätzungsweise fünfzig- bis hundertfünfzigtausend Tiere jährlich zum Opfer fallen – bis zu zwölf Prozent des Gesamtbestandes an Afrikanischen Elefanten! In Kenia ist innerhalb von acht Jahren der Elefantenbestand wohl um zwei Drittel verringert worden, und im Ruwenzori-Nationalpark ist er seit 1972 von dreitausend auf hundertfünfzig gefallen.[47] Gerade in Uganda hat unter dem Idi-Amin-Regime die Wilderei rasend zugenommen; sie dauert aber auch nach seinem Sturz noch unvermindert an. Sicher – man kann den afrikanischen Dorfbewohnern kaum einen Vorwurf aus der Wilderei machen, wenn der Verkauf eines Paars großer Stoßzähne den Gegenwert

---

46 Kai Curry-Lindahl, *Let them Live: A Worldwide Survey of Animals Threatened with Extinction,* New York (William Morrow) 1972. – Norman Myers, »The Cheetah in Africa under threat«, *Environmental Affairs* 5, 1976, Seite 617–647.
47 *IUCN Bulletin,* April 1980.

von zehn Jahren Arbeit einbringen kann.[48] Verantwortlich machen für die Gefährdung der Elefanten kann man wohl auch weniger die Elfenbeinhändler als diejenigen, die in den reicheren Ländern für die Nachfrage sorgen.
Das gilt natürlich gleichermaßen für jeden Handel mit Produkten gefährdeter Tier- oder Pflanzenarten, ob das nun lebende Gorillas oder »tote« Tigerfelle sind. Dabei gibt es eigentlich in keinem Fall eine rationale Begründung für die Nachfrage nach solchen Produkten – wenn man nicht das Befolgen von Modevorschriften als ernstzunehmenden Grund gelten lassen will.
Ein besonders irrationaler »Bedarf« wird vielleicht für die Ausrottung der nach den Elefanten größten afrikanischen Säugetiere sorgen. Vermutlich wären die beiden afrikanischen Nashornarten sogar schon längst ausgestorben, wenn man nicht in Afrika bereits im vorigen Jahrhundert mit der Einrichtung von Schutzgebieten begonnen hätte. Trotzdem ist noch zwischen 1970 und 1980 der Bestand der Spitzmaulnashörner in Kenia um über neunzig Prozent gefallen, von etwa siebzehntausend auf etwa fünfzehnhundert – und das Spitzmaulnashorn ist noch mit Abstand die häufigste Nashornart auf der Welt. Hauptgrund für das andauernde Gemetzel ist ein vor allem in Asien verbreiteter Aberglaube, wonach die Hornsubstanz dieser Tiere eine potenzsteigernde Wirkung hätte. Vielleicht ist dieser hartnäckige Aberglaube aus Beobachtungen des in mancher Hinsicht eindrucksvollen Paarungsverhaltens der Nashörner entstanden – eine tatsächliche Wirkung hat sich jedoch trotz intensivster Untersuchungen nicht finden lassen.
Um dieses Kapitel kurz zusammenzufassen: Die Menschheit hat während ihrer gesamten Geschichte andere Tierarten zur Ernährung oder wegen anderer Produkte gejagt; einige davon sind deshalb ausgestorben – vor allem sehr große Tiere oder Arten mit sehr spezialisierten Anpassungen an ihre Umwelt, etwa die flugunfähigen Vögel auf manchen Inseln. Für die Ausrottung oder Gefährdung vieler anderer Arten war und ist die direkte Verfolgung durch die Menschen ein wichtiger Faktor, der sich gemeinsam mit indirekten Gefährdungsursachen katastrophal auswirken kann. Mit diesen, besonders mit der Gefährdung von Populationen und Arten durch die Zerstörung ihrer Lebensräume, werden wir uns im nächsten Kapitel beschäftigen.

---

48 *Sunday Nation,* Nairobi (Kenia), 16. April 1980. – *IUCN Bulletin,* Januar/Februar 1980.

Indirekte Gefährdung

**Die Wale, die Nashörner, die Tiger, die Elefanten sind nur die sichtbare Spitze des Eisbergs. Tatsächlich aber reden wir über die biologische Verarmung dieses Planeten.
Russell Train, Pressekonferenz am Earth Day 1980, Washington, D. C. am 18. Januar 1980**

In der Smogluft der City Honolulus beginnt eine der landschaftlich schönsten Autostraßen der Vereinigten Staaten; sie führt nach Nordosten, durch die grünen, steilen Berge des Koolau-Gebirges. Wenn man von den Tunneln, die das Gebirge durchbohren, wieder ausgespuckt wird, hat man eine eindrucksvolle Sicht auf die steilen Klippen, die sich in den Pazifik stürzen. Von der Kailua-Bucht ist durch die Mokaputta-Halbinsel die Kaneohe-Bucht abgetrennt, der Standort des Meereslabors der Universität von Hawaii. Eigentlich war die ganze Kaneohe-Bucht einmal ein wunderbarer Korallengarten. Die Einheimischen fingen und aßen Papageienfische und andere Riffbewohner. Es gab eine florierende kleine Industrie, von der die Touristen in Booten mit Glasböden hinausgefahren wurden, damit sie sich das Korallenland mit seinen prächtigen Fischen anschauen konnten.
Obwohl die Korallenfischfauna Hawaiis bei weitem nicht so mannigfaltig ist wie die des australischen Großen Barrier-Riffs, ist sie doch sehr reichhaltig und viele Fische sind außergewöhnlich schön. Bei unserer Arbeit über die Schmetterlingsfische von Hawaii bemerkten wir, daß die Schwärme sich häufig draußen im Wasser, weit weg von den schützenden Korallen, ernähren. Ein derartiges Verhalten läßt sich in den australischen Gewässern nicht finden; dort ist die Ernährung mittels Plankton hauptsächlich das Geschäft der Korallenbarsche und wird nur gelegentlich bei einer Schmetterlingsfischart beobachtet, die aber auch noch nahe am Riff bleibt. In den Gewässern von Hawaii aber gibt es viel weniger Korallenbarsche als im Barrier-Riff, so daß sich die Schmetterlingsfische vom Riff entfernen können, ohne in Wettbewerb mit den Korallenbarschen zu treten. Die Folge hiervon ist häufig ein blendendes, farbenprächtiges Schauspiel. In den Kratern des Molokini, einem halb überschwemmten Vulkankegel vor der Südwestküste von Maui, haben wir häufig Schwärme des hellgelben Schmetterlingsfisches *Chaetodon miliaris* fotografiert, die

im Kontrast zu dem unglaublichen Tiefblau des kristallklaren Wassers richtig leuchten. Glücklicherweise ist Molokini ein Schutzgebiet und weit entfernt von den Plätzen des Bevölkerungswachstums und der planlosen Erschließung, die so viel von Hawaiis Schönheit entweiht hat.

Die Kaneohe-Bucht hat es längst nicht so gut. Als die Leute nach Oahu strömten, verwandelte sich das schläfrige Städtchen Kaneohe in eine richtige Vorstadt. Den Bulldozzern, die die Vegetation niedermähten, folgten die Hausreihen, die sich die Hügel hinaufzogen. Der Gedanke an eine Wiederaufforstung, um die Erosion zu verhindern, paßte nicht in die Schädel der Erbauer; und die Gesetze, die dies vorschrieben, wurden nicht mit genügendem Nachdruck durchgesetzt. Und als Kaneohe wuchs, wuchs auch das Volumen der Abwässer, die bewältigt werden mußten.

Wie in anderen tropischen Gegenden fällt auch auf Hawaii viel Regen – zumeist wolkenbruchartig. Immer wenn die Wolkenbrüche sich auf den Gebieten oberhalb der Kaneohe-Bucht abregneten, waren Schlammfluten ihre Folge, die sich über die gerodeten Hänge ergossen. Schlammige Wasser strömten in die Bucht. Die Korallen wurden nicht nur durch die ungeheuren Schlammengen überschwemmt, sondern auch durch die wachsende Menge ungeklärter Abwässer, die in die Gewässer vor Kaneohe geleitet wurden. Mit Dreck bedeckte Korallen können nicht überleben. Ihre winzigen Tentakeln müssen frei sein, um ihre Beutetierchen zu packen. Und an die Algen, die in ihnen leben, muß Licht herankommen, damit eine Photosynthese möglich ist. Korallen besitzen Mechanismen, um sich selbst zu reinigen. Doch waren diese bei dem unachtsamen Angriff, den die Menschen auf die Küste der Kaneohe-Bucht begonnen hatten, unzureichend. Fast überall in der Bucht starben die Korallengärten. Die große Mannigfaltigkeit des Lebens, die große Schönheit und die eßbaren Fische verschwanden. Die Bucht wurde zum Korallenfriedhof, der von »Abfall«organismen besiedelt wurde, besonders von Massen von äußerst unansehnlichen Seegurken, die bekannt sind für ihre Fähigkeit, auch massiver Umweltverschmutzung zu widerstehen.[1]

Hawaii liefert viele weitere Lehrbuchbeispiele für die indirekte Einwirkung menschlicher Tätigkeit auf die organische Vielfalt. Als die Europäer kamen, wurden so zum Beispiel von den 68 einzigartigen Vogelarten der Inselgruppe von Hawaii 41 ausgerottet oder fast ausgerottet.[2] Dabei hat

---

1 Die Geschichte der Zerstörung der Kaneohe-Bucht wird in dem Film *Cloud Over the Coral Reef* von Lee Tepley und R. E. Johannes dramatisch erzählt.
2 Eine Zusammenfassung der Lage der Avifauna auf Hawaii kann in Tim Hallidays hervorragendem Buch *Vanishing Birds: Their Natural History and Conservation*, New York (Holt, Rinehart und Winston) 1978, gefunden werden.

eine ganze Familie, nämlich die der Schwarzrotkleidervögel, schwer gelitten. Für die Ausrottung waren die Entwaldungen ein Hauptgrund. Ungeheure Flächen, so z. B. praktisch die ganze Insel Lanai, wurden für Zuckerrohrpflanzungen, Ananasfelder, Städte und Seebäder gerodet.
Wie die Lebewelt der meisten Inseln hat sich auch die von Hawaii als sehr empfindlich gegenüber eingeführter Organismen erwiesen. Aus Hawaii wurde das Aussterben von mehr Pflanzen- und Tierarten bekannt als aus Nordamerika. Haustiere – Rinder, Ziegen und Schweine – haben die Vegetation der Inseln verwüstet. Durch Zufall wurden Ratten eingeschleppt, und sie griffen sowohl bodennistende als auch baumbrütende Vögel an. Mungos, die zur Bekämpfung der Ratten eingeführt wurden, erweiterten ihren Speisezettel begeistert um Vögel. Verschiedene exotische Vögel, wie der indische Hirtenstar und der Sperling, wurden eingeführt und haben sich als zähe Konkurrenten für die einheimische Federwelt erwiesen.
So als ob diese Bedrohungen noch nicht genug gewesen seien, hatte die zufällige Einschleppung einer Stechmücke 1826 viel zur Dezimierung der Vögel von Hawaii beigetragen. Als Flachlandbewohner übertrug der Moskito Krankheiten, gegen die die eingeborenen Vögel nicht resistent waren. Seine Einführung verursachte das Aussterben verschiedener Arten und für andere eine Arealeinschränkung auf Höhen ab 700 Meter, wo der Moskito nicht mehr leben kann.
Das Schicksal der Vogelfauna von Hawaii illustriert einen wichtigen Punkt. Keine Art wurde als Nahrungsmittel, wegen ihrer hübschen Federn, für Laborzwecke oder weil sie als Aphrodisiakum gelten würde, überausgebeutet. Gleichermaßen wurden die Korallenfische der Kanohe-Bucht nicht von hungrigen Fischern oder erwerbsmäßigen Sammlern für den Meerwasseraquarienhandel ausgebeutet. Obwohl durch unbeschränkte Ausbeutungsmaßnahmen viele Pflanzen- und Tierarten zum Äußersten oder gar zum Aussterben getrieben wurden, stellen solche Maßnahmen doch nicht die größte Bedrohung für die Vielfalt des Lebens dar. Es ist vielmehr das unbewußte Gefährden, es sind die Folgen der menschlichen Arbeit, die bei der Verarmung der organischen Welt die Hauptfaktoren darstellen.
Viele Menschen sind sich durchaus der Gefahren einer Überausbeutung bewußt, die viel größere Bedrohung durch Lebensraumzerstörung aber wird von den meisten übersehen – auch von solchen, die es besser wissen sollten. Sie sind sich einfach über die Grundlagen der Ökologie nicht im klaren; daher sind ihnen auch die unterschiedlichen Wege, auf denen Populationen und Arten durch Veränderung der Umwelt gefährdet wer-

den, nicht bewußt. Diese vielfältigen, häufig verschlungenen und gewöhnlich unbeabsichtigten Pfade zur Ausrottung aber sind es, die uns hier Sorge machen.

Zubetonieren

»Woodside gibt's nicht mehr. Das ist die letzte Probe, die wir von dort bekommen konnten!« Stuart Weiss, einer der Kandidaten in unserer Forschungsgruppe in Stanford, war niedergeschlagen. Es war der 9. April 1980, und er selbst hatte beobachtet, wie das Habitat von einer der Populationen von Ediths Scheckenfalter, die unsere Gruppe seit mehr als zwanzig Jahren untersuchte, planiert worden war. Wir teilten seine Niedergeschlagenheit. Es war nicht nur der Verlust einer wichtigen Population unserer Versuchstiere. Obwohl schon das schlimm genug war. Denn damit wurden unsere Versuche, solche Dinge, wie den Pflanzenschutz ohne zuviel Einsatz von Pestiziden zu verstehen, noch schwerer gemacht.

Die Traurigkeit darüber wurde aber zusätzlich durch die Gewißheit verstärkt, eine Einbahnstraßenbewegung mitzubekommen, wie sie überall auf diesem Planeten vor sich geht – die Ausrottung einer Vielzahl von Populationen durch das Plattwalzen ihrer Habitate. Als der Bulldozer durch Woodside ratterte, wußten wir sehr gut, daß viele Populationen von Insekten, Milben, Kräutern und anderen Organismen, die ihre Heimat auf dem Stück Grasland auf Serpentinfels hatten, gehen mußten, um einer weiteren Siedlung von *Homo sapiens* Platz zu machen. Den Grat der San-Francisco-Halbinsel hinunter kommt Serpentinboden auf inselartigen Flecken vor. Es handelt sich um einen Bodentyp, der ungewöhnlich arm an Nährstoffen ist und aus diesem Grund eine unübliche Flora und Fauna am Leben hält. Wir wußten, daß die Zerstörung eines dieser Vorkommen die Chancen für die einzigartigen Serpentinpflanzen und -tiere der Halbinsel, erhalten zu werden, verringerte. Die Serpentin-»Inseln« sind zumeist klein und ihre Populationen daher Zufallsauslöschungen unterworfen. Sofern dies vorkommt, können sie aber doch durch wandernde Organismen aus anderen, benachbarten Serpentinvorkommen wieder neu begründet werden. Wenn aber die Anzahl der Vorkommen verringert wird, sinken die Chancen für eine erfolgreiche Wiedereinwanderung; damit aber wächst die Möglichkeit einer Ausrottung im ganzen Gebiet.
Im Einzugsraum der San-Francisco-Bucht leben drei Unterarten von Ediths Scheckenfalter. Barons Scheckenfalter bzw. Luesthers Schecken-

falter im südlichen bzw. östlichen Teil scheinen sich selbst erhalten zu können – häufig haben sie ihre Populationen an Serpentinhängen errichtet, die zu steil sind, um bebaut zu werden. Die Heimat der dritten Unterart, des Buchtscheckenfalters ist die San-Francisco-Halbinsel – einstmals eines der schönsten Gebiete der Vereinigten Staaten und noch immer ein verhältnismäßig angenehmer Wohnort.

Als nach dem Zweiten Weltkrieg viele Soldaten vom Kriegsschauplatz im Pazifik in die Staaten zurückkehrten, sahen sie keinen Grund, noch weiter zu gehen, nachdem sie die Stadt am Golden Gate erreicht hatten. Der große Bau- und Bevölkerungsboom im Buchtgebiet begann. Eine Serpentininsellage nach der anderen verschwand unter Reihenhäusern und Einkaufszentren, und die Populationen des Buchtscheckenfalters begannen zu verschwinden.

1960 begann unsere Forschungsgruppe mit den Untersuchungen des Buchtscheckenfalters. Er erwies sich als beinahe ideales Werkzeug zur Erforschung breitangelegter Fragestellungen zur Populationsbiologie, und in zwei Jahrzehnten hatte jene Forschung Licht auf wichtige Grundsätze geworfen – angefangen von dem, warum die Pflanzen alle jene nützlichen Chemikalien erzeugen, bis zu dem, wie die Populationsgrößen von nützlichen und schädlichen Tieren am wirksamsten manipuliert werden können. Die Kolonien des Buchtscheckenfalters gehören nun zu den am besten bekannten natürlichen Populationen aller Wirbellosen – vielleicht sogar aller nicht-menschlichen Organismen.[3]

Aus einer Zahl von Gründen sind Schmetterlinge für das Studium von Populationsdynamik und Evolutionsproblemen sehr geeignete Lebewesen. Sie haben kurze Lebensspannen und häufig große Populationen, und die meisten Arten lassen sich schon an den Flügeln einfach voneinander unterscheiden. In den letzten Jahrzehnten wurde die Untersuchung der Ökologie und Evolutionsbiologie natürlicher Populationen anhand von Schmetterlingen immer bedeutsamer.[4] Der große Naturforscher Henry Walter Bates schrieb 1864, nachdem gerade 5 Jahre zuvor *Die Entstehung der Arten* veröffentlicht worden war: »Da die Naturgesetze für alle Organismen gleich sein müssen, müssen die Schlußfolgerungen, die an-

---

3 Beispielsweise P. Ehrlich, R. White, M. Singer, S. McKechnie und L. Gilbert, »Checkerspot butterflies: An historical perspective«, *Science* 188, 1975, Seite 221–228; P. Ehrlich, I. Brown, D. Murphy, C. Sherwood, M. Singer und R. White, »Increase, stability and extinction: The response of checkerspot butterfly *(Euphydryas)* populations to the California drought«, *Oecologia* 46, 1980, Seite 101–105.
4 Vgl. zum Beispiel L. Gilbert und M. Singer, »Butterfly ecology, »*Annual Review of Ecology and Systematics* 6, 1975, Seite 365–397.

hand dieser Insektengruppe gewonnen werden, auf die ganze organische Welt anwendbar sein; daher wird eines Tages die Untersuchung der Schmetterlingskreaturen, die als Symbol für Leichtfertigkeit und Frivolität gelten – statt verachtet zu werden, als einer der wichtigsten Zweige biologischer Wissenschaft gewertet werden.«[5]

Wir sind selbstverständlich durch die Bedrohung jenes Versuchssystems, in das wir, viele Kollegen und Studenten so viel Arbeit gesteckt haben und von dem wir alle so viel gelernt haben, bekümmert. Die Gefährdung des Buchtscheckenfalters ist aber auch ein Symbol für den kaum bemerkten Vorgang des Aussterbens von Millionen Populationen aufgrund der Ausbreitung der Städte. Die Verluste dieser Populationen werden normalerweise nicht bekannt, da die meisten Opfer – Bakterien, krautige Pflanzen, Würmer, Milben, Frösche, Eidechsen, kleine Säugetiere usw. – zu den verborgeneren Schrauben unseres Raumschiffs Erde gehören, ihre Ausrottung geht lautlos vor sich.

Als Indikator für die Verluste bei den weniger auffälligen Arten spielen Schmetterlinge eine einzigartige Rolle. Meist haben sie sehr dichte Populationsstrukturen, mit verhältnismäßig eingeschränkten Bewegungen. Und sie sind eine Insektengruppe, die von einer großen Zahl von Naturliebhabern geschätzt werden, von denen über Vorkommen und Zustand vieler Populationen Buch geführt wird.

In den entwickelten Ländern sind die Schmetterlinge seit langem auf dem Rückzug. Bereits 1880 verschwand der Sthenele Braunfalter aufgrund der sich ausdehnenden Stadt San Francisco, und 1943 wurden dort die letzten Exemplare des kleinen Xercesbläulings gefangen. Als San Francisco sich auch über das Sanddünenhabitats dieses Falters ausbreitete, starb auch dort der Bläuling aus. An diesen Falter erinnert noch der Name der Xerces-Society, einer Organisation, die sich der Erhaltung gefährdeter Insekten und anderer Wirbelloser widmet.

In der Abteilung für Insekten und Spinnen des Amerikanischen Museums für Naturgeschichte in New York gab es eine Karte der bevorzugten Schmetterlingsfanggründe von J. D. Gunder, einem kalifornischen Sammler zu Beginn des Jahrhunderts. Die Orte lagen fast alle auf dem Boden von Los Angeles und liegen nun unter Beton. Als Paul in den späten vierziger und frühen fünfziger Jahren in New Jersey Schmetterlinge sammelte, verschwanden seine bevorzugten Fanggründe – einer nach dem anderen – unter Trabantenstädten.

Überall in den Vereinigten Staaten sind Schmetterlingspopulationen

5 *The Naturalist on the River Amazon*, London (J. M. Dent) 1864.

durch die Verstädterung gefährdet. Im rasch wachsenden südlichen Florida steht der prächtig schimmernde *Eumaeus atala* wegen des Baus von Hotels und Villen auf der Kippe hin zum Aussterben. Durch eine geplante Einkaufsstraße ist in New York das Habitat des Karner-Bläulings *(Plebeja melissa samuelis)* bedroht. Benannt wurde dieser Falter von einem berühmten Schriftsteller, den verstorbenen Vladimir Nabokov, der ein Schmetterlingssammler war. Zwei kleine Flecken sind die Überreste des Areals des El-Segundo-Bläulings, das sich einst über siebenunddreißig Quadratmeilen Sanddünen entlang der Pazifikküste des Los-Angeles-County erstreckte. Der eine Rest mit etwa achtzig Ar Ausdehnung ist vom Asphalt, von den Öltanks und Forschungslabors einer Standard-Oil-Raffinerie umgeben, die das winzige Inselhabitat eingezäunt hat und so versucht, die Schmetterlingspopulation zu retten. Der andere Fleck ist etwas größer und liegt am Westrand des Internationalen Flughafens von Los Angeles.

Die Schutzaktion der kalifornischen Standard Oil wurde auf Initiative der Xerces-Gesellschaft hin unternommen. Die Firma errichtete nicht nur den Zaun, um das Gelände gegen durchbrausende Buggies zu schützen, sondern ließ auch eingeschlepptes Eiskraut entfernen, welches die Futterpflanzen der Bläulingsraupen zu verdrängen drohte. Standard-Oil hat versprochen, den Platz zu überwachen, Eindringlinge abzuwehren und Forschern den Zutritt zu gewähren. Das Verhalten dieses riesigen Multis bei der Unterstützung eines kleinen Schmetterlings ist, um es mit den Worten des Begründers der Xerces-Gesellschaft (des Biologen Robert Pyle) zu sagen, »ein wichtiger Meilenstein für den amerikanischen Naturschutz«.[6]

Weiter im Norden, in den San-Bruno-Bergen, am Südrand von San Francisco sind nun andere Schmetterlinge entlang der Küste aufgrund der Ausbreitung der Stadt vom Aussterben bedroht.[7] Durch den Bau von Villen wurden in Oregon Salzwiesen an der Küste zerstört. Der Oregon-Scheckenfalter scheint wegen des ökonomischen Drucks zur Erschließung des Landes wenig Überlebenschancen zu haben. Glücklicherweise half der U. S. Senator Mark Hatfield dabei, das Interesse der Öffentlichkeit

---

6 R. M. Pyle, »Conservation of Lepidoptera in the United States«, *Biological Conservation* 1, 1976, Seite 55–75. Einige der Informationen über gefährdete Schmetterlinge stammen aus diesem Artikel.
7 L. Itow, »San Bruno and the butterfly bloc«, *San Francisco Examiner* vom 14. Mai 1980.

für die Rettung einiger Salzwiesen zu verstärken; dadurch hat sich die Lage etwas verbessert.[8]

Denken Sie aber daran, daß die Schmetterlinge nur *Indikatoren* für die viel größeren Verluste sind, die in städtischen Gebieten auftreten. Im allgemeinen ist ihr Verschwinden sehr direkt mit der Zerstörung der Pflanzen verbunden, die ihre Raupen zur Ernährung brauchen. Junge Schmetterlinge sind in ihren Nahrungsansprüchen sehr spezialisiert; die ausgewachsenen Tiere sind nicht mehr so verwöhnt und naschen Nektar von einer ganzen Reihe von Blüten. Pflanzen wachsen nicht gern unter Straßen und Appartmenthäusern, Pflanzenpopulationen leiden schwer unter den Städten – obwohl ihre Verluste weniger oft bemerkt werden als die ihrer hübschen Schädlinge. So hat eine schöne weißblütige Schachblume jetzt in der Gegend um San Francisco ihre letzten Standorte auf denselben Serpentinflecken, die auch Ediths Scheckenfalter beherbergen. Auf der anderen Seite der Weltkugel, an der russischen Krimküste, wird die Stankevicz-Kiefer von derselben Art der Erschließung gefährdet wie der Oregon-Scheckenfalter bei San Francisco.[9] Wir können diese Reise um die Welt fortsetzen: Wegen der Entwicklung der Vorstädte von Brisbane in Queensland (Australien) verschwindet langsam ein kleiner Eukalyptusbaum, *Eucalyptus currisi*.[10]

Verstädterung

In den meisten Teilen der Welt schreitet die Verstädterung rasch voran. 1925 lebte nur ein Fünftel der Weltbevölkerung in Städten, bis 1975 erhöhte sich aber der Anteil auf zwei Fünftel. Wenn sich dieser Trend fortsetzt, werden 2025 zwei Drittel der Weltbevölkerung Stadtmenschen sein. In den unterentwickelten Ländern wachsen die Städte sogar noch rascher als die Bevölkerung im allgemeinen. Berechnungen zufolge wird Ostasien 2025 zu 63 Prozent verstädtert sein, Lateinamerika zu 85 Prozent und Afrika zu 54 Prozent.[11] Die Verstädterung in entwickelten Ländern

---

8 In der Bundesrepublik Deutschland sind durch Siedlung und Verkehr 15,4 % der Schmetterlinge bedroht. (Quelle: Bundesforschungsanstalt für Naturschutz und Landschaftsökologie, Bonn-Bad Godesberg).
9 Lyudmila Beloussova, Endangered Plants of the U.S.S.R.«, *Biological Conservation* 12, 1977, Seite 1–11.
10 G. Lucas und H. Synge, *The IUCN Plant Red Data Book,* Morges (International Union of Nature and Natural Resources) 1978, S. 345.
11 Vereinte Nationen, *Concise Report on the World Population Situation, 1970–1975, and its Long-Range Implications,* New York 1974.

scheint kaum noch zuzunehmen, doch leben hier bereits heute sechzig Prozent in Städten.
Diese Verstädterungszahlen haben sowohl eine gute wie eine schlechte Seite. Auf der schlechten Seite ist klar, daß – sofern keine geeigneten Schritte unternommen werden, um das Wuchern der Städte zu beschränken – im nächsten halben Jahrhundert noch mehr Populationen und Arten plattgewälzt werden. Arten wie das Attwater-Präriehuhn, das die Nachbarschaft der planlos und rasch wachsenden Stadt Houston in Texas bewohnte, werden der künftigen Ausdehnung geopfert werden. Die Verstädterung wirkt nicht nur äußerst zerstörerisch, weil sie ganze Ökosysteme entfernt, sondern sie findet auch zumeist in Gegenden statt, die sowohl biologisch reichhaltig wie landwirtschaftlich produktiv sind. Gegenden, wo Pflanzen und Tiere gedeihen, haben normalerweise eine gute Wasserversorgung und ein gemäßigtes Klima. Auch wir Menschen neigen normalerweise dazu, uns an solchen Plätzen anzusiedeln. Daher tritt die durch Verstädterung verursachte Schädigung gehäuft in artenreichen Gebieten auf. In den Vereinigten Staaten werden jährlich mehr als eine Million Hektar zubetoniert (in der BRD werden täglich 164 ha überbaut, jährlich wird die Fläche des Bodensees verbraucht) oder anders für den Ausbau der Städte, für Autobahnen, Flughäfen und Wasserbauprojekte zerstört.[12] Bei diesen Tätigkeiten gehen sowohl gutes Ackerland als auch Ressourcen natürlicher Mannigfaltigkeit verloren – zumeist unnötigerweise.
Vom botanischen Standpunkt aus ist eines der artenreichsten Gebiete der Welt die Kapprovinz in Südafrika. Dessen »Nation« unterliegt einer Bevölkerungsexplosion, durch die sich in jedem Monat die Bevölkerung um sechzigtausend Menschen erhöht. Die Städte dehnen sich aus, die Flora muß zusammenrücken. Einst wurden zum Beispiel ein Tal und verschiedene Hänge bei Kapstadt von der Goldenen Siegwurz geschmückt. Dann drangen fremde Pflanzen, die für eine nahegelegene Dünenrekultivierung eingeführt worden waren, ein und erstickten die Flachlandpopulation der Siegwurz.
Bald folgten die unausweichlichen Hausbauprojekte, und es wurde auch der Rest der Standorte der Pflanze zubetoniert. Die überlebenden Pflanzen wurden auf einen zehn Meter breiten und vierzig Meter langen Streifen zurückgedrängt und unter den wachsenden Büschen des Dünen-

---

12 In der Bundesrepublik Deutschland sind derzeit 1 287 700 ha, das sind 5,1 % der Fläche überbaut. Hinzu kommen noch 4,6 % Verkehrsfläche. Im Vergleich dazu beträgt die Gesamtfläche der Naturschutzgebiete 0,9 % der Fläche der Bundesrepublik Deutschland. Vgl. H. Weiger: *Natur und Umwelt*, 3, 1983.

projekts erstickt. Durch eine Kiesförderung wurde dann die Goldene Siegwurz fast ausgerottet; die Überlebenden waren nur noch zwischen zwei Felsbänken vorhanden. Und dann folgte der Druck der städtischen Erschließung: ein Wanderweg, drei Grillplätze, eine Kinderschaukel, Bierdosen, Glassplitter, Getrampel. Kinder pflückten die Blumen. 1979 gab es 113 Siegwurzpflanzen; 1980 waren noch 45 übrig. Nur zwei von ihnen gelang die Blüte – eine wurde gepflückt und so getötet; die andere hatte früh geblüht und nur zwei Samenschalen produziert. Übrig blieben Pflänzchen, die ihre zarten Blätter durch die zertrampelte Erde nach oben reckten. Ihre Zukunft ist düster – und die Zukunft der Art hängt von Versuchen ab, sie in »Gefangenschaft« fortzupflanzen.[13]

Die gute Seite der Verstädterung aber ist, daß die Gesamtfläche des Planeten, die durch Städte weggenommen wird, sehr klein ist. So macht etwa das Land, auf dem sich in den Vereinigten Staaten Städte und Straßen befinden, nur drei Prozent aus – nur wenig mehr, als den Nationalparks und Naturschutzgebieten zugestanden wird. Selbst bei einem erheblichen Anwachsen der Verstädterung oder einem weiteren Bau von Flughäfen und Autobahnen wird die Prozentzahl der Gesamtfläche unter Beton nicht hoch sein.[14] An den Stadträndern aber, von San Francisco bis nach Kapstadt, werden die Arten sterben.

Auch eine nicht-städtische Erschließung hat Auswirkungen auf Pflanzen und Wildtiere. Das Straßennetz, mit dem die Städte untereinander verbunden sind, hat, wenn sein Bau beendet ist, Einwirkungen auf die Tiere. Straßen schränken die Beweglichkeit ein, teilen die Populationen großer Säuger oder hindern sie an jahreszeitlich bedingten Wanderungen. Über den Einfluß der Ölpipeline durch Alaska und der zugehörigen Straße auf die Wanderungen der wilden Rentiere, der Karibus und anderer wildlebender Tiere herrschte große Besorgnis. Aufgrund des Drucks von Naturschutzverbänden wurden die Routenführung und die Bauweise der Pipeline verändert, um ihre Einwirkungen zu verringern – Veränderungen, von denen die Ölkonzerne jetzt sagen, daß sie auch von ihren Gesichtspunkten her gut seien. Trotzdem wurden die Wanderzüge der Tiere gestört; allerdings ist nicht zu ersehen, ob diese Veränderungen notwendig schädlich für die Arten sind.

---

13 Die Geschichte um die Goldene Siegwurz wurde nach einem Bericht eingerichtet, der von Dr. Anthony V. Hall, Project Leader Threatened Plants Research Group, Bolus Herbarium, University of Cape Town, geschrieben und uns freundlicherweise geschickt worden ist.
14 P. R. Ehrlich, A. H. Ehrlich und J. P. Holdren, *Ecoscience: Population, Resources, Environment,* San Francisco (W. H. Freeman) 1977, Seite 252.

Durch Autostraßen, Eisenbahnlinien, Schiffahrtskanäle usw. können auch die Populationen kleinerer Tiere geteilt werden; ihre Populationsstrukturen können sich ändern und sie können eher Zufallsauslöschungen zum Opfer fallen.[15] Eine Untersuchung hat angedeutet, daß eine vierspurige Autobahn mit Mittelstreifen für die Beweglichkeit kleiner Waldsäuger eine ebenso große Barriere wie ein doppelt so breiter Fluß darstellen kann (zu ähnlichen Ergebnissen kommen Untersuchungen in Deutschland, Mader 1982).[16] Beständig fordern auch die Straßen Opfer von Tieren jeder Größe bei Versuchen, sie zu überqueren. Die gesamten Einwirkungen der Straßen lassen sich kaum abschätzen; für verschiedene europäische Frösche, Salamander und Kröten sind sie aber ziemlich bedrohlich. In Mitteleuropa kreuzen die Tiere in großen Anzahlen bei ihren jährlichen Frühjahrswanderungen zu den Seen und Bächen, in denen sie laichen, die Straßen und werden zu Millionen überfahren. An einigen Stellen werden Zäune errichtet, um sie von den Straßen zu halten; oft werden sie eingesammelt und sicher an ihre Laichplätze gebracht.

Den europäischen Autobahnbehörden ist das Problem genügend vertraut; sie sind besorgt. Es wird vorgeschlagen, in kritischen Gebieten mit Zaun- und Tunnelsystemen die kriechenden und hopsenden Amphibienhorden sicher unter den Autobahnen hindurch zu leiten. Für den Bau solcher Amphibienunterführungen hat kürzlich der Schweizer Ingenieursverein detaillierte Anweisungen veröffentlicht – sicherlich ein Meilenstein in der Geschichte des Naturschutzes! Anscheinend haben die Schweizer gelernt, ihre Amphibienpopulationen zu schätzen, vielleicht wegen deren Schönheit oder irgendwelcher anderer Interessen, vielleicht auch wegen der Hochzeitsrufe der Frösche, die ein Symbol für den Frühling darstellen, oder wegen der Mückenmengen, die Frösche und Kröten vertilgen.[17]

---

15 Die BRD hat die vierthöchste Straßennetzdichte der Welt. Mit 1,89 Straßenkilometern pro qkm Fläche liegt sie deutlich in der Spitzengruppe. Übertroffen nur noch von Belgien (3,75), Japan (2,86) und den Niederlanden (2,09). Einige andere Staaten zum Vergleich: Frankreich (1,44), USA (0,66), Jugoslawien (0,37), Südafrika (0,15), Island (0,11). Die Straßen machen mit Nebenflächen und Randzonen 8,3 % der Grundfläche der Bundesrepublik aus, während die Naturschutzgebiete nur 8,7 % der Fläche bedecken. Die Auswirkungen für die Populationen verschiedener Tierarten sind erschreckend. So konnte z. B. Mader nachweisen, daß von 10 186 gefangenen und markierten Laufkäfern innerhalb einer Vegetationsperiode lediglich noch 1356 Tiere wieder gefangen werden konnten. Dabei hatten nur 24 Käfer die Straßenseite gewechselt. Bei anderen Arten ist das Verhältnis ähnlich. Vgl. H. J. Mader: *Schriftenreihe für Landschaftspflege und Naturschutz* 19, 1979.

16 D. J. Oxley et al., »The effects of roads on populations of small mammals«, *Journal of Applied Ecology,* 11, 1974, Seite 51–59.

17 René Honegger, »Unknown... unloved... threatened, »*Naturopa* 27, 1977, Seite

Landwirtschaft – Das Unterpflügen

Eine viel ernstere Ursache der Habitatzerstörung als die Verstädterung war und ist die Entwicklung und Ausbreitung der Landwirtschaft. Ganze natürliche Ökosysteme wurden zu Standorten von einer oder ein paar Pflanzen umgewandelt – und es werden Anstrengungen unternommen, alle Herbivoren auszuschließen. Automatisch geht die Vielfalt von Populationen und Arten verloren, und gewöhnlich müssen die Pflanzen als erste weichen.

Als in Neuseeland – besonders wegen der Landwirtschaft – Waldungen gerodet wurden, wanderte die Adams-Mistel, ein Busch, der teilweise parasitisch auf Bäumen lebt, auf die Rote Liste der bedrohten Lebewesen. In Swaziland (Südafrika) wurde eine der letzten Populationen einer schönen Fackelblumenart mit dem unattraktiven Namen *Kniphofia umbrina* durch ein Kornfeld ersetzt. 1978 waren nur noch ein paar tausend Individuen dieser Art übrig, einige davon auf Land, das bald unter den Pflug kommen sollte. In Ekuador wurden nur noch ein paar Dutzend Caoba-Bäume stehengelassen. Diese wertvolle, schnellwachsende Nutzholzart wurde fast überall durch Rodungen des Regenwaldes für Bananen- und Ölpalmenplantagen vernichtet. Die Rodung von Land für Bananenanbau hatte eine ähnliche Auswirkung auf die Vuleito-Palme der Fidschi-Inseln.[18] Und wenn Pflanzenarten verschwinden, so folgen eigentlich immer andere Lebewesen nach.

Schmetterlinge als Indikatoren

Wie in den verstädterten Gebieten wurden auch in den landwirtschaftlich genützten Gebieten auf der ganzen Welt Schmetterlingspopulationen und Arten dezimiert. Auch hier lassen sich die Schmetterlinge als auffallende Indikatoren für das auffassen, was auch mit weniger auffälligen Arten

---

13–18. Für wandernde Amphibien (Erdkröte, Grasfrosch, Feuersalamander, Molche) nimmt die Überlebenschance mit der zunehmenden Straßendichte expotential ab. Der mittlere Straßenabstand in der BRD beträgt 150 m. D. h., wenn man in einer beliebigen Richtung von einer beliebigen Straße in der BRD aus loswandert, trifft man durchschnittlich nach 150 m auf eine nächste Straße. Sogenannte Krötentunnels sind keine vollkommene Lösung. Auch Ersatzbiotope lösen das Problem nicht. Die für Amphibien tolerierbare Straßendichte in der Bundesrepublik Deutschland ist eindeutig überschritten.

18 Das Schicksal der Pflanzen in diesem Abschnitt laut dem *IUCN Plant Red Data Book,* Seite 317, 309, 253 und 413.

geschieht. Zu einem nicht geringen Teil kann der Rückgang der Schmetterlinge auf Habitatzerstörung in Verbindung mit der Landwirtschaft zurückgeführt werden; in erster Linie aufgrund der Vernichtung der Pflanzen, von denen sie abhängig sind.

Als wir 1966 die Bergländer Neuguineas besuchten, um die Reproduktionsstrategie der Schmetterlinge zu untersuchen, mußten wir zu unserem Leidwesen feststellen, daß die Zentren des Berglandes (etwa Mount Hagen) von riesigen Flächen umgeben waren, die für die Landwirtschaft gerodet worden waren. Obwohl wir weite Strecken mit einem Land-Rover zurücklegten, konnten wir keinen Platz finden, wo es etwas anderes als die wenigen weitverbreiteten »Unkraut«-Schmetterlinge gab – Arten, die gestörte Gebiete kennzeichnen. Durch Landwirtschaft wurde eine Myriade Populationen der reichen Schmetterlingsfauna Neuguineas zerstört.

Gleichermaßen durch die Landwirtschaft bedroht sind die Populationen eines *Heliconius*–Falters, den wir in Trinidad untersuchten.[19] Sie leben in einem vermeintlich geschützten Wassereinzugsgebiet der nördlichen Berge. Ohne Rücksicht auf die Schutzmaßnahmen haben die Bauern versucht, Wald zu schlagen und zu verbrennen, um mehr Land unter den Pflug zu bringen.

Doch um die Bedrohung der Schmetterlinge durch die Landwirtschaft zu beobachten, brauchte man nicht in die Dschungel von Trinidad oder die Bergländer von Papua-Neuguinea zu fahren. Gerade ist im naturschutzbewußten England der Große Fleckenbläuling, der sich von den Blättern des Wildthymians ernährt, ausgestorben. Das Verschwinden des Großen Fleckenbläulings – und eigentlich auch des Dunkelbläulings, der in den siebziger Jahren des letzten Jahrhunderts in England ausgestorben ist – läßt sich hauptsächlich auf die Einzäunung und das Pflügen von kalkigen Graslandern zurückführen, die seit der Bronzezeit existierten. Die Bläulingspopulationen wurden zersplittert und dann gingen die Splitterpopulationen eine nach der anderen unter, wobei sich vermutlich ähnliche Vorgänge wie nun bei der Bedrohung von Ediths Scheckenfalter abspielten. Die paar übriggebliebenen geeigneten Habitaträume waren zu weit von einander entfernt, so daß eine Wiedererrichtung nach einer lokalen Auslöschung unmöglich war.[20]

---

19 P. Ehrlich und L. Gilbert, »The population structure and dynamics of a tropical butterfly *(Heliconius ethilla)*«, *Biotropica* 5, 1973, Seite 69–82.
20 J. Muggleton und B. Benham, »Isolation and the decline of the Large Blue butterfly *(Maculinea arion)* in Great Britain«, *Biological Conservation* 7, 1975, Seite 119–128.

Ironischerweise überlebten die letzten Kolonien des Großen Fleckenbläulings in England dort, wo die Beweidung das Habitat dem ursprünglichen wieder ähnlich machte. Die Wiesen waren dicht mit Thymian bestanden und begünstigten so eine Ameisenart, die die Raupen »aufzog«. Die Beziehung zwischen den Bläulingen und den Ameisen, die ihre Raupen bewachen, ist fest eingespielt: Früh in ihrer Entwicklung bilden die nacktschneckenartigen Raupen Honigdrüsen. Wenn die Ameise eine Raupe mit ihren Antennen und Beinen betrommelt, sekretieren deren Drüsen Tröpfchen einer zuckrigen Flüssigkeit, die die Belohnung für die Ameise sind. In der Zwischenzeit fressen die Raupen nicht nur den Thymian, sondern auch einander; Kannibalismus ist recht häufig: die Großen fressen die Kleinen. Wenn die Raupen das fünfte, das letzte Häutungsstadium erreicht haben, schleppen die Ameisen sie vom Thymian und bringen sie in ihre Nester herunter, wo die Bläulinge dann als Sozialparasiten weiterleben. In jener Phase erinnern die Raupen in der Größe, Farbe und Hautbeschaffenheit an die Larven der Ameisen, und sie entwickeln ein Futterbettelverhalten, das dem der Ameisenjungen ähnelt. Dazwischen sind die Raupen damit beschäftigt, Ameisenlarven zu fressen. Letztlich verpuppt sich die Raupe – in diesem Stadium des Lebenszyklus wird die schneckenartige Raupengestalt in einen wunderschönen Schmetterling verwandelt. Sobald die Umwandlung vollständig ist, schlüpft der Falter, krabbelt aus dem Ameisennest, breitet seine Flügel aus, um sie zu trocknen, und fliegt dann weg, um sich zu begatten.[21]

Die Weidenutzung, die die Ameise begünstigte, rührte von Aktivitäten der Schafe und Kaninchen her; aber aus wirtschaftlichen Gründen wurde die Beweidung der letzten Areale, die der Große Fleckenbläuling bewohnte, unrentabel, und die Schafe wurden abgezogen. Als die Kaninchenpopulationen durch die Myxomatosekrankheit verringert wurden, konnten Pflanzen besser gedeihen, die die Ameisenpopulation unter das Niveau verringerten, auf dem sie den Schmetterling unterstützen konnten, und der Schmetterling verschwand aus Englands Fauna.[22] In Mitteleuropa blieb die Art verbreitet, und wir hoffen, daß sie dort verbleiben wird als ein dramatisches Beispiel für die komplizierten Wechselwirkungen, die häufig nötig sind, um die Schrauben des Raumschiffs Erde an ihrem Platz zu lassen. Auf der anderen Seite haben die Briten nun eine

---

21 Für die Einzelheiten der Phasen in der Entwicklung der Raupe vgl. Daly, Doyen und Ehrlich, *Introduction to Insect Biology and Diversity,* New York (McGraw-Hill) 1978.
22 Der Lebenszyklus des Großen Fleckenbläulings ist aus E. B. Ford, *Butterflies,* London (Collins) 1945 und T. C. Emmel, *Butterflies,* New York (Knopf) 1975.

ihrer nur fünfundfünfzig Schmetterlingsarten verloren, eine der schönsten dazu. Die Situation ist um so tragischer, weil von den vierundfünfzig übriggebliebenen Arten in den letzten Jahrzehnten einunddreißig beachtlich abgenommen haben und eine allgemeine Verschlechterung der britischen Umwelt anzeigen.[23]

Verluste an Pflanzen

Als sich die Menschheit vor zehntausend Jahren auf die Neolithische Revolution einließ, stimmte sie damit auch einem Kahlschlag der natürlichen Flora der Erde zu, der bis heute fortgeht. Milliarden Pflanzenpopulationen und zahllose Pflanzenarten wurden untergepflügt oder untergeeggt oder von den domestizierten Herbivoren verschlungen. Aufgrund der fundamentalen Stellung der Pflanzen in den Nahrungsketten wird die Schwere dieses Pflanzenverlustes noch vervielfältigt. Peter H. Raven, Direktor des Botanischen Gartens von Missouri und ein führender Botaniker, schätzte, daß aufgrund des spezialisierten Nahrungsverhaltens der meisten pflanzenfressenden Organismen jede aussterbende Pflanzenart im Durchschnitt zehn bis dreißig Arten anderer Organismen mit sich ins Grab zieht. Er schrieb, daß die Mannigfaltigkeit der Pflanzen der grundlegende Faktor sei, der die Mannigfaltigkeit der anderen Organismen und damit die Stabilität der Ökosysteme der Welt kontrolliert. Alleine aus diesen Gründen ist die Erhaltung der Pflanzenwelt letztlich eine Überlebensangelegenheit für die Menschheit.[24]

---

23 D. Ratcliffe, »The end of the Large Blue butterfly«, *New Scientist*, 8. November 1979. – In der Bundesrepublik Deutschland sind vor allem durch die Landwirtschaft die meisten Tagfalterarten bedroht. In Prozenten ausgedrückt macht dies 69,2 aus. An nächster Stelle steht die Forstwirtschaft, die für den Rückgang von 43,9 % der Tagfalter verantwortlich ist. Die weiteren Verlustfaktoren liegen beim Kleintagebau, bei Sammlern, die allerdings mit nur 21,9 % zu Buche schlagen, sowie Siedlung, Verkehr, Abfallbeseitigung und natürliche Einflüsse – die noch den geringsten Wert ausmachen, nämlich 3,3 %. Die herausragende Stellung der Landwirtschaft, die auf einen Flächenanteil von immerhin mehr als 50 % des Bundegebietes wirtschaftet, darf allerdings nicht unkritisch auf alle Großschmetterlinge oder gar Tierarten übertragen werden. Vielmehr ist hier zu berücksichtigen, daß manche Arten durch die Landwirtschaft extrem stärker gefährdet werden als andere.

24 »Ethics and attitudes«, in J. B. Simmons et al., *Conservation of Threatened Plants*, New York (Plenum) 1978. – Nach den Untersuchungen von Sukopp, Trautmann und Korneck von 1978 über die Ursachen des Rückgangs gefährdeter Pflanzenarten in der Bundesrepublik Deutschland sind durch strukturändernde Maßnahmen der Landwirtschaft 58,3 % gefährdet.

Es ist offensichtlich, daß die Landwirtschaft die Ursache für das Aussterben ungeheurer Mengen von Pflanzenpopulationen und -arten ist. So sind in der Kapprovinz Südafrikas sowohl durch die intensive Landwirtschaft als auch durch die Ausdehnung der Städte die einheimischen Pflanzen stark unter Druck. Die reiche Flora am Kap – ein wahres Weltwunder – hat mehr als sechstausend Arten zu bieten. Da finden sich mehr als sechshundert Arten Heidekraut, sonderbare, große Proteusgewächse, liebenswerte Zwiebelpflanzen und wunderbare Orchideen. Doch die Südwestspitze Afrikas hält auch den Rekord an gefährdeten Pflanzen. 1200 Arten der großartigen Flora des Kaps sind bedroht; weitere Arten stehen kurz vor dem Aussterben und 36 hat der lautlose Tod schon getroffen.
Die Bühne für diese massiven Pflanzenverluste bereiteten natürliche Klimaveränderungen vor. In den letzten zwei Millionen Jahren war es die meiste Zeit kühl und feucht am Kap; aus den Stürmen, die nach Süden zogen, um die »brüllenden Vierziger« zu bilden, regnete es. Alle hunderttausend Jahre ungefähr erfolgte für fünf- bis zehntausend Jahre diese Verlagerung der Stürme nach Süden. Gegenwärtig ist das Kap in einer seiner Wärme- und Sommertrockenheitsperioden.
In den warm-trockenen Zeiten überlebten bislang die kälte- und feuchteadaptierten Pflanzen gut – sie zogen sich auf dunstige Bergspitzen und in feuchte Täler zurück, um die ungünstigen Bedingungen abzuwarten. Die periodische Isolation in diesen Rückzugsgebieten könnte für das Anschwellen der Artenbildung verantwortlich gewesen sein, das die große Mannigfaltigkeit erzeugte. Innerhalb eines Augenblicks (in erdgeschichtlicher Zeitrechnung) hat sich jedoch die Lage verändert – mehr als sechzig Prozent der Fläche, die zuvor die Kapflora einnahm, sind nun von Farmen, Plantagen, Dämmen, Städten, Straßen und anderen Besiedlungen bedeckt, die für die Erhaltung einer expandierenden Bevölkerung des *Homo sapiens* benötigt werden. Wo naturnahe Gebiete blieben, wurden sie durch Beweidung, regelmäßiges Abbrennen und ein Übergreifen exotischer Gewächse in Mitleidenschaft gezogen. Und als letztendliche Beleidigung muß das Kap jetzt die Schnittblumenindustrie ertragen, die Produkte im Wert von ungefähr vier Millionen Dollar direkt aus der wildwachsenden Vegetation entnimmt.[25]
Als Beispiel für die Auswirkungen des landwirtschaftlichen Vordringens auf die Kappflanzen sei die Jasminblütige Erika herangezogen: Diese Heidepflanze überlebte gerade in ein paar eingezäunten Hektaren, die

---

25. Wir sind Dr. Anthony V. Hall, Project Leader, Threatened Plants Research Group, Bolus Herbarium, University of Cape Town, sehr verpflichtet, daß er uns einen Bericht über die Kapflora schickte, auf dem unsere Darstellung aufbaut.

von regelmäßig abgebranntem Farmland umgeben sind. Wie es häufig der Fall ist, könnte auch ihr Überleben in erster Linie von anderen Organismen abhängen – in diesem Fall von den Organismen zu ihrer Bestäubung.[26] Sie ist das landwirtschaftliche Gegenstück zur Goldenen Siegwurz; zusammen symbolisieren sie das Schicksal der Kapflora – Zubetoniertwerden und Untergepflügtwerden.

Das Abweiden mit Haustieren ist ein Aspekt der Landwirtschaft, der überall Pflanzenpopulationen und ebenso die von ihnen abhängigen Herbivoren bedroht. Auf die Liste der bedrohten Pflanzen kam eine russische Riemenzunge (Himantoglossum caprinum), weil das Vieh sie gerne frißt und auch den Boden so verdichtet, daß diese Orchidee nicht mehr wachsen kann.[27] Die Kühe treiben auch die wunderschöne Schweizer Gemswurz an den Rand des Aussterbens.[28] Auf den Balearen wird von den Ziegen die Balearenpfingstrose (eine Pflanze von hohem gärtnerischem Wert, deren Wurzeln auch medizinisch – als Epilepsiemittel – wertvoll sein könnten) verschlungen.[29] Rund um Kap Horn ist Camerons Wolfsmilch am Aussterben – eigentlich aufgrund von Überweidung. Wenn sie verschwindet, wird die Welt eine wertvolle saftige Futterpflanze für Herden der Küstenländer verloren haben. Von den in Neuseeland eingeführten, weidenden Tieren aus Österreich – besonders den Gemsen – wird Godleys Hahnenfuß zerstört.[30]

Die eben aufgezählten Arten sind aber weniger als die Spitze des Eisberges. So ist der größte Teil des Mittelmeerbeckens bereits eine »Ziegenwüste«, die vor vielen Jahrhunderten durch Überweidung und Entwaldung ihrer ursprünglichen Vegetation beraubt wurde. In den mittelwestlichen Vereinigten Staaten bilden heute die wenigen, noch verhältnismäßig ungestörten Präriepflanzenvergesellschaftungen nur winzige, bedrohte Enklaven. Und auf den überweideten Hügeln des Inneren Küstengebirges Kaliforniens sind nahezu alle sichtbaren Pflanzen eingeführt. Durch das Beweiden mit Vieh und durch die Konkurrenz mit von den Spaniern mitgebrachten mittelmeerischen Arten wurde die kalifornische Flora so stark verändert, daß sich heute die Botaniker nicht sicher sind, wie die ursprüngliche Flora wirklich aussah. Durch die landwirtschaftliche Entwicklung war bereits vor fünfzig Jahren Chinas einheimische Flora so sehr

---

26 *IUCN Bulletin*, Februar 1979.
27 Bellusova, a.a.O.
28 *IUCN Plant Red Data Book*, Seite 147.
29 *IUCN Bulletin*, a.a.O.
30 Informationen über die Wolfsmilch und den Hahnenfuß stammen aus *IUCN Plant Red Data Book*, a.a.O., S. 211 und 475.

dezimiert, daß der berühmte Entomologe Gordon Floyd Ferris (als er nach den natürlichen Feinden von Schildläusen suchte) im wesentlichen auf die Tempelhöfe angewiesen war, wo noch ein paar Nachzügler einst verbreiteter Pflanzen überdauerten. Unter den Klauen der Schafe ist schon vor langem viel von Australiens einheimischer Flora verschwunden, was zu einer ökologischen Verschlechterung und einem Verlust an ökonomischen Werten auf weiten Strecken des Kontinents führte.[31]

Der wirkliche Eisberg ist aber die Zerstörung der Pflanzenvielfalt in den Tropen und vor allem in den Regenwäldern. Denken Sie daran, daß es vermutlich doppelt so viele Arten in den Tropen wie in der gemäßigten Zone gibt, obwohl die Landfläche der Tropen viel geringer ist. Ein Acre (etwa 40 Ar) eines urtümlichen tropischen Waldes kann beispielsweise alleine hundert Baumarten enthalten. Das Eindringen der Landwirtschaft, das von einem örtlichen Bevölkerungswachstum und der Nachfrage der reichen Länder in Übersee verursacht wird, ist der wichtigste Grund dafür, daß so viele Arten schon zu einem erschreckend hohen Prozentsatz verschwunden sind.

In den Ländern der gemäßigten Zone haben einige Menschen die Gelegenheit, das Interesse und das Wissen, um über das Schicksal der Goldenen Siegwurz betroffen zu sein; doch die armen Leute können dies im allgemeinen nicht. Die Naturschützer der gemäßigten Zone neigen dazu, sich mit Nachhutkämpfen um ein paar gefährdete Arten und Populationen in ihren Ländern zu beschäftigen, während in den Tropen der große Tresor organischer Mannigfaltigkeit ausgeraubt wird.

Tierverluste

Die Verbreitung der Landwirtschaft über den Erdball hat sich selbstverständlich über große Gebiete hin auf die Verteilung und die Menge der Tiere ausgewirkt. Wie viele Pflanzenpopulationen sind auch viele Tierpopulationen ohne viel Aufhebens verschwunden. Niemand machte eine Auflistung der Tiere in den reichen Tälern von Euphrat und Tigris, bevor diese vor Jahrtausenden durch die Landwirtschaft zerstört wurden. Die überwiegende Mehrheit der Tiere – vom Elch über die San-Joaquin-Peitschenschlange bis zu den Insekten, – die einst im Central Valley Kaliforniens gediehen, sind verschwunden, seit es in eines der reichsten

---

31 J. S. Turner »The decline of plants«, in: A. J. Marshall (Hrg.), *The Great Extermination: A Guide to Anglo-Australian Cupidity, Wickedness and Waste*. London (Heinemann) 1966, Seite 134–155.

und am meisten durch Pestizide verseuchten Landschaftsgebiete der USA umgewandelt wurde. Die heutige Überweidung und Umwidmung des Landes zu einem Gemüse- und Baumwollanbaugebiet haben dazu beigetragen, die groteske und faszinierende Gila-Krustenechse an den Rand des Abgrunds zu drängen. Und am anderen Ufer des Pazifik, auf einer kleinen japanischen Insel nicht weit von Okinawa wird die einzigartige Iriomoto-Katze von Bauern ausgerottet. Der subtropische Waldhabitat der Wildkatzenart, die erst in den sechziger Jahren entdeckt und benannt wurde, wird gerodet, um Ananas, Zuckerrohr und andere Kulturpflanzen anzubauen. Die Versuche der japanischen Regierung zu ihrem Schutz bewirken nur wenig, und es ist wahrscheinlich, daß die Iriomoto-Katze einen neuen Rekord für Säuger schaffen wird – weniger als vierzig Jahre von der Beschreibung bis zum Aussterben.[32]

Weil sich die menschliche Bevölkerung weiterhin explosionsartig vermehrt, hält auch der Vorgang der Flächenwandlung in Richtung Landwirtschaft an. Überall wird mehr und mehr Land unter den Pflug gebracht; dabei geht andauernd natürliche Mannigfaltigkeit verloren. Wieder ist in den unterentwickelten tropischen Ländern das Problem besonders ernst, da diese sowohl die am raschesten wachsende menschliche Bevölkerung als auch die größten vorhandenen Reserven an Pflanzen- und Tierarten haben.

Wie in einem Zeitrafferfilm verdeutlicht Kenya mit seinem enormen Bevölkerungswachstum diesen Vorgang. Dank des Erfolgs der öffentlichen Gesundheitspflege und des Scheiterns seines Familienplanungsprogramms hat es nun die schwungvollste Bevölkerungswachstumsrate, die je in einem Land bekannt wurde. Mit einer Rate von vier Prozent im Jahr, einer Rate, die noch steigen kann, wird sich Kenyas Bevölkerung in siebzehn Jahren von 16 auf 32 Millionen verdoppeln (wenn es kein Geburtenkontrollwunder gibt, was unwahrscheinlich ist, oder einen katastrophalen Anstieg bei der Sterberate, was unglücklicherweise wahrscheinlicher eintreten wird). Offensichtlich wird diese unerhörte Geburtenrate alle Ressourcen Kenyas beanspruchen – auch seine wildlebenden Tiere, die wegen des Tourismus zu einem wichtigen Bereich für die Außenhandelsbilanz des Landes geworden sind; Kenyas Wirtschaft kann die sich vermehrende Bevölkerung, die in die Städte abwandert, nicht erhalten. Aufgrund seines Wüstenklimas sind auf weniger als zehn Prozent seiner Landfläche Nutzpflanzen angebaut; die Lebensmittelerzeu-

---

32 Die Informationen über die Gila-Krustenechse und die Iriomoto-Katze entnahmen wir dem *IUCN Red Data Book* für 1975 und 1978.

gung pro Kopf nimmt ab. Das bedeutet, daß es mehr und mehr Druck gibt, für Acker und Weiden Grenzertragsländereien zu nutzen – Gebiete, die für eine irreversible Schädigung besonders anfällig sind. Bereits jetzt sind Kenyas Wildparks – also genau solche Gebiete – ernsthaft bedroht. Es gibt beispielsweise Forderungen, Teile des Tsavo-Nationalparks an landlose Bauern zu übergeben.

Wir können nur beten, daß Projekte wie David Hopcrafts Widltierfarm florieren werden und zumindest einen Teil von Kenyas eindrucksvoller Vielfalt an Antilopen erhalten können. Für Kenyas Elefanten, Flußpferde, Büffel und Giraffen aber scheint das Menetekel an der Wand zu stehen; sie alle könnten vor dem Jahre 2000 ausgestorben sein – großenteils aufgrund von Versuchen der Ausdehnung der Anbauflächen. Und falls Kenyas Bevölkerungsentwicklung den allgemeinen Trend für das Afrika südlich der Sahara widerspiegelt, kann die Menschheit im frühen 21. Jahrhundert allen jenen Arten auf Nimmerwiedersehen sagen – und damit auch allen ökonomischen, ökologischen, ästhetischen, ethischen und gesundheitlichen Werten, die sie verkörpern. Afrika, in welchem bis jetzt der Druck des Bevölkerungswachstums weniger ernst als in anderen Erdteilen war, scheint dazu verurteilt zu sein, von der Armut zur Hoffnung und gleich wieder zurück zur Armut gehen zu müssen.[33]

Vertrocknen

Häufig ist die Wüstenbildung – eine der gefährlichsten Formen der Habitatzerstörung, wie wir bereits gesehen haben – mit Überweidung verbunden. Über die Jahre hin ist der Anteil der Wüsten in der Welt ständig gewachsen. Über sechs Prozent der eisfreien Landoberfläche der Erde sind bereits reine Wüsten und weitere 28 Prozent werden sich mit einer mittleren bis hohen Wahrscheinlichkeit in Wüsten verwandeln. Das heißt, daß etwas mehr als ein Drittel der eisfreien Landfläche des Planeten zu Wüste werden kann. Und wenn die gegenwärtige Wüstenfläche fast *verfünffacht* sein wird, so kann man sich die Auswirkungen auf die organische Vielfalt in ihrem ganzen Ausmaß vorstellen.[34] In vielen Gebieten geht die Wüstenbildung mit Siebenmeilenstiefeln voran. Jährlich wird nach Schätzungen ein Gebiet, das doppelt so groß wie Belgien ist,

---

33 Das Material über Kenya stammt aus Norman Myers, »Kenya's population: 4 percent growth rate« (Manuskript von 1980).
34 *IUCN Bulletin,* August/September 1977; *United Nations Conference on Desertification,* verschiedene Veröffentlichungen, New York (UNO) 1977 und 1978.

weltweit zur Wüste umgewandelt. Im Sudan, am südlichen Rand der Sahara, ist in den letzten siebzehn Jahren die Wüstengrenze um hundert Kilometer nach Süden gewandert.

Entlang der Wüstenränder ist die Zerstörung eines jeden lebenden Baumes und Busches durch die notleidende Bevölkerung, die verzweifelt Feuerholz sucht, häufig der endgültige Todesstoß. Wie oft ist der letzte Überlebende einer Pflanzenart oder Population dazu benutzt worden, um ein Feuer in Gang zu bringen, auf dem ein hungriger Nomade sein mageres Mahl kochte? Wir werden es nie erfahren. Offensichtlich ist das Essenkochen wichtig, doch sind die Umstände für Land und Leute gleichermaßen tragisch. Während der Sahel-Trockenheit wurde mindestens eine Pflanzenart von holzsuchenden Tuareg näher an den Rand des Untergangs gebracht: Lapérrines Ölbaum, der sich als wichtige genetische Ressource erweisen könnte, um den kommerziell genutzten Ölbaum zu verbessern.[35]

Um die Auswirkung einer großflächigen Wüstenbildung auf andere Arten zu sehen, muß man nicht in unterentwickelte Länder, etwa nach Nordafrika oder in die dünn besiedelte indische Wüste von Rajathan reisen. Viele Gebiete der westlichen Vereinigten Staaten sind überweidet und viel davon ist Wüsten- oder Halbwüstenland. Ansehnliches Land wurde in Wüsten verwandelt und Teile davon bereits durch die Weiden der Navajos, lange bevor die Europäer zu einem wirklich wichtigen Faktor wurden. Es gibt Anzeichen, daß dieser Prozeß noch nicht beendet ist. Andererseits ist eine richtig gehandhabte Weidewirtschaft einer der sinnvollsten Verwendungszwecke für Land im westlichen Nordamerika und auch einer der am wenigsten zerstörerischen für andere Arten. Das Problem besteht in der Aufrechterhaltung einer guten extensiven Bewirtschaftungsweise. Dominanz unerwünschter Pflanzenarten, Abtragung von Böden und abnehmende Niederschlags- und Grundwassermengen sind häufig die Folgen einer schlechten Weideform.[36] Der gestiegene Wasserverbrauch zum Erhalt von Landwirtschaft und Menschen in den überbevölkerten südwestlichen Vereinigten Staaten hat zum Austrocknen einiger Quellen und Flüsse geführt; und zum Eindeichen, Kanalisieren und einem allgemeinen Ausbau der meisten anderen.

Selbstverständlich ist Überbevölkerung nicht einfach eine Angelegenheit von zu vielen Menschen pro Flächeneinheit – was die naive Vorstellung

---

35 *IUCN Plant Red Data Book,* Seite 355–356.
36 Vgl. P. L. Fradken, »The eating of the West«, *Audubon,* Januar 1979. Eine Zurückweisung, die die verantwortliche andere Seite für diese Geschichte aufzeigt, ist der Brief von Richard B. Scudder in der Ausgabe vom März 1979 (S. 120–122).

von manchen Politikern und Planern ist. Die Bevölkerungsdichte muß im Verhältnis zu den *Ressourcen* gesehen werden, die zum Erhalt einer gegebenen Bevölkerung notwendig sind. Wenn eine Bevölkerung, wie z. B. im nordamerikanischen Südwesten, nicht ohne dauerhafte Unterstützung durch Wasserlieferungen zurechtkommt, so kann man mit Recht sagen, daß das Gebiet übervölkert ist. – Darüber hinaus führt menschliche Überbevölkerung zu einer Unterbevölkerung der meisten anderen Arten. Beispielsweise hat die Veränderung und Zerstörung der aquatischen Umwelt in den Trockengebieten der Vereinigten Staaten bereits einen allgemeinen Rückgang bei der Vielfalt von Fischen und anderen Süßwassertieren verursacht.[37]

Eine Umleitung des Wassers zu durstigen Bevölkerungszentren kann sowohl auf terrestrische wie aquatische Gefüge tiefgreifende Auswirkungen haben. Wasserwerke, die Los Angeles mit Wasser und Energie versorgen, haben Auswirkungen bis in den schönen Mano-See, der sich östlich an die Sierra Nevada anschmiegt und nicht weit vom Yosemite-Nationalpark entfernt ist. Durch die Wasserentnahme im Einzugsgebiet des Sees ist in den letzten Jahren der Seespiegel dauernd gefallen. Als Resultat ist die Insel, auf der die größte bekannte Nistkolonie der Kalifornischen Möwe lebt, zu einer Halbinsel geworden. Die neue Landbrücke hat den Koyoten den Zugang zur Insel ermöglicht; sie haben die Möwen vertrieben, die bisher kein sicheres und geeignetes Ersatzgebiet gefunden haben. Weiterhin ist die reichliche Produktion des Mano-Sees an Sumpffliegen und Salinenkrebschen bedroht. Diese Arthropodenarten sind wiederum eine wichtige Nahrungsquelle für viele Zugvögel. Und basische Staubstürme, die über großen, dem Wind ausgesetzten Strecken des Seeufers entstehen, verursachen über den nahen Weißen Bergen eine Luftverschmutzung und gefährden so vielleicht die dortigen Populationen einschließlich der berühmten Borstenkiefer, einen der ältesten noch heute lebenden Bäume.[38]

---

37 W. L. Minckey und J. E. Deacon, »Southwestern fishes and the enigma of ›endangered species‹«, *Science* 159, 1968, Seite 1424–1432.
38 G. Brechen und D. Phillips, »The ebbing tide at Mano Lake«, *Sierra*, September/Oktober 1979.

Das Spritzen

Die Anwendung von Insektiziden und Herbiziden ist eine der landwirtschaftlichen Tätigkeiten, die eine ungeheure Einwirkung auf andere Arten haben. Über die Einwirkung von Bioziden auf andere als die vorgesehenen Organismen sind ganze Bände geschrieben worden, von denen der erste und berühmteste Rachel Carsons Klassiker *Der stumme Frühling* ist. Viele halten dieses Buch für den Startpunkt der Ökologischen Bewegung; obwohl es an manchen Punkten nicht mehr ganz aktuell ist, ist es doch noch immer lesenswert.[39]

Zwei der vielen Probleme mit Pestiziden sind, daß diese aus den Gebieten, wo sie eingesetzt werden, verdriften und daß sie Populationen und Arten schädigen, die nicht die beabsichtigten Opfer sind. Das heißt: Sie sind mobil, und sie sind nicht selektiv. Ein Beispiel für ihre Nicht-Selektivität ist die »Beförderung« pflanzenfressender Arten zu Schädlingen durch das Vernichten ihrer natürlichen Feinde, wie dies bei der Katastrophe in Canete-Tal geschah. Ihre Mobilität wird durch das große Mississippi-Fischsterben in den frühen sechziger Jahren beleuchtet. Letzteres wurde im Detail von dem Reporter Frank Graham Jr. in einem lesenswerten Buch, *Disaster by Default*[40], beschrieben. Zwischen 1960 und 1963 starben ungefähr zehn bis fünfzehn Millionen Fische – verschiedene Welsarten, Menhaden, Meerbarben, Lachsforellen, Trommelfische, Alsen und Buffalo-Fische – im unteren Mississippi. Für die einheimischen Fischer war es eine Katastrophe. Auch Wasservögel wurden getötet.

Ein chemischer Verwandter des DDT, das Endrin, war der Missetäter; in den Fluß gelangte es von besprühten Feldern und mit dem Abwasser eines Werkes der Vesicol Chemical Corporation in Memphis, in dem 40 dieser chemischen Verbindungen hergestellt wurden. Vesicol hat jede Verantwortlichkeit bestritten und behauptet, daß die Untersuchungen der Fische gezeigt hätten, daß diese an Hydroödemen gestorben seien – diese Behauptung hatte auch eine ulkige Seite, da diese Ödeme bei Fischen nie epidemisch auftreten.[41]

---

39 Für eine retrospektive Besprechung vgl. P. R. Ehrlich, »Silent Spring«, *Bulletin of the Atomic Scientists*, Oktober 1979.
40 Frank Graham Jr., *Disaster by Default*, New York (M. Evans) 1966.
41 Im Frühjahr 1982 trat in der BRD eine erhebliche Schädigung der Vogelwelt durch Endrin auf. Der Skandal am Bodensee konnte sich ereignen, obwohl in der BRD die Anwendung von DDT zwar verboten ist, das dem DDT verwandte Endrin war aber weiterhin erlaubt. Insgesamt entstand ein Schaden an der Natur, der den wirtschaftlichen Gewinn bei weitem übersteigt (seit 1983 ist Endrin auch in der BRD verboten).

Die Pestizidenindustrie – damals wie heute eine der Branchen mit dem geringsten sozialen Verantwortungsgefühl – setzte die Parole in Umlauf, daß die Vorstöße für eine Kontrolle der Pestizidenanwendung vom Ostblock aus gesteuert würden. Verbittert kämpfte sie gegen jede kontrollierende Auflage der Pestizidherstellung oder -verwendung. Seit Mitte der sechziger Jahre wurden jedoch stetig mehr Kontrollen eingeführt, ohne daß es zu den von den Sprechern der Chemischen Industrie vorhergesagten gräßlichen Folgen gekommen wäre.

Schädigende Auswirkungen der Pestizide und verwandter Stoffe konnten am ganzen Spektrum der Lebewesen aufgezeigt werden – vom Phytoplankton, den winzigen Pflanzen, die im Wasser die Nahrungsketten aufrechterhalten, bis hin zu einer Vielzahl von Raubvögeln. Letztere haben die meiste Aufmerksamkeit auf sich gezogen, da sie die bekanntesten Lebewesen sind, die eindeutig gefährdet sind – Opfer einer Biokonzentration persistenter Gifte und einer anschließenden Vermehrungsunfähigkeit. Glücklicherweise haben die Beschränkungen bei der Verwendung von DDT und anderen chlorierten Kohlenwasserstoffen in den Vereinigten Staaten zu einer Gnadenfrist für bekannte Opfer wie den Braunen Pelikan, den Fischadler und den Wanderfalken geführt.[42]

Es ist interessant zu wissen, wieso bestimmte Pestizide und ihre chemischen Verwandten in der Umwelt überdauern. Diese Stoffe sind synthetische Produkte der menschlichen Kultur und stellen daher eine neuartige Herausforderung für die natürlichen Abbauorganismen dar, die normalerweise organische Chemikalien abbauen und ihre Bestandteile in den ökologischen Kreislauf zurückbringen. Mit Stoffen wie dem DDT fehlt diesen Zersetzern die evolutionäre Erfahrung – sie haben nicht gelernt, sie rasch abzubauen. Daher bleiben die Toxine eine lange Zeit in der Umwelt und vergiften ein Lebewesen nach dem anderen.

Weltweit gibt es Pestizidprobleme; und sie sind nicht auf die nichtabbaubaren Gifte beschränkt. Zum Beispiel gehört Azodrin zu den phosphororganischen Chemikalien, die als nicht-persistent angesehen

---

42 Beispielsweise D. W. Anderson et al., »Brown pelicans: Improved reproduction of the Southern California coast«, *Science* 190, 1975, Seite 806–808. P. R. Spitzer et al., »Productivity of Ospreys in Connecticut-Long Island increases as DDE residues decline«, *Science* 202, 1978, Seite 333–335. – Von den 14 in der Bundesrepublik Deutschland brütenden Greifvogelarten stehen 12 auf der Roten Liste der gefährdeten Tiere und Pflanzen in der Bundesrepublik Deutschland. Da Greifvögel am Ende einer Nahrungskette stehen, reichert sich in ihnen das überwiegend in der Landwirtschaft ausgebrachte Gift an. Dies äußert sich vor allem in der Dünnschaligkeit der Eier. Solche Eier besitzen eine höhere Porenzahl und trocknen deshalb leichter aus.

werden. Es ist ein Beispiel für das breite Wirkungsspektrum der Pestizide, daß Azodrin hauptsächlich gegen Insekten eingesetzt wird – ein berüchtigtes Beispiel, weil es die Schädlingslage in den Baumwollfeldern noch *verschlechtert,* indem es die natürlichen Feinde der Baumwollschädlinge abtötet.[43] 1975/76 wurden durch starke Vermehrung von Mittelmeer-Feldmäusen im nördlichen Huleh-Tal in Israel auf den Luzernefeldern schwere Schäden verursacht. Bauern sprühten Azodrin, um die Mäuse zu töten, sie merkten dabei nicht, daß sie die ganze Fauna gefährdeten, weil auf dem Originaletikett die Schutzvorschriften nicht ins Hebräische übersetzt worden waren.

Das Ende vom Lied war, daß vierhundert der wenigen Adler, Habichte, Eulen und anderen Raubvögel des nahen Ostens, die zu dem überreichlichen Mäuseschmaus gekommen waren, hingemetzelt wurden. Denn sie ernährten sich auch von den kleineren Vögeln, den Piepern, Stelzen, Lerchen, Drosseln, Ammern und so fort, die durch das Sprühen auf der Stelle getötet worden waren. Und sie fraßen Mäuse und kleine Vögel, die vom vergifteten Futter gefressen hatten. Die Raubvögel wurden die zweiten Opfer des Giftes, das schon ihre Beute tötete. Das Azodrin ließ auch Rohrkatzen, eine Wildkatzenart, und Wildschweine auf den Feldern verenden.[44]

In unterentwickelten Ländern wird ähnlich wie die Verwendung von Antibiotika auch die Verwendung von Pestiziden im allgemeinen weniger sorgfältig kontrolliert als in entwickelten Ländern (wo auch schon oft genug die Kontrollen unzureichend sind). Über ihren Gebrauch und ihre Einwirkungen auf tropische Ökosysteme ist unglücklicherweise wenig bekannt; doch aus dem, was über die Verwendung dieser Gifte bekannt wurde, muß eine größere Sorgfalt gefordert werden. Die Entwicklung einer Resistenz der *Anopheles-*Stechmücke, der Überträgerin der Schlafkrankheit, gegen DDT und andere Pestizide ist ein sehr unheilvolles Zeichen.[45] Wenn das menschliche Verhalten der Vergangenheit eine Richtschnur ist, könnte die Reaktion auf diese Resistenz die Anwendung von mehr und von tödlicheren Pestiziden sein. Dies würde aber das

---

43 *Ecoscience*, a.a.O., Seite 644 ff.
44 H. Mendelssohn und V. Paz, »Mass mortality of birds of prey caused by Azodrin, an organophosphorous insecticide«, *Biological Conservation* 11, 1977, Seite 163–169.
45 G. Harrison, *Mosquitoes, Malaria and Man: A History of Hostilities Since 1880*. New York (Dutton) 1978, Seite 232 ff. – Es handelt sich hier um ein sehr gutes Buch, dessen einziger Makel das Aussparen der Diskussion über die Resistenzentwicklung der Malariaerreger selbst (durch die Arzneien, die zu ihrer Behandlung verabreicht werden) ist.

Anopheles-Problem nicht lösen, sondern nur die Auswirkungen auf andere Populationen und Arten vergrößern.[46]

Augenblicklich ist es einfach unmöglich, fundiert die indirekte Bedrohung von Arten abzuschätzen, die den gegenwärtigen Strukturen der Insektizidverwendung ausgesetzt sind. Nur wenige natürliche Populationen werden überhaupt überwacht, und noch weniger werden so genau beobachtet, daß sich mit Bestimmtheit die Ursache für einen beobachteten Niedergang voraussagen läßt. So gibt es beispielsweise einige Belege dafür, daß die Einwirkungen von Pestiziden auf Bodenorganismen und auf räuberische Insekten im allgemeinen sehr tiefgreifend sein können.[47]

Einigen kleineren Wirbeltieren ist es gelungen, eine Resistenz gegen Pestizide zu entwickeln. So sind zum Beispiel in einigen Gegenden die Koboldkärpflinge gegen Endrin resistent geworden und können mit so viel Gift in ihren Zellen überleben, daß sie für ihre Raubbeuter giftig geworden sind. Wegen ihrer verhältnismäßig langen Lebensdauer und ihrer oft hohen Stellung in den Nahrungsketten und weil die chlorierten Kohlenwasserstoffe ihre Fortpflanzungsvorgänge unterbrechen, scheinen die *Vögel* unter den größeren Landtieren auf die Gifte am empfindlichsten zu reagieren. Selbst dort, wo Insektizide nicht die Hauptursache der Auslöschung von Vögeln sind, können sie ihren Reproduktionserfolg so sehr herabsetzen, daß ihre Anfälligkeit stark erhöht wird.

Nehmen wir beispielsweise den Weißkopfseeadler. Dieser großartige Vogel ist das Wappentier der Vereinigten Staaten. »Eagle« (Adler) war der Name, der in den sechziger Jahren für das Mondlandefahrzeug ausgewählt wurde und in den achtziger Jahren für ein Düsenflugzeug. Unter anderem ist er auch das Symbol einer Rockgruppe, einer amerika-

---

46 Chemisch beständige Schadstoffe wie chlorierte Wasserstoffe, aber auch Abbauprodukte von manchen Stoffen, wie die Schwermetallverbindungen Quecksilber aus Beizmetallen und anderem, reichern sich innerhalb von Nahrungsketten auf dem Weg durch Pflanzen, Pflanzenfresser, Fleischfresser erster, zweiter und höherer Ordnung immer mehr an, da diese Stoffe nach der Aufnahme in einen Organismus wegen ihrer hohen Fettlöslichkeit in Fettdepots oder bestimmten Organen gespeichert und nicht wieder ausgeschieden werden. Am Ende der Nahrungsketten, bei den Fleischfressern höherer Ordnung – also auch bei Menschen – werden damit maximale Schadstoffkonzentrationen erreicht. So wurden nach einer DDD-Sprühaktion (DDD ist ein dem DDT ähnlicher Wirkstoff) an einem See folgende Konzentrationssteigerungen registriert. Plankton: 250fach, verschiedene Fischarten: 2000fach, Felchen und Welse: 10 000fach, Sonnenbarsche: 12 000fach, Zwergtaucher: 80 000fach, gegenüber der theoretischen Konzentration im Wasser.
47 Vgl. die Diskussion der Pestizideinwirkungen auf Ökosysteme in *Ecoscience*, a.a.O., Kapitel 11.

nischen Footballmannschaft, einer Bourbonmarke und einer 20-Golddollarmünze. Nach Schätzungen beträgt die Zahl der Adler nur noch ein Prozent von denen, die früher in den achtundvierzig zusammenhängenden Staaten der USA lebten. Die Zerstörung ihres bevorzugten Habitats, bewaldeter Küstensäume, um Platz für Industrie und Häuser zu schaffen, ist der Hauptgrund für diese Verringerung. Unglücklicherweise lenkt die Gegenwart von Menschen, die ihren Geschäften nachgehen, die Weißkopfseeadler ab, die ihren zu verfolgen. Die Vögel sind bei der Brut äußerst empfindlich und verlassen bei kleinen Störungen schon das Nest. Einst war dieses Verhalten für langlebige Vögel sehr angebracht: sie lebten weiter und konnten sich ab dem nächsten Tag wieder vermehren. Doch kühlen verlassene Eier rasch ab und die Embryonen sterben; und wenn laufend Störungen auftreten, wird eine erfolgreiche Brut unmöglich. Darüber hinaus wandern die Adler gerade während der Jagdsaison, und zufällig oder mit Absicht werden viele von ihnen abgeschossen. Und zu schlechter Letzt weichen die Pestizide ihre Eierschalen auf, und verringern so die Chancen des Bruterfolgs. Wie in anderen Fällen, so spielt auch hier möglicherweise das Pestizid die Rolle des Tropfens, der das Faß zum Überlaufen bringt.[48]

Aufgrund mißverstandener Vorstellungen von Schädlingsbekämpfung (die Nahrung dieses Adlers besteht hauptsächlich aus toten oder sterbenden Fischen – daher sein Auftreten in Häfen) gab es bis 1952 ein Kopfgeld für Weißkopfseeadler.[49] In den sechziger Jahren wurde ein schwerwiegender Rückgang festgestellt, und er wurde zu einem Brennpunkt für die ökologische Bewegung der USA. Ausgehend von vielleicht siebenhundert Tieren kam es in den 48 zusammenhängenden Staaten zu einer Erholung auf mehrere Tausende. Die Zerstörung der Habitate dauerte aber an – selbst in Alaska, wo das Holzfällen vielleicht die größeren Populationen bedroht, die dort noch leben.[50] In letzter Zeit kam es in verstärktem Maße

---

48 Einiges von dem Material über den Weißkopfseeadler stammt aus der *Today Show* vom 28. März 1980 bei NBC.
49 Ähnliche Beispiele ließen sich auch in großer Zahl aus der BRD anführen. Erinnert sei an die Bleibelastung durch den Abbau im Harz bei Goslar oder die Belastung durch eine ganze Anzahl von Schredderbetrieben, die über das ganze Land verteilt sind. Das Problem ist hier besonders akut, da es sich dabei um an sich sinnvolles Recycling handelt, welches heute meist aber noch außerordentlich umweltbelastend durchgeführt wird. Der Obst- und Gemüseanbau ist im näheren Bereich dieser Anlagen zwar noch erlaubt, obwohl häufig die gesundheitsschädlichen Belastungen mit Schwermetallen festzustellen sind.
50 Frank Graham, Jr., »Will the Bald Eagles survive to 2076?«, *Audubon*, März 1976.

zu illegalem Abschießen der Tiere durch »Farmer und Rancher, die den Seeadler als Bedrohung für ihre Tiere ansehen, und von Schießwütigen, die sie als verführerische Ziele benutzen«.[51] Die Bedrohung durch Pestizide und chemisch ähnliche Umweltgifte industriellen Ursprungs hängt nach wie vor wie ein Damoklesschwert über ihnen.

Das unterschiedslose Abknallen wird nun entschiedener verfolgt, und wenn Richter strenge Sprüche fällen, könnten die Folgen heilsam sein. Des weiteren könnten Erziehungsprogramme durch verantwortungsbewußte Jäger, die ebenso verärgert über die Adlerschützen sind wie verantwortungsvolle Privatpiloten über betrunken fliegende Kollegen, einen Druck erzeugen. Doch ist es schwierig, die Erschließung bewaldeter Küstenzüge zu stoppen. Und ebenso schwierig ist die Verlangsamung des Giftschwalls, der auf Nutzpflanzen und sonstwohin gesprüht wird. Und es ist unmöglich, langfristig wirkende Gifte wieder zu entfernen, wenn sie einmal in die Umwelt gelangt sind. Daher bleibt wenigstens außerhalb Alaskas die Zukunft des amerikanischen Symbols zweifelhaft.

Eine breite Anwendung der Gifte ist längst nicht mehr so üblich wie in den schlechten alten Tagen der fünfziger und sechziger Jahre, als es schien, daß die ganzen Vereinigten Staaten mit Insektiziden zugedeckt würden. Immer noch sind aber Mißstände verbreitet und werden manchmal auch von den ungewöhnlichsten Stellen begangen. Einer der Missetäter war die Nationalparkbehörde, die weiterhin ein breites Arsenal an Giften in den Parks benutzt, wo sie eigentlich unter allen Umständen und zuallererst nichts mehr zu suchen haben dürften.[52] 1980 rückte die Nationalparkbehörde mit einem besonders empörenden Plan heraus: Dreizehn Präriehundkolonien entlang der Innengrenze des Badlands-Nationalparks sollten vergiftet werden. Hierfür sollte Zinkphosphit verwendet werden, ein äußerst gefährliches, persistentes Breitspektrumgift. Es ist für alle Tiere giftig und bleibt dies in trockenen Gebieten auf längere Zeit. In der Gegenwart von Feuchtigkeit baut es sich ab, wobei es ein giftiges Gas freigibt.

Warum will die Nationalparkbehörde ein typisches, einheimisches Tier vergiften – eines, dessen »Städte« über große Flächen des nordamerikanischen Westens verstreut sind – und von denen eine einzige Kolonie 450

---

51 K. M. Schreiner und C. J. Senegal, »The American government's programs for endangered birds«, in S. A. Temple (Hrsg.), *Endangered Birds: Management Techniques for Rescuing Endangered Species,* Madison (University of Wisconsin Press) 1978, Seite 22.

52. M. Frome, »Crusade for wildlife«, *Defenders,* April 1980.

Millionen Einzeltiere zählen kann.[53] Von den Viehhaltern, deren Land an den Park grenzt, wurden sie unter Druck gesetzt, da diese die Präriehundkolonien des Parks als Quelle der »Heimsuchung« ihrer Ländereien ansahen. Wenn die Viehbesitzer nicht ihr Land einer Überweidung aussetzen würden, wären die Verluste durch Präriehunde sicher vernachlässigbar. Selbst wenn sie es aber nicht wären, wären für das Problem andere Lösungen – einschließlich Ausgleichszahlungen an die Viehhalter – vorzuziehen. Die Präriehunde sind die Nahrungsquelle für den Schwarzfußiltis, den seltensten der gefährdeten Säuger Nordamerikas, und ihre Kolonien stellen ein wichtiges Habitat für eine große Vielzahl anderer Arten dar – etwa für die Kanincheneule, das Schweifwaldhuhn, Schlangen und Salamander. Durch eine Erklärung des Board of Commissioners des Pennington-County (Süddakota), das sich im Nordwesten an den Park anschließt, wird die Haltung der Viehhalter beispielhaft beleuchtet: »Es ist unsere Meinung, daß Präriehunde nichts weiter als Nagetiere sind (daher wäre Prärieratte ein passenderer Name); ihnen zu erlauben, daß sie weiterhin gutes Weideland und Privatland heimsuchen, wäre jenseits unseres Fassungsvermögens. Wir teilen die Besorgnis um den Großohr-Kitfuchs oder den Schwarzfußiltis nicht, wenn sie auf die Kosten der privaten Landbesitzer gehen soll, die die Nachbarn des Nationalparks und anderer Bundes- und Staatsländereien sind.«[54]

Daß der Wert des Schutzes von Präriehunden oder Iltissen jenseits des Fassungsvermögens von Viehbesitzern liegt, ist ein weiteres Anzeichen für die herrschenden Werte in unserer Gesellschaft und zum Teil auch ein Armutszeugnis für das amerikanische Bildungssystem. Daß die Nationalparkbehörde, die eigentlich das erhalten soll, was von den natürlichen Ökosystemen Amerikas übriggeblieben ist, dem Druck solcher Gruppen nachgeben will, ist einfach schockierend. Doch finden sich auch ermutigende Anzeichen, daß der Einsatz von Giften in schlechtdurchdachten und gewöhnlich erfolglosen Programmen zur Bekämpfung von Nagern, Koyoten usw. zurückgeht. Die fragliche Effektivität derartiger Programme ist ebenso offensichtlich wie ihre unvorhersehbaren Folgekosten. In jeder Kosten-Nutzen-Rechnung, die Ökosystemwerte miteinschließt, werden sie zu klaren Fehlentscheidungen.[55]

---

53 T. L. Kimball und R. E. Johnson, »The richness of American wildlife«, in: Council on Environmental Quality, *Wildlife and America,* Washington (U.S. Government Printing Office) 1978, Seite 3–17.
54 Zitiert nach Frome, a.a.O.
55 Vgl. zum Beispiel S. A. Cain, »Predator and pest control«, in: Council on Environmental Quality, *Wildlife and America,* a.a.O., Seite 379–395.

Am 8. November 1979 tat der damalige US-Innenminister Cecil Andrews einen ersten Schritt, der auf lange Sicht dazu führen könnte, daß der Westen nicht mehr überall mit Gift eingedeckt wird. Er stoppte jede Verwendung und weitere Forschung für das Gift Natriumfluorazetat (Verbindung Nr. 1080), das ungezählte Millionen wildlebender Tiere, einschließlich der Adler, umgebracht hatte. Er unterstützte ferner die Verwendung nicht-letaler Bekämpfungsmittel – etwa abschreckende Geruchsstoffe, um Viehherden für Koyoten und andere Angreifer ungenießbar zu machen – und ermutigte zu ihrer Verwendung. Und er bestätigte, daß die Erhaltung wildlebender Arten, auch der Raubtiere, eine wichtige Funktion der bundeseigenen Gebiete sei.[56]

Noch lange ist aber die Schlacht nicht gewonnen. Die Fleischindustrie ist nicht überzeugt und will um ihre Interessen kämpfen – und sie stellt eine mächtige Lobby dar. Der Biologe Stanley A. Cain drückte es so aus: »Andere Ziele als die der Viehhalter des Westens in der Fleischverarbeitenden Industrie müssen auf die gleiche Weise vorgebracht werden, mit der diese Männer ihre Stärke erreicht haben – in der politischen Arena.«[57]

Ein anderes Giftsprühprogramm, das durch die Viehhaltungsinteressen gefördert wird, ist das, was schönfärberisch »Beifußkontrolle« genannt wird. In Wirklichkeit beinhaltet es die Umwandlung von mehr als 15 000 Quadratmeilen naturnaher Beifußgesellschaften in naturfernes Grasland. Für zehn bis zwölf Prozent der wichtigsten Beifußflächen in den Vereinigten Staaten (die in den Staaten Nevada, Oregon, Idaho, Wyoming und Colorado konzentriert sind) wurden Programme ins Leben gerufen.

Über die Hälfte der Umwandlungen ist durchgeführt und wird durch Spritzen mit Herbiziden aufrechterhalten. Einige Flächen, wo es ein paar »wünschenswerte« Gräser zwischen den Beifußpflanzen gibt (welche von den Kühen gerne gefressen werden), werden mit nichteinheimischen Gräsern besät.

Aus verschiedenen Gründen müßte man über diese Projekte im Großmaßstab betroffen sein. Mögliche Einwirkungen auf bekannte wildlebende Tierarten – besonders auf den Großohrhirsch, das Beifußhuhn, den Gabelbock und Singvögel – haben die größte Besorgnis hervorgerufen; für diese Tiere aber scheint es wenig Grund für eine ernsthafte Sorge zu geben.[58] Wie gewöhnlich, so werden auch hier die vermutlichen Auslö-

---

56 »Defenders view«, *Defenders,* April 1980.
57 Cain, a.a.O., Seite 394.
58 T. R. Vale, »Sagebrush conversion projects: An element of contemporary environmental change in the Western United States«, *Biological Conservation* 6, 1974, Seite 274–284.

schungen zahlreicher Populationen einer großen Vielheit von eingeborenen Pflanzen, Insekten und anderen, wenig bekannten Organismen kaum gesehen und auch die möglichen Einwirkungen auf die Ökosysteme – etwa ein verringerter Nährstoffkreislauf.[59] Wie bei vielen anderen Aktivitäten verändern die Menschen auch hier Natur in einem großen Maßstab, ohne die geringste Vorstellung von den Langzeitkonsequenzen zu haben. Es muß festgestellt werden, daß viele anthropogene Veränderungen von Ökosystemen in großem Maßstab notwendig und, wenigstens von einer homozentrischen Sichtweise aus, wünschenswert sind. Ebenso wie sich nicht rational die Umwandlung einiger natürlicher Ökosysteme in Ackerland beklagen läßt, ist auch eine Weideverbesserung für Rinder oder andere Haustiere im Prinzip offensichtlich annehmbar. In den Vereinigten Staaten sind riesige Landstriche für die Weide, nicht jedoch für den Nutzpflanzenanbau geeignet. In einer Welt mit Nahrungsmittelknappheit erscheint uns dies für ein derartiges Land als Hauptnutzungsmöglichkeit; und weil grasgefütterte Rinder sowohl gesünderes Fleisch haben als auch bessere Futterverwerter sind als Rinder, die mit Getreidesorten gefüttert werden, ist es wünschenswert, das Vieh, solange es geht, auf den Weiden zu lassen, statt es in Ställen zu mästen. Dennoch bereitet die *Gesamtdimensionierung* der Aktivitäten und Techniken, die zum Ausführen des Weideverbesserungsplans verwendet werden, berechtigte Sorge. Nur mit sorgfältigen Untersuchungen, die über eine Sorge um den maximalen Rindfleischertrag in der unmittelbaren Zukunft auf der einen Seite, und über Untersuchungen auf Auswirkungen nur bei Großwild auf der anderen Seite hinausgehen, können wirklich begründete Entscheidungen über das Ausmaß der Beifußkontrolle und ihrer Methoden getroffen werden. Jeder Einsatz von Spritzmitteln auf Tausenden von Quadratkilometern ist verdächtig – egal, wie wichtig auch der Grund sein mag, aus dem heraus gesprüht wird und wie oberflächlich-harmlos das Gift in anderer Hinsicht sein mag.

Es gibt ansehnliche Gründe, ganz allgemein über Herbizidverwendungen besorgt zu sein: Das jährliche Verkaufsvolumen für Herbizide ist größer als das für Insektizide.[60] Die Fragen über ihre direkte Einwirkung auf die menschliche Gesundheit haben beachtliche Kontroversen ausgelöst.[61]

---

59 R. Daubenmire, »Steppe vegetation of Washington«, *Technical Bulletin of the Agricultural Station of Washington State University*, 62, 1970.
60 In der Bundesrepublik Deutschland wurden 1969 130000 t Pflanzenschutzmittel hergestellt. Bis zum Jahre 1981 war diese Menge auf 160000 t angewachsen. Der Absatz an Pflanzenschutzmitteln in der BRD ist von 1971 bis 1981 von 19700 t auf 35000 t angestiegen, davon entfallen 60% auf Herbizide (IPF, 1982).
61 Vgl. »Dialogue«, *BioScience*, Bd. 29 (2), Februar 1979.

Gleichermaßen ernstliche und zumeist noch unbeantwortete Fragen können über die Einwirkungen von Herbiziden auf die Ökosysteme, insbesondere auf die Bodenflora und Bodenfauna, gestellt werden und über ihr Mitwirken bei Auslöschungen von Populationen und Arten.

Der Auswurf der Industriegesellschaft

Viele der giftigen Substanzen, die die Populationen anderer Arten schädigen, werden nicht absichtlich über die Landschaft gesprüht, sondern zufällig oder bei Prozessen der »Abfallbeseitigung« freigesetzt. Hierzu gehört ein großes Arsenal von Chemikalien, deren wichtigste den Pestiziden sehr ähnlich sind. So beispielsweise die polychlorierten Biphenyle (PCB). Diese Verbindungen ähneln von ihrer Struktur her der Pestizidfamilie, zu der das DDT gehört; sie verursachen gleichartige Wirkungen auf lebende Systeme, ja sie können sogar die Eischalenverdünnung bei den Vögeln hervorrufen. Fünfzig Jahre lang wurden PCBs für eine breite Palette industrieller Anwendungen benutzt, etwa für Transformatoren, Weichmacher, Farbzusätze und Hydraulikflüssigkeiten. Durch verschiedene Pannen konnten sie in die Umwelt entkommen: aus Kunststoffen verdunsten, aus Trafos auslaufen. Und sie haben sich über den ganzen Erdball verteilt, um eigentlich alle Organismen zu vergiften, die antarktischen Pinguine genauso wie die Bewohner drei Kilometer tiefer Meeresgräben – oder auch uns. Obwohl in den Vereinigten Staaten 1978 die Produktion von PCBs gestoppt wurde, endeten von einer Million Tonnen Dreiviertel auf Müllkippen und in Bodenauffüllungen. Sie werden lange Zeit in unserer Umwelt sein und mit dazu beitragen, die Schrauben des Raumschiffs Erde zu lockern.[62]

---

62 Für Informationen über PCBs vgl. *Ecoscience* und R. W. Peterson, »Ecology: Accumulation threats of life«, *Environment* 22, April 1980, Seite 3–5. – Der deutsche Chemiker Gries synthetisierte 1866 zum ersten Mal eine Verbindung aus der Gruppe der PCB. Doch erst um 1930 begann die industrielle Herstellung. Bis 1970 wurden in der Welt schätzungsweise 1 Mill. Tonnen produziert. Davon entfielen auf die USA etwa 50 %. Genaue Produktionszahlen, aufgeschlüsselt nach Ländern, lassen sich nicht mehr ermitteln. 1966, genau hundert Jahre nach der ersten Synthese, entdeckte der Schwede Sören Jensen im Muskelfleisch von Hechten eine Anzahl unbekannter Substanzen. Bei vergleichenden Untersuchungen stellte er fest, daß die Fische aus dem industrialisierten Südschweden stärker mit diesen Verbindungen belastet waren als Fische aus Lappland. Er folgerte daraus, daß die Substanzen nicht natürlichen Ursprungs sein könnten und vermutete, daß es sich dabei um Insektizidrückstände handeln würde. Aber keines der Insektizide aus

Die größte öffentliche Betroffenheit über die Umwelt rührt von den Stoffen her, die durch menschliche Tätigkeit in Luft und Wasser gelangen. So wurde die Bevölkerung durch die Love-Kanal-Affäre in Niagara (New York) aufgeschreckt, wo giftige Stoffe, über die man nur wenig weiß, in eine Bodenauffüllung geschüttet wurden, wo dann auf dem Gelände eine Grundschule gebaut und nebenan Häuser hochgezogen wurden. Anschließend wurde bekannt, daß über die Vereinigten Staaten Tausende solcher »Love-Kanäle« verstreut sind[63] – und vielleicht auch ebenso in anderen Industrieländern –. Dies war ein Schock für die Öffentlichkeit. Zu Recht haben die Menschen Angst vor der Entstehung eines Emphysems oder einer Herzkrankheit durch die Luftverschmutzung oder einer Diarrhoe durch Wasserverschmutzung oder Krebs durch Chemikalien, die aus alten Müllkippen entweichen.

Doch sind bisher die Einwirkungen dieser Umweltverschmutzungen auf andere Arten und damit auf die Ökosystemdienstleistungen kaum beachtet worden, obwohl diese Einwirkungen auf die Dauer sicher die bedrohlicheren für die menschliche Gesundheit und das menschliche Glück sein werden. Schwefeldioxidgas wird erzeugt, wenn Kohle, Benzin oder Heizöl verbrannt werden; Schwefeloxide waren für die hohen Emphysemraten, die Fälle von akutem und chronischem Asthma und Bronchitis, die in verschmutzten Städten beobachtet wurden, mitverantwortlich. Schwefeldioxid richtet aber noch mehr Unheil an, als nur die Lunge zu schädigen. Sowohl bei Pflanzen mit Laubblättern als auch bei immergrünen Pflanzen verhindert Schwefeloxid das Wachstum und verursacht das Absterben

der Familie der Chlorkohlenwasserstoffe z. B. DDT, Aldrin, Dieldrin paßte in die Analyse. Anhand der Bestände eines Naturkundemuseums an Weißschwanzadlern konnte Jensen feststellen, daß die Substanzen etwa seit 1940 zum Einsatz gelangt sein mußten, da er sie in den Schwanzfedern eines 1942 getöteten Adlers erstmals nachweisen konnte. Folglich kamen Insektizide aus der Gruppe der chlorierten Kohlenwasserstoffe nicht in Betracht, da diese erst seit 1945 angewendet wurden. In den folgenden Jahren wiesen umfangreiche Untersuchungen PCB in zahlreichen lebenden Organismen auf der ganzen Welt nach. Als Reaktion auf diese Horrormeldungen der Wissenschaftler wurde die PCB-Verwendung in einzelnen Ländern verboten. Die vier größten Hersteller der westlichen Welt boten nach 1972 PCB nur noch für sogenannte »geschlossene Systeme« an. Es handelt sich dabei um Anwendungsbereiche, bei denen ein direkter Kontakt mit der Luft ausgeschlossen ist. Die Anwendung in offenen Systemen ist seit 1976 in der EG verboten. Zwei Hersteller, Monsantodie, USA und Karnegafuchi, Japan, haben die Produktion mittlerweile eingestellt. Die letzten PCB-Produzenten sind die Bayer AG in Leverkusen und die französische Firma Prodelec. In der UdSSR wird PCB von der Firma Sovol und in der CSSR von Chemco produziert (1983 stellte Bayer AG die Produktion ein).

63 Michael Brown, *Laying Waste: The Poisoning of America by Toxic Chemicals*, New York (Pantheon) 1979.

wichtiger Zellen in den Blättern. Derartige Auswirkungen auf wachsende Pflanzen haben nicht nur Auswirkungen auf natürliche Ökosysteme, sondern auch auf Nutzpflanzen und Wälder, die die Menschheit direkt ausbeutet.[64]
In gleicher Weise greifen die in verschmutzter Luft zu findenden Oxidationsmittel (Stoffe wie das Ozon oder Peroxiazetylnitrat, die bei chemischen Reaktionen häufig ein Sauerstoffatom abgeben) nicht nur die menschliche Gesundheit, sondern auch die der Pflanzen an.[65] Luftverschmutzung hat die Vegetation in der Nachbarschaft einiger chemischer Betriebe ausgelöscht, und mit den Pflanzen gehen selbstverständlich auch die Tierpopulationen zugrunde, die von ihnen abhängig sind. Die Luftverschmutzung hat sogar Kiefern in der Sierra Nevada – in vielen Kilometern Entfernung von ihrer Hauptquelle Los Angeles – absterben lassen. Und

64 Die entscheidende Rolle des Schwefeldioxyds für das Absterben unserer Wälder ergibt sich daraus, daß die stärksten Schädigungen dort vorhanden sind, wo auch die höchsten Konzentrationen der Luftbelastung mit Schwefeldioxyd vorliegen. Seit 1950 hat sich z. B. der Schwefeldioxydausstoß in der Bundesrepublik auf nunmehr jährlich 3,5 Mill. t verdoppelt. Gleichzeitig hat sich die Höhe der Kamine der Hauptemittenten fast verfünffacht, mit der Folge, daß sich nunmehr der letzte Dreck in Windeseile über wesentlich größere Flächen verteilt.
Anstelle der Abluftreinigung hat man also versucht, über die Hochschornsteinpolitik die Probleme der Luftverschmutzung zu lösen. Betroffen sind davon vor allem Nadelwälder als die wirksamsten Abgas- und Staubfilter, zugleich aber auch die gegen Luftverschmutzung empfindlichsten Wälder. Im Rahmen des forstlichen Forschungsprojekts Solling wurde u. a. nachgewiesen, daß ein 140 km vom Ruhrgebiet entfernter Fichtenbestand dreimal mehr Schwefel pro ha und Jahr aus der Luft filtriert, als über den Niederschlag dem Boden zugeführt wird. Mehr als die Hälfte der SO_2-Emissionen und etwa ein Drittel der NO_X-Emissionen wird von Kraftwerken bei der Stromerzeugung emittiert. Der Kraftfahrzeugverkehr ist für knapp die Hälfte der NO_X-Emissionen verantwortlich.
Müllverbrennungsanlagen tragen nicht unerheblich zu Emissionen bei. Insbesondere bei einigen Schwermetallen; die Schadstoffe werden je nach Wetterbedingungen und Schornsteinhöhen über Entfernungen von mehreren hundert Kilometern transportiert, verweilen oft mehrere Tage in der Atmosphäre und unterliegen vor ihrer Ablagerung chemischen und physikalischen Umwandlungen. Die daraus entstehenden Folgeprodukte, z. B. SO_2-Sulfate und Schwefelsäure für NO_X-Nitrate und Salpetersäure, sind meist viel gefährlicher als die ursprünglich emittierte Luftverunreinigung. Je nach dem Grad der Luftverunreinigung mit anderen Schadstoffen schwankt die SO_2-Oxydationsrate zwischen 0,5 % und 4 % SO_2 pro Stunde. Im Durchschnitt wird etwa ein Viertel bis die Hälfte des SO_2 zu Sulfaten in die Atmosphäre oxydiert, wobei die Sulfatteilchen überwiegend als Aerosole in der Regel wesentlich länger in der Luft verweilen und hierbei über weitere Entfernungen transportiert werden. Für Stickoxyde ist die Oxydationsrate um die Transportentfernung noch größer. Vgl. H. Weiger: *Praxis der Naturwissenschaften* 9, 1983.
65 T. T. Kozlowski, »Impacts of air pollution on forest ecosystems«, *BioScience* 30, 1980, Seite 88–93. Vgl. auch *Ecoscience* a.a.O., Seite 661.

für eine Verringerung des Reichtums an Pflanzenarten (und damit auch des Reichtums an Tierarten) in Buschlandgemeinschaften an der Küste des südlichen Kaliforniens sind anscheinend Oxidationsmittel verantwortlich.[66]

So schwerwiegend aber auch diese Folgen sind, eine indirekte Auswirkung der Luftverschmutzung scheint aber noch ernsthaftere und allgemeinere Gefährdungen für andere Arten zu erzeugen. Stickoxide und Schwefeloxide, die von Fabrik- und Kraftwerksschornsteinen, aber auch von Autoauspuffen in die Atmosphäre gelangen, unterliegen chemischen Reaktionen, die sie in Schwefelsäure und Salpetersäure umwandeln. Als Folge einer Gegenwart dieser starken Säuren sind über großen Teilen des östlichen Nordamerikas und Europas die Regen zehn- bis tausendmal so sauer wie Regen aus einer nichtverschmutzten Atmosphäre.[67] In Pitlochry (Schottland) gab es am 10. April 1974 ein historisches Ereignis: einen Regenguß, der so sauer wie Essig war. Selbst in den Rocky Mountains von Colorado wird der Regen beachtlich saurer als Niederschläge aus nichtverschmutzten Himmeln.[68]

Die Einwirkung des sauren Regens auf die Populationen und Arten anderer Organismen sind noch nicht vollkommen erforscht, doch die bisher bekannten Tatsachen sind unheilvoll genug. Bestimmte Süßwassersysteme, die in Gegenden mit Granit, Quarz oder ähnlichem Gesteinsgrund auftreten, sind besonders verletzlich. Diese Gesteine gibt es in den Rocky Mountains, den Appalachen und häufig in Kanada und in Nordeuropa (aber auch im Harz und im Bayerischen Wald, d. Ü.). Im südlichen Norwegen sind Fischpopulationen über weite Strecken in Bedrängnis. Populationen von Bakterien, Phytoplankton, Zooplankton und allen Tieren, die von ihnen in Fließgewässern und Seen abhängig sind, sind genauso betroffen.[69]

In den Adirondacks machen die Regen nicht nur das Wasser saurer,

---

66 W. E. Westman, »Oxidant effects of Californian coastal sage scrub«, *Science* 205, 1979, Seite 1001–1003.

67 *Ecoscience,* a.a.O., Kapitel 11.

68 Der Regen von Pitlochry hatte einen p_H-Wert von 2,4 – Bryan Sage, »Acid drops from fossil fuels«, *New Scientist,* 6. März 1980. In den Rocky Mountains wurden die Messungen zum sauren Regen von Dr. Ron Hall und Dr. John Harte (Rocky Mountain Biological Laboratory) gemacht.

69 G. E. Likens et al., »Acid rains«, *Scientific American,* Oktober 1979. – In der BRD nimmt das Problem des sauren Regens immer bedrohlichere Ausmaße an. Allein im ostbayrischen Grenzgebirge sind etwa 500 000 ha Waldfläche betroffen. In Nordrhein-Westfalen sind 58 % der Fichtenwälder betroffen. Nach Schätzungen des Deutschen Forstwirtschaftsrats (1982) sind inzwischen ⅓, d. h. 2,5 Mill. ha der bundesdeutschen Waldfläche erkrankt (Primärursache Luftverschmutzung).

sondern die Salpetersäure reagiert zusätzlich noch mit dem Boden und setzt riesige Mengen Aluminium frei, das in die Seen gewaschen wird. Die Säuren sammeln sich in den winterlichen Schneedecken und ergießen sich mit den Frühjahrsschmelzen in Konzentrationen, die für Fische tödlich sind, in die Flüsse. Dann folgt die Spülung mit einer Aluminiumsuspension. Ergebnis: In den dreihundert Adirondack-Seen sind sämtliche Fischpopulationen ausgelöscht; im ganzen Gebiet sind der Bachsaibling und andere Arten ausgestorben.

Auch weiter im Norden verschlimmert sich die Lage. Kanadische Wissenschaftler haben 48 000 Seen registriert, die – wenn der gegenwärtige Trend weitergeht – in zwei Jahrzehnten kein Leben mehr aufweisen werden.[70] In Schmelzwassertümpeln im oberen Teil des Staates New York können Fleckensalamander nicht mehr leben, weil der Schnee zu sauer ist.[71] In Neuschottland haben saure Regen ein Drittel der Laichflüsse des Atlantischen Lachses zerstört – als ob Pestizide, Dammbaumaßnahmen, sonstige Umweltverschmutzung, Überfischung und Wildereien nicht schon ausreichen würden, diese kommerziell wichtige Art in Richtung Aussterben zu treiben.[72]

Tiefgreifende Auswirkungen können aber saure Regen auch in terrestrischen Ökosystemen haben. Sie zerstören die Mikroorganismen im Boden – auch die, die beim wichtigen Stickstoffkreislauf beteiligt sind. Durch saure Niederschläge kann im Boden die Rate geändert werden, mit der Gifte mobilisiert werden; die Auswirkungen der anderen Umweltgifte können sich so verschlimmern.[73] Die Gesamteinwirkung der sauren Re-

70 R. W. Peterson, a.a.O.; »Aluminium pollution caused by acid rain killing fish in Adirondack lakes«, *BioScience,* Juli 1978.
71 F. Pough, »Acid precipitation and embryonic mortality of Spotted Salamanders, *Ambystoma maculatum*«, *Science* 192, 1976, Seite 68–70.
72 S. Kimber, »Empty Rivers: Dashed hopes«, *International Wildlife,* Mai/Juni 1980.
73 Messungen der Luftverunreinigung des Umweltbundesamtes an drei repräsentativen Reinluftteststationen (im Schwarzwald, Hunsrück und in der Lüneburger Heide) haben für den Zeitraum 1973 bis 1981 zu folgenden Ergebnissen geführt: Im Hunsrück und in der Lüneburger Heide war eine deutlich ansteigende Tendenz der mittleren SO_2-Konzentration zu verzeichnen. Der Emissionslangzeitwert IW 1 trägt dort heute 20 µg pro Kubikmeter. Bei der Säureionenkonzentration im Regen war im Hunsrück, in der Lüneburger Heide ebenfalls, eine ansteigende Tendenz unverkennbar. Die pH-Werte des Niederschlags unterliegen durchgehend starken monatsweisen Schwankungen und bewegten sich in letzter Zeit zwischen 3,8 und 4,5. Für den Wald ist nicht allein die Naßdeposition, insbesondere die Säurekonzentration im Niederschlagwasser relevant; die Trockendeposition von Gasen und Aerosolpartikeln spielt ebenfalls eine entscheidende Rolle. Bäume üben bekanntlich auf Luftverunreinigung eine Filterwirkung (Interzeption) aus, die zu einer Akkumulation von Gasen und Partikeln auf den oberirdischen Pflanzenteilen führt. Dabei

gen auf Waldökosysteme kann bis heute nicht mit Bestimmtheit vorhergesagt werden. Bis sich die Berichte von einer Wachstumshinderung als zutreffend erweisen, kann es tatsächlich fünfzig Jahre dauern.[74] Inzwischen ist der auch durch saure Niederschläge verursachte Waldtod in vielen Gebieten Deutschlands schon Wirklichkeit geworden. Doch gibt es Grund zu der Annahme, daß Populationen von Waldlebewesen – von den Salamandern bis zu den Eichenbäumen – in Folge des sauren Regens, der vom Himmel platscht, allmählich der lautlose Tod dahinraffen wird. In diesem Zusammenhang scheint es fast überflüssig zu sein, darauf hinzuweisen, daß die heute schon fast normale und überall vorhandene Wasserverschmutzung bereits zur Auslöschung zahlloser Populationen anderer Organismen geführt hat.

Hier wird daher ein einziges Beispiel ausreichen. Der französische Entdecker Père Marquette war vom Tal der Illinois 1673 sehr beeindruckt: »Wir haben noch nie so etwas gesehen wie diesen Fluß, den wir befahren – hinsichtlich seiner Bodenfruchtbarkeit, seiner Prärien und Wälder, hinsichtlich seiner Büffel, Elche, Wildkatzen, Bussarde[75], Schwäne, Enten, Sittiche und sogar seiner Biber.«

Drei Jahrhunderte später, 1980, hat der Ökologe Don Moll den Fluß mit anderen Begriffen beschrieben. Wenn man nahe genug an ihn herangeht, wird man vom

... Geruch der aufgedunsenen Karpfen und Hornhechte, die an das Ufer geschwemmt werden, wie von einem Schlag getroffen. Sie bewegen sich auf dem dicken, ölig-grünen Wasser im Rhythmus der Wellen, die von dem Flußkahn- und Motorbootverkehr, der sich beständig in dem schmalen Kanal bewegt, erzeugt werden. Keine eingewurzelten Wasserpflanzen lassen sich sehen, und die einzigen Vögel im Blickfeld sind Bootsschwänze und Ringsturmmöwen, Abfallfresser, die die Leichen an den Ufern verarbeiten.[76]

---

filtriert die Fichte im Jahresmittel etwa dreimal soviel Säurebildner aus der Luft wie die Buche. Es kann darum nicht verwundern, daß die Versauerung von Waldböden zugenommen hat. Die wenigen längeren Meßreihen aus dem Solling, dem Münsterland und aus Berlin lassen vermuten, daß die pH-Bodenwerte in den letzten zwei Jahrzehnten durchschnittlich bis zu einer Einheit abgesunken sind. Dies würde bedeuten, daß der Waldboden heute zehnmal so sauer geworden ist, wie er damals war. Vgl. Anm. 64.

74 Zum Beispiel Peterson, a.a.O.
75 Vermutlich handelt es sich um das Kragenhuhn; wirkliche Trappen (Otidae) sind auf die Alte Welt begrenzt.
76 »Dirty river turtles«, *Natural History,* Mai 1980; das Marquette-Zitat haben wir diesem Aufsatz entnommen.

Das Bevölkerungswachstum in Illinois hat den Fluß auf verschiedene Weise in Mitleidenschaft gezogen. Das fruchtbare Tal wurde gerodet, entwässert und unter den Pflug genommen. 1871 wurde ihm ein tödlicher Stoß versetzt, als die Richtung des Chikago-Flusses künstlich umgedreht wurde, um die Abwässer der Stadt in das System des Illinois-Flusses zu leiten und nicht in den Michigan-See, der seine Trinkwasserquelle darstellte. Selbst wenn es keine Gifte, sondern nur organische Ausscheidungen enthält, kann Abwasser die Selbstreinigungskraft natürlicher Ökosysteme außer Kraft setzen. Allmählich wurde ein Freizeitparadies zerstört, das zu besonderen Ausflügen – den sogenannten »Fisherman's specials« – benutzt wurde und daneben auch zum gewerbsmäßigen Fang von Schildkröten, Miesmuscheln und Fischen. Zwischen 1900 und 1920 wurden die nördlichen hundert Meilen des Flusses zu einer biologischen Wüste; in seinem Wasser war eigentlich kein gelöster Sauerstoff mehr vorhanden, was hauptsächlich eine Folge der Überbelastung mit organischen Stoffen war.

Aus der vielfältigen Schildkrötenfauna des Flusses sind einige Arten, die für die Eiablage sauberen Sand brauchen, verschwunden. Ein paar Schildkrötenarten konnten unter den neuen Bedingungen auch gut gedeihen – sie wurden nicht nur durch das verschmutzte Wasser nicht behelligt, sondern waren auch von der Gegenwart der Seebarsche, Hechte, Reiher und anderer Schildkrötenräuber befreit. Schildkrötenarten, die einst als ausgewachsene Tiere sich von Pflanzen ernährten, fraßen nun ertrunkene Insekten und anderes Treibgut. Landschildkröten verspeisen eine eingeführte, umweltresistente asiatische Korbmuschel, die dort heute in großer Anzahl gedeiht.

Überall auf der Erde hat sich bei Süßwassersystemen die Geschichte vom Illinois-Fluß in ähnlicher Weise wiederholt. Der Rhein (ebenso wie der Main, d. Ü.) ist mit Giften beladen und hat schwerwiegende Fischsterben erlebt. In der Donau sind die Populationen wichtiger Fische großenteils vermindert.[77] Wenn es nicht gelingt, die Umweltverschmutzung zu stoppen, ist der Baikalsee in der Sowjetunion bedroht. Mittelamerikanische

---

77 Der Schaden am Main, der durch Gewässerverunreinigung und Verbauung angerichtet wurde, ist seit 1850 dokumentiert (Clausewitz 1978). Zwischen 1850 und 1860 ist der erste deutliche Rückgang der Fischfauna feststellbar. Mit der zunehmenden Industrialisierung bricht das Ökosystem 1880 fast zusammen. Als Ursache werden im damaligen Frankfurter Stadtarchiv bereits Anilinfabriken genannt. Die rezente Belastung des Mains hat aber noch weiter zugenommen. Täglich nimmt der Unterlauf des Mains 30 Tonnen Stickstoffsalze, 150 Tonnen organischen Kohlenstoff, 440 Tonnen andere Verunreinigungen auf. Die Zahl der im Main verschwundenen Fischarten beträgt zur Zeit acht. Weitere zwölf Arten sind gefährdet.

Flüsse werden vom Schlamm erstickt, der aus entblößten Hochgebirgen ausgewaschen wird. Japans Flüsse sind bis zum Rand mit Industrieabfällen gefüllt. Die Gewässer von Queensland (Australien) sind mit Zuckermühlenabfällen verschmutzt. Auf allen Kontinenten bewegt sich ständig ein Strom von Kot, chlorierten Kohlenwasserstoffen, Quecksilber, Kadmium, Chrom, Säuren, Laugen, Düngern, Waschmitteln, verbrauchtem Öl, Carbamatinsektiziden, Papierbreiabwässern und Schlamm durch die Mündungsbereiche in die Ozeane, die so wichtig für die Meeresfischerei sind. Durch diese Giftflut sind zahllose Populationen wasserlebender Organismen vom Aussterben bedroht.[78]

Bergbau, Dammbruch und Überflutung

Bergbau und Erschließung von Mineral- und Energiestoffen haben sowohl mittels direkter Einwirkungen als auch durch eine indirekte Umweltverschmutzung weitreichende schädigende Auswirkungen auf Biotope. Die mannigfaltigsten Auswirkungen auf die Umwelt hat der Bergbau. Viele Abfälle, besonders die der abgebauten Metalle, enthalten toxische Stoffe. Wenn Regen (und vor allem saurer Regen, d. Ü.) in den Abraumhalden versickert, wenn Schächte leergepumpt werden oder wenn Wasser direkt bei der Ausbeutung der Minen eingesetzt wird, finden diese Gifte oft ihren Weg in Süßwasserökosysteme.

Ein wohlbekanntes Problem ist die Erhöhung des Säuregehalts der Fließgewässer und Seen durch saures Pumpwasser aus den Bergwerken – früher wurde angenommen, daß dieses Problem fast nur beim Kohleabbau auftritt, doch jetzt wird erkannt, daß es viel weiter verbreitet ist.[79] Wie im Fall des sauren Regens kann auch hier die Einwirkung auf Organismen sehr schwerwiegend sein, so im Extremfall alles Leben auslöschen.

---

78 Ähnlich unverantwortlich verhält sich in der BRD die Rhein-Main-Donau-AG, die das Flußsystem des Mains, der Sulz, der Altmühl und der Donau kanalisieren will, bzw. schon kanalisiert hat. Hierdurch wurden lebendige fließende Gewässer in tote Kanalgerinne verwandelt. Die Artenvielfalt der von dieser ökologischen Zerstörung betroffenen Flußsysteme wird um mindestens 50 % reduziert werden. Im Falle der Altmühl wird wie beim Chikago-River versucht, die Fließrichtung zeitweilig umzudrehen, um das angeblich unter Wassernotstand leidende Nordbayern mit Donauwasser zu versorgen.

79 Über das saure Bergwerkswasser und die wissenschaftliche Diskussion anderer Probleme vgl. C. G. Down und J. Stocks, *Environmental Impact of Mining*, London (Applied Science Publishers) 1978.

Eine Umweltverschmutzung durch Schwermetalle – besonders durch Zink, Kupfer, Blei, Kadmium, Chrom und Quecksilber – ist allgemein verbreitet, und ihr Einfluß auf die Lebewelt in Fließgewässern und Seen ist häufig tiefgreifend. So wurden beispielsweise die Bleiminen in Cardiganshire (Wales) 1921 geschlossen, doch gewannen die verarmten Flüsse nur langsam etwas von ihrer früheren Artenvielfalt zurück. Neuere Untersuchungen, bei denen durch Bergwerke in Mitleidenschaft gezogene Wasserläufe mit »sauberen« verglichen wurden, zeigten an, daß die Artenvielfalt in den ersteren immer noch mehr oder minder unterdrückt ist. Der Langzeiteinfluß des Kohlenbergbaus scheint dem von Blei- oder anderen Metallbergwerken zu gleichen.[80]

Bergwerkswasser kann auch zu einem vorzeitigen Altern der Seen und zu anderen Vorgängen führen, die eine drastische Verringerung des gelösten Sauerstoffs in Seen und in Fließgewässern zur Folge haben. Sinkende Sauerstoffkonzentrationen haben einen tödlichen Effekt auf viele Tiere. Gegen verringerte Sauerstoffkonzentrationen sind einige der ökonomisch wünschenswerten Fische – etwa die Forellen – besonders empfindlich.

Die Reinigung der durch Bergwerke verschmutzten Gewässer kann äußerst schwierig sein. Ein Leck in einem kleinen Abgangshaldentümpel bei der Keystone-Mine in der Nähe von Crested Butte (Colorado) hat alle Fische unterhalb dieser Stelle im Coal Creek getötet. Ein teurer Versuch der American Metals Climax Corporation (AMAX), die nun das Eigentumsrecht besitzt, den Schaden wieder zu beheben, war bisher ein Fehlschlag. AMAX will ein riesiges, niedrig prozentiges Molybdänlager in der Nähe von Crested Butte auf eine Art ausbeuten, von der viele Leute befürchten, daß sie zur Zerstörung des ganzen Gebietes führen wird und ungeheuerliche Auswirkungen auf Flora und Fauna eines der biologisch reichhaltigsten Gebiete Colorados haben wird. Dabei ist das Hauptproblem, daß große Flutungsbecken von möglicherweise mehreren Quadratkilometern Ausdehnung gebaut werden sollen. Der Abraum wird mit Wasser gemischt, um eine Aufschlämmung herzustellen, die dann in Kammern hinter dem riesigen Damm gepumpt werden soll. Es werden dabei nicht nur die Ökosysteme dieses Gebietes zerstört, sondern der Staub aus eingetrockneten Becken, der möglicherweise für viele Organismen tödlich ist, wird wahrscheinlich vom Wind über weite Flächen verteilt. Ab einer bestimmten Höhe hat es sich bei Flutungsbecken als sehr schwierig erwiesen, sie mittels einer Bepflanzung zu befestigen.

---

80 Ebda., Seite 115; M. Abdullah und L. Royle, »Heavy metal content of some rivers and lakes in Wales«, *Nature* 238, 1972, Seite 329–330.

Wie andere Bergwerksaktivitäten wird auch dieses vorgeschlagene Projekt auf beiden Wegen die Luftverschmutzung erhöhen; direkt über die Belüftung von Erzzerkleinerungsanlagen, Schornsteinen, Maschinenabgasen und indirekt über Flutungsteiche und Abraumhalden. Die Einwirkung einer durch Erzaufbereitung verursachten Luftverschmutzung auf die Artenvielfalt ist noch weit weniger bekannt als die durch Wasserverschmutzung. Doch ist ein wesentlicher Teil dieser verschmutzten Luft Staub; und im allgemeinen wird die Gefährlichkeit des Bergwerkstaubs (wie auch die des Straßenstaubs usw.) unterschätzt. Staub kann zum Beispiel als ein sehr wirksames Insektizid fungieren. Wir nehmen stark an, daß sich in einigen Teilen Colorados die Rückgänge der Schmetterlingspopulationen auf den vermehrten Autoverkehr und auf die staubigen Straßen zurückführen lassen – und selbstverständlich sind diese Populationen Indikatoren für das, was allgemein mit Insekten geschieht.

Jeder, der niedrig genug über Kentucky geflogen ist, ist vermutlich von den Flächen beeindruckt, die in diesem Staat durch die umweltzerstörendste Form des Bergbaus ruiniert wurde – durch Tagebau. Abbau über Tage ist für die Bergarbeiter viel weniger gefährlich als der unter Tage, doch übertreffen seine gesellschaftlichen Kosten mit Sicherheit die für den Untertagebergbau. Wenn eine Gegend zum Tagebau umgewidmet wird, werden die Ökosysteme einfach von riesigen Maschinen abgeschält, um den gewünschten Stoff freizulegen. Außer dem Zubetonieren von Flächen gibt es wohl nur wenige menschliche Tätigkeiten, die so direkt, so vollständig Biotope zerstören. Da der Tagebau zudem noch die anderen Umweltbelastungen des Bergbaus mit sich bringt, ist es wohl die zerstörerischste Aktivität auf den entsprechenden Flächen mit der Ausnahme des Kriegs. Es wurde geschätzt, daß 1980 mehr als 10 000 Quadratkilometer als Kohlentagebauflächen in den Vereinigten Staaten genutzt wurden. Die im ganzen mit betroffene Fläche betrug vermutlich insgesamt mehr als 25 000 Quadratkilometer.[81] Durch die Ölkrise und einen zunehmenden Ersatz durch Kohle wird sich diese Fläche zweifelsohne rasch ausdehnen – besonders dann, wenn Ölschiefer- und Kohlentagebau in den westlichen

---

81 F. Stearns und J. Ross, »The pressures of urbanization and technology«, in Council on Environmental Quality, *Wildlife and America*, a.a.O., Seite 209–210; D. Pimentel et al., »Land degradation: Effects on food and energy resources«, *Science* 194, 1974, Seite 149–155. – Die größten Braunkohleabbaugebiete in der BRD bieten ein vergleichbares Bild, ganze Ortschaften wurden ausradiert. Eine Regenerierung des Reviers ist mit Sicherheit eine Angelegenheit von Jahrzehnten. Die Auswirkungen des Braunkohlenabbaus auf den Grundwasserhaushalt sind bis heute noch nicht abzuschätzen.

Vereinigten Staaten und den Arhabasca-Teersänden in Alberta in vollem Umfang aufgenommen wird.
Die Regeneration von Tagebaugebieten ist sowohl teuer als auch schwierig. Abflüsse machen die Böden für eine Neubepflanzung ungeeignet; und in weiten Teilen des nordamerikanischen Westens kommt der fehlende Regen noch als Schwierigkeit hinzu. Die Kosten einer völligen Regeneration, sofern eine solche möglich ist, betrugen 1980 mehr als 20 000 Dollar pro ha. Im engeren Sinn des Wortes wird eine völlige Regeneration nicht möglich sein – das ursprüngliche Ökosystem kann nicht wiederhergestellt werden. Selbst die beste Biologengruppe der Welt könnte mit unbeschränkten Geldmitteln niemals ein Ökosystem wiedererrichten – wenn es auch nur aus dem Grund wäre, daß kein Ökosystem der Erde völlig bekannt ist, und aus dem zweiten Grund, daß beseitigte genetisch einzigartige Populationen für immer verloren sind.
Wir erinnern uns gut an eine Unterhaltung mit einem Bankier aus Gilette (Wyoming), einem Gebiet, das durch den Tagebauboom großen Veränderungen unterliegt; er versicherte uns, daß die lokalen Ökosysteme völlig wiederhergestellt worden seien. Rasch wurde deutlich, daß auf dem Platz Gras wuchs und gelegentlich eine Antilope oder ein Karnickel gesehen werden konnte – und daß dies seiner Ansicht nach eine »völlige Wiederherstellung« war. In vielen Fällen aber scheint dies auch das Beste zu sein, was erhofft werden kann – viel besser als das, was gewöhnlich auftritt. Von allen Flächen, die vor 1980 einmal ein Kohletagebaugebiet waren, ist keine vollständig regeneriert worden. Bis in die sechziger Jahre hinein war aber sogar eine einfache Regeneration sehr selten; was getan wurde, war nur Oberflächenkosmetik, die den Selbstdarstellungen der Kohleindustrie diente. Kohletagebau in Montana und anderen Staaten, Petroleumextraktion aus dem Ölschiefer in Colorado, Utah und Wyoming und Ölbohrungen im sogenannten Vorstoßgürtel in Montana, Idaho, Wyoming und Utah prophezeien nur Schlechtes für weitere Umweltschutzanstrengungen. Auch der Abbau von Uran und zahlreichen anderen Mineralien im Westen Nordamerikas verspricht nichts besseres. In Colorado, wo die Schwermetalle aus dem Bergbau bereits das Oberflächenwasser der beiden großen Flußsysteme Nordamerikas – des Mississippi und des Colorado – verseuchen, geht die Schädigung bereits an die Substanz. Was aber bisher geschah, ist nichts im Vergleich zu dem, was noch kommen wird, wenn die Hoppladihopp-Ausbeutung des verbliebenen Mineralreichtums im amerikanischen Westen so verläuft, wie sie geplant ist.
Selbstverständlich sind die Einwirkungen von Bohrungen und Bergbau nicht nur auf die Vereinigten Staaten beschränkt – sie sind ein weltweites

Problem, vielleicht mit der Ausnahme der Antarktis (vgl. auch Anm. 49). Doch selbst diese wird möglicherweise in Zukunft nicht unbehelligt bleiben. Die Mineral- und Brennstoffquellen, die auf allen anderen Kontinenten und an den Kontinenterändern in abbauwürdigen Mengen gefunden wurden, werden sicher auch in der Antarktis gefunden werden.[82] Es ist vielleicht nur noch eine Frage der Zeit, bis auch die antarktischen Pinguine durch Bergbau und durch Ölbohrungen bedroht werden.

Außerhalb der Antarktis sind die Pinguine bereits durch das Öl bedroht, das aus sinkenden Tankern ausläuft oder während der Reinigung auf hoher See aus den Tanks der Schiffe herausgepumpt wird. In Verbindung mit einer Erschließung, bei der auch die Brutkolonien nicht ausgelassen werden, und mit einer Konkurrenz durch den verstärkten Fischfang greifen diese Ölverschmutzungen die Populationen des südafrikanischen Brillenpinguins an. Tanker, die nach Westen unterwegs sind und für den Suezkanal zu groß sind, fahren ölbeladen an den Inseln vorbei, auf denen die Pinguine brüten. Große Öllachen sind hier an der Tagesordnung und verkleben das Gefieder der Vögel. Trotz einer Behandlung durch südafrikanische Naturschützer sterben viele auf hoher See, wo ihnen niemand helfen kann, und viele sterben trotz der Pflege. 1974 erlitten die Populationen einer anderen Art, des Magellanpinguins, große Verluste, als der Shell-Supertanker *Metuchen* in der Magellanstraße unterging. Bis zu dieser Zeit war dies die zweitgrößte Ölpest überhaupt, und viele tausend Vögel starben. Im Unterschied zum Brillenpinguin ist aber der Magellanpinguin noch nicht gefährdet.

Das Öl, das sich nun dank menschlicher Tätigkeit in die Weltmeere ergießt, wird auf zehnmal mehr geschätzt als das, was aus natürlichen Sickerlöchern dorthin gelangt. Die allgemeine Einwirkung der Ölverschmutzung auf die ozeanischen Ökosysteme bleibt umstritten: Untersuchungen einer Ölpest vor Kalifornien und einer vor Massachusetts haben ganz verschiedene Größenordnungen von Einwirkungen gezeigt. Zumindest wurde aber klar, daß es schädliche Auswirkungen auf die Populationen einer Vielzahl von Organismen haben kann – einschließlich Fischen, Schalentieren und anderen meeresbewohnenden Wirbellosen –, wenn noch mehr Öl in die Weltmeere gelangt.[83]

82 J. H. Zumberge, »Mineral resources and geopolitics in Antarctica«, *American Scientist* 67, 1979, Seite 68–77.
83 P. G. H. Frost, »Conservation of the Jackass Penguin (*Spheniscus demersus* L.),« *Biological Conservation* 9, 1976, Seite 79–91. Vgl. auch G. G. Simpsons *Penguins: Past and Present, Here and There*, New Haven (Yale University Press) 1976– ein schönes Büchlein, das in der von Simpson gewohnten Tiefe und Brillanz geschrieben ist.

Das Errichten von Staudämmen und Wasserkraftwerken ist eine verhältnismäßig umweltverträgliche Methode der Energiegewinnung für die Menschheit. Die Dämme aber haben ihre ökologischen Kosten, und bei Fehlern weisen sie auch ein Katastrophenpotential auf. Irrwitzigerweise werden zwei der gefährdetsten Arten Nordamerikas durch Dammbaumaßnahmen in Gefahr gebracht. Durch den Tellico-Damm in Tennessee wird der winzige Schnecken-Grundbarsch gefährdet. Er wurde zum Symbol für die Mißachtung unscheinbarer Lebewesen. Das Läusekraut – eine gelbblühende Pflanze aus der Familie der Braunwurzgewächse – besitzt in den Vereinigten Staaten achtzehn bekannte Populationen. Durch den geplanten Dickey-Lincoln-Damm im nördlichen Maine – ein weiteres Zeitverplemperungsprojekt des Pionierkorps der US-Armee – würden dreizehn davon überflutet.[84]

Dieses Projekt zur Stromherstellung aus Wasserkraft würde auch das Habitat vieler anderer Arten zerstören, von denen die bekanntesten Weißkopfseeadler, Fischadler, Luchs, Otter, Marder, Elche und die Blaurückenforelle sind. Dreihundertfünfzig Quadratkilometer wertvollen Waldes würden überschwemmt werden. Von den Kraftwerken wegführende Hochspannungsleitungen würden weit über tausend Quadratkilometer Wildnis zerschneiden. Und wozu soll das alles gut sein? Um ein halbes Prozent von Neuenglands Ölverbrauch zu senken und durch Elektrizität zu ersetzen und um achtundsechzig Dauerarbeitsplätze zu schaffen. Das Ganze wird eine Milliarde Dollar kosten. Selbstverständlich gäbe es Alternativen, die sowohl billiger als auch umweltbewußter wären.

Überall in den Vereinigten Staaten werden durch Staudämme nicht nur natürliche Lebensräume überschwemmt, sondern auch Gewässer aus ihren natürlichen Betten geleitet; die Fließgewässerbiotope, die in sonst trockenen und wenig reichhaltigen Gebieten Zentren einer biologischen Mannigfaltigkeit sind, werden durch sie abgeändert oder zerstört. Die Zahl der Dämme nimmt ständig zu. Allein der Platte River wird in den drei Staaten, die er durchquert (Colorado, Wyoming und Nebraska), zweiundvierzigmal aufgestaut.[85] Menschen und belebte Natur stehen um Flußwasser in Konkurrenz, und für gewöhnlich verliert die Natur. Darüberhinaus zerstört die Wasserregulation im amerikanischen Westen nicht nur Biotope, sondern sie bildet auch Fallen für viele Lebewesen. So bilden beispielsweise die vom staatlichen Büro für Landgewinnung und

---

84 D. F. Boesch et al., *Oil Spills and the Marine Environment*, Cambridge (Balinger) 1974.
85 Bill Vogt, »Now the river is dying«, *National Wildlife*, Juni/Juli 1978.

von Privatleuten erbauten fünftausend Kilometer betonierte Bewässerungskanäle Todesfallen, in denen Vögel, Schlangen, Koyoten, Dachse, Dickhornschafe, Antilopen und Hirsche, um nur ein paar zu nennen, ertränkt werden.[86]

Weltweit fordern die Staudämme ihren Tribut. In Indien wird vermutlich eine *Hubbardia*-Grasart aussterben, weil durch einen Staudamm das Wasser eines Wasserfalls, dessen Gischt für sie lebenserhaltend war, umgeleitet wird. Auf Mauritius wird die Hakenlilie aussterben, sobald in einem Damm Löcher gestoppt werden und sich der Stausee ganz füllt.[87] An der Wolga in der Sowjetunion wurden so viele Dämme errichtet, daß sie beschrieben werden kann als »eigentlich kein Fluß, sondern eine 2 300 Meilen lange Kette von Stauseen, die durch die Wasserkraftwerke gebildet werden«.[88] Lenin sagte einmal »Kommunismus ist Sowjetmacht plus Elektrifizierung des ganzen Landes«. Folgerichtig wurde das Symbol von Mütterchen Rußland verändert, und das Kaspische Meer, das von der Wolga gespeist wird, beginnt auszutrocknen. Und die drei berühmten Arten des kaspischen Stör oder Hausen wurden durch die Dämme von ihren Laichgründen abgeschnitten. Als ein bißchen Umweltverschmutzung hinzukam, ging die Zahl der Störe ernstlich zurück.

Die Störe sind die Erzeuger jener wunderbaren Fischeier, die Kaviar genannt werden. Als die Kaviarproduktion bedroht war, zeigte eine sowjetische Reaktion, daß der technische Optimismus nicht auf die westliche Seite des Eisernen Vorhangs beschränkt ist. Russische Chemiker haben verschiedene Varianten von Kaviarersatz produziert. Eine besteht aus einer Mischung aus Sonnenblumenöl, Kasein, Tee-Extrakt und Eisenchlorid. Ein Standardwitz in Rußland ist jetzt der: »Ist es nicht toll, daß unsere hervorragenden Sowjetwissenschaftler einen künstlichen Kaviar produziert haben, der vom wirklichen überhaupt nicht zu unterscheiden ist – außer im Geschmack.« Dem belagerten Stör eilten jedoch sowjetische Umweltschützer zu Hilfe. Der ausgezeichnete sowjetische Dichter Andrej Wosnessenski ließ eines seiner Gedichte mit den trotzigen Versen schließen:

Diese technologischen Konterrevolutionäre!

---

86 Guy Bonnier, »Drowning wildlife«, *Defenders,* Februar 1980.
87 Vielleicht ist es auch der dringliche Wunsch der Bayerischen Staatsregierung, der zukünftigen Roten Flotte, die durch die kanalisierte Altmühl fahren wird, heimische Zustände wie an der Wolga zu bieten. Auch die Altmühl wird als Fluß aufhören zu existieren, sie wird nur noch aus einer Anzahl von hintereinander liegenden Staustufen bestehen.
88 *IUCN Plant Red Data Book,* a.a.O., Seite 227 und Seite 63. C. R. Whitney, »Where caviar comes by the ton«, *International Wildlife,* November/Dezember 1979.

Die weigern sich doch glatt, synthetischen Kaviar zu essen! Die russische Regierung hat reagiert, und ein umfassendes Programm zur Rettung des Störs hat begonnen. Man versuchte wirklich, die Industrien von Wolga- und Uralbecken sauberer zu machen, um die Umweltverschmutzung zu verringern. Und nach sehr viel Druck beginnen die Manager der Staudämme nun bei ihren Unternehmungen die Fische zu berücksichtigen – sie wurden aufgefordert, während der Laichzeit den Pegel zu erhöhen.

Laut Berichten der Zeitung *Sotsiolisticheskaya Industria* sind aber die Anstrengungen immer noch zu wenig, um ein Laichen unter natürlichen Voraussetzungen zu ermöglichen. Die Lücke wird jedoch durch die Arbeit der Zuchtanstalten geschlossen, in denen die Eier von den Fischen gestreift werden. Sie werden künstlich besamt, und die Brut wird freigelassen, damit sie später als Erwachsene zurückkommen – wobei die Weibchen dann voll mit dem Rohmaterial für eine Ware sind, die heute im Großhandel einige hundert DM pro Pfund kostet.[89]

---

89 Die Entwicklungslinie der ökologischen Veränderungen in Mitteleuropa wird skizziert in E. Schramm, *Die Geschichte der anthropogenen Umweltveränderung Mitteleuropas vor der Industriellen Revolution,* Frankfurt a. M. (Wissenschaftliches Prüfungsamt) 1981. Im übrigen lassen sich nicht die Hirsche, sondern die Rehe als »Waldrandarten« auffassen – bei der zunehmenden Waldrodungen in der vorgeschichtlichen Zeit wurden anscheinend die Hirsche benachteiligt und die Rehe begünstigt; in den Knochenfunden vorgeschichtlicher Siedlungen spiegelt sich dies wider: die Größe der Hirsche nahm ab, die der Rehe nahm zu. Auch die Anzahl der Hirschknochen nahm ab, während die Zahl der gefundenen Knochen von »Waldrand«-Arten meistens zunahm. Vgl. hierzu E. Schramm, »Folgerungen zur ökologischen Situation anhand gefundener Tierreste«, *Archäologisches Korrespondenzblatt.* Die Wissenschaftler meinen mit dem *Artenreichtum* oder der Artenmenge die ungefähre Zahl der Arten in einer Gemeinschaft; hingegen bedeutet *Artenvielfalt* oder Artendiversität (Artenmannigfaltigkeit) sowohl den Reichtum als auch die Gleichwertigkeit von Bedeutungswerten bei den Angehörigen einer Gemeinschaft. Zum Beispiel wird eine Schmetterlingsgemeinschaft von vier Arten, von denen jede tausend Einzeltiere umfaßt, als mannigfaltiger angesehen, als eine, die aus den gleichen vier Arten besteht, wobei aber eine 3700 Individuen aufweist und die drei anderen je einhundert. Für eine kurze wissenschaftliche Diskussion vgl. E. R. Pianka, *Evolutionary Ecology,* (Harper und Row)^{2}1978. Eine ausführlichere Betrachtung findet sich in R. E. Ricklefs, *Ecology,* Portland (Chiron Press)^{2}1973.

Infrastruktur und Rodung

Rund um die Welt werden die meisten Arten von einer einzigen menschlichen Tätigkeit bedroht – vom Abholzen der Wälder. Die Bedeutung der Entwaldung als ein Angriff auf die Vielfalt der Arten hängt von der Art des Waldes ab, und auch von der Menge und der Art des Holzschlags. Viele Arten – wie etwa krautige Pflanzen, viele Schmetterlinge, viele Vögel und Hirsche – sind Bewohner der Waldränder oder von Gebieten mit Sekundärwald. Ein bestimmtes Ausmaß an Rodung kann daher das Habitat für solche Arten vergrößern. Es steht außer Frage, daß sowohl in Europa wie in Nordamerika die biologische Vielfalt durch den Beginn der Landwirtschaft erhöht wurde, daß sie in einigen Gebieten noch immer höher ist als zur Zeit Christi.[90]

Die Wälder der gemäßigten Zone

Für die meisten Teile der gemäßigten Zone liegt jedoch der Zeitpunkt, wo Holzfäller die Artenvielfalt beachtlich erweitern konnten, weit in der Vergangenheit. Heute geht der Trend stark in die gegenläufige Richtung.[91] Die Standorte potentiell natürlicher Wälder sind zusammengeschrumpft und mit ihnen ist auch die große Vielfalt der Organismen verringert worden. In dieser Hinsicht ist der Weißkopfseeadler unter den bekanntesten Arten keineswegs der einzige. Die Holzfäller von Montana in den Vereinigten Staaten, die sich wohl das Motto »Nur ein Stumpf ist ein guter Baum« gewählt haben, bedrohen die besten der noch übriggebliebenen Habitate von Wolf und Grizzlybär. Auf der anderen Seite der Grenze, in Kanada, sieht es genauso düster aus.[92]

Noch sind dreißig bis vierzig Prozent des Landes in der nördlichen gemäßigten Zone mit Wäldern bedeckt, von denen die meisten aus Nadelbäumen bestehen. In der Sowjetunion gibt es die größten übriggebliebenen Reserven, obwohl es auch in Nordamerika noch riesige Gebiete

---

90 In Mitteleuropa sind durch die klein- und mittelständische Landbewirtschaftung nach der Rodungsperiode eine Vielzahl neuer, unterschiedlicher Lebensräume entstanden, die zwischenzeitlich Lebensraum für viele Arten, auch neueingewanderte, boten. Durch die Veränderung der Landschaft von einem mehr eintönigen Wald zu einer kleingestaltigen Landschaft kam diese Erhöhung der Artendiversität zustande.
91 Hank Fischer, »Mountain timber sales threaten Wolf, Grizzly«, *Defenders*, Februar 1980.
92 *Ecoscience*, a.a.O., Seite 273.

gibt.[93] Doch ein Nadelwald beherbergt nur ein paar Pflanzen- und Tierarten und kann daher nicht als ein erstklassiges Reservoir der Artenvielfalt angesehen werden. Laubwälder – die ihre Blätter im Herbst verlieren – haben bezüglich der Fauna und Flora eine größere Vielfalt. Weil sie jährlich ihre Blätter abwerfen, erzeugen die Laubwälder jahreszeitlich verschiedene Lichtverhältnisse und einen Boden, der reich an organischem Material und Nährstoffen ist; dies unterstützt wiederum ein sehr artenreiches Bodenökosystem, was viele Bakterien, Pilze, Fadenwürmer, Regenwürmer, Milben, Insekten und so fort enthält. Wenn ein derartiger Wald gerodet wird, wird die Bodenqualität nicht nur durch vermehrte Deflation und Erosion aufgrund des Verlustes einer schützenden Pflanzendecke, sondern auch durch den Verlust der Bäume gefährdet. Denn lebende Bäume wirken als riesige Pumpen, die mit ihren Wurzeln tief aus dem Boden Nährstoffe hochholen und sie wieder in den obersten Schichten des Bodens ablagern, wenn sie ihre Blätter abwerfen.

Die guten Böden sind der Schlüssel zum Reichtum des Laubwaldes der gemäßigten Zone und auch der Schlüssel zum Reichtum des Ackerlandes an den Stellen, wo der Wald gerodet wird; obwohl sie noch nicht die außerordentliche Qualität der Prärieböden erreichen, die die Grundlage für Nordamerikas landwirtschaftliche Produktivität bilden. Dem Bodenhaushalt muß große Sorgfalt zugewendet werden, wenn dieser Reichtum nicht verlorengehen soll. In Europa hat eine entsprechende Bodenerhaltung eine alteingewurzelte Tradition (nicht aber in den Vereinigten Staaten).[94] Bayerische Bauern z. B. haben jahrhundertelang denselben ehemaligen Waldboden bepflanzt und abgeerntet, indem sie seine Fruchtbarkeit durch Fruchtfolge erhielten.

In der gemäßigten Klimazone gibt es ein allgemeines Bewußtsein dafür, daß die mit Bäumen bestandene Gesamtfläche nicht weiter abnehmen darf und bei Waldverlust eine Wiederaufforstung mit der entsprechenden Fläche notwendig ist. Es gibt jedoch wenig Übereinstimmung darüber, wie dies zu tun ist und wie besonders die Qualität des Waldes zu erhalten

---

93 Vgl. A. Ehrlich und P. Ehrlich, »A resource down the river«, *Mother Earth News*, August/September 1980.

94 Ein Grundsatz der mitteleuropäischen Forstwirtschaft ist der Gesichtspunkt der Nachhaltigkeit, worunter zu verstehen ist, daß die nächsten Generationen mindestens die gleichen Vorteile (Holznutzung, Sozialfunktion) aus dem Wald ziehen sollen, wie die jetzt lebenden. Besonders erfolgreich wird das in naturgemäß bewirtschafteten Wäldern praktiziert, in welchen die natürlichen Abläufe möglichst optimal nachgeahmt werden und deshalb anstelle der flächigen Abholzung (Kahlschlag) die sogenannte Einzelstammnutzung erfolgt.

ist. Dies ist besonders vom Gesichtspunkt anderer Arten her sehr wichtig. Ein reicher, alter Forst, der eine große Vielzahl an Bäumen und mit ihnen vergesellschaftete Organismen enthält, könnte niedergehauen werden und durch eine Kiefernmonokultur ersetzt werden, die sich als Rohprodukt für Papier- und Zellstofferzeugnisse anbietet. Selbst wenn die Wald*fläche* erhalten bleibt, ist der Verlust an Artenvielfalt groß. In gleicher Weise wird in vielen Wäldern in einer Weise Holz gehauen, die den Boden nicht schützt; als Resultat werden Humus und Nährstoffe ausgewaschen, die die Flüsse verunreinigen und die Reproduktionsfähigkeit des Waldes mindern.[95]

Es gibt beachtliche Belege dafür, daß die Wälder bewirtschaftet, ja selbst gerodet werden können und sie sich dennoch ganz erfolgreich reproduzieren. Das erfordert aber ein wenig mehr Wissen und Sorgfalt. Unglücklicherweise werden die Wälder wie »erdbewohnende Wale« behandelt. Sie werden mit zu wenig Sorge um dauerhafte Holzerträge und zu viel Besorgtheit um eine Maximierung des Einkommens ausgebeutet. Die Waldungen in der gemäßigten Zone können der Menschheit direkt und indirekt dienen, indem sie zur gleichen Zeit Nutzholz liefern, ihre ökologischen Leistungen aufrechterhalten und als unschätzbare Reserven der Artenvielfalt dienen – *vorausgesetzt,* sie werden auch nach ökologischen Gesichtspunkten bewirtschaftet.

Tropische Wälder

Das Schicksal der tropischen Wälder wird der Hauptfaktor sein, der in Zukunft den biologischen Wohlstand der Erde bestimmt. Jene außergewöhnlich empfindlichen Ökosysteme sind die größte einzelne Reserve belebter Vielfalt auf diesem Planeten.

Eine begründete Schätzung besagt, daß mehr als zwei Drittel der tropischen Arten in den Regenwäldern vorkommen. Wenn dies richtig ist, dann leben etwa zwei Fünftel bis die Hälfte aller Arten der Erde in den Regenwäldern, die nur sechs Prozent ihrer Oberfläche bedecken. Diese wichtigen Gebiete sind zum großen Teil noch nicht katalogisiert worden: Nur fünfzehn Prozent ihrer Arten sind bisher beschrieben worden, und über ihre Biologie ist sehr wenig bekannt. Peter Raven hat dies so ausgedrückt: »Milliarden Dollars wurden für die Erkundung des Mondes ausgegeben, und wir wissen viel mehr über den Mond als über – sagen wir

---

95 »The destruction of the tropics«, *Frontiers* 40, Juli 1976, Seite 22–23.

mal – die Regenwälder Westkolumbiens. Doch den Mond wird es viel länger als jene Waldungen geben.«[96]

Die Aussichten für die tropischen Regenwälder (oder die tropischen Urwälder, wie sie manchmal genannt werden) sind weniger rosig als die für die Wälder der gemäßigten Zonen, wie dies vor kurzem ein Bericht des Ökologen Norman Myers verdeutlicht hat.[96] Ein Teil der Gründe für Myers' düstere Prognose liegt in den Eigenschaften der Waldökosysteme selbst.

Trotz ihrer üppigen Erscheinung wachsen die tropischen Regenwälder – die Dschungel der populären Literatur – allgemein auf sehr armen Böden, nicht auf derartig tiefen, reichen Böden, wie sie unter den Laubwäldern der gemäßigten Zone anzutreffen sind. Wenn von den Urwaldbäumen Blätter fallen und abgebaut werden, so werden ihre Nährstoffe sofort wieder von dem engen Wurzelnetz aufgenommen und in die Bäume geleitet. Die Grundlage der außergewöhnlich komplexen Nahrungsnetze der Regenwälder – also auch ihre faszinierende Artenvielfalt – ist die Fähigkeit der Bäume, essentielle Nährstoffe im System zu halten.[97] Dies macht aber tropische Regenwälder viel verletzlicher gegenüber Schädigungen als Wälder der gemäßigten Zone.

Wenn in einen Regenwald eine kleine Lichtung geschlagen wird und von einem brandrodenden Bauern die gefällten Bäume verbrannt werden, ist die Schädigung nicht dauernd. Das Wurzelwerk durchdringt die Lichtung und zieht die Nährstoffe aus der Asche. Die Bäume rundherum schützen die offene Fläche vor der Gewalt des Wetters. Wenn die Lichtung von den Bauern verlassen wird, kann der Wald wieder das Gebiet besiedeln und die Wunde heilen.

Wenn aber die Lichtung größer ist, wie dies öfter passiert, wenn die wachsende Bevölkerungsdichte die Bauern zwingt zurückzukehren, bevor

---

96 Die folgende Diskussion über den tropischen Urwald beruht hauptsächlich auf einem Bericht, der von Norman Myers für das Comittee on Research Priorities in Tropical Biology des U.S. National Research Council angefertigt wurde: *Conversion of Tropical Moist Forest* (National Academy of Science) 1980, sowie auf *Ecoscience*, a.a.O. Die Definition Myers' für den tropischen Regenwald lautet: »immergrüner oder teilweise immergrüner Wald in Gebieten mit einer durchschnittlichen Jahrestemperatur von + 24°C, die im wesentlichen frostfrei sind und die in zwei von drei Jahren nicht weniger als 100 mm Niederschlag im Monat haben; in diesen Waldungen können viele Laubbäume sein; die Waldungen gehen bis auf eine Höhe von 1300 Metern (in Amazonien sogar bis auf 1800 Meter, aber in Südostasien im allgemeinen nur bis auf 750 Meter); und in ›reifen‹ Wäldern gibt es verschiedene, mehr oder weniger gut unterscheidbare Schichten.«
97 N. Stark und C. Jordan, »Nutrient retention by the root mat of an Amazonian rain forest«, Ecology 59, 1978, Seite 434–437.

sich die Lichtung völlig in Wald zurückverwandelt hat, was geschieht dann? Die zurückbleibende Asche wird nun weniger nährstoffreich sein, und ein größeres Gebiet muß bepflanzt werden, um das sich ergebende niedrigere Produktivitätsniveau auszugleichen. Wenn aber das Gebiet größer ist, kann die Wurzelmatte des Regenwaldes nicht mehr bis in die Mitte vordringen; der Boden ist der tropischen Sonne stärker ausgesetzt und wird daher stärker zusammengebacken und von den für die Regenwälder kennzeichnenden Sturzgüssen erreicht. Die Niederschläge waschen aus dem dünnen Boden die Nährstoffe aus, und sie können nicht mehr – wie in einem intakten Regenwaldökosystem – von den Bäumen zurückgeholt werden.

Wenn die Böden reich an Eisen sind, wird dieser Nährstoff als letzter ausgewaschen. Diese sogenannten *lateritischen* Böden unterliegen, wenn sie Sonne und Sauerstoff ausgesetzt sind, chemischen Veränderungen, die sie in eine steinartige Substanz namens *Laterit* überführen (nach dem lateinischen Wort für Ziegel). Fünf bis zehn Prozent der tropischen Regenwälder sind lateritische Böden.

Die regelmäßigen, katastrophalen Nährstoffverluste und die Laterisation machen gerodete Gebiete des tropischen Regenwaldes zu völlig ungeeigneten landwirtschaftlichen Flächen, die außerdem kaum wieder aufforstbar sind. Dies ist ein schroffer Gegensatz zu den Wäldern der gemäßigten Zone. Um es etwas zu vereinfachen:

Die meisten Entwaldungen sind in den Tropen nicht nur nicht wieder rückgängig zu machen, sondern sind auch eine kolossale Verschwendung, weil sie keine dauerhafte menschliche Tätigkeit in diesen Gebieten ermöglichen.

Es ist schlimm, daß gerade die Regenwälder jene Ökosysteme sind, die sowohl am stärksten unter den Eingriffen der Menschen zu leiden haben als auch gleichzeitig die wertvollsten sind. Daher bilden sie die wichtigste Front, an der die Schlacht um die Rettung der Umwelt gewonnen werden muß. Wie schnell die tropischen Waldungen zerstört sein werden, läßt sich aber nicht sicher vorhersagen – die Schätzungen sind sehr umstritten. 1976 machte Adrian Sommer eine Pionierstudie über die Vernichtungswerte der Rodungen der tropischen Regenwälder und schätzte vorsichtig, daß im Jahr mehr als hunderttausend Quadratkilometer Wald verloren gehen würden – mehr als zwanzig Hektar pro Minute.

Neuere Schätzungen und Projektionen des Waldverlustes waren niedriger: Etwa zehn Hektar in der Minute für den Zeitraum zwischen 1975 und der Jahrtausendwende. Wenn man dies in Jahresraten übersetzt, kommt man auf ungefähr 52 000 Hektar Waldverlust im Jahr, auf eine Fläche von der Größe Westvirginias.[98] Darüberhinaus beschäftigen sich die zitierten Statistiken mit der »Umwandlung« der Wälder; Umwandlung kann eine große Zahl verschiedener Vorgänge mit unterschiedlichen Einwirkungen auf die biologische Vielfalt umfassen. Freundlich ausgelegt, kann Umwandlung einfach ein auswählendes Herausschlagen der wünschenswertesten Bäume bedeuten – was die Waldung im wesentlichen intakt läßt und nur eine kleine Änderung im Zahlenverhältnis zwischen den Arten und der Störung, die durch diese Tätigkeit verursacht wird, bedeutet, welche zudem, wenn sie gering genug ist, schnell heilt.

Es scheint, daß bei solcher Vorgehensweise auch die Störung der Waldfauna minimal ist.[99] Im anderen Extrem wird der Wald vollständig entfernt und durch Farmen oder Städte ersetzt – in einigen Fällen auch durch eine Wüste. Dies war das Schicksal von 720 Quadratkilometern im Espirito-Santo-Staat Brasiliens, als dort alle Urwaldbäume gefällt wurden, um Blockhäuser, Weiden und Bananenplantagen anzulegen. Bereits 1978 war das Gebiet eine Wüste.[100]

Welche Zahlen man akzeptiert oder welche Annahmen man macht, ist jedoch egal; für Selbstzufriedenheit bei der Behandlung der wichtigsten Diversitätsreserve der Welt bleibt kein Raum. Selbst die *niedrigste* der geschätzten Raten beinhaltet für die nahe Zukunft katastrophale Populations- und Artenverluste. Wenn die recht *konservative* Annahme gemacht wird, daß zehn Millionen Quadratkilometer verhältnismäßig ungestörten

---

98 Wenn sich die heutigen Trends fortsetzen, werden sowohl die Waldflächen als auch der Nutzholzbestand in den unterentwickelten Regionen Lateinamerika, Afrika, Asien und Ozeanien bis zum Jahr 2000 um 40 % schrumpfen. In den industrialisierten Regionen Europa, UdSSR, Nordamerika, Japan, Australien, Neuseeland werden die Wälder um 0,5 % und der wachsende Bestand um 5 % zurückgehen. Pro Kopf werden die Holzbestände weltweit voraussichtlich um 47 % und in den unterentwickelten Ländern um 63 % zurückgehen. Den Prognosen zufolge wird sich die Abholzung bis zum Jahr 2020 fortsetzen. Danach wird sich die Waldfläche der Erde bei insgesamt 1,8 Mrd. ha stabilisieren. Zu den größten Verlusten wird es in den tropischen Wäldern der Entwicklungsregionen kommen. In den Industrieländern hat sich eine Waldfläche von etwa 1,45 Mrd. ha bereits stabilisiert, und ca. 0,37 Mrd. ha Wald in den unterentwickelten Ländern sind von landschaftlichen Gegebenheiten her bzw. unter wirtschaftlichen Gesichtspunkten unzugänglich. Voraussichtlich bis zum Jahre 2020 wird praktisch der gesamte zugängliche Wald in den unterentwickelten Ländern abgeholzt sein. Vgl. Global 2000, Frankfurt am Main (Zweitausendundeins), 1980.
99 C. Wilson und W. Wilson, »The influence of selective logging on primates and some other animals in East Kalimantan«, *Folia Primatologia* 23, 1975, Seite 245–274.
100 *Time* vom 22. Mai 1978.

Urwaldes übrigbleiben und sie mit einer konstant »niedrigen« Rate von hundert Hektar im Jahr vernichtet werden, wird in hundert Jahren die Hälfte der Waldungen zerstört sein. Dieses Problem dürfen wir aber keinesfalls unseren Enkeln überlassen. Denn bedenken Sie: Erstens wird die biotische Diversität (d. h. die Anzahl von Populationen und Arten) rascher verschwinden als die Urwälder selbst. Denn die Regenwälder verschiedener Erdteile haben völlig unterschiedliche Floren und Faunen, und die Zerstörungsgeschwindigkeit ist von Gebiet zu Gebiet anders. Ein besonders reichhaltiger tropischer Regenwald könnte nur zwei Prozent der Regenwaldfläche der Erde umfassen, aber vier Prozent der Regenwaldarten enthalten.

Bei der bisherigen Geschwindigkeit werden beispielsweise fast alle Flachlandwaldungen der Philippinen, der malayischen Halbinsel, Indonesiens und der größte Teil der übrigen südostasiatischen Urwälder vor der Jahrtausendwende verschwunden sein. Weil die vorherrschenden Bäume dieser Wälder, die Diptocarpen, ein sehr leichtes Holz von hoher Qualität erzeugen, das für die Furnier- und Sperrholzindustrie besonders geeignet ist. Gleichwohl ist es ein Gebiet mit einer außerordentlich großen biologischen Diversität. Daher wird die Größenordnung der Artenverluste in Südostasien weit überproportional im Verhältnis zur Fläche der verschwundenen Waldungen sein.

Die Habitatzerstückelung, welche die Auslöschung vieler Organismen verursachen wird, die für ihr Überleben große Flächen benötigen oder gegenüber den Einwirkungen einer Störung und Umweltverschmutzung auf die kleiner werdenden Waldinsellagen verletzlich reagieren, ist ein weiterer Grund dafür, daß die Vielfalt der Regenwälder mit einer überproportionalen Rate vernichtet werden wird. Wie wir im neunten Kapitel sehen werden, sind derartige Insellagen einem fortschreitenden Verlust der Vielfalt unterworfen, wenn sie kleiner werden und weiter voneinander entfernt liegen.

Es wäre zweitens äußerst unklug, mit der konservativen Annahme zu arbeiten, daß die Zerstörungsrate auf dem augenblicklichen Stand gehalten werden könnte, denn die Länder, in denen es Regenwälder gibt, sind zumeist arm und haben rasch wachsende Bevölkerungen, die die Wälder zerstören. Da die reichen Nationen darum kämpfen werden, ihren Überfluß in einer Welt mit schwindenden Ressourcen zu erhalten, wird sicherlich der Druck auf den Regenwald noch ansteigen.

Begründeterweise nehmen wir an, daß die Umwandlungsrate der tropischen Urwälder in den nächsten Jahrzehnten exponentiell wachsen wird, und zwar im Verhältnis zu der exponentiellen Bevölkerungswachstumsrate in armen Ländern.[101] Wenn die Artenvielfalt in diesem Tempo verringert wird, könnte es innerhalb von fünfzehn oder zwanzig Jahren einen katastrophalen Verlust an Arten und Populationen geben – und innerhalb der nächsten dreißig bis fünfzig Jahre würde die Mehrheit der Regenwaldarten verschwunden sein.[102] Dies sind viel kürzere Zeiträume als die hundert oder zweihundert Jahre der konservativen Einschätzung mit ihrer Annahme: »Die gegenwärtigen Raten bleiben!« Doch selbst ein oder zwei Jahrhunderte sind eine sehr kurze Spanne für die Existenz einer Art wie *Homo sapiens,* die Jahrtausende lebte, und für Pflanzen, die seit noch viel mehr Jahrtausenden existieren.

Da die pessimistischeren Einschätzungen der Bevölkerungsentwicklung und des Artenverlustes auch die realistischeren sein könnten, ist nicht die

---

101 Nehmen wir weiter an, daß für solche Einwirkungen, die von überentwickelten Ländern veranlaßt werden (etwa das Holzhauen für die japanischen Bedürfnisse an Papierbrei), zum Bevölkerungswachstum noch ein Prozent addiert werden. Weil die Artendiversität rascher verloren geht als die Waldgebiete selbst, sollte ein weiteres Prozent addiert werden. Dies würde bei einer Bevölkerungswachstumsrate von anderthalb Prozent jährlich, einer ziemlich optimistischen Annahme (grob ein Prozent unter der heutigen Rate), für die Angriffe auf die biologische Diversität der Waldungen eine exponentiell wachsende Rate von 3,5 Prozent im Jahr ergeben. Für die Bevölkerungswachstumsrate vgl. Population Reference Bureau (PRB), *1980 World Population Data Sheet* (kann vom Population Reference Bureau, P.O.Box 350121, Washington D.C. 20013, USA bezogen werden).

102 Die Grundgleichung, mit der sich eine Beziehung zwischen den Anteilen der noch vorhandenen, erschöpfbaren Walddiversität D, der jährlichen Entleerungsrate Q_o (als Bruchteil der dann übrigbleibenden Diversität), der exponentiellen Wachstumsrate jener Entleerungsrate (r) und der Zeit t (in Jahren) herstellen läßt, lautet

$$D = \frac{Q_o}{r} (e^{rt} - 1)$$

Wenn (1) algebraisch umgeformt wird und für Q_o 0,01 eingesetzt wird, läßt sich die Zeit bis zur völligen Erschöpfung der Diversität (D = 1) errechnen. Es ist dann:

$$t = \frac{1}{r} \ln (100r + 1)$$

Bei einem Wert von Q_o = 0,01 wird angenommen, daß die Diversität zur Zeit nur mit einem Prozent erschöpft wird – einer Zahl, die nahe bei einigen gegenwärtigen Schätzungen für die Waldentleerung liegt (Myers, a.a.O., S. 25). Bei einer Annahme von r = 0.035 würde am Anfang des nächsten Jahrhunderts die Hälfte der Populationen und Arten in den tropischen Wäldern ausgestorben sein und im Jahr 2025 wäre nichts mehr davon übriggeblieben.

Wird für Q_o eine weniger konservative Annahme gemacht – zum Beispiel zwei Prozent, eine Zahl, die als nahezu an der Obergrenze der Umwandlungsrate angesehen wird –, so wäre bei einem r = 0.035 im Jahr 2000 die Diversität halb und im Jahr 2010 völlig verloren. Diese Projektionen berücksichtigen selbstverständlich alle keine Verlangsamungen der Angriffsrate aufgrund einer erfolgreichen Aufrechterhaltung von Schutzgebieten oder einer Abänderung von forst- bzw. landwirtschaftlichen Praktiken, die einen Teil der Diversität bewahren helfen.

geringste Zeit zu verlieren, wenn die größten Reserven der Erde für biologische Diversität nicht zerstört werden sollen. So rasch wie möglich muß der Zerstörungsdruck auf den tropischen Regenwald abgemildert werden.

Dieser Druck kommt in erster Linie vom Ackerbau, dem Nutzholzschlagen, der Viehweide und in einem geringeren Ausmaß auch vom Feuerholzmachen. Der Hauptangriff auf die tropischen Wälder erfolgt durch die wachsenden Massen der Kleinbauern, die entweder Nutzpflanzen für ihren eigenen Unterhalt oder für die lokalen und fremden Märkte anbauen. Mit ihrer zerstörerischen Rodungsweise legen sie sehr schnell riesige Flächen bloß, die bisher in vertretbarer Weise auf lange Sicht von Wanderbauern mit Brandrodungstechniken bearbeitet werden konnten. Weltweit ist in den tropischen Waldgebieten die nach unten führende Spirale, die wir beschrieben haben, beschritten worden; sie wird den heutigen Menschen der Regenwälder ein ähnliches Schicksal bereiten wie vor langer Zeit vielleicht den Khmer und den Mayas.[103]

Da die Welternährungslage bereits gefährdet ist und die Bevölkerung der Tropen weiter wächst, wird deutlich, daß das Fortsetzen der Laissez-faire-Einstellung zu den Tropen nur zu einer raschen Steigerung der Umwandlungsrate der Wälder zu Feldern und Weiden führen wird. Das Schicksal des Schimpansenhabitats östlich des Tanganyikasees und der Heimat des *Heliconius*-Falters in den Quellgebieten Trinidads wird bald das der meisten tropischen Regenwälder sein.

Fast die Hälfte des jährlich eingeschlagenen Holzes wird als Feuerholz benutzt. Vom Rest werden vier Fünftel für den Bau von Häusern, zur Möbelherstellung und für andere »Massivholz«-Verwendung benötigt – zwei Drittel davon in den reichen Ländern. Das andere Fünftel wird zur Herstellung von Papierbrei verwendet, der zu Zeitungen, Büchern und Kartonagen weiterverarbeitet wird; neunzig Prozent davon sind für die Märkte der reichen Länder bestimmt. Um die Jahrtausendwende wird der jährliche Holzeinschlag voraussichtlich doppelt so hoch wie heute sein und der Massivholz- und Papierbreianteil wird zwei Drittel davon betragen.

Diese Trendrechnung prophezeit Übles für die tropischen Urwälder. Obwohl die tropischen Regenwälder mehr Holz als die größeren Wälder der gemäßigten Zone enthalten (weil die Bäume massiver sind), tragen die Regenwälder gegenwärtig nur zu zehn Prozent zum Nutz- und Papierholzeinschlag bei. Es ist wohl kaum fraglich, daß sie in der Zukunft

---

103 *Ecoscience*, a.a.O., Seite 626.

verstärkt ausgebeutet werden, um die wachsende Nachfrage zu befriedigen. Das ist um so wahrscheinlicher, als gegenwärtige technologische Fortschritte es möglich gemacht haben, die Vielfalt der tropischen Wälder in Papierbrei, Hartholz usw. zu verwandeln. Als sich Japan mit seinem großen Papierhunger in Richtung Südostasien wandte, um seine Bedürfnisse zu befriedigen, haben sich die Eingriffe in diesen Wäldern erheblich verstärkt. Da die Wälder von Tasmanien bis Indonesien, Malaysia und den Philippinen in Holzschnitzel umgewandelt werden, sind die Aussichten für ihre Bewohnung – vom Orang-Utan über das Sumatranashorn bis zur winzigsten Milbe – wirklich düster.

Aufgrund der Struktur der tropischen Wälder ist häufig die Auswirkung des Herausschlagens einzelner Bäume – ohne daß eine regelrechte Rodung stattfindet – beachtlich größer als in unseren Wäldern. Die kommerziell wünschenswertesten Bäume sind regelmäßig auch die Großen-Riesen, deren Kronen fast zwanzig Meter ausgebreitet sind und die, anders als in den gemäßigten Wäldern, über lange, starke Lianen mit anderen Bäumen verbunden sind. Wenn ein solcher Baum fällt, können verschiedene seiner Nachbarn beschädigt oder mit zu Boden geschleift werden. Darüberhinaus sind die Bäume des artenreichen Regenwaldes von einer Myriade von Feinden umgeben – besonders von Bakterien, Pilzen und Insekten. Eine scheinbar geringfügige Verletzung, wie ein abgebrochener Zweig oder eine abgeriebene Rinde, kann der Ausgangspunkt für einen tödlichen Angriff sein. In Südostasien hat eine Untersuchung nach der anderen gezeigt, daß zwischen ein bis zwei Drittel der von Holzfällern stehengelassenen, aber verletzten Bäume in der Folgezeit abgestorben sind. Außerdem werden durch das Schleppen der Stämme, den Bau von Straßen zu ihrem Abtransport und die Schaffung von Holzlagern große Gebiete geschädigt. In einigen Fällen wurde fast ein Drittel der Schlagfläche völlig von Pflanzen entblößt und in einem Teil des Gebiets wurde der Boden durch die schweren Maschinen verdichtet oder sonstwie geschädigt.

Die dritte Hauptkraft, die die Regenwälder zerstört, ist die Viehhaltung. Sie konzentriert sich fast ganz auf die westliche Halbkugel, wo große Teile in Weideland für Rinder umgewandelt wurde. Im Amazonasbecken und in Mittelamerika ist dies der Hauptgrund für die Rodung. In den dutzend Jahren vor 1978 wurden in Brasilien 75 000 Quadratkilometer amazonisches Land gerodet, um für 336 Haziendas mit insgesamt sechs Millionen Stück Vieh Platz zu schaffen. In Mittelamerika wurde die Weidefläche zwischen 1950 und 1960 mehr als verdoppelt; fast der ganze Anstieg wurde auf Kosten der Urwälder erzielt.

Warum drängen unsere lateinamerikanischen Nachbarn plötzlich darauf, mit den Texanern in der Viehzucht zu wetteifern? Die Antwort ist rein ökonomischer Natur. Die reichen Länder haben eine steigende Nachfrage nach Rindfleisch, das nicht »inflationär überteuert« ist; und die Regenwälder werden geopfert, um die Fleischberge zu liefern, die fast ausschließlich dazu bestimmt sind, als »Hamburger« in Schnellgaststättenketten verbraten zu werden. In den armen Ländern kann Rindfleisch zu sehr niedrigen Kosten erzeugt werden, da billige Arbeitskräfte und billiges Land (die »nutzlosen« Regenwälder) zur Verfügung stehen. Grasgefütterte Rinder können in Lateinamerika zu einem Viertel des Gestehungspreises von Colorado aufgezogen werden. Obwohl Einfuhren aus Lateinamerika nur ein bis zwei Prozent des US-Rinderverbrauches decken, machen sie den Hamburger doch fast einen Groschen billiger. Aberwitzigerweise blieb in Mittelamerika der Pro-Kopf-Verbrauch von Rindfleisch konstant, obwohl in den letzten zwanzig Jahren mehr als ein Viertel aller Wälder zerstört wurde, um Rindfleisch für die Vereinigten Staaten zu erzeugen.[104] Voraussichtlich wird sich die Rodung der Wälder zum Zweck der Beweidung noch verstärken. Die Nachfrage nach Rindfleisch wird noch steigen und für die armen Länder wird die Versuchung, zu kassieren, unwiderstehlich sein. Dummerweise sind viele Regenwaldgebiete, wenn sie einmal gerodet sind, als Weide gar nicht so geeignet; daher muß ein ordentliches Stück Urwald geopfert werden, um eine Kuh zu versorgen. Und das Weideunternehmen kann häufig nicht sehr lange aufrechterhalten bleiben. Weidegründe, die auf den meisten tropischen Böden errichtet werden, auf denen zuvor ein tropischer Flachlandwald war, sind ökologisch instabil. Die Bodenfruchtbarkeit geht so schnell zurück, daß in ungefähr einem Jahrzehnt die Viehhaltung unprofitabel wird. Darüberhinaus hilft bei der Bodenstruktur zumeist kein Kunstdünger – seine Verwendung wäre sogar ökonomisch reine Verschwendung.[105]

---

104 Darstellung von Peter H. Raven vor dem Subcommittee on International Organizations, Committee on Foreign Affairs, U.S. House of Representatives, 7. Mai 1980 (vervielfältigt, S. 8).
105 Die Invasion des Amazonasgebietes zählt auf Erze, großtechnische Produkte, Zellulosefabriken und einen Riesenstaudamm am Xucurui, wo eine japanische Firma mit dem dort gewonnenen elektrischen Strom Aluminium produzieren soll, sowie auf Großrinderfarmen. Es wird immer für den Export produziert, und die Nutznießer dieses Exportes wohnen nicht im Amazonasgebiet. Manchmal wird nur gerodet, ohne das Holz anschließend zu verwerten, nur um die Inbesitznahme zu demonstrieren. Nach den Bestimmungen der brasilianischen Forstbehörde darf auf einem Landbesitz im Amazonasgebiet jeweils nur die Hälfte des Waldes gerodet werden. Es gibt aber keine Kontrollen. Außerdem steht nichts dem Verkauf der

Als wir vor einem Jahrzehnt Panama besuchten, waren wir von der Entfernung, die die meisten Wälder zu den Straßen zu haben schienen, beeindruckt. Wir wurden aufgeklärt, daß dies deshalb sei, weil die am leichtesten zugänglichen Flächen von den Menschen, die Feuerholz gesucht hätten, entblößt worden wären. Augenblicklich ist aber der Feuerholzeinschlag nur ein verhältnismäßig geringer Faktor bei der gegenwärtigen Zerstörung der Regenwälder; das meiste Feuerholz wird aus Gehölzen, Hecken und Savannen gesammelt. Da aber selbstverständlich die Bevölkerung in den tropischen Feuchtgebieten wächst und da andere Quellen erschöpft sind, werden auch wegen des Feuerholzes die Eingriffe in die Regenwälder zunehmen. In Ländern wie etwa Thailand, wo Feuerholz- und Holzkohlenbeschaffung kommerzialisiert worden sind, weil die Wälder in der Nähe der Stadt Bangkok längst vernichtet sind, gibt es bereits Anzeichen hierfür.

Zusammenfassend läßt sich sagen: Wenn nicht dramatische Anstrengungen zu ihrer Rettung unternommen werden, werden die meisten jetzt im tropischen Urwald lebenden Populationen und Arten noch während der Lebenszeit vieler Leser dieses Buches aussterben.

Transport

Der Transport von Lebewesen ist eine der menschlichen Tätigkeiten, die häufig zum Aussterben von Arten geführt hat. Es hat häufig katastrophale Auswirkungen auf die Empfängergemeinschaft gehabt, wenn Pflanzen oder Tiere aus den Ökosystemen, in denen sie entstanden waren, an andere Plätze verbracht wurden, wo die einheimischen Pflanzen und Tiere keine Evolutionserfahrung mit ihnen hatten.

Wie wir bereits gesehen haben, scheinen Inselfloren und -faunen gegen eine Störung durch eingeschleppte Arten besonders anfällig zu sein. Sie konnten sich in Abwesenheit der meisten Raubbeuter und Konkurrenten, denen ihre Verwandten auf dem Festland ausgesetzt sind, oft lange Zeit in Ruhe entwickeln und haben daher die Fähigkeit, sich zu verteidigen oder einen Kampf um ökologische Ressourcen zu gewinnen. Die natürliche Auslese ist »ökonomisch« – Individuen, die zur Verteidigung Energie

    ungerodeten Hälfte im Wege. Der neue Besitzer darf dann wieder die Hälfte roden
    usw. Sollte die Verwüstung des Amazonasgebietes im jetzigen Rhythmus weitergehen, nach offiziellen Angaben sind bereits mehr als 20 % gerodet, dann wird in den
    nächsten 15 bis 20 Jahren über die Hälfte des Amazonasurwaldes vernichtet sein.
    Daß dies einen Einfluß auf das Weltklima hat, ist mit Sicherheit unvermeidbar.

aufwenden, haben weniger Energie zur Vermehrung; in der Abwesenheit von Raubbeutern, mit denen sie zusammenleben müssen, werden sie gegenüber denjenigen Artgenossen im Nachteil sein, die weniger Energie in die Verteidigung stecken und daher befähigt sind, sich stärker zu vermehren. Über viele Generationen wird dann daraus ein Verlust an Verteidigungsfähigkeit resultieren.

Daher sind Pflanzen auf Hawaii verhältnismäßig unfähig, sich zu verteidigen. In Hawaii gibt es keine einheimischen pflanzenfressenden Reptilien oder Säugetiere und eigentlich keine einheimischen Giftpflanzen; die aromatischen chemischen Bestandteile, die die Pflanzenverteidigung anzeigen, finden sich nur in niedrigen Mengen. Die auf Hawaii wachsenden Arten der normalerweise wohlriechenden Lippenblütler (Minzen, Thymian usw.) sind geruchslos; die meisten Pflanzen auf Hawaii leben auch ohne die Dornen und Stacheln, die ihre Festlandsverwandten haben. Auch die Himbeeren der Sandwichinseln sind ohne Dornen.[106] Als Folge hiervon weichen die einheimischen Pflanzen überall unter dem Druck der eingeführten Pflanzenfresser und Pflanzen, und verschiedene Arten sind ganz ausgestorben.

Die Inseln von Hawaii haben im Vergleich zu den vielen anderen Inseln noch Glück gehabt, die unter der Einführung einer einzigen nicht-einheimischen Art zu leiden haben – der Ziege, die manchmal auch als »gehörnte Heuschrecke« beschrieben worden ist. So war einst die Insel St. Helena im Atlantik stark bewaldet; nach dem Holzschlag folgten aber die Ziegen, die die jungen Baumsprosse fraßen und so ein Wiederwachstum verhinderten und früh im letzten Jahrhundert die Insel in eine Felsenwüste verwandelt hatten. Auf der Santa-Catalina-Insel vor Kalifornien halfen die Ziegen bei der Vernichtung von 84 einheimischen Pflanzenarten. Mit den Pflanzen gingen selbstverständlich auch die vergesellschafteten Tiere. Mit der Ziegenschädigung sind auf Santa Catalina Rückgänge bei vielen Reptilien-, Vögel- und Kleinsäugerpopulationen verbunden.

Ziegen zerstören gegenwärtig – gemeinsam mit Rindern, Schweinen, Hunden und Katzen – den Geburtsplatz der Evolutionstheorie, die Galápagosinseln. Ziegen haben viel von der Vegetation vertilgt, die vom Drusenkopf, einer Echse der Santa-Fe-Insel, benötigt wird, und sie haben 1971 den Drusenkopf und eine Galápagostomate an den Rand des Untergangs gedrückt. In jenem Jahr bereitete die Nationalparkbehörde der

---

106 Die Informationen über die Pflanzen auf Hawaii stammen zum großen Teil von S. Carlquist, *Hawaii: A Natural History*. Garden City, N.Y. (Natural History Press) 1970, sowie auf persönlichen Beobachtungen, die in Zusammenarbeit mit dem Botaniker Richard W. Holm gemacht wurden.

Galápagosinseln den Ziegen auf Santa Fe ein Ende; jetzt erholen sich sowohl Drusenkopf wie auch die Tomate wieder.[107] Auf anderen Inseln aber sind ihre Populationen weiter gefährdet. Zum Glück sind die einzigartigen Meerechsen nicht in Gefahr – weil sie sich unter Wasser ernähren, entkamen sie der Konkurrenz der Ziegen.

Die Galápagosriesenschildkröte, die heute besonders durch eingeführte Haustiere bedroht wird, faszinierte Darwin. In den letzten Jahrmillionen hat jede Insel eine eigene, unterscheidbare Form hervorgebracht, so daß die Herkunft eines Schildkrötenindividuums alleine anhand der Panzerform von einem geübten Auge unterschieden werden kann. Schon früh wirkte die Menschheit auf diese unglücklichen Tiere ein, weil die Walfänger und andere Seefahrer tausende schlachteten, um ihre Mannschaften zu ernähren. Die Schildkröten wurden häufig lebend an Bord genommen, weil sie ohne besondere Vorkehrungen monatelang verstaut werden konnten und so einen frischen Fleischvorrat garantierten. Von der Mitnahme von mehr als 500 000 Schildkröten zwischen 1811 und 1844 berichten alleine die Logbücher amerikanischer Walfänger. »Wenn sie darangingen, die Inseln zu verlassen, um in ihre Fanggründe aufzubrechen, nahmen einige Schiffe sechshundert bis neunhundert der kleinsten Größe dieser Schildkröten mit an Bord.«[108]

Das Handeln der Wal- und Robbenfänger jener Tage läßt sich verstehen, kaum zu begreifen aber ist das Verhalten von »wissenschaftlichen« Expeditionen im späten 19. und frühen 20. Jahrhundert. In seiner ausgezeichneten Naturgeschichte jener Inseln schrieb der Ökologe Ian Thornton: »Immer wieder erklärten Wissenschaftler, die auf einer Insel öfter sammelten, die Schildkröten jener Insel für ausgestorben, nur damit von einer späteren Expedition überlebende entdeckt werden konnten, die gleich gehäutet und als kostbare Exemplare einer ›sterbenden‹ Art weggeschafft wurden.«[110] 1897, 1898, 1900 und 1901 wurden bei vier Expeditionen auf die Insel Duncan (Pinzon) jeweils die »letzten Überlebenden« einer lokalen Unterart eingesammelt. 1905/1906 wurde Duncan dann von einer Expedition der Kalifornischen Akademie der Wissenschaften besucht. Die Expedition fand auf der Insel achtundsechzig Schildkröten, die sie »studienhalber« schlachtete; sechs der Toten waren Weibchen. Die Akademie, die nun ein berühmtes Zentrum für Galápagosstudien bildet, ist

---

107 K. A. Christian, »Endangered Iguanas«, *BioScience* 30: 76 (1980). Für Einzelheiten über die Drusenköpfe und andere Aspekte der Naturgeschichte des Galápagosarchipels vgl. Ian Thorntons ausgezeichnetes *Darwin's Islands,* Garden City, N.Y. (Natural History Press) 1971.
108 Captain Benjamin Morrell, zitiert nach *Darwin's Islands,* a.a.O., Seite 135.

somit für die Ausrottung der Unterart von Duncan verantwortlich! Wunderbarerweise aber konnte sich die Schildkröte erholen – um nun von schwarzen Ratten verfolgt zu werden, die jetzt auf der Insel gediehen. Seit fünfzig Jahren haben allem Anschein nach keine jungen Schildkröten mehr auf der Insel überlebt – alle wurden von Ratten verspeist.
Von den ursprünglich fünfzehn Unterarten der Galápagosriesenschildkröte sind nun vier ausgestorben. Die Populationen von drei der verbliebenen elf Subspezies können sich selbst erhalten (obwohl sich dies für Tiere, die mehr als hundert Jahre leben, nur sehr schwer sagen läßt). Die anderen acht Unterarten sind vom Aussterben bedroht. Eier und Junge werden von eingeführten Ratten, Schweinen, Hunden und Katzen gefressen; Ziegen und Esel konkurrieren mit ihnen um ihre Nahrungspflanzen. Und gelegentlich gibt es noch immer Wilderer! Trotz der massiven direkten Angriffe durch Menschen auf diese faszinierenden und harmlosen Geschöpfe ist aber klar, daß die größte Einwirkung in Richtung Aussterben nicht durch die menschliche Jagd auf sie erfolgte, sondern aufgrund des menschlichen Einschleppens anderer Tiere auf die Galápagosinseln.[109]
Auf kleinen Inseln sind die Auswirkungen der Einführung exotischer Pflanzen und Tiere am augenfälligsten; doch auch auf den großen Inseln und auf Kontinentalflächen ist dies der Hauptgrund für das Verlöschen zahlloser Populationen. Durch eingeschleppte Pflanzen und Tiere wurden die einheimischen Floren und Faunen von Neuseeland und Australien verwüstet. Der schöne Rotkehlhüttensänger Nordamerikas ging in der letzten Jahrhunderthälfte ernstlich zurück, weil zwei eingeführte Vögel – Star und Spatz – eine überwältigende Konkurrenz um die Nisthöhlen waren.[110, 111] Aus Europa eingeschleppte kleine Kohlweißlinge haben in einigen Gebieten Nordamerikas einheimische Weißlingspopulationen ausgelöscht. Umgekehrt wurde durch die Einführung des amerikanischen grauen Eichhörnchens in vielen Gegenden Englands das einheimische rote ausgerottet. Das aus dem Kontinentaleuropa eingeschleppte »Ulmensterben« (eine Pilzkrankheit) hat viele Populationen englischer und amerikanischer Ulmen erfaßt und getötet. Ein anderer Pilz, der Kastanienmehltau, wurde zufällig auf Baumschulpflanzen von Asien nach

---

109 Ebda., S. 137.
110 C. G. MacFarland et al., »The Galápagos giant tortoises *(Geochelone elephantopus),* Teil I: Status of surviving populations«, *Biological Conservation* 6, 1974, Seite 118–133.
111 L. Zeleny, »Nesting box programms for bluebirds and other passerines«, in S. A. Temple (Hrsg.), *Endangered Birds: Management Techniques for Preserving Threatened Species,* Madison (University of Wisconsin Press) 1977, Seite 55.

Amerika mitgebracht und hat die amerikanischen Kastanienbäume eigentlich so gut wie ausgerottet.[112]
Fast überall haben eingeführte Arten die Flora und Fauna angegriffen, auch wenn dies für ungeübte Augen nicht immer offensichtlich ist. Riesige Flächen sind auf allen Kontinenten mit exotischen Pflanzen bedeckt – die den einheimischen Pflanzen den Platz wegnehmen und häufig das einheimische Tierleben nicht unterstützen können. (Ein Grund für ihren Erfolg ist es ja auch, daß sie die meisten ihrer Feinde zuhause in Übersee gelassen haben.)[113] Mit ihnen können es nur die domestizierten Pflanzenfresser und verwilderte Katzen und Kaninchen aufnehmen, die *Homo sapiens* in alle Erdteile verschleppt hat. Die Anzahl der Populationen und Arten, für deren Vernichtung sie verantwortlich sind, kann nicht einmal abgeschätzt werden; sicherlich aber ist sie um ein Vielfaches größer als wir vermuten würden.

Erholung

Paradoxerweise können manchmal gerade jene Handlungen, die in engem Zusammenhang stehen mit der Würdigung der ideellen Werte und der Schönheit natürlicher Ökosysteme, zu ihrer Auslöschung beitragen. Für unser Forschungsgebiet in Stanfords Jasper-Ridge-Naturschutzgebiet ist es ein andauerndes Problem, die Aktivitäten von Forschern, Studenten und Besuchern auf Spaziergängen so zu kontrollieren, daß die Einwirkungen auf Flora und Fauna möglichst gering gehalten werden. Wenn sehr viele Leute zu Fuß gehen, so scheint dies (egal wie sorgsam festgelegt dies auch sein mag) immer zu einer Verbreiterung der Trampelpfade zu führen, zu einer Bodenverdichtung, zu einem Zertrampeln von Pflanzen usw.
In den Insellagen mit Serpentinböden, die das Habitat des Buchtscheckenfalters bilden, bedrohen selbst kleine Schädigungen möglicherweise das Überleben der Schmetterlinge. – Wie der Zufall es will, fliegen aber

[112] Für Einzelheiten über Einschleppungen vgl. den Klassiker des Biologen C. S. Elton, *The Ecology of Invasions by Animals and Plants,* London (Methuen) 1958.
[113] Vor allem im Forstbereich lassen sich hier einige Beispiele anführen, die den Nutzen von exotischen Pflanzen äußerst fragwürdig erscheinen lassen. Die in Deutschland eingeführten nordamerikanischen Douglasien z. B. haben eine Krankheit (Schütte) eingeschleppt, die in Nordamerika kaum zum Tragen kommt, da entsprechende Feinde des Pilzes vorhanden sind. Bei uns aber fehlen diese Feinde. Dies hat auch dazu geführt, daß bis zur Züchtung schütteresistenter Douglasienarten der Anbau Anfang dieses Jahrhunderts in Deutschland verboten wurde.

im Frühjahr nicht nur alle Schmetterlinge, sondern es zeigt sich auch die größte Blütenpracht. Dann sind auch die meisten Forscher und Besucher unterwegs, und dann wird auch der durch Regen aufgeweichte Boden am leichtesten geschädigt.

Auf den Galápagosinseln waren wir froh darüber, daß die ekuadorianische Regierung jetzt die Touristen anhält, immer auf den sorgfältig bezeichneten Wegen zu bleiben, um eine weitere Schädigung der ohnehin gestörten Landschaft möglichst gering zu halten. Wir waren auch froh über den Eifer, mit dem die Naturführer auf unserem Schiff, der *Buccaneer,* wiederholt die Touristen ermahnten, auf den Wegen zu bleiben, und wir waren stolz, daß unsere Gruppe von ehemaligen Stanford-Studenten sich enthusiastisch daran hielt. Zu unserer Gruppe gehörten Geschäftsleute, Juristen, Ärzte, Lehrer und Hausfrauen; und ihr Verhalten war ein gutes Zeugnis für das Vergnügen und Interesse, das Laien an der Vielfalt auf unserer Erde finden können.

Einige alpine Tundrahabitate können durch große Mengen wandernder Menschen besonders leicht verletzt werden; dort können die Verlockungen herrlicher Ausblicke und spektakulärer Wildblumen zu einer Verwüstung der alpinen Flora und Fauna führen. Über die Einwirkungen der Touristen auf die ausgedehnte Tundra an der Trail Ridge Road im Rocky-Mountain-Nationalpark von Colorado wurde beispielsweise große Besorgnis laut.[114] Dort ist auf 3600 Meter Höhe, nur ein paar Autostunden von Denver entfernt, arktische Flora zu finden. Ob diese Landschaft die Einwirkungen der vorausgesehenen steigenden Besucherzahlen auffangen kann, ohne zerstört zu werden (wie es ähnlichen Landschaften am Pikes Peak ergangen ist), ist jedoch nicht klar. In den stark benutzten Weißen Bergen von New Hampshire haben Wanderer zwei der übriggebliebenen Populationen des hübschen, gelbblühenden Robbins Fingerhut zerstört.[115]

Die Auswirkungen des menschlichen Gehens können geringfügiger, aber auch schwerwiegender Natur sein. Eine Untersuchung in England zeigte, daß Trampeln auf die Vielfalt der Tierchen in der Graslandstreu, die die Blätter abbauen, sehr dramatische Auswirkungen haben kann. Höchst bemerkenswert ist, daß dies auftrat, bevor an lebenden Pflanzen irgendwelche Effekte festgestellt werden konnten; daher kann eine oberflächlich

---

114 J. Marr und B. Willard, »Persisting vegetation in an Alpine recreation area in the southern Rocky Mountains, Colorado«, *Biological Conservation* 2, 1970, Seite 97–104.

115 *Endangered Species Technical Bulletin,* Department of the Interior, April 1980.

ungestörte Stelle in Wirklichkeit ernsthaften Störungen unterworfen sein.[116]

»Trampeleffekte« sind nicht auf terrestrische Ökosysteme beschränkt. Am Barrier-Riff vor der Tague-Bucht von St. Croix haben wir eingehend die Schwarmbildung jugendlicher Angehöriger von *Haemulon*-Arten untersucht – von kleinen Fischen, die nachts alleine Kleintieren im Seegras der Bucht nachstellen und sich dann tagsüber in Gruppen hinter die Korallen zurückziehen.[117]

Unsere Arbeit erforderte sowohl eine Markierung der Einzeltiere als auch eine intensive Beobachtung der Schwärme. Wir beobachteten mit unseren Kollegen einen großen Schwarm in etwa vier Fuß tiefem Wasser über dem Barrier-Riff der Tague-Bucht so sehr, daß wir selber zum Bestandteil unseres Versuchs wurden. Die Spitzen unserer Schwimmflossen stießen immer wieder an die Hirschhornkorallen und brachen Stückchen davon ab. Manchmal, wenn Wellen durch das Riff brandeten, suchten wir an den Korallen Halt und brachen noch mehr ab. Nun begannen sich die verwickelten und ritualisierten Muster des Wegzuges bei Sonnenuntergang und der Rückkehr bei Sonnenaufgang zu ändern, und monatelang waren die Schwärme aufgelöst.

Seit Jahren ist jene Stelle, wo wir allmählich einen sechs auf sechs Meter großen Flecken der Korallen umgeändert hatten, nun nicht mehr von großen Schwärmen besetzt. Im Unterschied hierzu liegt ein anderer Schwarmplatz, den wir vor Grenada studiert haben, in tieferem Wasser und wurde nicht gestört. 1979, neun Jahre nach den ersten Beobachtungen, gab es an dieser Stelle erstaunlicherweise immer noch die jungen *Haemulon*-Fische.

Auch durch die Anker von Freizeitbooten werden die Korallen beschädigt. Eines unserer kleinen Untersuchungsgebiete bei Palm-Island (Grenada) wurde durch die Yachten völlig zerstört. Über ein Fünftel der Hirschhornkorallen am Fort-Jefferson-Nationaldenkmal in den Dry Tortugas vor Florida wurde Berichten zufolge auf diese Weise beschädigt.[118]

Andere neuere Forschungen haben gezeigt, daß in der Nähe der Badeorte von Heron-Island am Südende von Australiens Großem Barrier-Riff die

116 E. Duffey, »The effects of human trampling on the fauna of grassland litter«, *Biological Conservation* 7, 1975, Seite 255–274.

117 P. Ehrlich und A. Ehrlich, »Coevolution: Heterotypic schooling in Caribbean reef fishes«, *American Naturalist* 107, 1973, Seite 157–160; J. Ogden und P. Ehrlich, »The behavior of heterotypic resting schools juvenile grunts (Pomadasyidae)«, *Marine Biology,* 1977, Seite 273–280.

118 G. Davis, »Anchor damage to a coral reef on the coast of Florida«, *Biological Conservation* 11, 1977, Seite 29.

Korallenriffe ernstlich geschädigt wurden, weil Touristen bei Ebbe auf ihnen spazieren gingen.[119]

Sobald Maschinen Teil der Erholung in der Natur werden, steigt die Gefährdung der anderen Arten stark an. Mehr als die Hälfte aller durch Menschen verursachten Todesfälle bei der gefährdeten, wasserlebenden Rundschwanzseekuh in Florida geht auf die wirbelnden Schrauben der Motorboote zurück. Die Seekühe, Floridas Symboltiere, sehen ein wenig wie Grover Cleveland aus: »Die gleichen Barthaare, dicke, faltige Haut und auch ziemlich stramm: bis zu 1050 kg speckige Masse.«[120] Diese trägen Tiere ernähren sich von Wasserpflanzen und sind äußerst sanftmütig – nicht einmal, wenn ihre Jungen bedroht sind, greifen sie an. Und sie sind auch für die Menschheit nützlich – lange wurden sie wegen ihres Fleisches gejagt, das wie Kalbfleisch schmeckt, wegen ihrer elfenbeinernen Knochen, wegen des Trans und der Lederhaut. Und sie vertilgen auf völlig biologische Weise exotische Pflanzen, die die Wasserstraßen zu verstopfen drohen.

Die Jungen der Rundschwanzkuh spielen gerne, sie »küssen« sich mit der Schnauze und halten sich an den Flossen. Zu allem Unglück aber sind die Tiere nicht wehrhaft genug. Die Weibchen erreichen mit acht Jahren Geschlechtsreife und die Männchen mit neun oder zehn; doch tragen die Seekühe nur alle drei Jahre einmal Kälber aus. Diese Fortpflanzungsrate paßt nicht zu dem Verschleiß durch die Schiffsschrauben, die einen beachtlichen Teil der achthundert bis tausend Seekühe in Florida tödlich verletzt haben. Neugierige Taucher belästigen die Tiere, und manchmal bringen Menschen sie mit Absicht um. Andere ersticken, wenn sie sich in Fischernetzen verfangen. Wieder andere werden durch Kähne zermalmt. Im Endresultat könnten diese sanften Tiere, die wahrscheinlich die Grundlage für die Meerjungfrauenlegende bilden, nicht länger existieren.

Wenn es auf bloße Zerstörung durch Erholungsmaßnahmen ankommt, übertreffen die geländegängigen Fahrzeuge die Motorboote bei weitem. Vermutlich gibt es alleine in den Vereinigten Staaten mehr als acht Millionen Moto-Cross-Räder, Allradautos, Dünenbuggies und andere geländegängige Fahrzeuge.[121] Sie sind das Rückgrat einer Multimillionen-

---

119 D. Woodland und J. Hooper, »The effect of human trampling on coral reefs«, *Biological Conservation* 11: 1–3 (1977).
120 *Time* vom 24. März 1980.
121 Über die Problematik der zunehmenden Anzahl an Geländefahrzeugen hat anläßlich einer Autoausstellung bereits der ehemalige Deutsche Bundespräsident Walter Scheel nachgedacht, »Geländewagen aber kein Gelände«. Der Trend zu gelände-

industrie und haben daher die Rückendeckungen einflußreicher wirtschaftlicher und politischer Kräfte. Der Zoologe Robert Stebbins aus Berkeley hat es wie folgt ausgedrückt: »Die amerikanische Wirtschaft hat eine neue Expansionsmöglichkeit gefunden, und damit begann eine massive Einflußnahme, die viele Menschen dazu gebracht hat, daß sie neben der Straße durch die Wildnis brausen und dies dann für eine akzeptable Form menschlicher Tätigkeit halten.«[122] Auf Anzeigen sind nun mehrere Fahrzeuge zu sehen, die nebeneinander durch die Landschaft jagen und »Hahnenschwänze« von Staub hochschleudern. Die Kinder werden mit geländegängigen Spielautos bedacht.

Selten aber ist die Umwelt so beschaffen, daß ein Auto durch das Gelände brausen kann, ohne Schaden zu hinterlassen. Als wir vor vielen Jahren das erste Mal versuchten, den Zugang zu Jasper Ridge zu kontrollieren, wurden Wächter gemietet, die Streife fahren sollten. Sie bestanden jedoch darauf, auch abseits der Straßen zu fahren, wenn sie Eindringlinge verfolgten. Schnell wurden die Streifen wieder abgeschafft, weil ein einmaliges Verlassen der Straße mit einem Wagen mehr Schaden anrichtet als Hunderte von Wanderern.

Die normalen geländegängigen Fahrzeuge mit ihren knubbeligen Reifen sind beinahe ideale Werkzeuge zum Zerstören von Pflanzen und Boden. Selbst wenn mit großer Sorgfalt gefahren wird, zerstört ein Moto-Cross-Rad auf einer Fahrt von 37 km mehr als ½ ha Land; ein Wagen mit Vierradantrieb wird nach nur 10 km die gleichen Einwirkungen hinterlassen. Wie der amerikanische »Umweltrat« kommentierte: »Zuerst und vor allem fressen die geländegängigen Fahrzeuge Land... Deshalb, weil die Geländefahrzeuge jene verhältnismäßig dünne Schicht sich zersetzender Felsen und organischer Stoffe, auf die alles Leben angewiesen ist – den Boden – angreifen... können sie derartig verwüstende Auswirkungen auf naturale Ressourcen haben.«

In vielen Gebieten, in denen die Geländefahrzeuge die Vegetation entfernt haben, beginnt ein Erosionsprozeß, der die Zerstörung fortführt. In der Nachbarschaft von Santa Cruz im Küstengebirge Kaliforniens sind nach nur sechs Jahren Benutzung die Geländewagenspuren 2⅓ m tiefe

---

gängigen Fahrzeugen wird vor allem durch die Werbung verstärkt, die dem Verbraucher hier ein Gefühl von scheinbarer Freiheit und Naturverbundenheit einredet. Gerade die Sehnsucht nach Freiheit und Natur läßt diesen gefährlichen und sinnlosen Boom entstehen, es gilt das zweifellos vorhandene Potential an Natursehnsucht in sinnvolle Bahnen zu lenken. Vgl. *Forstwissenschaftliches Zentralblatt* 5/6, 1983.

122 Stebbins, »Off-road vehicle impacts on desert plants and animals and BLM management prescriptions«, (Manuskript).

Hohlwege.[123] In den Wüsten des amerikanischen Südwesten wurde bereits eine kaum faßbare Zerstörung verursacht; die Aufnahmen jener Zerstörungen beginnen gerade erst; viele Jahre, wenn nicht gar Jahrzehnte wird es dauern (*wenn* die Geländefahrten verboten werden), bis die Natur sich erholen kann. Über weite Strecken hin ist die anfällige und wichtige Kruste des Wüstenbodens aufgebrochen worden, was die Chancen für eine Abtragung durch Winde und eine Entstehung von Sandstürmen erhöht. Dies vermindert gleichzeitig die Luftqualität und trägt den Menschen im Südwesten Pilzsporen zu, die das San-Joaquin-Fieber verursachen.[124] Selbstverständlich kann es außerdem zu örtlichen Klimaveränderungen kommen.

In Gegenden, in denen viele Geländefahrzeuge unterwegs sind, ist der Wüstenboden vollständig von der Vegetation entblößt. Dadurch werden selbstverständlich auch die Tierpopulationen ausgelöscht, die von den Pflanzen abhängig sind. Weiterhin arbeitet diese Störung tendenziell gegen die einheimischen Pflanzen und für eingeschleppte Unkräuter wie den Russischen Kaktus – der sich über immer größere Wüstenflächen des nordamerikanischen Südwestens ausbreiten kann. F. R. Fosberg, der Kurator für Botanik am U.S. National Museum und eine internationale Kapazität in der Unkrautforschung, schrieb über das Problem in dem Wüstenland 1974 an die zuständige Behörde, das Büro für Landmanagement (BLM):

Beim Gehen greift der Mensch die Vegetation nicht mehr als andere große Tiere an. Mit seinen Maschinen aber schafft er Störungen, die für das Gedeihen exotischer Arten, welche dann die Gebiete um die Störstelle besetzen können, ideale Bedingungen schaffen... Wenn sie nicht den Vegetationscharakter verändern wollen und damit die ganze Wüstenlandschaft im Einflußbereich des BLM, sollten Sie – nach meiner Meinung als Botaniker und Ökologe – den Kraftverkehr auf befestigte Straßen beschränken und die Wüstengebiete nur für das Wandern und andere ökologisch wenig zerstörerische Formen der Erholung öffnen.[125]

Trotz dieses guten Ratschlages und ähnlicher von vielen anderen Biologen, erörtert das BLM noch immer Bewirtschaftungspläne für die kalifor-

---

123 Zitat und die Informationen über Santa Cruz aus dem Editorial von *Wild America*, Juli 1979 (veröffentlicht von der American Wilderness Alliance).
124 Eine Dokumentation der Einwirkungen auf Wüstenland findet sich in der Bibliographie von Stebbins, a.a.O.
125 Zitiert nach Stebbins, a.a.O.

nischen Wüsten, in denen noch immer ein ausgedehnter Zugang für Geländefahrzeuge vorgesehen ist.
Die Geländefahrzeuge rotten nicht nur Tiere mittels der Ausrottung der Pflanzen aus, sondern greifen sie auch direkt an. Auf der Oberfläche und in engen Bauten, wo sich viele Wüstentiere verstecken, um der Tageshitze zu entgehen, werden sie zermalmt. Zusammengefaßt sind die direkten und die indirekten Verluste sehr grob. Laut einer Untersuchung, in der Geländefahrstrecken mit ungestörten Flecken verglichen werden, haben die terrestrischen Tiere einen Verlust von sechzig Prozent erlitten. Die Ergebnisse einer anderen Untersuchung, die in den Imperial-Dünen im Südosten des Salton-Sees durchgeführt wurde, sind damit vergleichbar. In ungestörten Gebieten waren die Wirbellosen – vornehmlich Insekten – vierundzwanzigmal zahlreicher als in Gegenden mit intensivem Geländefahrzeugverkehr; die Beutelratten waren fünfmal, die Kaninchen zehnmal und die Eidechsen waren dreimal so zahlreich. Ein großes Problem der geländegängigen Fahrzeuge ist, daß sie Menschen, die zuvor keine Erfahrung mit dieser Natur haben und keine Vorstellung von dem Schaden, der ihr angetan wird, einen leichten unkontrollierten Zugang zur Wildnis erlauben. Dieses Problem wird durch die Beobachtungen des Naturforschers Steve Zachary in dem schönen, aber fahrzeuggeplagten Canyon des San-Francisco-Flusses beleuchtet. Er schrieb an die Forstverwaltung, die dieses Gebiet schützen soll:
Sieben Tage waren wir im Canyon. Es war eine herrliche Erfahrung mit den vielen Vögeln, darunter ein Gänsesäger mit sechs Jungen und eine brütende Amerika-Zwergdommel, mit Dickhornschafen und vielen Wildblumen. Als sich das Wochenende mit dem Memorial Day näherte, stellte ich fest, daß die Rinder aus dem Canyon getrieben wurden. Bald darauf sah ich die Ursache: Wagen mit Allradantrieb, geländegängige Fahrzeuge aller Sorten kamen den Canyon herunter. Sie verwandelten das schöne Flußtal in einen lauten, motorisierten Spielplatz, ohne jede Besorgnis gegenüber der Umwelt.
Es war für die geländegängigen Fahrzeuge eine wirkliche Herausforderung, den Fluß zu überqueren. Wir sahen Geländefahrzeuge, die im Fluß steckenblieben und Öl verloren. Einige Leute hatten Gewehre dabei und schossen auf alles, was kreuchte und fleuchte. Übers Wochenende sahen wir den Gänsesäger wieder, aber nur noch mit drei seiner Jungen, und noch einmal, mit gar keinem. Das Zwergdommelnest war völlig zerstört, Reifenspuren gingen quer durchs Gelege. Ich war ernstlich in Sorge um die Raubvögel, da ja einige Leute schwere Gewehre hatten.
Bald darauf entdeckten wir Müll im Canyon und ein wunderbares Fluß-

uferbiotop, das nun zerstört war. Über Nacht zelteten wir am Fluß, und die Leute kamen in ihren Wagen und leuchteten mit ihren Scheinwerfern über die Klippen des Canyons. Unmittelbar in der Gegend war eine Gruppe von Dickhornschafen. Schüsse waren zu hören. Ich glaube, daß sie die Schafe wilderten oder dies versuchten. Ich verstehe nun, warum die Viehhalter ihre Herden wegholten. Wir sahen ein Lager von Geländewagenfahrern, die Bier tranken und die Dosen in den Fluß warfen und darauf schossen, als sie vorbeitrieben.

Was mir irrwitzig erschien, war, daß ich 500 Dollar Kaution hinterlegen mußte, um eine Gruppe von drei Rucksackwanderern durch den Canyon zu führen. Dieses Pfand sollte für den Fall einer Waldbeschädigung einbehalten werden. Doch diese Fahrzeuge alle dort unten im selben Canyon, die den Canyon, den Fluß und das Leben zerstörten – meinen Sie, daß ihre Fahrer einen Pfandschein unterschrieben haben? Als ich zur Rangerstation von Glenwood zurückkam, gab mir der Sekretär meine fünfhundert Dollar nicht wieder, bevor nicht jemand mit mir unten im Canyon war und geschaut hatte, ob meine drei Begleiter nicht irgendwelche Schäden angerichtet hatten.[126]

Die Forstbehörde antwortete Zachary in ihrem üblichen Stil: »Es wird eben viel Mißbrauch getrieben usw....« und sagte, daß das Ausmaß des Schadens noch erträglich sei.

Der Streit über den Verkehr geländegängiger Fahrzeuge im San-Francisco-Canyon beleuchtet nachhaltig die verzweifelte Notlage einer öffentlichen Erziehung über die Werte der Wildnis und der Ökosysteme. Die wichtigste Organisation, die den Canyon für Rallies benutzen will und sich über verursachte Schäden nicht weiter kümmert, ist der Los-Cruces-Jeepclub. 1966 war diese Gruppe in den »Gila-Jeepkrieg« verwickelt, da seine Mitglieder versuchten, in das Schutzgebiet der Gila einzudringen. Dort sind – wie in allen Naturschutzgebieten – Geländefahrzeuge verboten. Sie konnten dort aber nur durch Barrikaden und Gefängnisandrohungen aufgehalten werden. Der Verein unterstützt jetzt eine bundesweite Kampagne, die das Wildschutzgesetz rückgängig machen will!

---

126 Zitiert nach Dave Foreman, »ORVs threaten a wild canyon«, *Living Wilderness*, September 1979.

Die große Explosion

Ein unbegrenzter thermonuklearer Krieg wäre der letzte Akt einer ökologischen Zerstörung – und zwar einer, der nicht-berechenbare, unmittelbare Folgen für alle Lebewesen (auch die Menschen) haben würde. Um die Folgen eines derartigen Krieges vorherzusagen, wurden viele Studien ausgearbeitet; Herman Kahns »Klassiker« *On Thermonuclear War*[127] war die erste, und neuere Untersuchungen der Nationalen Akademie der Wissenschaften[128], des Verteidigungs- und des Energieministeriums der Vereinigten Staaten[129] schlossen sich an.

Alle diese Prognosen stimmen in zweierlei Hinsicht überein: Erstens werden sie für jeden Leser mit etwas Einsicht, der durch den Jargon von »wahrscheinlichen Erstschlagskräften«, »idealen Explosionswellen«, »Zieleffekten«, »Ganzkörperdosen« und »Megatoten« durchsteigt, ein Gemälde des Schreckens malen. Es ist ein trauriger Kommentar für die gesellschaftlichen Verhältnisse, daß bei den Wahlen 1980 George Bush Vizepräsident der USA wurde, nachdem er öffentlich die Überzeugung geäußert hatte, daß ein Atomkrieg im eigentlichen Sinne »gewonnen« werden kann. Das zweite allgemeine Kennzeichen all dieser Studien ist, daß sie mit allen in ihnen vorausgesehenen Schrecken immer noch die wahre Größenordnung der Auswirkungen eines solchen Krieges unterschätzen. Zum Teil folgt dies aus der inadäquaten Analyse der dort erörterten Faktoren.[130] Wichtiger aber ist, daß sie alle nicht vermocht haben, die wirkliche Größenordnung der ökologischen Auswirkungen zu erörtern, die einem unbegrenzten Schlagabtausch von Wasserstoffbomben folgen könnten oder würden.[131]

Wenn wir annehmen, daß die Vereinigten Staaten und die Sowjetunion im späten September einen solchen totalen Schlagabtausch vornehmen würden, so wäre dies kein unwahrscheinlicher Zeitpunkt, da beide Parteien

---

127 Erste Ausgabe Princeton (Princeton University Press) 1960; zweite Ausgabe (auch als Paperback) New York (Free Press) 1969.
128 »Long-term worldwide effects of multiple nuclear weapons detonations«, Washington (National Academy of Sciences) 1975.
129 S. Glasstone und P. J. Dolan, *The Effects of Nuclear Weapons* ³1977. Eine neuere Übersicht findet sich in »The effects of nuclear war«, Office of Technology Assessment, Congress of the United States (Allenheld, Osmun und Co., Montclair, N. J., 1980).
130 Vgl. beispielsweise die Presseerklärung der Federation of American Scientists vom 4. Oktober 1975, in der die unzulängliche Untersuchung der National Academy of Sciences kritisiert wurde.
131 Ecoscience, a.a.O., Seite 690–691.

lieber keinen Krieg anfangen würden, bevor die Ernte eingebracht worden ist. Die Auswirkungen von Kernwaffen hängen von vielen Faktoren ab; auch das Wetter spielt dabei eine nicht geringe Rolle. Wenn zum Beispiel Kalifornien während einer klaren und heißen Wetterlage, die zu jener Zeit meistens herrscht, durch ein Sperrfeuer von Gefechtsköpfen getroffen wird, würden viele Millionen Tote die unmittelbare Folge sein. Ein großer Teil der Waldgebiete und der Chaparralhaine würden in ein Flammenmeer verwandelt – thermonukleare Sprengköpfe können alles Entflammbare über Tausende von Quadratkilometern anzünden.[132] Wo es ausreichende Vorräte an Brennmaterial gibt, können Feuerstürme ungeheurer Dimensionen entstehen, die unter bestimmten Umständen Temperaturen hervorrufen, die hoch genug sind, um den Boden zu sterilisieren.[133] Es ist nicht unvorstellbar, daß große Teile des Staates verbrennen würden und daß in vielen Gebieten die nichtgekeimten Samen im Boden zerstört würden. Zahllose Populationen und Arten von Tieren würden aussterben; nicht ausgerottete würden in ihrer Anzahl sehr beschränkt und bestrahlt. Daher würde eine Wiederbesiedlung von irgendwelchen, verhältnismäßig ungeschädigten Gebieten nur äußerst langsam verlaufen.

Wenn in der Zwischenzeit mit dem Herbst der Regen käme, würde der für die Wiederkehr der Pflanzen notwendige Boden mit den Fluten, die über den entblößten Quellgebieten entstehen würden, in die See gewaschen werden. Umgekehrt würde die große Schlammladung zu einem ungeheuren, zusätzlichen Druck auf die überlebenden Gemeinschaften im Bereich von Meeresküsten und von Flußmündungen ausüben. Diese wären schon durch die Leckflüssigkeiten aus all den zerstörten Tanks mit unterschiedlichen, industriell produzierten Flüssigkeiten (wenn die nicht durch die Feuer verzehrt worden wären) und mit den Ergüssen aus den Ölförderinseln vor der Küste, die nicht automatisch abgestellt worden wären, angegriffen worden.

Derartige Auswirkungen können sich über den größten Teil der nördlichen Halbkugel verteilen, je nach dem Zeitpunkt und der Eskalationsstufe des Kriegs. Bei schweren und weitverbreiteten Angriffen werden ungeheure Mengen Rauch und Staub in die Atmosphäre geschleudert und die für die Erde wichtige Ozonschicht wird ausgedünnt.[134] Zu dem ande-

132 K. Lewis, »The prompt and delayed effects of nuclear war«, *Scientific American,* Juli 1979.
133 Die genauen Bedingungen zur Erzeugung jener Feuerstürme sind nicht bekannt –vgl. Glasstone und Dolan, a.a.O., Seite 299–300.
134 National Academy of Sciences, a.a.O., Seite 39–45.

ren Streß auf die überlebenden Populationen würden sicherlich noch die lokalen und weltweiten Klimaänderungen hinzukommen. Selbst ein verhältnismäßig rasches Abschmelzen der Polareiskappen und eine Überflutung der Küstengebiete kann nicht ausgeschlossen werden.
Bei den geläufigsten Szenarien sind die Einwirkungen auf die südliche Halbkugel weit weniger ernst. Sicherlich aber würde sowohl die Unterstützung von der nördlichen Hemisphäre als auch der Handel mit ihr drastisch beschnitten, wenn nicht sogar ganz gestoppt. Es ist nicht unwahrscheinlich, daß die Klimaänderungen auch in den armen Ländern der südlichen Halbkugel Auswirkungen haben könnten und daß sie deren ohnehin unzureichende landwirtschaftliche Grundlage bedrohen würden. Der lokale Zugriff auf die Ressourcen der südlichen Hemisphäre würde viel stärker, und gefährdete Populationen dortiger Arten würden augenblicklich noch mehr Gefahren ausgesetzt sein. Es ist schwierig, sich beispielsweise vorzustellen, wie die afrikanischen Wildparks aussehen würden, nachdem der Tourismus sechs Monate lang nicht mehr stattgefunden hat – mit den Parks würden die meisten großen afrikanischen Säugetiere verschwinden. Fast alle Hoffnung zur Rettung der tropischen Regenwälder würde sofort schwinden. Die Gesamtauswirkungen eines Krieges zwischen den nördlichen Supermächten auf die südliche Halbkugel wären daher weniger extrem als für den Norden, aber sie wären immer noch katastrophal.
Wenn es einen derartigen Krieg gäbe und selbst wenn er in der südlichen Hemisphäre stattfinden würde, so wäre es leicht möglich, daß die technisierte Gesellschaft ihn nicht lange überleben würde, weil nämlich zu viel Potential an menschlichem Wissen, technischer Geschicklichkeit und anderer wichtiger Fähigkeiten zerstört werden würden. Wenn die technisierte Gesellschaft untergeht, so ist es äußerst unwahrscheinlich, daß sie wieder errichtet wird. *Homo sapiens* begann den Weg zu seiner heutigen Stellung in einer Welt, welche reich an Ressourcen war. Die Wälder und die Böden waren intakt, Lagerstätten hochkonzentrierter Kupfer- und Eisenerze waren leicht zugänglich, nachdem man ihren Wert erkannt hatte, und Erdöl konnte aus flachen äußerst oberflächlichen Bohrlöchern entnommen werden.
Auch wenn sich nach einem thermonuklearen Krieg die Böden und Wälder wieder schrittweise erholen würden, so würden die Minerale sich nicht wieder von selber konzentrieren, und neues Petroleum könnte sich auch nicht in einer Zeit neu bilden, die für uns Menschen interessant ist. Daher könnte sich der Kreis der Geschichte schließen und *Homo sapiens* durch Notlage wieder gezwungen sein, zu einer Art von Jägern, Sammlern

und einfachen Bauern zu werden. Was auch immer vom Rest der Lebewelt auf der Erde überleben würde, müßte sich selbst überlassen bleiben, um sich von den Einwirkungen der technologischen Phase zu erholen und um vielleicht nach Jahrmillionen einiges von seiner Vielfalt noch einmal wiederzuerlangen.

Energie und Habitatzerstörung

Ökologen betrachten die Energiearten als wichtigen Indikator für die menschlichen Einwirkungen auf Ökosysteme. Fast alle Tätigkeiten, die zu einer indirekten Gefährdung anderer Arten führen, sind äußerst energieintensiv.
Man benötigt viel Energie, um Gebäude zu errichten, Straßen und Parkplätze zu asphaltieren, Bäume zu fällen und Felder zu pflügen. Man braucht riesige Energiemengen, um die Autos, für die die Straßen und die Parkplätze gebaut sind, anzutreiben – und um dabei die Umweltgifte in ihren Auspuffgasen herzustellen. In gleicher Weise sind auch die riesigen Industriekomplexe nicht nur mit Energie errichtet worden, sondern werden auch mit Energie betrieben. Energie wird benutzt, um Rohstoffe aus der Erde zu holen; und sie wird benutzt, um sie zu bearbeiten und mit der Industrie auch die Verschmutzung von Luft und Wasser zu schaffen. Energie bewegt die riesigen Maschinen, mit denen man die Wälder niederreißt, und Energie treibt die geländegängigen Fahrzeuge an, die die Wüsten vernichten.
Durch die angesammelte Energie der fossilen Brennstoffe konnte die Menschheit zu einer Kraft werden, die weltweit ökologische Zusammenhänge beeinflußt. Die Lichter der Städte und die Rauchwolken der Kraftwerke sind noch aus dem Weltall deutlich zu sehen. Die von den Menschen im Lauf der Zeit durch ihre Arbeit mobilisierten Mengen vieler Mineralstoffe, wie Eisen, Stickstoff, Mangan, Kupfer, Zink, Nickel, Blei, Phosphor, Molybdän, Silber, Quecksilber, Antimon und Zinn, bewegen sich nun in mindestens der selben Größenordnung wie die Mengen, die durch das Wasser auf diesem Planeten freigesetzt werden konnten.[135]
Heute betreibt die Menschheit für ihre eigenen Zwecke ein Zwanzigstel der gesamten Photosynthese – jenes niedrigsten lebenserhaltenden Prozesses auf dem Planeten –, und durch seine Aktivitäten droht *Homo*

---

135 *Man's Impact on the Global Environment: Report of the Study of Critical Environmental Problems,* Cambridge (MIT Press) 1970, Seite 116.

sapiens nun die grundlegenden klimatischen Strukturen dieses Planeten zu verändern. Das alles geschah mit großer Plötzlichkeit.

Die Geschwindigkeit, mit der eine fossile Brennstoffe benutzende Menschheit ihre überwältigende Dominanz auf dem Planeten erreicht hat, kann am besten vor dem Hintergrund der erdgeschichtlichen Zeit erkannt werden. Nehmen Sie an, daß die dreieinhalb Milliarden Jahre, die das Leben auf diesem Planeten ungefähr existiert, auf einen einzigen Tag projiziert würde, wobei der Start des Lebens eine Sekunde nach Mitternacht wäre.[136] Gegen drei Uhr morgens würden die ersten zur Photosynthese befähigten Organismen in den Ozeanen erscheinen. Etwa um vier Uhr nachmittags würden die ersten einzelligen Pflanzen und Tiere erscheinen, und es wäre fast halb acht, bevor die ersten mehrzelligen Organismen entstehen. Bevor die ersten Pflanzen an Land gingen, wäre es neun Uhr abends, und nur eine Stunde vor Mitternacht begänne das Zeitalter der Saurier. Zwölf Minuten vor Mitternacht beginnen die Säuger, die ökologische Herrschaft zu übernehmen; die ersten Menschen erscheinen eine halbe Minute vor Mitternacht. Eine zwanzigstel Sekunde vor Mitternacht würde die Landwirtschaft erfunden, und die Industrielle Revolution begänne eine tausendstel Sekunde vor Mitternacht. Bei einer Zeitprojektion des irdischen Lebens auf 24 Stunden würde daher die Machtübernahme der Menschheit alleine im letzten Zwanzigstel einer Sekunde stattfinden und die wirkliche Machtergreifung, parallel zur Ausbeutung der fossilen Brennstoffe, findet sogar erst im letzten Tausendstel der Sekunde statt.

Rückblick und Vorschau

Am Ende dieses düsteren Kapitels über die Arten und Weisen, auf die die Menschheit die Biotope für alle Lebewesen der Erde, einschließlich sich selbst, zerstört, scheint es angebracht, sich das Schicksal von vergangenen Zivilisationen ins Gedächtnis zu rufen. Zu vielen Zeiten wurden menschliche Gesellschaften ausgelöscht. Die blühenden Zivilisationen der Tigris- und Euphrattäler waren – wie viele bäuerlichen Gesellschaften heute – unfähig, ihre Bewässerungssysteme ordentlich zu erhalten und gingen unter. Überintensivierte Landwirtschaft scheint die Khmer und die klassischen Maya erledigt zu haben. Und die Griechen, die Römer und andere

---

136 Vgl. Ehrlich, Holm und Brown, *Biology and Society*, New York (McGraw-Hill) 1976.

schufen mit dem Abholzen und der Ziegenweide die biologische Verwüstung, die heute das Mittelmeerbecken ausmacht, und verloren zum Teil als Folge hiervon, ihre weltbeherrschende Stellung. Sie und viele andere Völker der Vergangenheit haben den Preis für ihre Uneinsichtigkeit in die Langzeitfolgen ihres Tuns bezahlt. Sie haben es geschafft, sogar ohne Einsatz von Planierraupen, Tagebaubaggern, geländegängigen Fahrzeugen, synthetischen Insektiziden und Herbiziden, Öltankern oder thermonuklearen Waffen Umweltkatastrophen zu produzieren. Was uns nun angesichts dieser *lokalen* Katastrophen der Vergangenheit so erschreckt, ist das Schauspiel einer *weltweiten* Zivilisation, die genau den gleichen Weg geht, aber mit noch ganz anderen tödlichen Waffen ausgerüstet ist.

Notwendigerweise sind unsere Ausführungen über die Kräfte der Biotopzerstörung nur episodenhaft. Sie beziehen sich eher auf die gemäßigte Zone, für die mehr Informationen erhältlich sind, als für die Tropen, wo die Probleme aber sehr viel ernster sind. Und sie sind stark durch die vielen weißen Flecken beeinträchtigt, die sowohl für unser Verständnis der Einwirkungen als auch – noch wichtiger – der Umweltreaktionen auf jene Einwirkungen vorhanden sind.

Es sollte für jede gegebene Tätigkeit oder jeden Unfall sehr leicht sein, die Auswirkungen anzugeben. Kann ein wenig mehr zu einer wirklichen Schädigung einer anderen Art führen? Was passiert, wenn noch ein paar Quadratkilometer Regenwald niedergehauen werden? Es gibt noch genug Regenwald. Was ist, wenn ein weiterer Berg in Colorado ausgegraben, zu feinem Staub zermahlen wird und in die umliegenden Täler gestopft wird? Es gibt genug Berge und Täler dort. Was ist, wenn das Leben einer weiteren Flußstrecke abstirbt, nachdem sich die Chemikalien einer Fabrik in sie ergießen? Wenn die Sache ganz schlecht wird, können wir ja mit der Umweltverschmutzung aufhören, und das Leben wird dort wiederbeginnen.

Warum sollen wir uns denn darum bekümmern, wenn überall chlorierte Kohlenwasserstoffe zu finden sind, in jedem Winkel der Welt und in den meisten Lebewesen? Niemand hat jemals nachgewiesen, daß wegen ihnen eine Art ausgestorben ist. Was leistet eine Galápagosriesenschildkröte oder ein Schwarzrotkleidervogel jemals für mich? Vielleicht sollten wir sie besser von einer durch die Menschen und ihre Rinder, Schafe, Ziegen und Schweine beherrschten Welt entfernen. Sicherlich kann eine Autostraße mehr (oder eine Siedlung oder ein Einkaufszentrum oder eine Fabrik) noch nicht schädlich sein, oder? In Nevada und in der Antarktis gibt es zumindest noch genügend Raum. Warum sollen wir nicht noch ein paar Bohrinseln aufstellen? Die Weltmeere sind groß, und wir brauchen das Öl dringend. Gibt es einen wirklich guten Grund dafür, den Fluß nicht zu stauen? Sicherlich wird niemals irgend jemand den Schnecken-Grundbarsch oder das Läusekraut vermissen. Warum nicht mit dem Moto-Cross-Rad zum nächsten Berg fahren? Die paar Meilen mehr können doch keinen Unterschied machen. Warum sollen wir denn nicht unsere Industriekapazität um ein paar Prozent erhöhen? Ein winziges Ansteigen der Azidität des Regens kann doch nicht viel ausmachen. Warum denn keine drei Kinder? Sie sind so reizend, sie bauen mich psychisch auf und sie können mich im Alter unterstützen – und sie sind in einer Welt, die sich auf die fünf Milliarden zu bewegt, ein Tropfen auf den heißen Stein.

In jenem isolierten Rahmen, in dem diese Fragen immer stehen, verführen sie vernünftige Leute dazu, Entscheidungen zu treffen, die an den menschlichen Angriffen auf die ökologischen Gefüge der Erde teilhaben. In einem mehr oder minder großen Ausmaß nehmen wir alle laufend an jenem Angriff auf die eigentlichen Lebensvorgänge teil: Wir kaufen unserer Landwirtschaft Lebensmittel ab, benutzen Energie, schaffen uns eine ungeheure Palette von Waren an, die auf ihrem Weg von der Extraktion aus den ursprünglichen Ressourcen bis in den Haushalt verschiedene Einwirkungen auf die Umwelt verursacht haben. Ebenso wie das scheinbar triviale Wegwerfen eines Kaugummipapiers – wenn das genügend Leute machen – eine schöne Landschaft in einen Abfallplatz verwandeln kann, so können auch scheinbar geringfügige Handlungen aller Menschen zusammengenommen die Ökosysteme unseres Planeten zerstören – indem ihre wichtigsten Bestandteile ausgerottet werden. In diesem Kapitel sollte gezeigt werden, daß sich alle derartigen individuellen Handlungen zu einem Ausmaß der Zerstörung verbinden, das noch weiter anwachsen wird und doch schon jetzt nicht mehr zu akzeptieren ist.

Im nächsten Kapitel betrachten wir einige dieser Handlungen in ihrem politischen Zusammenhang, um so die Szenerie für die Erörterung gesellschaftlicher Handlungsperspektiven vorzubereiten, die für ein Ende des Ausrottens sorgen könnten. In den beiden letzten Kapiteln werden dann Taktik und Strategie für ein Umdrehen des Trends diskutiert. Wenn er nämlich nicht verändert wird, ist bereits jetzt das Schicksal der Zivilisation besiegelt.

Was tun wir und was können wir tun?

Die Politik der Ausrottung

Wir haben die Erde nicht von unseren Eltern geerbt, wir haben sie von unseren Kindern geliehen.
IUCN, »World Conservation Strategy«, Einleitung

Die Lebensqualität und die Lebensbedingungen für *Homo sapiens* im frühen 21. Jahrhundert werden sehr vom Erfolg der Menschheit abhängen, in den nächsten zwei Jahrzehnten den Verlust der biologischen Ressourcen der Erde aufzuhalten. Wenn ein Erfolg errungen werden kann, dann nur mit einer gemeinsamen politischen Aktion – und dies auf einem Gebiet, das so kompliziert ist und so wenig verstanden wird, wie kaum eines, dem die moderne Gesellschaft je gegenüberstand. Trotz eines erhöhten Umweltbewußtseins und trotz der Verabschiedung vieler Gesetze führt die ökologische Bewegung immer noch im wesentlichen Nachhutgefechte: Die Naturschützer sind Experten darin geworden, den vorrückenden Kolonnen des Gegners rasch zu folgen und sich mit der Nachhut Gefechte zu liefern auf den Schlachtfeldern, die der Gegner ausgesucht hat.

Doch können die politischen Auseinandersetzungen zum Schutz der Vielfalt des Lebens nicht alleine durch eine derartige Feuerwehrpolitik gewonnen werden. Siege der Naturschützer gab es bisher nur recht wenige – und auch die waren häufig nur von kurzer Dauer. Für jede gerettete Art (gewöhnlich erst kurz vorm Aussterben) müssen anderswo nicht angekündigte, vernichtende Verluste hingenommen werden, werden unbekannte Populationen von Alaska bis Zypern vernichtet. Die taktischen Erfolge der Naturschutzbewegung – selbst wenn sie mit verbesserten Gesetzeswaffen errungen werden – enden doch am Ende in einem strategischen Disaster; und die Feinde des Umweltschutzes werden täglich stärker und skrupelloser.[1]

In diesem Kapitel wollen wir einige dieser »Gesetzeswaffen« diskutieren, die jetzt den Naturschützern zur Verfügung stehen, und uns ein paar gegenwärtige politische Auseinandersetzungen betrachten, die auf den

---

1 Paul Ehrlich, »The Strategy of Conservation, 1980–2000«, in M. E. Soulé und B. Wilcox (Hrsg.), *Conservation Biology: An Evolutionary-Ecological Perspective*. Sunderland, Ma. (Sinauer Associates) 1980.

lautlosen Tod einiger Populationen und Arten hinauslaufen könnten. Anhand dieser Beispiele können Sie einen Eindruck davon bekommen, wie die Dinge zur Zeit laufen, damit Sie dann mit einigem Hintergrundwissen darüber nachdenken können.

Gefährdete Arten und die Gesetzgebung

Üblicherweise werden die Vereinigten Staaten als die Vorreiter der Welt in Umweltschutzangelegenheiten angesehen; nur England und vielleicht Schweden können noch beanspruchen, es mit den USA an langfristigen und erfolgreichen Maßnahmen im Umweltschutz und in der Ressourcenerhaltung aufzunehmen. Die ökologische Massenbewegung, an der Millionen Amerikaner teilhaben, hat der allgemeinen Auffassung nach in den sechziger Jahren begonnen. Diese Bewegung aber wuchs aus einer alten nationalen Tradition, die auf Teddy Roosevelt, wenn nicht sogar noch weiter, zurückgeht. Die meisten Nationalparks und viele staatliche Landschaftsschutzgebiete entstanden aus dieser Tradition heraus. Einige Umweltschutzorganisationen, wie der Sierra-Club, die Wilderness Society, die Audubon Society und die National Wildlife Federation, wurden bereits lange vor 1960 gegründet.[2]

Der am 1. Januar 1970 in Kraft getretene National Environment Policy Act (Umweltpolitikgesetz) war das erste wichtige Umweltgesetz, das in den Vereinigten Staaten verabschiedet wurde. Dieses Gesetz bestimmt, daß die Wiederherstellung und die Erhaltung der Umweltqualität in den Verantwortungsbereich der U.S.-Regierung gehöre. Durch das Umweltpolitikgesetz wird unter anderem verlangt, daß für jedes Projekt und jeden die Umwelt betreffenden Gesetzentwurf des Bundes alle Bundesbehörden eine Umweltverträglichkeitsabschätzung abgeben müssen. Diese Erklärung muß Informationen über die vermutlichen Umwelteinwirkungen enthalten, besonders über nicht-vermeidbare Schädigungen, mögliche Alternativen zu dem geplanten Projekt und über »alle nicht-umkehrbaren

---

2 Im Gegensatz zu den USA war die nationale Komponente im deutschen Naturschutz wesentlich geringer. Während in Amerika Begriffe wie Nationalpark geprägt wurden, die den Schutz eines weitgehend unberührten Landes zum Ziel hatten, liegen die Wurzeln des deutschen Naturschutzes in der Romantik und in der wissenschaftlichen Naturbeobachtung. Der erste ausschließlich dem umfassenden Schutz der Natur verpflichtete Verein in Deutschland war der 1913 gegründete Bund Naturschutz in Bayern e. V. 1975 wurde als nationaler Verband der BUND gegründet.

und nichtwiedergutzumachenden Einwirkungen«, die dabei auftreten würden.[3]

Das Gesetz sieht auch vor, daß betroffene Bürgergruppen Stoppverfügungen für Projekte erreichen können, bei denen es keine ausreichende Umweltverträglichkeitsüberprüfung gegeben hat.[4] Dies hat für wirksame Bürgeraktionen gegenüber zahlreichen Projekten – z. B. der Ölpipeline durch Alaska – eine rechtliche Grundlage geschaffen. Manchmal war der Prozeß der Umweltverträglichkeitsüberprüfung dazu geeignet, die Planer zu überzeugen und ihre Entwürfe abzuwandeln. Noch häufiger haben die Verfahren dazu geführt, daß bei den Projekten große Veränderungen vorgenommen wurden oder daß es sogar zu ihrer Aufgabe kam. Das Umweltpolitikgesetz machte aus dem Umweltschutz eine Bundesangelegenheit und erhöhte so das Umweltbewußtsein in den Bundesbehörden beachtlich. Von der Mehrheit der Bürger aber werden – selbst in den über Umweltfragen verhältnismäßig aufgeklärten Vereinigten Staaten – die *biologischen* Ressourcen, nämlich die Populationen und die Arten, immer noch unterbewertet.

Auch andere Umweltgesetzgebungsmaßnahmen hatten einigen Einfluß auf die natürlichen Ökosysteme und die zu ihnen gehörenden Arten. In den sechziger und den frühen siebziger Jahren wurde eine Reihe von Gesetzen zur Eindämmung von Luft- und Wasserverschmutzung verabschiedet. Die spätesten und härtesten davon sind die Clean Air Amendments (Verfassungsartikel zur Luftreinhaltung) von 1970 und der Water Pollution Control Act (Gesetz zur Bekämpfung der Wasserverschmutzung) von 1972.[5] In den späten siebziger Jahren führte eine Umorganisation der Verwaltung zur Schaffung des Umweltbundesamtes, dessen

---

3 Vgl. P. R. Ehrlich, A. H. Ehrlich und J. P. Holdren, *Ecoscience: Population, Resource, Environment*. San Francisco (W. H. Freeman) 1977, Kapitel 14, um einiges über die Geschichte der Umweltgesetzgebung in den Vereinigten Staaten zu erfahren.
4 In der BRD gibt es nur in den Bundesländern Hessen und Bremen Möglichkeiten der Naturschutzverbände, auf dem Gerichtsweg behördliche Entscheidungen dahingehend überprüfen zu lassen, ob dabei auch die geltenden Gesetze zum Schutze der Natur beachtet werden. Dieses sog. Verbandsklagerecht ist eine zentrale Forderung der bundesdeutschen Naturschutzverbände, da ohne dieses Rechtsinstrument trotz guter Naturschutzgesetze die Natur weitgehend schutzlos ist, nach dem Motto »wo kein Kläger – da kein Richter«.
5 In der BRD wird das Maß der Luftbelastung durch das Bundesimmissionsschutzgesetz und durch die Technische Anleitung zur Reinhaltung der Luft (TA Luft) geregelt. Generell sind aber die Werte zu industriefreundlich, also viel zu hoch angelegt, um auf Dauer bei völliger Ausschöpfung der Grenzwerte Nadelwälder in Mitteleuropa zu erhalten.

Hauptaufgabe in der Festsetzung von Normwerten für die Wasser- und Luftqualität besteht und in der Kontrolle der Emission von Chemikalien, die für die menschliche Gesundheit oder die Umwelt gefährlich sind. Das Umweltbundesamt ist verpflichtet, Emissionen von Umweltgiften zu messen und diese gegebenenfalls einzuschränken oder zu verbieten, aber abgesehen von den sehr ernsten Auswirkungen der Umweltgifte auf ökologische Gefüge ist die Macht der Behörde, Ökosysteme zu schützen, sehr begrenzt.

1973 fand der wirkliche Durchbruch beim Schutz von Arten und Ökosystemen statt, als das »Gesetz zum Schutz gefährdeter Arten« verabschiedet wurde. Dies war ein hartes, kompromißloses Gesetz, das viel weiterging als frühere halbfertige Versuche.[6] Es war dies auch das erste Gesetz in den Vereinigten Staaten, in dem die lebensnotwendige Wichtigkeit der *Habitaterhaltung* für eine gefährdete Art erkannt wurde – der Reproduktion desjenigen Ökosystems, von dem die Art abhängt. Dieses Artenschutzgesetz sieht vor, daß eine Art oder eine Unterart, die »in ihrem ganzen Verbreitungsgebiet oder einem beachtlichen Teil hiervon gefährdet« ist, vom Innenministerium oder, für meeresbewohnende Arten, vom Handelsministerium aufgelistet wird. Der Fish and Wildlife Service (FWS) des Innenministeriums und der National Marine Fisheries Service (NMFS) des Handelsministeriums sollten Vorschriften erlassen, um die gefährdeten oder von der Gefährdung bedrohten Arten zu schützen.[7]

Aufgrund dieses Gesetzes sollten alle Bundesbehörden »in Absprache mit dem Minister ... alles unternehmen, daß sichergestellt wird, daß die von ihnen genehmigten, begründeten oder ausgeführten Aktionen weder die weitere Existenz jener gefährdeten oder von Gefährdung bedrohten Arten gefährden, noch zu einer Zerstörung oder Abänderung des Habitats einer solchen Art führen, die vom Minister nach einer Absprache mit den betroffenen Staaten als bedenklich bezeichnet wird«.

Das Gesetz hat auch das Töten, Fangen, die Einfuhr, Ausfuhr und den Verkauf einer jeden gefährdeten Art (auch Pflanzen) verboten. Die Bundesbehörden werden aufgefordert, vor dem Beginn alle Projekte mit FWS und NMFS abzusprechen. Wenn ein Projekt begonnen wird, ohne ein Umweltverträglichkeitsgutachten einzuholen, sieht das Zivilstrafen vor. Da in den USA, wie in den meisten Ländern der Welt, die größeren Umweltzerstörungen von der öffentlichen Hand getragen oder finanziert

---

6 Seit 1975 gibt es als Rahmengesetz des Bundes das Bundesnaturschutzgesetz mit entsprechenden Artenschutzbestimmungen.
7 *Conservation Foundation Letter,* »The Endangered Species Law is under scrutiny«, April 1978.

werden, könnte ein derartiges Gesetz durchaus ein wirksames Instrument des Artenschutzes sein.

Die Existenz dieser Umweltgesetze und einer offiziell für die Belange der Umwelt eintretenden Politik der Regierung hat nicht notwendigerweise die Umweltverwüstung in den Vereinigten Staaten gestoppt, obwohl sie die Raten von Zerstörung und Schädigung etwas abgemildert haben könnte. In einem großen Ausmaß erwiesen sich diese Gesetze jedoch als Werkzeuge für ein juristisches Handeln betroffener Bürger, mit denen sie die Aktivitäten, die sie als dem Gesetz zuwiderlaufend ansehen, noch anhalten, verzögern oder abändern können. Nicht schwächer als zuvor sind aber die Kräfte, die angesichts des Profits alles »erschließen« wollen. Und immer noch haben sie in den Behörden viele Freunde.

Der schändliche Schnecken-Grundbarsch

Weiterhin gehört die Schmiergeldpolitik der Vereinigten Staaten zu den größten Bedrohungen für die Umwelt und die Artenerhaltung; hierfür ist der berühmte Fall Schnecken-Grundbarsch gegen Tellico-Staudamm ein erstklassiges Beispiel. Die Geschichte begann in den späten sechziger Jahren, als die Tennessee Valley Authority (TVA) in dem Tal des Kleinen Tennessee-Flusses in Osttennessee ihr Tellico-Erschließungsprojekt begann. Zu diesem Projekt gehört, aber nur unter anderem, ein Staudamm. Das Tal war sehr schön und außerdem ein fruchtbares Ackerland. In dieser Gegend war der Fluß das letzte freifließende Gewässer, und er wurde von den einheimischen Fischern als »bestes Forellengewässer in Osttennessee« beschrieben. Außerdem ist das Tal ein heiliger Platz der Cherokee-Indianer und war ihr Stammesgebiet, bis sie im frühen 19. Jahrhundert nach Oklahoma vertrieben wurden. Daher gilt es auch als ein wichtiger archäologischer Fundplatz.

Der Plan der TVA bestand darin, die Hälfte des Tales zu überfluten und ein attraktives Freizeitgebiet daraus zu machen. Der Damm, einer von siebzig Staudämmen der TVA in dieser Gegend, sollte auch zur regionalen Stromversorgung beitragen und zur Hochwasserregulierung. Die einheimische Bevölkerung aber – besonders die Farmerfamilien, die umgesiedelt werden sollten, und die Angler und all die anderen, die die Erholungsmöglichkeiten des Flusses, so wie er war, schätzten – war hiervon nicht erfreut. Sie gewannen die Unterstützung eines Umweltschutzverbandes, des Environmental Defense Fund (EDF) und prozessierten erfolgreich; das Projekt wurde gestoppt, weil keine Umweltverträglichkeitsprüfung stattgefunden hatte. TVA hatte sich darauf berufen, daß sie dazu als Privatfirma nicht verpflichtet sei. Am Ende wurde eine Verträglichkeitserklärung ausgearbeitet und angenommen, die die Umweltauswirkungen des Projekts und Alternativen hierzu ausführte. Im Bericht wurde die Existenz verschiedener seltener Fischarten im Fluß erwähnt, die durch den Damm und den Stausee bedroht werden könnten. Mittlerweile war das Projekt um anderthalb Jahre verzögert worden. Während jener Zeit wurde 1973 das Artenschutzgesetz im Kongreß verabschiedet. Im gleichen Jahr entdeckte der Biologe David Etnier, während er die Fischfauna des Kleinen Tennessee-Flusses aufnahm, einen kleinen, bisher unbekannten Angehörigen der Familie der Barschartigen, der sich von Schnecken ernährte.[8] Dieser Schnecken-Grundbarsch (Percina ranasi) ist ein lohfarbener, acht Zentimeter langer Fisch, der nur in dem schnellen Gewässer des Kleinen Tennessee-Flusses oberhalb des Dammbauplatzes gefunden wurde. Es war klar, daß durch die Errichtung des Staudamms und das Füllen des Seebeckens das Habitat des kleinen Fisches völlig zerstört werden würde.[9]

Doch trotz der örtlichen Opposition beschleunigte TVA, als das erste Verbot aufgehoben wurde, die Fertigstellung des Tellico-Projektes, besonders den Dammbau. Sie kämpfte auch gegen alle Eingaben der Bürger, den Schnecken-Grundbarsch auf die Liste der gefährdeten Arten zu setzen und ihn damit unter den Schutz des Gesetzes zu stellen, indem sie sich darauf berief, daß das Gesetz nicht rückwirkend angewendet werden dürfe. Als diese Runde verloren ging, kooperierte TVA widerwillig, indem sie – nicht sehr erfolgreich – versuchte, den kleinen Fisch in andere nahegelegene Fließgewässer umzusetzen. TVA-Bevollmächtigte ließen sich auch auf die erforderlichen Rücksprachen mit der Fisch- und Wildbehörde ein; laut einem ihrer Angestellten weigerte sie sich aber, jede Alternative zur Fertigstellung des Dammes zu erörtern. Daher prozessierten die Bürgerinitiative und der EDF nochmals.[10]

---

8 David A. Etnier, »*Percina (Imostoma) tanasi,* a new percid from the Little Tennessee River, Tennessee«, Proceedings of the Biological Society of Washington 88, 1976, Seite 469–488.
9 Einzelheiten über den Fall Tellico/Schnecken-Grundbarsch stammen aus vielen Quellen; am ergiebigsten sind drei davon – John Dernbach, »›Little fish‹ versus ›big dam‹; The Snail Darter and the TVA – It's not a funny story«, *The Progressive,* Dezember 1978; *Conservation Foundation Letter,* a.a.O., und Philip Shabecoff, »Behold the tiny Snail-Darter: An omnious legal symbol?« *New York Times,* 7. Oktober 1979.
10 Beim Ausbau der Donau im Zuge der Errichtung des RMD-Kanals ist nun auch in Deutschland eine Käferunterart bedroht, die bisher einzig in den Donauauen gefunden wurde (Hygrotus versicolor ab. semilineatus).

Das Distriktgericht befand, daß der Schnecken-Grundbarsch durch den Tellico-Damm ausgerottet würde, lehnte aber den Stop des Projekts ab, weil es bereits zu achtzig Prozent fertiggestellt war und weil es »keine Alternative zur Inbetriebnahme des Stausees gäbe, außer man verschrottet das ganze« – eine Schlußfolgerung, die durch die Tatsachenfeststellung der Gerichtsverhandlung keineswegs gestützt wurde.[11] Denn die bereits gebauten Straßen wären auch so brauchbar gewesen, und das übrigbleibende Land hätte weiterhin für die landwirtschaftliche Produktion verwendet werden können. Zu Beginn des Jahres 1977 wurde diese Entscheidung des Distriktgerichts durch das Berufungsgericht umgestürzt; es sprach ein Verbot des Dammbaues aus.

Zu diesem Zeitpunkt entdeckte die Presse die Geschichte: Ein obskurer, acht Zentimeter langer Fisch hält ein mehr als 120-Millionen-Dollar-Staudamm-Projekt auf. Die meisten neuen Berichte nahmen Partei für die TVA; sie übersahen die starken Gegenargumente gegen den Tellico-Damm mit einer Ausnahme: der Rettung des Schnecken-Grundbarsches. Sie übersahen die Verluste wertvollen und fruchtbaren Ackerlandes, den Erholungswert des Gebietes und den unschätzbaren archäologischen Fundort. Des weiteren taten sie so, als sei der Damm das ganze Projekt, obwohl der Damm nur um die 22,5 Millionen Dollar kostete und keinesfalls ein wichtiger Teil der Erschließung war. Der Rest des Geldes war für den Kauf des Talgebiets und das Bauen der Straßen und der Erholungseinrichtungen ausgegeben worden. Zeitungen stellten das Thema als Beispiel eines inbrünstig-grünen Bewußtseins dar, das sich zur Unvernunft hin aufgeblasen habe. Der *Washington Star* nannte es »die Sache, die den Umweltschützern einen schlechten Dienst erweist«; Art Buchwald titulierte es »Weißer Hai, Teil 3«.

Im Juni 1978 hielt der Oberste Gerichtshof auf der Grundlage des beschriebenen Artenschutzgesetzes das Verbot gegen den Damm aufrecht. Doch zwischen den Zeilen forderte der vorsitzende Richter in der schriftlichen Urteilsbegründung den Kongreß auf, das Gesetz zu ändern und Ausnahmen zuzulassen. An Versuchen, das Gesetz durch Eingaben in sein Gegenteil zu verkehren, hatte es auch in der Vergangenheit nicht gefehlt, doch als die Gültigkeitsdauer des Gesetzes 1978 auslaufen sollte,

---

11 Das Argument, man könne eine Sache nicht bleiben lassen, nur weil sie einmal begonnen wurde (Atomenergie, RMD-Kanal oder auch der Tellico-Staudamm), ist in den letzten Jahren ein immer häufiger verwendeter Grundsatz geworden, es ist in seiner Dummheit vergleichbar mit einer komplizierten Rechenaufgabe, bei der man unbedingt noch die letzten Schritte zu Ende rechnen zu müssen glaubt, obwohl man bereits den Fehler am Anfang der Rechnung bemerkt hat.

wurde dies als die große Chance der amerikanischen Wachstumslobby angesehen. 1978 schließlich wurde der Änderungsantrag verabschiedet. Mit dem geänderten Gesetz wurde ein Artenschutzkomitee geschaffen, das sich aus den Ministern für Landwirtschaft, des Innern und der Verteidigung, den Präsidenten des Umweltbundesamtes und der National Oseanic and Atmospheric Administration sowie einem Vertreter des betroffenen Staates zusammensetzte. Diese Gruppe wurde bald als Herrgottskomitee bekannt, weil ihre Entscheidungen Leben oder Tod für die gefährdeten Arten bedeutete; sie kann einberufen werden, wenn alle anderen Anstrengungen fehlgeschlagen sind. Das Komitee kann Ausnahmen zum Gesetz festlegen, wenn keine »vernünftigen« Alternativen existieren, wenn ein Projekt von nationaler und regionaler Bedeutung ist und wenn sein Nutzen den anderer Handlungsalternativen »deutlich überwiegt«. Der erste Fall, der von diesem Komitee nachgeprüft wurde, war der des Tellico-Damms.

Selbst vom Blickpunkt der fortschrittsgläubigen Politiker aus existieren erhebliche Zweifel, ob die Änderung des Artenschutzgesetzes wirklich notwendig war. In den fünf Jahren zwischen der Verabschiedung des ursprünglichen Artenschutzgesetzes 1973 und seiner Abänderung 1978 führte nur eine Handvoll von Erschließungsprojekten zu ernsthaften Schwierigkeiten, während Tausende von Beratungen mit der Fisch- und Wildbehörde stattgefunden hatten. Allein 1977 gab es viertausendfünfhundert Beratungen. Bei den Fällen, die unlösbar schienen (einer davon der Tellico-Plan), war die Widerspenstigkeit der Projektbetreiber ein Hauptgrund. Es ist sehr lehrreich, daß es amtliche Organisationen waren, die diese gefährdeten Arten weiter bedrohten, und keine riesigen Firmen, die in diesen Tagen häufig mehr Gespür für das Gefühl der Öffentlichkeit haben als verbeamtete Bürokraten.

Außerdem wäre zu fragen, ob Tellico wirklich so unlösbar war. Die Beratungen mit dem FWS waren kaum in guter Atmosphäre durchgeführt worden, da sich TVA stur geweigert hatte, Alternativen zu erörtern. Nun, unter neuer Führung, hat sich die Haltung der TVA geändert.

Alternativen zum Fertigbau des Dammes wurden untersucht, und man fand heraus, daß es selbst in diesem späten Stadium noch profitabel sei, das Tal unüberflutet zu lassen. Alleine die fortgesetzte landwirtschaftliche Produktion würde einen doppelt so hohen Nutzen wie das vervollständigte Projekt erbringen. Diese Ergebnisse sicherten die Resultate einer wenig bekannten Untersuchung des General Accounting Office von 1977 ab.

Bei den Anhörungen des Herrgottskomitees wurden die alternativen Möglichkeiten zu einem Fertigbau des Damms und die Werte, die nach einer Vervollständigung verloren gehen würden, vorgetragen. Zusätzlich zeigten neue ökonomische Analysen, daß die Energieproduktion durch den Damm nur mit einem dauernden Defizit möglich wäre. Ganz eindeutig war die Sache nur eine Zeitverschwendung. Daher entschied sich das Komitee wenig überraschend einstimmig zu Gunsten des Schnecken-Grundbarsches. Der Vorsitzende des Council of Economic Advisors, Charles Schultze, bemerkte, daß die ökonomische Rechtfertigung für den Damm bestenfalls zweifelhaft wäre und sagte weiter: »Ich kann nicht sehen, wie es möglich war, zu behaupten, es gäbe keine vernünftigen Alternativen zu dem Projekt.«[12]

Ein anderes Komiteemitglied, der damalige Innenminister Cecil Andrews, kommentierte: »Wenn ich ehrlich sein soll, bin ich sehr sauer darüber, daß wir dem Schnecken-Grundbarsch das Verdienst anrechnen müssen, ein derart schlecht erdachtes und in erster Linie unökonomisches Projekt verhindert zu haben.«[13]

Bedauerlicherweise waren einige der Fürsprecher des Staudamms keine guten Verlierer. Der Staat Tennessee und TVA akzeptierten die Entscheidung ohne Protest, aber Senator Baker, der das Gesetz, welches das Artenschutzkomitee schuf, mit aus der Taufe gehoben hatte, wollte es nun wieder abschaffen. Und ebenso einige der Kongreßabgeordneten. Im Senat wurden verschiedene Versuche unternommen, Gesetze zu verabschieden, die gerade das Tellico-Projekt vom Artenschutzgesetz ausnehmen sollten – sie schlugen aber fehl.

Dann wurde im Juni 1979 vom Kongreßabgeordneten John Duncan aus Tennessee ein Abänderungsantrag eingebracht zum jährlichen Wasserprojektbewilligungsgesetz, das eine Höhe von 10 Milliarden Dollar umfaßt. Sein Antrag wurde nicht laut vorgelesen und noch weniger diskutiert. Nur ein paar Abgeordnete waren anwesend. So wurde ohne Opposition ein Gesetz verabschiedet, das das Tellico-Projekt nicht nur von einer Übereinstimmung mit dem Artenschutzgesetz, sondern auch von *allen anderen Gesetzen,* die ihm möglicherweise im Weg standen, ausnahm.[14]

Der Senat versuchte, die Tellico-Abänderung platzen zu lassen, war aber letztlich nicht erfolgreich – der Kongreß war die Sache leid, und Baker drängte sehr. Als der ehemalige Präsident Carter, »mit Bedauern«, wie er

---

12 Luther J. Carter, »Lessons from the Snail Darter saga«, *Not Man Apart* (Friends of the Earth), September 1979.
13 Bill Vogt, »Now, the list-makers are endangered«, *National Wildlife,* Dezember/Januar 1980.
14 Elizabeth Kaplan, »Cruel twist in Snail Darter saga«, *Not Man Apart* (Friends of the Earth), September 1979.

sagte, das Gesetz unterzeichnete, begann das traurige Schlußkapitel. Zwölf Stunden später waren in Tennessee die Dammarbeiter an der Arbeit.

Der Schutz gefährdeter Arten

1973 wurde mit viel Unterstützung aus beiden Häusern des Kongresses das Artenschutzgesetz verabschiedet. Man wollte damit ein Problem lösen: Man wollte die durch Menschenhand verursachten Ausrottungen aufhalten oder wenigstens verringern und die geringen, natürlichen Umweltreste in den Vereinigten Staaten schützen helfen. Vielleicht hatten die Gesetzgeber keine Vorstellung davon, wie viele Populationen und Arten bereits gefährdet sind und wie heftig unsere Gesellschaft diese angriff. Die Leute mögen sich der Infrastruktur der Projekte in ihrer engeren Heimat bewußt sein und sich manchmal vergegenwärtigen, daß kaum noch unberührtes Gewässer und Land übrig geblieben ist. Gewöhnlich erkennen sie aber nicht, daß dies überall geschieht, außer an den paar Orten, die zur »Wildnis« oder zum Nationalpark erklärt wurden; und selbst davon haben viele schon ein schockierendes Maß an Eingriffen erleiden müssen.
In seiner ursprünglichen Fassung war das Artenschutzgesetz eine gute Waffe für die Belange der Umwelt. Aufgrund der besonderen Strenge des Gesetzes zögerten die Umweltschützer häufig, auf ihm beruhende Prozesse anzustrengen – aus Angst, daß der Kongreß sich im Fall der erneuten Vorlage weigern würde, das Gesetz zu verlängern. Aus demselben Grund wurden häufig Arten nicht auf die Rote Liste gesetzt, obwohl sie eigentlich dorthin gehört hätten. Daher sahen 1978 viele Natur- und Umweltschützer die Abänderung als annehmbaren Kompromiß an, andere aber sahen in der Schaffung der »Herrgottskomitees« eine Einladung an die Behörde, ihnen beim Finden annehmbarer Alternativen zu ihren Projekten auf die Zehen zu treten, wenn sie die Arten schützen wollten. Im ersten Jahre seines Bestehens überprüfte das Komitee nur einen anderen Fall neben Tellico; auch den entschied es mehr oder weniger zu Gunsten der Umwelt!
Die Abänderung von 1978 schwächte auch das Artenschutzgesetz, indem sie es schwieriger – und manchmal unmöglich – machte, eine Art als gefährdet auflisten zu lassen. Bevor eine Art auf die Rote Liste gesetzt wird, müssen die Grenzen seines Habitats beschrieben werden, muß eine ökonomische Einwirkungsstudie vorgenommen worden sein und müssen öffentliche Anhörungen abgehalten worden sein – und das alles innerhalb

von zwei Jahren! Darüber hinaus gibt es anscheinend keinen Schutz für die *Populationen* wirbelloser Tiere, wenn sie nicht formal als Unterart beschrieben worden sind.[15] Seitdem diese Bestimmungen in Kraft getreten sind, ist die Rate des Auflistens gefährdeter Arten jäh gefallen; Tausende von Arten sind sogar von der Liste gestrichen worden.

Obwohl einige Teile des Gesetzes nun von Motten zerfressen scheinen, ist es noch immer eine gute Waffe bei der Verteidigung von Arten und Biotopen. Die Änderung könnte die meisten Planer überzeugen, gegen sie selbst gefällte Entscheidungen zu akzeptieren, besonders da sie nun reichlich Gelegenheit haben zu »beweisen«, daß die Nutzen ihrer Projekte die Verluste an anderen Werten bei weitem ausstechen. Und sie haben die Möglichkeit, Versäumtes nachzuholen und Mechanismen für weniger schädigende Kompromisse zu finden. Doch ermutigt sie die Abschwächung des Gesetzes auch, darauf zu bestehen, ihre Lieblingsprojekte durchzudrücken, indem sie Hintertürchen im Gesetz suchen – indem sie entweder kleinere Veränderungen in ihren Plänen machen oder aber das »Herrgottskomitee« anrufen.

Noch haben Umfragen eine beständig steigende öffentliche Unterstützung für die Erhaltung der Wildnis und des Lebens gezeigt. Eine Umfrage von 1980 ergab, daß die Mehrheit der Amerikaner dem Schutz wildlebender Organismen Vorrang einräumt, egal, ob gefährdet oder nicht, selbst wenn sie auf Zusatzjobs, Eigenheim oder andere Projekte verzichten müßten.[16] Eines Tages werden vielleicht sogar die eingefleischtesten Damm- und Kanalbauer und ihre politischen Freunde von der Wichtigkeit des Natur- und Umweltschutzes überzeugt werden.

Was geschah zwischenzeitlich mit dem armen Schnecken-Grundbarsch, der durch schmutzige parlamentarische Tricks verraten wurde? Während wir dies schreiben, füllt sich der Tellico-Stausee. Noch überleben in einigen nahegelegenen Gewässern ein paar hundert verpflanzte Tiere; doch ob sich die Art auf die Dauer umstellen kann, muß abgewartet werden. Soweit wir wissen, war es das erste Mal, daß vorsätzlich und bewußt eine Art dem Aussterben preisgegeben wurde.

---

15 »Services adopt new listing regulations«, *Endangered Species Technical Bulletin,* März 1980, Seite 3.
16 Brad Kennedy, »Protecting wildlife«, *New York Times,* 13. Januar 1980.

Die Politik des Walfangs

Der Walfang ist ein erstklassiges Beispiel für ein klares ökonomisches Interesse, das eine biologische Ressource zerstört. Hier ist es nicht eine Art, nein, hier sind zwölf Arten in unterschiedlichem Ausmaß gefährdet. Verschiedene hiervon – der südliche Glattwal, der Buckelwal und der riesige Blauwal – sind »kommerziell ausgelöscht«, das heißt, sie sind so selten geworden, daß sich für Walfänger nicht länger lohnt, auf die Jagd nach ihnen zu gehen. Vor mehr als achtzig Jahren wurde erkannt, daß die Wale gefährdet sind. Wenn sich aber bereits auf der nationalen Ebene Artenschutz als sehr schwierig erwiesen hat, scheint er auf internationaler Ebene eigentlich unmöglich zu sein – besonders auf den Meeren, wo es keine anerkannte Rechtsprechung gibt.

Dennoch begannen bereits früh – 1935 – die Versuche einer Einschränkung des Walfanges; in einem internationalen Abkommen wurde versucht, die Jagd auf den Südlichen Glattwal und den Grönlandwal zu verbieten. Gleich nach dem Zweiten Weltkrieg wurde die Internationale Walfang-Kommission (IWC) gegründet, deren Rolle es war, »für den Schutz, den Ausbau und die optimale Ausnutzung der Walressourcen zu sorgen«. Sowohl aus walfangenden wie auch aus nicht-walfangenden Nationen wurden Vertreter in die Kommission gesandt. Die IWC wird durch ein wissenschaftliches Komitee beraten, das jährliche Fangquoten für die jagdbaren Walarten festsetzt. Zum Durchsetzen dieser Quoten gibt es keine Rechtsmittel, so daß die Walfänger es meistens vorziehen, sie nicht zu beachten. Nichtsdestotrotz kommen ihre Fangergebnisse erstaunlich nahe an die Quoten heran, die auf Schätzungen der Walpopulationsgrößen durch die Wissenschaftler beruhen.

Im Lauf der Zeit verbesserte sich die Walfangtechnologie, und die Walfänger schlachteten immer größere Zahlen von Walen – trotz wiederholter Warnungen seitens der IWC-Wissenschaftler. Als sich die Anzahl der größten Wale erschöpft hatte, wechselten die Walfänger auf kleinere Arten über und trieben auch sie an den Rand des Aussterbens. Typischerweise reagierte die IWC immer mit zu wenig und mit zu späten Schutzmaßnahmen, und die Walfänger ignorierten häufig ihre Anstrengungen. Erst 1966 wurde der Schutz auf Buckel- und auf Blauwale ausgedehnt. Beim seit 1947 geschützten Grauwal hat sich als einziger Art die Populationsgröße deutlich erholt.

In den siebziger Jahren entstand vor allem in den industrialisierten Ländern eine beachtliche Opposition gegen den Walfang. Diese fand ihren Ausdruck auf der Umweltkonferenz der Vereinten Nationen 1972, die ein Moratorium von 10 Jahren für den gewerbsmäßigen Walfang forderte. Später wurde diese Resolution von der Hauptversammlung der Vereinten Nationen ebenfalls angenommen. Die IWC aber wies das Moratorium zurück. Stattdessen machte sie sich 1975 ein komplexes Bewirtschaftungssystem zu eigen, das auf wissenschaftlichen Schätzungen dauerhafter Erträge für jede Population beruhte und damit, wenn es sorgfältig ausgeführt würde, die Lage wenigstens etwas verbessern könnte.[17]

Mittlerweile ist die Opposition gegen den Walfang weiter angewachsen, und verschiedene Regierungen bekamen ihren Druck zu spüren. Viele Länder zogen sich aus dem Walfanggeschäft zurück. 1980 waren nur noch ungefähr ein Dutzend in den Walfang verwickelt und die meisten davon Mitglieder der IWC. Nichtmitglieder brauchen sich selbstverständlich nicht einmal nominell durch die Quoten gebunden fühlen. Der sehr langsame Veränderungsprozeß in der IWC war das Ergebnis von Positionsveränderungen einzelner Länder. Diese wiederum mußten auf den Druck ihrer Bürger reagieren – gewöhnlich auf Umweltschutzverbände. So war dies auch bei den Vereinigten Staaten, die erst nach 1970 den kommerziellen Walfang aufgaben. In den späten siebziger Jahren richtete – aufgrund des Drucks von Bürgergruppen – die australische Regierung unter dem Vorsitz von Sir Sidney Frost eine förmliche Kommission ein, um die Walfrage ausgiebig zu untersuchen. Die Kommission tat dies auch; sie benutzte zu ihrer Arbeit Material von Natur- und Umweltschützern und von besorgten Biologen. 1978 beendete sie ihre Untersuchungen und stand fest auf der Seite der Wale. Daraufhin wechselte die australische Regierung in kurzer Zeit ihre Ansicht und erklärte den australischen Walfang für ungesetzlich und wurde in der IWC eine treibende Kraft für den Schutz der Wale.

Nur noch wenige Länder, darunter Japan und die UdSSR, haben 1980 hochseebefahrende Fangflotten behalten, und auch ihre Tätigkeiten haben sich durch den auf verschiedene Arten ausgedehnten Schutz und die ständige Verringerung der Abschußraten verengt. Die IWC-Quoten gingen von einer Gesamtzahl von 45 000 Walen aller Arten 1972 auf weniger als 16 000 für 1977 zurück. Bei der Verteidigung ihrer Walfangaktivitäten haben besonders die Japaner manchmal ihre Zuflucht in außergewöhnlichen Erklärungen gesucht. Gewöhnlich machen sie geltend, daß das

---

17 Für Erörterungen der Geschichte und der Ökonomie des Walfangs vgl. *Ecoscience*, a.a.O., sowie Robert M. May, »Whaling: Past, Present and Future«, *Nature* 276, 1978, Seite 319 ff.

ökonomische Überleben der Walfangindustrie auf dem Spiel stünde und daß die wissenschaftlichen Belege über Herdengrößen unvollständig und ungenau seien. Des weiteren haben sie behauptet, daß Walfleisch ein wichtiger Bestandteil der japanischen Ernährung sei, obwohl es in Wirklichkeit einen geringen und leicht ersetzbaren Prozentanteil ausmacht. Als 1979 auf einem IWC-Treffen ein völliges Verbot des kommerziellen Walfanges im Indischen Ozean vorgeschlagen wurde, behauptete die japanische Delegation steif und fest, daß die Walpopulation »ins Uferlose ansteigen« würde, wenn sie nicht durch den Walfang »in Grenzen gehalten« würde.[18]

Die Walfangpolitik illustriert, wie äußerst verwickelt die Politik der Austilgungen sein kann. In den späten siebziger Jahren wurden die Vereinigten Staaten, die eine einflußreiche Macht für die Belange der Wale bei der IWC-Unterhandlungen hätten sein können, durch die Walfangaktivitäten einer Gruppe ihrer Bürger gelähmt – durch die Eskimos an Alaskas Nordküste.

Streit um Eskimos und Wale

Seit Jahrhunderten hatten die Eskimos vom Stamm der Inupiat die Nord- oder Grönlandwale gejagt, wenn sie an ihren Küsten vorbeiwanderten. Traditionell waren Fleisch, Haut, Knochen, Tran, Fischbein und andere Walprodukte für das Überleben dieses Stammes lebenswichtig. Entsprechend war die Jagd ein wichtiges, alljährliches Ritual mit religiösen und zeremoniellen Inhalten. Heute sind Fleisch und andere Walprodukte für das Überleben der Inupiat nicht mehr so wichtig; moderne Technologie und Transporte können Ersatz liefern. Gleichzeitig hat die Technik es weitaus einfacher gemacht, einen Wal zu fangen und zu töten, als dies mit traditionellen Mitteln möglich war. Außerdem haben die Verdienste bei den Bauarbeiten der Alaska-Ölpipeline es vielen Männern ermöglicht, Boote und Fangausrüstungen zu kaufen. Zur gleichen Zeit aber, in der die Wale als Ressource für die Inupiat weniger wichtig wurden, wenngleich auch nicht als kulturelles Element, wurden sie häufiger getötet. Bis in die frühen siebziger Jahre brachte die Jagd jährlich nicht mehr als eine

---

18 *Whales and Whaling: Report of the Independent Inquiry* (2 Bände), Canberra (Australian Government Publishing Service) 1978. »The IWC: Debates in Brief«, *IUCN Bulletin,* August/September 1979, Seite 73. Diese Zeitschrift ist eine ausgezeichnete Quelle für Informationen über Wale wie auch über andere globale Artenschutzfragen.

Strecke von fünfzehn dieser sehr großen Tiere. Mit den neuen Booten und Ausrüstungen und mit mehr Leuten, die an der Jagd teilnehmen konnten – traditionell gingen nur ein paar erfahrene Männer auf Jagd –, stieg die Todesrate. 1976 wurden achtundvierzig Wale an Land gebracht; dreiundvierzig weitere wurden getroffen, gingen aber verloren, von ihnen starben zweifelsohne die meisten. 1977 wurden nur sechsundzwanzig ans Land gebracht, aber neunundsiebzig wurden verletzt und gingen verloren.[19]

Der Grönlandwal ist einer der gefährdetsten und zugleich biologisch am wenigsten bekannte Wal. Seine Gefährdung rührt jedoch nicht von der Jagd der Eskimos her; sie ist das Ergebnis des gewerblichen Walfangs der Amerikaner und Europäer im 19. und frühen 20. Jahrhundert, von dem sich anscheinend die Populationen nicht wieder erholten. 1977 wurde die Gesamtzahl der Grönlandwale auf zwischen tausend und zweitausend Tiere geschätzt. Offensichtlich lassen sich daher auf Dauer keine jährlichen Verluste von hundert Walen kompensieren. Daher legte die IWC im Juni 1977 ein Moratorium vor für den »Walfang der Ureinwohner« auf den – zuvor vom Quotensystem nicht erfaßten – Grönlandwal.

Die Inupiat waren empört; sie fühlten die Bedrohung ihrer Lebensweise. Nach ihrer Ansicht gehörte die Sorge um die Grönlandwalpopulation in ihren Verantwortungsbereich. Ihnen schien, als ob die Wissenschaftler und die Beamten der US-Regierung die Populationsgröße abgeschätzt hatten, um ihnen ihre Rechte zu nehmen. Sie setzten die US-Regierung unter Druck, einen Widerspruch gegen die Quoten einzureichen, der, falls er innerhalb von neunzig Tagen eingereicht worden wäre, einen Verzicht auf die Verantwortung für das Befolgen der Quote bedeutet hätte. Das State Department erkannte aber, daß das Einlegen eines Widerspruches es den Russen und Japanern ermöglicht hätte, gegen die anderen Quoten vorzugehen und so zum unbeschränkten Walfang zurückzukehren. Als eines der führenden Länder unter den Gegnern des kommerziellen Walfanges waren die Vereinigten Staaten in eine sehr unangenehme Lage gekommen.

Die Inupiat prozessierten sogar, allerdings ohne Erfolg. Im Dezember schmiedete die US-Delegation beim IWC einen Kompromiß zurecht, der den Inupiat eine Quote von zwölf ans Land gebrachten oder achtzehn getroffenen (je nachdem, welcher Zustand als erster erreicht war) Walen

---

19 John Walsh, »Moratorium for the Bowhead: Eskimo whaling on ice?« *Science* 197, 1977, Seite 847–850. Vgl. auch Mike Weber, »Bowhead Whale: A U.S. dilemma«, *Whale Center Newsletter,* Herbst 1979; John Bockstoce, »Battle of the Bowhead«, *Natural History,* Mai 1980, sowie verschiedene Ausgaben von *Not Man Apart,* 1977–1980.

erlaubte. Die Eskimos waren hierüber verdrossen, doch gab es während der Jagdperiode von 1978 keine ernsthaften Verletzungen dieser Bestimmung. Weitere Untersuchungen der Grönlandwalpopulation in jenem Jahr ergaben, daß es mehr als 2200 Tiere waren. Hierunter war aber eine sehr geringe Anzahl Kälber und eine äußerst niedrige Schwangerschaftsrate. Das Wissenschaftliche Komitee der IWC entschied, daß der einzig sichere Kurs darin bestünde, die Quote auf Null herabzusetzen. Die Inupiat, die darauf beharrten, daß die Kälber nicht erfaßt würden, weil sie früher wanderten, übten weiterhin Druck aus und waren erfolgreich, indem ihre Quote für 1979 auf 18 verfügbare oder 27 getroffene Wale erhöht wurde. Dies war jedoch weniger, als sie erhofft hatten, und sie zogen aus der IWC-Sitzung aus und drohten, die Quoten und Beschränkungen zu mißachten. Aufgrund des schlechten Wetters und des starken Eisgangs konnten sie jedoch nicht einmal ihre Quote vollmachen. Auf dem IWC-Treffen im Juni 1979 herrschte die weitverbreitete Hoffnung, daß zu guter Letzt ein weltweites Moratorium im kommerziellen Walfang erreicht werden könnte. Anführer dieser Bewegung waren die Vereinigten Staaten; der Kongreß hatte eine Resolution mit dieser Forderung verabschiedet. Doch gleichzeitig waren die USA daran interessiert, die Eskimoquoten für den Nordwal aufrechtzuerhalten – auch angesichts der Aussage des Wissenschaftlichen Komitees, daß ein dauernder Rückgang der Grönlandwalanzahl wahrscheinlich sei, selbst *wenn* auch *kein Wal mehr getötet würde.*

Hinter verschlossenen Türen fanden einige schwierige Verhandlungen statt, die mit beträchtlichen Verwässerungen endeten. Das Moratorium für den Küstenwalfang, das von dem für den Hochseewalfang getrennt wurde, scheiterte. Das Moratorium für den fabrikartigen Hochseewalfang wurde verabschiedet – nachdem es Japan gelungen war, hiervon die Zwergwale auszunehmen. Für den Walfang im gesamten Indischen Ozean südlich des 55. Breitengrades wurde ein Moratorium verabschiedet. Die Quoten wurden auf bestimmte Walherden beschränkt, und die Inupiat bekamen eine Quote von 18 bzw. 27 bewilligt.[20] Eindeutig hatten die Vereinigten Staaten das volle Moratorium, das die USA selbst für das Treffen vorgeschlagen hatten, für das Recht der Eskimos aufgegeben.

---

20 »The IWC: Quotas could have been cut still more«, *IUCN Bulletin,* August/September 1979; Christine Stevens, »Victory for whales«, *Defenders,* Oktober 1979; sowie Dr. Jeremy Cherfas, »The great white wash«, *New Scientist,* 19. Juli 1979. Cherfas beschrieb die Diskussion über die Trennung des pelagischen vom küstennahen Walfang als »prozedurales Gezanke, das an eine schlechte Nachahmung von Parlamenten erinnerte«.

Trotz ihrer Unzufriedenheit beendeten die Walfänger der Inupiat 1980 ihre Frühjahrsjagd, nachdem sechsundzwanzig Wale getroffen worden waren, unglücklicherweise wurden nicht alle Boote rechtzeitig benachrichtigt, und daher wurden fünf weitere Wale getroffen, was zu einem Abblasen der Herbstjagd führte. Die Eskimos unterstützten auch die wissenschaftlichen Untersuchungen über die Populationsdynamik der Wale. Personal von »Freunde der Erde«, die bei den Verhandlungen mit den Inupiat über den Walfang beteiligt waren und die Jagd 1980 beobachtet haben, waren nachdrücklich der Ansicht, daß ein Einbeziehen der Eskimos bei den Grönlandwaluntersuchungen und ihre allgemeine Kenntnis über die Frage des weltweiten Walfangs neben einer Erlaubnis, eine bestimmte Zahl von Walen zu töten, für eine langfristige Zusammenarbeit wesentlich sei. Ohne ihre Mitarbeit und Unterstützung gibt es für die Grönlandwale keine Hoffnung.[21]

Mittlerweile hat sich für die Grönlandwale eine neue und weit größere Bedrohung entwickelt: die Vorbereitungen für Ölbohrungen in der Beaufort-See, durch die die Wale jedes Jahr wandern. In dieser Gegend sind die klimatischen Bedingungen für das Bohren nach Öl sehr ungünstig, und eine Ölpest, die für die Wale katastrophale Folgen haben könnte, ist daher recht wahrscheinlich. Die Inupiat sind bereits an einer wissenschaftlichen Untersuchung über die Umweltfolgen solcher Unfälle, besonders auf die Wale, beteiligt; sie könnten sich bei dieser und bei anderen Entscheidungen zur Ressourcenausbeutung, die für Alaska getroffen werden müssen, als politisch wertvolle Verbündete erweisen.

Walfangpiraten

Wenn die einzige Bedrohung für die Wale heute nur von den legitimierten Walfängern käme, die den Beschränkungen durch ihre eigenen Nationen und durch die IWC unterworfen sind, gäbe es guten Grund zur Hoffnung, daß sich letztlich diese schwimmenden Riesen erholen könnten. Die Beschränkungen wurden laufend verschärft, die Walfänger bemühen sich in den letzten Jahren sorgfältiger, die ihnen zugewiesenen Grenzen nicht zu überschreiten. Es gab ein ständiges Abbröckeln der walfangenden Gruppen, als der Walfang immer weniger rentabel wurde. Unglücklicherweise hat es jedoch gleichzeitig mit dem verhältnismäßigen Befolgen der

---

21 D. Phillips und E. Kaplan in einem Vorläufigen Bericht an Freunde der Erde (vom 11. Juni 1980); Liz Kaplan, mündliche Mitteilung.

Gesetze und einem Verantwortungsgefühl der legitimierten Walfänger einen Anstieg illegaler Aktivitäten gegeben.

Einige Natur- und Tierschutzorganisationen, die sich mit der Walfrage beschäftigen – besonders der internationale *People's Trust for Endangered Species* –, haben versucht, diese Handlungen aufzudecken und es gelang ihnen, trotz Briefkastenfirmen und geänderten Eintragungen die Eigentümer der Piratenwalfangschiffe festzustellen. Diese Informationen benötigte die IWC, um ihre Bestrebungen zu verstärken. Der Walfänger »Sierra« war seit 1968 das erste und für ein Jahrzehnt auch das einzige Schiff der »Walwilderer«. Einem Bericht von People's Trust zufolge konnte die »Sierra« auf jedem Sechswochentörn bis zu fünfundvierzig Wale töten und verarbeiten, und sie jagte das ganze Jahr hindurch. 1978 kam ein weiteres Schiff, die »MS Tonna« hinzu, die als Fabrikboot fungierte, während die »Sierra« das Abschlachten besorgte; der Fang konnte mehr als verdoppelt werden. Im Juli 1978 aber bekam die »Tonna« beim Versuch, einen 80 Tonnen schweren Finnwal an Bord zu hieven, Schlagseite; ihr Maschinenraum wurde überflutet und sie ging unter und zog den Kapitän und einen Teil der Mannschaft mit sich in die Tiefe. 1979 begleitete ein wieder flottgemachter, japanischer Trawler, der nun »Cape Fisher« genannt wurde, die »Sierra«. Die beiden Schiffe konnten zusammen 1200 Wale im Jahr erbeuten.

In Südafrika wurden in der Zwischenzeit zwei weitere Walfänger wieder flott gemacht. Eine südafrikanische Gesellschaft, die Sierra Fishing Agency, fungiert als »Agent« für die Walfangpiraten. Es war sehr schwierig, die Hintermänner zu ermitteln, doch wurden sie schließlich als die Taiyo Fishery Company, eine riesige multinationale Gesellschaft mit Sitz in Japan, bestimmt.[22] Kein Geheimnis war nun, wohin die Produkte verkauft wurden – nach Japan. Kapitäne und Mannschaften waren meistens Norweger und Südafrikaner; doch an Bord der »Sierra« waren auch vier japanische Fleischbeschauer. Ihre Aufgabe war, darauf zu achten, daß nur die allerbesten Stücke verarbeitet wurden. Achtzig Prozent der Kadaver wurden als »Rest« wieder ins Meer geworfen. 1978 führte Japan im Wert von mehr als neun Millionen Dollar Walprodukte aus den Tätigkeiten der Firma Sierra ein. Es wird geschätzt, daß jedes Jahr etwa viertausend Wale von Piraten getötet werden.

Berichten zufolge ist das Töten der Wale durch die Piraten viel brutaler als das durch die legitimierten Walfänger. Ehemalige Mannschaftsmitglieder von der »Sierra« und der »Tonna« bezeugten, daß der durchschnittliche

---

22 Paula Westdahl, »The nefarious pirate whalers«, *Not Man Apart*, Juli 1980.

Todeskampf der Wale zwei Stunden dauert; einer brauchte drei Stunden zum Sterben. Häufig sind die Wale beim Aufpumpen noch am Leben. (Normalerweise werden die Wale nach dem Tod mit Druckluft aufgepumpt, um vor dem Anbordhieven ein Absinken auf den Meeresgrund zu verhindern.) Viele Wale werden getroffen und gehen verloren, vor allem weil keine mit Sprengsätzen bestückten Harpunen verwendet werden, »um nicht zu viel Fleisch zu verderben«. Und Angehörige gefährdeter und geschützter Arten oder Weibchen in Ruhe zu lassen – solche Nettigkeiten darf man von ihnen nicht erwarten; jeder Wal, den sie finden, ist Freiwild für sie. 1979 gingen kämpferische Tier- und Umweltschützer an Bord eines eisbrechenden Trawlers, der »Sea Shepherd«, der dem Fund for Animals gehört; sie versuchten der »Sierra« nachzusetzen. Mitte Juli spürten sie das Schiff 180 Meilen westlich von Portugal auf und setzten ihr bis zum portugiesischen Hafen Leixos nach. Die Umweltschützer ließen sich dazu verleiten, vor der »Sierra« in den Hafen zu fahren, und als sie einmal herinnen waren, wurde ihnen die Zollabfertigung verweigert, so daß sie ihn nicht wieder verlassen konnten. Die »Sierra« blieb vor der Reede und bereitete sich auf eine Weiterfahrt vor. Der junge kanadische Anführer der Umweltschützer, Paul Watson, schickte seinen Kapitän an Land und stellte der Besatzung – zwanzig Freiwillige – frei, an Land zu bleiben, wenn sie keinen Nerv hätten, ihr Leben und eine Geldstrafe zu riskieren. Außer zweien – einem Australier und einem Amerikaner – blieben alle an Land.[23]

Mit nur drei Mann Besatzung tuckerte die »Sea Shepherd« ohne Zollabfertigung aus dem Hafen und nahm genau Kurs auf die »Sierra« – ihr Ziel war die Harpunenkanone, die auf den Bug montiert war. Hören Sie das weitere von Watson selbst: »Wir prallten vor ihren Bug und verursachten einen minimalen Schaden an der Kanone. Der Aufprall hatte aber die Wirkung, daß sie gewarnt waren. Die ›Sierra‹ bebte durch und durch, und ihre Mannschaft begann, wie gestörte Termiten aus den Luken zu stürzen.«

Die »Sea Shepherd« führte eine knappe Wendung um dreihundertsechzig Grad durch und hielt wiederum auf die Vorderseite. Watson schrieb:
»Ich konnte das erschreckte Staunen auf den Gesichtern der Mannschaft sehen, konnte Kapitän Arvid Nordegen sehen, den großen norwegischen Kapitän, der da stand, uns anstarrte, fluchte... hilflos. Ganz kurz konnte

---

23 Die Geschichte der Begegnung der ›Sea Shepherd‹ mit der ›Sierra‹ wurde aufgeschrieben von Paul Watson, »Pirate whalers rammed out of business«, *Greenpeace Chronicles,* September 1979 (Greenpeace, Vancouver, B.C., Kanada). Vgl. auch sein »Pirate whaler smashed«, *Defenders* (Defenders of Wildlife), Dezember 1979.

ich ein Gewehr sehen, das auf uns gerichtet wurde, und dann trafen wir auf.
Wir fühlten kaum die Einwirkung auf die ›Sea Shepherd‹... wir waren praktisch am Bug des Walfängers, stießen ihn weit nach Steuerbord hinüber. Unsere Maschinen stießen uns nach vorn, und wegen des Aufprallwinkels schlitzten wir sie auf, stellten das Walfleisch in ihrem Inneren zur Schau. Wir hatten ein Loch von zwei auf zweieinhalb Metern in das Schiff gerissen, und als wir uns herausbugsierten, knallten wir voll gegen seine Seite und zerbeulten seinen Rumpf auf beinah vierzehn Meter Länge.«

Die »Sierra« floh leck und mit schwerer Schlagseite in den Hafen. Die »Sea Shepherd« floh in Richtung England, wurde aber bald schon von einem portugiesischen Zerstörer aufgebracht. Watson und seine beiden Kollegen wurden festgehalten, zu ihrer Überraschung aber nicht ins Gefängnis gesteckt. Die portugiesischen Medien und die Öffentlichkeit zeigten für die Aktion der »Sea Shepherd« eine starke Sympathie und die Verantwortlichen begannen sich zu überlegen, ob für die Piraten weiterhin Portugal eine Frachtstation sein sollte, von der aus sie ihre Produkte nach Japan schicken könnten.
Die Sierra Fishing Agency, mittlerweile jetzt in Südafrika verboten, strengte in Portugal einen Prozeß gegen die Leute von der »Sea Shepherd« an und forderte sieben Millionen Dollar Schadenersatz. Für die Dauer des schwebenden Verfahrens zog Portugal von Watson und seinen beiden Mitstreitern die Pässe ein. Da diese aber nicht in Portugal alt werden wollten, während die Piraten ihre Operationen wieder aufnahmen, verließen sie einzeln heimlich Portugal, nachdem sie einander gelobt hatten, ihr Schiff wiederzuerlangen und »wieder hinauszufahren, um die hilflosen und freundlichen Riesen der Tiefsee zu verteidigen«.[24] Bald schien es schon, als sei das Geschäft für die Piraten schwieriger geworden. Die Vereinigten Staaten hatten ein Gesetz verabschiedet, das jeder Nation, die in Walfangpiraterei verwickelt ist, die Fischereirechte in den amerikanischen Hoheitsgewässern abspricht – eine Maßnahme, die vor allem auf Japan, als intensivem Benutzer der Fischgründe der USA, abzielte. Für Walfleisch aus anderen als IWC-Quellen kündigte Japan ein Einfuhrverbot nach dem 5. Juli 1979 an. Südafrika verabschiedete, sofort nachdem die »Sierra« unbrauchbar gemacht worden war, ein Gesetz, das seinen Bürgern jegliche Beteiligung am Walfang verbot.[25] Lloyds in London

24 Watson, *Greenpeace Chronicles*, a.a.O.
25 *IUCN Bulletin*, Oktober 1979.

erklärte die Versicherung der »Sierra« für ungültig. Wegen der norwegischen Verstrickungen in den Walfang – der dort unrechtmäßig ist – wurden in Norwegen Untersuchungen eingeleitet. Ebenso wie die »Sierra« und allem Anschein nach auch die »Cape Fisher« wurden die beiden Schiffe, die in Südafrika wieder flottgemacht worden waren, verkauft. Doch zu allem Unglück sind die Wale noch immer nicht vor den Nachstellungen durch die Piraten sicher. Anfang 1980 flog die »Sierra« unter sehr geheimnisvollen Umständen im Hafen von Lissabon in die Luft und ging anschließend unter; niemand weiß, wieso oder wer dafür verantwortlich war. Südafrika hat den beiden flottgemachten Schiffen verboten, auszulaufen. Die »Cape Fisher« aber ist mit neuem Namen (vermutlich »Astrid«) im östlichen Atlantik gesehen worden und vier weitere Schiffe operieren von Taiwan aus im Pazifik. Wie berichtet wird, laufen die Piraten nun häufig Länder an, die keine IWC-Länder sind. Und Japan führt weiterhin Piratenwalfleisch ein – nun auf dem Umweg über Südkorea, ein IWC-Mitgliedsstaat.[26]

Mittlerweile hat Japan öffentlich erklärt, daß der Walfang nicht länger profitabel ist, und die UdSSR scheint die strengen IWC-Maßnahmen nun doch zu akzeptieren. Die Quoten sinken weiter; und obwohl 1980 wiederum ein vollständiges Moratorium abgelehnt wurde, könnte das Ende des legalen Walfanges in Sicht sein. Angenommen, daß auch die Walpiraterei gestoppt werden kann – internationale Sanktionen gegen Japan und kooperierende Nicht-IWC-Mitgliedsländer könnten hierzu der Ansatzpunkt sein –, so bleiben doch noch folgende Fragen:

Wie lange soll es noch dauern?
Und warum hat es schon so lange gedauert?
Und schließlich: Werden sich die Populationen jemals wieder erholen können?[27]

26 »Creatures«, *Audubon*, Mai 1980; Westdahl, a.a.O.
27 Im internationalen Handel mit Walprodukten werden gewöhnlich nur die beiden großen Walfangstaaten Japan und die UdSSR genannt. Daß bei der Einfuhr von Walöl die Bundesrepublik hier mit mehr als 6000 Tonnen pro Jahr schon an dritter Stelle folgt, ist anscheinend kaum bekannt. Das entspricht einer Jahresquote von ungefähr 1000 Pottwalen, die für den Bedarf der deutschen Lederindustrie, Maschinenindustrie und pharmazeutischen Industrie getötet werden. Mehr als die Hälfte davon aus japanischen Lieferungen. Nach jüngsten Informationen ging jedoch auch ein Teil des Walöls von dem unter zypriotischer Flagge fahrenden und inzwischen versenkten Walfangpiratenschiff »MS Sierra« auf dem Umweg über Südafrika und Norwegen in die Bundesrepublik. Die weiter zunehmende Verwendung von Walöl durch die deutsche Industrie ist um so unverständlicher, als es inzwischen dafür längst Ersatzprodukte gibt und in anderen Industriestaaten wie USA und Australien die Einfuhr von Walprodukten verboten ist. Vgl. Anmerkung 4, Seite 63.

Der Naturhandel

Die Autoren eines kürzlich erschienenen Buchs über politische Analyse, Politologen und ein Wirtschaftswissenschaftler, haben richtig beobachtet, daß, in ökonomischer und politischer Hinsicht, wildlebende und gefährdete Arten nur dann einen Wert aufweisen, wenn die Gesellschaft ihnen einen Wert beimißt. »Weder Rotholzbäume noch Blaumeisen können für sich selbst sprechen ... wenn sich nicht Menschen um die Rotholzbäume kümmern werden, werden sie verschwinden.«[28] Zumeist aber sind die ökonomischen Werte, die Lebewesen beigemessen werden, auf den Handelswert, der aus ihrer Ausbeutung erzielt werden kann, beschränkt. Den Preis für Rotholz beispielsweise. Heute sind die steigenden »Werte« vieler seltener, bedrohter oder gefährdeter Arten ein Hauptgrund dafür, daß sie an den Rand des Aussterbens gestoßen werden.

Während der siebziger Jahre expandierte der Naturhandel – der länderübergreifende Transport von lebenden Tieren oder Pflanzen oder von tierischen Produkten – explosionsartig. Ein großer Teil dieses Handels ist illegal, da er seltene, bedrohte oder gefährdete Arten betrifft bzw. Produkte, die aus ihnen hergestellt werden. Je seltener oder gefährdeter die Art ist, um so höher ist ihr Marktwert.

Für 1979 schätzen Beamte der US-Regierung, daß alleine die illegalen Einfuhren lebender, gefährdeter Tierarten in die Vereinigten Staaten ein Geschäft in der Größenordnung von fünfzig bis hundert Millionen Dollar ausmachten. Wenn bedacht wird, daß eine große Zahl von Pflanzen und eine riesige Produktpalette, die von bedrohten Arten herrührt (Elfenbein, Muschelschalen, Federn, Hörner, Häute und Felle), ebenfalls ihren Weg in die Vereinigten Staaten finden, und wenn bedacht wird, daß ein ungeheurer Warenfluß (einschließlich gefährdeter Arten aus Kanada und den USA) auch nach Europa, nach Japan und nach anderen Ländern fließt, so lassen sich annähernd die schockierenden Dimensionen dieses Handels begreifen.[29] Auch die politische Komplexität der Behandlung jenes Problems, das unter bestimmten Gesichtspunkten dem internationalen Drogenhandel gleichzusetzen ist, aber nicht so ernst genommen wird, ist schockierend.

---

28 E. Stokey und R. Zeckhauser, *A Primer for Policy Analysis*. New York (W. W. Norton) 1978.
29 In der BRD werden jährlich für etwa 600–900 Mio. DM Waren von Tieren, die unter das Washingtoner Artenschutzabkommen fallen, legal eingeführt. Die Werte der lebend eingeführten Tiere in Zahlen anzugeben, ist eigentlich pervers, angesichts des unermeßlichen ökologischen Verlustes, der dadurch verursacht wird.

In den Vereinigten Staaten begannen bereits früh die Anstrengungen, den Handel mit gefährdeten Arten zu kontrollieren: mit der Verabschiedung des Lacey Act von 1900, in dem unerlaubter zwischenstaatlicher Transport von Vögeln und Säugetieren verboten wurde. Später wurde dieses Gesetz abgeändert: Die Einfuhr getöteter, gefangener oder illegal aus anderen Ländern ausgeführter, wild vorkommender Arten wurde verboten. Die Einfuhr von Wildvogelfedern für Damenhüte wurde durch den Wilson Tariff Act von 1913 verboten. Und 1913 unterzeichneten die Vereinigten Staaten auch das erste internationale Abkommen zum Schutz von wildlebenden Arten gemeinsam mit Rußland, Japan und (für Kanada) Großbritannien, durch das die Jagd auf den Nördlichen Seebär der Pribilovinseln eingeschränkt wurde – einer stark bejagten Population, die auf fünf Prozent ihrer ursprünglichen Größe vermindert worden war. In den seitherigen Jahrzehnten wurden zwischen einzelnen Ländern verschiedene Abkommen geschlossen.

In den sechziger Jahren zeigte sich aber, daß breitere und wirksamere Abmachungen nötig waren. 1973 wurde die Konvention über den Handel gefährdeter Arten (CITES) beschlossen. Bis 1980 waren der Konvention einundfünfzig Länder beigetreten.[30] Sie verbietet den Handel mit sechshundert am meisten gefährdeten Arten und erlaubt ihn für weitere zweihundert Arten nur mit einer gesonderten Ausfuhrerlaubnis. Die Überwachung wurde notwendigerweise den einführenden oder ausführenden Staaten überlassen, und es bestehen große Unterschiede zwischen den einzelnen Ländern hinsichtlich der Fähigkeit und Bereitschaft, die Übereinkunft durchzusetzen. Außerdem sind nur Länder, die die Konvention unterzeichnet haben, durch sie gebunden. Und angesichts wirtschaftlichen Drucks sind internationale Absprachen noch dehnbarer als es schon nationale sind. Dementsprechend ist seit der Errichtung der CITES der Handel mit gefährdeten Arten eher noch gewachsen.

Zumeist sind die gehandelten Arten in unterentwickelten Ländern beheimatet, deren Regierungen oft rein technisch gar nicht in der Lage sind, die Ausfuhren zu überwachen. Und die starke Notwendigkeit für diese Län-

---

30 Das Washingtoner Artenschutzabkommen kann auch in den meisten Ländern der westlichen Welt kaum greifen, da es erhebliche Mängel in der Durchführung gibt. Kaum ein Zöllner ist entsprechend ausgebildet, um die einzelnen Arten unterscheiden zu können. Oftmals ist bei sehr nahe verwandten, und sich auch äußerlich ähnlichen Arten, die eine geschützt und die andere nicht. Aber selbst wenn Arten beschlagnahmt werden müssen, wissen die Zöllner meist nicht wohin damit, – die eigentlich gesetzlich vorgeschriebenen, wissenschaftlich betreuten Sammelstellen fehlen nämlich.

der, Außenhandel zu betreiben, und das allgemeine Unwissen über die Wichtigkeit der Artenerhaltung mag viele Beamte veranlassen wegzublikken. In Kenya stellte sich heraus, daß selbst hohe Regierungsbeamte direkt in das Exportgeschäft verwickelt sind – besonders mit Elfenbein, das eine unvorstellbar verwüstende Auswirkung auf Kenyas Elefantenpopulation hat.[31] In Kenya ist die Elfenbeinausfuhr völlig verboten; andere afrikanischen Staaten aber sind stark – und fast alle illegal – in den Elfenbeinhandel verstrickt. In den entwickelten Ländern, die die Hauptimporteure sind, handelt es sich bei der Durchführung der Konvention zumeist um ein Arbeitskraft- und Ausbildungsproblem. In den Vereinigten Staaten sind die Beamten, die dazu qualifiziert sind, gefährdete Arten (bzw. Produkte) zu erkennen, auf eine Handvoll Häfen und Flughäfen konzentriert. Und trotz wachsender Beschränkungen stieg von 1973 bis 1978 die Einfuhr von zumindest bisher noch zulässigen Naturprodukten von vier Millionen auf 187 Millionen Fälle an.

Eine große Zahl der Einfuhren, auch von lebenden Tieren, wird ins Land geschmuggelt; andere kommen mit falschen Papieren oder werden auf dem Umweg über ein drittes Land geschickt, das CITES nicht beigetreten ist. Einige der Schmuggeltechniken sind phantasiereich – wenigstens was die Grausamkeit gegenüber unglücklichen Tieren betrifft. Von Inspektoren der US-Fisch- und Wildbehörde wurden Sittiche gefunden, die in Nylonstrümpfe gesteckt und dann in Autotüren versteckt wurden oder die bei Ladungen von Giftschlangen unter einem doppelten Boden verborgen waren. Die Todesquote ist äußerst hoch; vielleicht eines von zehn geschmuggelten Tieren überlebt die Reise. Der Grund dafür liegt darin, daß die Transporteure nicht wissen, wie die Tiere behandelt werden müssen. Auch eingeschmuggelte Produkte sind häufig schlecht verpackt und enden auf dem Müll.

Trotz der hohen Ausfallraten ist der illegale Tierhandel sehr lukrativ. Ein seltener südamerikanischer Ara oder ein asiatischer Kakadu kann bis zu fünftausend Dollar bringen. Der australische Gelbwangenkakadu, dessen Ausfuhr aus Australien verboten ist, wurde in den Vereinigten Staaten sehr populär, weil er regelmäßig in einer Fernsehserie vorkam. Illegal eingeführte Exemplare wurden 1979 für fünftausend Dollar verkauft. In der Bundesrepublik Deutschland können südamerikanische Ozelotmäntel für 80 000 DM gekauft werden.

---

31 Jon Tinker, »Controlling the global wildlife trade«, *Atlas World Press Review*, Juli 1979; »Elephant numbers are falling heavily«, *IUCN Bulletin*, Januar/Februar 1980.

Als 1975 nordamerikanische Zollbeamte in Philadelphia einen gewissen Henry Holt Jr. und seinen Kumpanen verhafteten, entdeckten sie, wie weitverschlungen und gut organisiert die Operationen des illegalen Naturhandels geworden sind. Die Durchsicht von Molts Bürounterlagen ergab »eine genaue Aufstellung von Dokumenten aus aller Welt – Afrika, Asien, Australien –, die auf einen ausgedehnten Schmuggel, auf eine Mehrfachverwendung von Lieferscheinen und andere gefälschte Unterlagen hindeutete«.[32] Obgleich sich in dem Büro in Philadelphia genaue Beweise fanden, um Molt und Konsorten zu überführen, entschied sich die Staatsanwaltschaft zusätzlich dafür, das ganze Netz zu untersuchen, das Molts Geschäft aufrechterhalten hatte. Die Zollfahnder unternahmen eine sechswöchige Weltreise und besuchten die Fidschiinseln, Australien, Papuaneuguinea, Singapur, Thailand und die Schweiz. O'Kane, einer der Fahnder, erzählte einem Reporter der Zeitung *National Wildlife:* »Wir konnten sogar die Spuren bis zu jenem Dorfbewohner zurückverfolgen, der sagte: ›Ich kletterte auf den Baum da und holte sie runter‹.«[33] Die Männer verhörten außerdem internationale Agenten für legale Tiereinfuhren in Singapur und Thailand.

Das Ergebnis dieser Untersuchungsarbeit war, daß Molt wegen Schmuggels verurteilt werden konnte, was als Kapitalverbrechen gilt, im Unterschied zum Verstoß gegen das Artenschutzgesetz, das als »einfaches Vergehen« gilt. Holt bekam aber nur eine verhältnismäßig leichte Strafe – nur vierzehn Monate Zuchthaus und 20000 Dollar Geldstrafe auf drei Jahre Bewährung, ein Berufsverbot als Tierimporteur und ein Reiseverbot für die Länder, in denen er früher Reptilien gesammelt hatte. Es war die strengste bisher für Tierschmuggel verhängte Strafe, doch Staatsanwalt und Zoll hatten sich mehr erhofft. Molts Geschäft war aber klein im Vergleich zu jenen Vogelschmuggelringen, denen Verbindungen zur Mafia nachgesagt werden. Zu Molts Gunsten läßt sich anführen, daß er anders als die meisten Schmuggler gut für die Tiere gesorgt hatte.[34]

Es ist äußerst schwierig, die Artenschutzkonvention in den Ursprungsländern der Tiere und Pflanzen geltend zu machen. Gewöhnlich ist der Wilderer oder Sammler ein armer Dorfbewohner oder Bauer, der versucht, für seine Familie noch ein wenig nebenherzuverdienen. In den meisten Fällen ist seine Entlohnung relativ geringfügig; die Transporteure, die Händler und die Mittelsmänner im Handelsnetz stecken das meiste

---

32 Holden, a.a.O.
33 Iker, a.a.O.
34 Mike Lipske, »Trafficking in rare reptiles«, *Defenders,* April 1980.

Geld ein. Nur die Wilderer, die Elfenbein und Rhinocerushörner besorgen, bilden die große Ausnahme. Ein Kilogramm Elfenbein kann für einen afrikanischen Dorfbewohner ein Jahreseinkommen bedeuten, und ein einziger Stoßzahn eines afrikanischen Elefanten kann leicht zehn Kilo wiegen. Die Nashornwilderer sind häufig in gutorganisierten Banden schwerbewaffneter Männer zusammengeschlossen, bei denen das Fehlen von Skrupeln sich nicht nur auf die Beute auswirkt. Im Juli 1979 wurde ein erstklassiger tansanischer Wildhüter von Nashornwilderern, die mit leichten Maschinengewehren ausgerüstet waren, erschossen, als er mit Leuten des Patrouillendienstes versuchte, die Wilderer zu verhaften. Offensichtlich »rechtfertigt« der unglaubliche Tauschwert des Rhinocerushorns diese Risiken, diese Gewalttätigkeit.[35]

Einige afrikanische Länder, die durch die rasche Verringerung ihrer ursprünglichen Flora und Fauna alarmiert wurden, unternehmen jetzt ernsthafte Anstrengungen, das Wildern und Sammeln zu unterbinden. Dennoch ist die Durchsetzung in Ländern mit schlechtem Straßensystem und begrenzten Ressourcen schwierig – um so mehr, wenn die Gangster schlau, gutbewaffnet und gefährlich sind.

Demnach haben die reichen Länder den Hauptteil der Kosten zur Durchsetzung der Konvention zu zahlen. Hierin ist auch eine gewisse Gerechtigkeit enthalten, da die größte Nachfrage nach wildvorkommenden Arten und deren Produkten ja aus diesen Ländern kommt. Natur- und Tierschutzorganisationen, besonders der World Wildlife Fund, bringen Geld auf, um die Schutzaktivitäten armer Länder zu unterstützen. Manchmal sind sie dabei recht erfolgreich. 1979 wurden alleine in der Schweiz eine Million Dollar erbracht, um die afrikanischen Elefanten zu retten. Wir meinen, daß es angebracht wäre, wenn aus demselben Geist heraus das Nationale Gesundheitsinstitut der USA und ähnliche Einrichtungen anderer reicher Länder helfen würden, die Affen- und die Menschenaffenpopulationen zu erhalten und so zum Teil die Ausbeutung jener Populationen zum Zwecke der medizinischen Forschung auszugleichen.

Die enormen – legalen wie illegalen – Tiertransporte gäbe es nicht, wenn kein Markt hierfür existierte. Wer sind die Käufer? Schockierenderweise stellt sich heraus, daß einige der größten Käufer einem Personenkreis angehören, der es sicherlich besser wissen sollte: den Eigentümern und Betreibern von öffentlichen Zoos. Alleine in den Molt-Fall waren neun größere Zoos – darunter die von St. Louis, Washington und Philadelphia – verwickelt. Ihre Entschuldigung war, daß das Schmuggeln oder Benutzen

---

35 *IUCN Bulletin,* »Rhinos are no Dodos – yet«, Januar/Februar 1980.

gefälschter Papiere – obwohl Zoos gesonderte Erlaubnis zum Einführen gefährdeter Arten bekommen können – einfacher war und keiner Auseinandersetzung mit dem Amtsschimmel bedurfte. Leider, vielleicht aus politischen Gründen, gab es keine Anklageerhebungen gegen die in den Holt-Fall verwickelten Zookuratoren. Beim Schreiben dieser Zeilen erörtert das Innenministerium allerdings noch, ob es nicht bis zu fünftausend Dollar Bußgeld gegen sie verhängen sollte.[36]

Diese Verwicklung mit den Zoos ist jedoch nicht auf die Vereinigten Staaten beschränkt. Eine Abteilung der International Union for the Conservation of Nature, mit Sitz in London, entdeckte 1978 illegale Transporte zu einem japanischen Zoo. Und der Zoo von Djakarta berichtete der Abteilung, daß an ihn ein Handelsunternehmen in Verkleidung als »Zoo« herangetreten sei, um Vögel nach Japan zu schmuggeln. Anscheinend dient eine solche Zoomaskerade oft dazu, um Länder mit strengen Exportgesetzen zu überzeugen.[37]

Andere wichtige Käufer sowohl von lebenden Pflanzen als auch von Tieren sind private Sammler – Leute, die private Zoos, Vogelhäuser oder botanische Sammlungen unterhalten. Es wäre äußerst leichtgläubig, wenn man annehmen würde, die meisten dieser Menschen wüßten nicht, was sie unterstützen, nämlich »das Ausrottungsgeschäft«, wie es ein Beobachter nannte.[38]

Leute, die – in Übersee oder zuhause – die Produkte gefährdeter Arten kaufen, mögen dies manchmal in aller Unschuld tun. Produkte, die von gefährdeten Arten stammen, sollten viel mehr bekannt gemacht werden. In den sechziger Jahren wurde so viel über die gefährdeten Wildkatzen Asiens und Afrikas veröffentlicht – über die Tiger, Leoparden, Geparden und so fort, daß sich die Filmschauspielerin Gina Lollobrigida unvorteilhafte Schlagzeilen und Kritik einhandelte, als sie in der Öffentlichkeit in einem Leopardenmantel auftrat. In Europa und den Vereinigten Staaten haben seitdem die meisten Kürschner mit Rang und Namen förmlich zugesichert, die Pelze dieser Tiere nicht mehr zu verarbeiten.

Nun sind andere Tiere, deren Felle noch verwendet werden, vom Aussterben bedroht: Südamerikanische Ozelots und Jaguare, Kanadaluchse, Rotluchse, Nordamerikanische Fischotter und Wölfe. Vor einigen Jahren wäre das Pentagon fast alleine zur Hauptbedrohung der Wölfe geworden, als es vorschlug, Wolfpelze zu benutzen, um 280 000 Parkakapuzen für die

36 Lipske, a.a.O.
37 J. A. Burton und T. Inskipp, »The zoo connection«, *New Scientist*, 5. Januar 1978.
38 Holden, a.a.O.

Streitkräfte zu füttern. Irgendjemand stellte fest, daß es die Ausführung dieses Plans erfordert hätte, die Hälfte aller noch vorhandenen Wölfe zu töten![39] Zum Glück änderte das Pentagon seine Absichten.

Durch die Aburteilung der Molt-Bande als Schmuggler scheint das Bewußtsein der amerikanischen Regierung für gefährdete Arten gewachsen zu sein. Präsident Carter forderte in seiner Umweltansprache von 1979 Sofortmaßnahmen, und kurz darauf wurde im Justizministerium eine neue Abteilung für wildvorkommende Arten eingerichtet. Ein Gesetz soll nun die Einfuhr *jedes* gefährdeten Tieres (oder dessen Produkts) und *jeder* gefährdeten Pflanze verhindern, wobei es egal ist, ob im exportierenden Land seine Ausfuhr verboten ist bzw. ob das Land dem Washingtoner Artenschutzabkommen beigetreten ist oder nicht.[40]

Eine strengere und wirksamere Durchsetzung bei der Einfuhr in die Vereinigten Staaten wird sicherlich helfen, den illegalen Naturhandel zu entmutigen – wenigstens in den USA. Weit mehr aber ist vonnöten – dazu gehört auch eine wirksame Geltendmachung in den anderen CITES-Ländern (den Einfuhr- wie den Ausfuhrstaaten). Kürzlich ist auch China beigetreten; seine Mitarbeit könnte den Druck auf die schnell-verschwindenden Nashörner verringern – obwohl es zu ihrer Rettung fast schon zu spät ist![41]

Nicht nur für bereits gefährdete Populationen und Arten aber ist der Naturhandel eine schwerwiegende Bedrohung. Er wird wegen seines enormen und wachsenden Volumens vermutlich bisher noch nicht gefährdete Arten bedrohen.[42] Der Ansatzpunkt zu dieser Problematik wird letztlich die öffentliche Erziehung sein: Auf der ganzen Welt müssen mögliche Käufer überzeugt werden, daß Erwerb gefährdeter Arten und ihrer Produkte nicht nur illegal ist, sondern auch nicht in ihrem eigenen Interesse liegt. Die Jäger und Fallensteller, Sammler und Wilderer, die die Schmuggelware zusammenbringen, müssen ebenfalls überzeugt werden, daß dieser Lebensunterhalt ihre eigene Zukunft zerstört und daß die Ausrottung der einheimischen Lebewelt für ihr Land auch politische Nachteile bringt. Und die Hersteller von Produkten aus wildlebenden

---

39 Tinker, a.a.O.
40 Lipske, a.a.O.
41 China ist als Unterzeichner des WA besonders wichtig, da auch heute noch ein erheblicher Anteil an Knochen und Hörnern geschützter Arten in den chinesischen Apotheken als Aphrodisiakum verarbeitet wird.
42 In Deutschland wurden jahrzehntelang griechische Landschildkröten hauptsächlich als Kinderspielzeug eingeführt, heute, nachdem die Bestände fast erloschen sind, wenden sich die Tierhandelssyndikate der russischen Landschildkröte zu, die nun der Sowjetunion Devisen bringt.

Tieren müssen überzeugt werden, für ihr Gewerbe Ersatzausgangsstoffe zu suchen. Nur wenn weltweit erkannt wird, daß der *tatsächliche* Wert einer gefährdeten Art nur in ihrer natürlichen Umgebung vorhanden ist, kann der Naturhandel beendet werden.[43]

Die Politik der Biotopzerstörung

Bei den bisher diskutierten Beispielen stand die politische Auseinandersetzung um die Arten selbst im Brennpunkt. Zum Wesen des Erhaltens von organischer Vielfalt aber gehört nicht nur die Verteidigung von Populationen und Arten – jede für sich –, sondern auch die relative Intakthaltung der Ökosysteme. Die Minimalisierung der Habitatzerstörung ist der Schlüssel zur Populationserhaltung, weil ja eigentlich jedes Gebiet einzigartige Populationen hat, deren Verschwinden zur biologischen Verarmung der Erde beitragen. Die wichtigsten Kämpfe der Ökologischen Bewegung werden daher nicht um Gorillas oder Wale, Leoparden oder Schnecken-Grundbarsche geführt. Wie die meisten militärischen Gefechte werden auch sie um einen Flecken Erde geführt – um einen Standort oder ein *Habitat*. Denn *nur* wenn ihr Habitat gerettet wird, können auch die meisten Arten und Populationen auf Dauer erhalten werden.

Das ökonomische Moment der Erschließung des Landes durch die expandierende menschliche Bevölkerung, die nach Ressourcen sucht, läßt sich jedoch nicht einfach aus dem Weg räumen. Von den mächtigen wirtschaftlichen und politischen Interessensträgern werden naturnahe Umwelt und ihre lebenden Bestandteile noch nicht als eine der wichtigsten und kostenlosen Ressourcen angesehen. Daher geht der ungleiche Kampf weiter zwischen den Ausbeutern und denen, die einen genaueren Blick dafür haben, was zum Besten der Menschheit ist.

Derartige Kämpfe haben nun weit mehr nationale Bedeutung als die meisten anderen Auseinandersetzungen im Natur- und Artenschutz. Bei einem davon steht die biologisch reichhaltigste Gegend, die den Vereinigten Staaten noch geblieben ist, auf dem Spiel.

---

43 Der Ausverkauf der Natur, der Welthandel mit geschützten Tier- und Pflanzenarten, hat gigantische Ausmaße angenommen. Ein paar Beispiele für das Handelsvolumen dieser lukrativen Branche: Jährlich mindestens 700 Tonnen afrikanisches Elfenbein, d. h. mindestens 50 000 Elefanten! Jährlich ca. 2 Mill. Krokodilhäute! 1977 allein für die USA ca. 38 Mill. exotische Pflanzen! Ebenso atemberaubend sind die Gewinnspannen. In dem hauptsächlich aus der Bundesrepublik in die arabischen Staaten

AMAX gegen Crested Butte

In 2700 Meter Höhe gründete vor etwa fünfzig Jahren der Biologe John C. Johnson in einem hohen Bergtal am Westhang der Colorado Rocky Mountains das Rocky Mountain Biological Laboratory, das zu einem Zentrum für die ökologische Forschung und Lehre wurde. Seit 1960 haben wir dort jeden Sommer ein Forschungsprogramm durchgeführt. Das Tal und die umliegende Gegend – zumeist Waldland in Bundesbesitz – sind nicht nur außerordentlich schön und bisher auch großenteils

> laufenden Schmuggel von Greifvögeln bringt ein Gerfalke zur Zeit 45 000, ein Wanderfalke 20 000 Mark. Für ein paar Papageien oder Sittiche bieten Tierhändler und Sammler hierzulande schon DM 15 000, während ein südamerikanisches Ozelotfell 1976 noch höchstens 200 DM kostete, waren 1977 in Münchner Fachgeschäften Ozelotmäntel aus ca. 10 Fellen für 74 000 DM ausgeschrieben. Die Bundesrepublik ist der größte Pelzimporteur der Welt. Sie führt etwa 60 % aller international gehandelten Rohfelle ein. D. h. mehr als alle übrigen Staaten zusammen. Zwar sind davon die meisten gezüchtet, und nur etwa 10 % der freien Natur entnommen. Bei einem Jahresvolumen von etwa 24 Mill. Pelzen bedeutet das aber nach »Adam Riese« 2,4 Mill., und darunter waren laut offizieller Einfuhrstatistik 1978 mehr als 360 000 Felle von geschützten, also genehmigungspflichtigen Wildkatzen vom südamerikanischen Ozelot bis zum sibirischen Luchs. Wie überfordert der bundesdeutsche Zoll bei diesem Volumen ist, zeigt sich daran, daß 160 000 Felle überhaupt nicht identifiziert, sondern nur als Felidee sp, also als Katzenartige, deklariert wurden. Daß darunter eine erhebliche Zahl von illegalen Importen war, läßt sich nur vermuten, weil ausländische Behörden bei Kontrollen mehrfach unter der für Frankfurt bestimmten Ware streng geschützte Arten entdeckten und sie beschlagnahmten. Ebenfalls mit an der Weltspitze, nur knapp hinter Frankreich, Japan und Italien, lag die Bundesrepublik 1978 mit mehr als 340 000 importierten Krokodilhäuten. Die beispiellose Krokodilederwelle, die seit der vergangenen Weihnachtssaison durch Luxusledergeschäfte und Kaufhäuser rollt, trägt wesentlich zur Ausrottung der am meisten gefährdeten Arten bei. Unter den offen in deutschen Schaufenstern angebotenen Produkten sind eindeutig Krokodilarten, die überhaupt nicht eingeführt werden dürften. Ganz abgesehen von den Schildkrötenlederwaren, die fast ausnahmslos von streng geschützten Meeresschildkröten stammen und teilweise unter Umgehung des Abkommens aus Italien eingeführt wurden. Die Bundesrepublik führt seit 1976 jedes Jahr durchschnittlich 60 Tonnen rohes Elfenbein ein, konsumiert also etwa 4000 Elefanten im Jahr. Dabei lagen z. B. bei den 1977 eingeführten 69 Tonnen nur für 10 Tonnen Ausfuhrbescheinigungen vor. Der Rest kam vermutlich, unter Verletzung des Washingtoner Abkommens, ins Land. Nichtsdestoweniger kassierte das Bundesfinanzministerium seinen Zollanteil von ca. 20 DM je Kilogramm, sozusagen als stiller Teilhaber der Importeure. Auch die Fluggesellschaften und Speditionen verdienten kräftig am Transport mit. Im Juli 1979 wurden in Kenia, wo der Elfenbeinhandel seit 1978 illegal ist, 600 Kilogramm Elfenbein beschlagnahmt, als sie bereits an Bord einer Lufthansa-Maschine waren. In einigen Fällen sollen deutsche Warenlieferungen nach Zaire, das ebenfalls 1978 den Elfenbeinhandel offiziell verboten hat, mit solchen Naturalien bezahlt worden sein.

ökologisch noch nicht verdorben; sie beherbergen auch eine bemerkenswerte Vielfalt an Leben. Flora und Fauna der zentralen Prärien, des hohen Nordens, des großen Hochlandbeckens und der Wüste des Südwestens treffen hier aufeinander. Die Gegend weist die höchste Niederschlagsmenge des Staates auf, was zum Teil ihre ökologische Produktivität erhöht. Innerhalb erstaunlich geringer Entfernungen können Biologen die Lebewelt der verschiedensten Zonen, von der Tundra oberhalb der Baumgrenze über Rottannen/Espenwälder und Bergwiesen bis zur Halbwüste, in den niedrigeren Bereichen im Südwesten finden und untersuchen.

Zu den hier wildlebenden Säugetieren gehören Hirsche und Elche, Dickhornschafe und Bergziegen, gelegentlich ein Schwarzbär, Koyoten, Wiesel und Marder, Murmeltiere und Schneeschuhhasen, Erdhörnchen und Pfeifhasen, Spitzmäuse und Mäuse. Gleich vielfältig ist das Vogelleben: Von Eulen und Habichten bis zu den Saftleckern (von denen einer darauf besteht, jeden Morgen um sechs gegen unser verzinktes Schornsteinrohr zu picken; es handelt sich nicht gerade um den beliebtesten Vogel des Tals), Rotschulterstärlinge, Drosseluferläufern, Mexikanischen Wasseramseln und verschiedenen Kolibriarten. Überall kann der Gesang des Weißkehlammerfinks gehört werden. Die sprudelnden Bäche enthalten vier Forellenarten und ein reichhaltiges Insektenleben; und über den Wiesen flattern Dutzende von Schmetterlingsarten. Die Flora ist ebenso vielfältig; sie reicht von den widerstandsfähigen Flechten auf den Felsen der Bergspitzen bis zu Beifußarten und Kakteen in den niedrigeren, trockenen Gebieten. Die Wildblumenpracht auf den Bergwiesen ist einfach atemberaubend: Sonnenblumen und Lupinen, Flachs und Astern, Glockenblumen und die karminfarbene Gilia-Art, Castilleja und Penstemon, Lilien und Rittersporn. Im Juli kann man auf den schattigen Plätzen unter Waldbäumen in großer Reichhaltigkeit die wählerische Akelei, Colorados schöne Symbolpflanze, finden. Einige der unscheinbaren genügsamen Pflänzchen, die droben auf den Bergen wachsen, sind sehr selten; ein paar stehen auf der Roten Liste.

Die Biologen und Studenten, die von überall aus dem Lande und sogar aus dem Ausland kommen, um in diesem einzigartigen Freilandlabor zu arbeiten, sind nicht die einzigen Menschen, die aus seiner Schönheit und seinem biologischen Reichtum Gewinn ziehen. Ansässige Viehhalter lassen ihre Rinder jeden Sommer auf den Almwiesen weiden. Und nahezu eine Million Menschen aus allen anderen Landesteilen besuchen jedes Jahr Gunnison County. Spaziergänger, Wanderer, Bergsteiger, Reiter, Jäger und Skifahrer passieren das Tal zu tausenden. Angler kommen wegen der Lachsforellen, Stahlkopfforellen, Regenbogenforellen und Bachsaiblinge.

Neun Meilen vom Labor entfernt befindet sich in einem breiten Tal eine historische Stätte von nationaler Bedeutung, die frühere Bergarbeiterstadt Crested Butte, die liebevoll restauriert wurde und in einen Touristen- und Wintersportort verwandelt wurde. Im Sommer werden in Crested Butte Kunstfestivals und Flugschauen veranstaltet.

Viele junge Menschen haben in den sechziger und siebziger Jahren die großen Städte des Ostens und Mittleren Westens verlassen, um nach einem einfacheren Leben, näher an der Natur, zu suchen; viele davon siedelten sich in Crested Butte an. Eine Weile lang gab es Spannungen zwischen den neuen Einwohnern und den alten Bergarbeiter- und Viehzüchterfamilien; in den späten siebziger Jahren aber wurden die beiden Gruppen durch ihre gemeinsame Opposition gegen eine äußere Bedrohung vereint.

Die American Metals Climax Corporation (AMAX), eine riesige multinationale Ressourcenerschließungsfirma, hatte am Mount Emmons, einem 3778 Meter hohen Berg, der sich gleich westlich von Crested Butte erhebt, das größte Molybdänvorkommen der Welt entdeckt. Molybdän findet sich normalerweise selbst in »reinen« Lagerstätten nur in sehr niedrigen Konzentrationen. Eine solche Lagerstätte ist der Mount Emmons mit seiner durchschnittlichen Molybdänkonzentration von weniger als einem halben Prozent im Erz. Dennoch ist dieses Erz mehr als acht Millionen Dollar wert. Die AMAX plant, in einem Zeitraum von mehreren Jahrzehnten einen großen Teil des Berges auszuhöhlen und 165 Millionen Tonnen Erz in einer gigantischen Kupfermühle zu zerreiben. Dann kann das Molybdän extrahiert, raffiniert und wegtransportiert werden; die mehlfeinen Rückstände sollen in nahegelegenen Tälern aufgeschüttet und letztlich verfüllt werden.[44] Allmählich würde der ausgeräumte Berg einfallen.

Das Bergwerk selbst, die Fabrikanlagen, die Abraumhalden, die neuen Straßen und die Erz- und Abraumtransportanlagen, einschließlich der

---

44 Gunnison National Forest Report, »Description of the Mount Emmons Mining Project«, 1979.
Tom Huth, »Crested Butte: A town fights for its herritage«, *Historic Preservation*, März/April 1979; Susan Cottingham, »Crested Butte takes on a mining giant«, *Living Wilderness*, Januar/März 1979; sowie David Sumner, »AMAX comes to Crested Butte«, *Sierra*, September/Oktober 1979. Diese Artikel sind alle mit Farbfotos illustriert, die einige Vorstellung davon geben, was auf dem Spiel steht. *Historic Preservation* zeigt den Reiz des Städtchens auf, die beiden anderen die Schönheit seiner Lage.

beiden sieben Kilometer langen Tunnel durch die Berge, würden bereits Tausende Hektar Land zerstören. Die nur drei Kilometer vor der Stadt gelegene Mine würde sehr laut sein, eine Industrieanlage in einer gegenwärtig noch unberührten Landschaft. Wenn die Mühle nahe dem Schacht gebaut würde, wie dies ursprünglich geplant war, wäre der Lärm über 16 km weit zu hören. Zusätzlich würde die ganze Angelegenheit noch Luft- und Wasserverschmutzungsprobleme erzeugen, die mit jedem Bergbau im großen Maßstab unausweichlich verbunden sind.

Es ergäben sich auch wichtige soziale und ökonomische Folgen: Der Bergwerks-, Mühlen- und Erztransportbetrieb würde große Energiemengen erfordern; der Bau eines neuen Kraftwerks wäre in diesem Gebiet notwendig, und damit auch das Herbeibringen großer Kohle- und Dieselkraftstoffmengen. Die Gemeinde würde durch einen plötzlichen Zustrom von Tausenden von Bauarbeitern, Bergarbeitern und ihren Familien überschwemmt; innerhalb von ein paar Jahren würde sich die Bevölkerung des Gunnison County, die nun nur zehntausend beträgt, verdoppeln. Viele andere Städte des Westens haben unter einer ernstlichen wirtschaftlichen und sozialen Zerrüttung und ansteigender Kriminalität gelitten, wenn derartige Ausbauprojekte einen Boom brachten, auf den meist früher oder später ein starker Rückgang folgte.

Schon hat es in den umliegenden Bergen einen fieberhaften Anstieg von Schürfansprüchen gegeben (1978 alleine 1500), hauptsächlich auf Uran, doch auch auf Silber und andere Metalle. An verschiedenen Plätzen der benachbarten Berge, von denen einige direkt neben den Landschaftsschutzgebieten von Maroon Bells Showmass liegen oder doch von ihnen aus sichtbar sind, fanden ausgedehnte Explorationsbohrungen statt. Diese Aktivitäten zeigen, daß zahlreiche andere Firmen darauf warten, daß das AMAX-Projekt gutgeheißen wird; der sich anschließende Straßenbau, das Kraftwerk und weitere infrastrukturelle Verbesserungen würden ihnen ihre eigenen Bergbautätigkeiten ermöglichen. Wenn daher das AMAX-Projekt durchkommt, wird es möglich, daß tausende weitere Unternehmungen beginnen. Die Einwirkungen wären zusammengenommen ungeheuerlich, zumal einige der kleineren Firmen sich nicht einmal leisten können, so umweltbewußt wie die AMAX zu sein.

Als die AMAX das erste Mal ihren Plan ankündigte, am Mount Emmons ein Bergwerk zu eröffnen, waren die alten Einwohner der Stadt darüber zunächst erfreut. In der Erinnerung an die gute alte Zeit bedeutete für sie ein Bergwerk ein oder zwei Mann und ein Muli, der mit Pickeln, Schaufeln und vielleicht ein wenig Sprengstoff beladen war, um ein manntiefes Loch in den Berg zu treiben. Als ihnen aber der Gigantismus des industrialisierten Bergbauprojektes der AMAX dämmerte, schlossen sich viele von ihnen dem Protest der jüngeren Neuankömmlinge in Crested Butte an. Unter Führung ihres kämpferischen Bürgermeisters W. Mitchell[45] verabschiedeten die Bewohner der Stadt Anfang 1979 mit überwältigender Mehrheit eine Resolution gegen das Bergbauprojekt, und die Mehrheit der Bevölkerung von Gunnison hat ähnliche Gefühle gezeigt.[46]

Es wird aber mehr benötigt als Resolutionen, negative Meinungsumfragen und ein tatkräftiger Bürgermeister, um den Moloch AMAX aufzuhalten; und die Menschen von Crested Butte wissen dies. Noch sind die legalen Rechtsmittel nicht ausgeschöpft. Da das Projekt auf große Flächen mit Bundesland übergreift, müssen Umweltverträglichkeitsprüfungen vorgenommen werden. Zu jedem Schritt muß außerdem die Zustimmung der Nationalen Forstbehörde, der Regionalen Planungsgemeinschaft, des Staates Colorado wie auch der Stadt Crested Butte eingeholt werden, da deren Luftqualität und Wasserversorgung direkt bedroht ist. Rein rechtlich hat jede dieser Körperschaften das Recht, dieses Projekt aufzuhalten.

Die AMAX führt an, daß ihr Recht, das Projekt zu unternehmen, aus dem Bundesbergbaugesetz von 1872 herrührt, das jedem, der einen »Claim« richtig abgesteckt hat, das Recht zusprach, auf Bundesland zu schürfen und die Ablagerungen aufzubereiten. Doch dieses Gesetz wurde vor mehr als einem Jahrhundert verabschiedet – in den Tagen des Pickel- undschaufelbergbaus im Wilden Westen. Bergbau in einem Maßstab, der ganze Berge zerstört und kilometerlange Täler zuschüttet, konnten sich seine Urheber noch gar nicht vorstellen. Aus den Kongreßdebatten des letzten Jahrhunderts wird deutlich, daß es gerade die Absicht des Geset-

---

45 Der Bürgermeister, der sich einfach »Mitchell« nennen läßt, war das Opfer zweier verheerender Unfälle. Seither ist er an den Rollstuhl gebunden; doch dieser Umstand vermag ihn nicht zu bremsen. Mitchell zögerte nicht, seinen Fall auf der nationalen Ebene einzubringen, wozu er zum Kongreß und – wenigstens zweimal – in das Weiße Haus fuhr. Heiter sagt er, daß es für ihn einst zehntausend Sachen gab, die er in seinem Leben machen wollte, er aber durch die Unfälle gezwungen worden sei, seine Liste auf neuntausend zusammenzustreichen. Die Freunde der Erde gaben ihm kürzlich noch etwas neuntausendundeintes – sie wählten ihn in ihren Vorstand. Für ein Profil Mitchells vgl. Kenneth Brower, »Phoenix of Crested Butte«, *Omni*, Juni 1979, Seite 127–128.

46 Der gemeinsame Protest der Bevölkerung und der Politiker einer Region, über die Parteigrenzen hinweg, zeigt sich nun auch vermehrt in der BRD. Erinnert sei an den Protest gegen die Startbahn West des Frankfurter Flughafens, gegen die geplante Wiederaufbereitungsanlage bei Schwandorf oder gegen den Versuch, das Wattenmeer weiter einzudeichen.

zes von 1872 war, den kleinen Schürfer zu ermutigen.[47] Durch Gesetz erhielt ein Claim-Abstecker das Recht auf das beanspruchte Erz und auf acht Hektar Land darüber; heute wird diese Begrenzung von großen Gesellschaften unterlaufen, indem sie zahlreiche aneinanderhängende Claims abstecken. Und den Rechtsanspruch auf die Abraumlagerplätze erwarb AMAX, indem sie mit der Forstbehörde Ländereien tauschte.[48]
Die AMAX Inc. ist kein Neuling in diesem Geschäft; ihre Spuren sind überdeutlich. Als ein in Connecticut beheimateter Multi produziert die AMAX wenigstens vierzig Prozent des auf der Welt benötigten Molybdäns. Die Geschäftsanfänge der Gesellschaft liegen in einem Bergbauprojekt von 1917, das als Climax (südlich von Leadville, Colorado) bekannt wurde. Über Jahrzehnte hinweg wurde ein großer Teil des Berges ausgeschürft und eine noch größere Fläche mit Abraum bedeckt, die die unterhalb gelegene Wasserversorgung vergiftete. Climax ist nichts anderes als eine kolossale Umweltvergiftung.
Mit mehr Sorgfalt wurde eine neuere Unternehmung, die nicht weit davon entfernte Henderson-Mine, angegangen. Die AMAX ist auf ihre Erfolge beim Schutz der Umwelt in Henderson stolz und hat wiederholt versprochen, in Crested Butte gleich sorgsam zu sein. Sie hat eine Werbekampagne gefordert, um die einheimische Bevölkerung vom großen Umweltbewußtsein der AMAX zu überzeugen und um das Bild vom Bergbau als traditionelle Arbeit der Bergbewohner »mit Schippe, Pickel und Muli« aufrechtzuerhalten. Um in Crested Butte Vertrauen zu erwerben, unternahm die AMAX den Versuch, den Coal Creek zu reinigen, der durch die Stadt fließt und stark durch den Abraum einer alten Mine in Keystone, die sich jetzt im Eigentum der AMAX befindet, verunreinigt wird. Die einstürzenden Abgangsdämme wurden dort stabilisiert; die Reinigung des Flusses aber scheint sich als ein störrisches Problem zu erweisen.
Wie jedoch die Untersuchung des Henderson-Bergbaugebietes zeigt, führt ein Molybdänabbau – welche Vorsicht man auch immer walten läßt – durch seine besondere Natur zu einer ungeheuren Zerstörung natürlicher Ökosysteme. Eine »vorbildliche« Molybdänmine ist ein klassisches Bei-

---

47 Charles H. Callison, »It's time to scuttle the giveaway mining law«, *Living Wilderness,* Januar/März 1979, Seite 4–9. Eine detaillierte Untersuchung der Kongreßdebatten mit Bezug zum Bergbaugesetz von 1872 wurde von Anwälten der Stadt Crested Butte vorgenommen. Vgl. auch Heather Noble, »Environmental regulation of hardrock mining on public lands: Bringing the 1872 law up to date«, *Harvard Environmental Law Review* 4 (1), 1980, Seite 145–163.
48 Tom Huth, a.a.O.; John Hooper, »High alpine valley coveted by mining corporation«, *Wilderness Report* (The Wilderness Society) Mai 1979.

spiel für die Definition von »Suboptimierung« des Wirtschaftswissenschaftlers Kenneth Boulding: »etwas, was auf keinen Fall gemacht werden sollte, auf die bestmögliche Weise tun.«

Wird das Molybdän benötigt? Ist es tatsächlich notwendig, ein neues Bergwerk zu eröffnen? Wie groß ist der Nutzen, für den die Amerikaner den Ruin des Gebiets um Crested Butte hinnehmen sollen? Die AMAX betreibt bereits die Mine Henderson, die eine beachtliche Menge Molybdän liefert und dies für weitere Jahrzehnte tun kann. Auch Climax ist noch in Betrieb. Und die AMAX besitzt noch weitere Bergwerke (u. a. in Alaska) oder bemüht sich um ihre Errichtung. Außerdem läßt sich als Nebenprodukt der Kupfergewinnung oft in ausreichender Menge Molybdän gewinnen. Inzwischen wurde bekannt, daß die AMAX, wie auch andere Molybdän erzeugende Konzerne, Milliarden investiert, um neue Verwendungsmöglichkeiten und Märkte zu erschließen. Es wird versucht, nachdem man eine Ressource besitzt, nachträglich den Bedarf zu wecken!

Molybdän wird hauptsächlich zur Härtung von Stahllegierungen verwendet. Dieser besonders harte Stahl wird für Düsen- und Automotoren verwendet, für die arktische Ölpipeline, leichte Rennräder und panzerbrechende Geschosse. Die Vereinigten Staaten sind der bei weitem führende Molybdänproduzent der Welt und exportieren ungefähr die Hälfte ihrer Produktion.[49] (Eine Menge davon kommt in deutschen und japanischen Autos zurück.) Auch die UdSSR ist ein wichtiges Einfuhrland, sowohl direkt als auch über europäische Drittländer. Da viel Molybdän für militärische Zwecke verwendet wird, wundern wir uns, wieso seine Ausfuhr in die Sowjetunion gestattet ist. Bestimmte, Molybdän enthaltende Metalle werden tatsächlich für »strategische Substanzen« gehalten, und ihr Export nach Rußland ist nicht erlaubt.[50]

Die Konfrontation zwischen Crested Butte und AMAX erinnert ein wenig an David und Goliath. In Crested Butte sind sich die führenden Persön-

---

49 Robert J. Reagan, »U.S. walks tightrope over molybdenum supply«, *Iron Age*, 17. September 1979. Die Molybdänverkäufe sind ein positiver Beitrag zur Außenhandelsbilanz der Vereinigten Staaten; AMAX wird nicht müde, auf diesen Nutzen für die Amerikaner hinzuweisen. Wenn dieser Beitrag jedoch damit verglichen wird, was selbst eine geringfügige Verbesserung des Wirkungsgrades amerikanischer Automobile für die Bilanz bedeuten könnte, erweist er sich als unbedeutend.

50 Ray White, ein ehemaliger Student von Paul, der jetzt in Virginia wohnt, schrieb 1979 in dieser Angelegenheit an den dortigen Senator John Warner. Unsere Information stammt aus einem Brief des amtierenden Deputy Assistant Secretary für Handelsbeschränkungen im U.S. Wirtschaftsministerium, R. B. Schwartzman, mit dem eine Anfrage des Senators Warner beantwortet wurde.

lichkeiten darüber einig, daß dieser Kampf – der wie eine rein örtliche Auseinandersetzung aussieht – in seiner Tragweite nationale, vielleicht sogar internationale Bedeutung besitzt. Für die weitere Entwicklung und Auslegung der Bergbaugesetze könnte er sich als Meilenstein erweisen. Mit ihm sind Fragen des internationalen Zahlungsausgleichs und der militärischen Sicherheit verknüpft. Nach alledem kann die Auseinandersetzung um dem Mount Emmons nicht isoliert betrachtet werden. Von der Bergbauindustrie wurden in den ganzen Rocky Mountains und im Großen Hochlandbecken, von den Rändern des Glazier-Parks an der kanadischen Grenze bis zu den Wüstenhügeln von Arizona und New Mexiko, Claims abgesteckt und Genehmigungsverfahren beschleunigt. Nur noch wenige ungestörte Gebiete sind zur menschlichen Erholung oder als Lebensraum anderer Arten übriggeblieben. Wenn sich niemand den Bergwerksbetreibern in den Weg stellt, werden die ganzen Rocky Mountains in Climax-Wüsten verwandelt. »Es geht nicht mehr darum, ein kleines Stückchen Land aus einem großen Raum zu verlieren; auch die nächsten Täler sind schon dran!« So faßte es der Bürgermeister Mitchell von Crested Butte zusammen.[51]

Anfang 1981 war die Sache noch immer nicht entschieden; sie hing an solchen Punkten, wie der Rechtmäßigkeit der Versuche der Stadt Crested Butte, ihre Wasserversorgung zu schützen, und an der Auslegung des Bundesbergbaugesetzes von 1872 durch die Forstbehörde. AMAX scheint zum Bau entschlossen zu sein; die Bevölkerung ist gleichermaßen zum Stop des Projekts entschlossen. Es handelt sich um eine archetypische Konfrontation von kurzfristigen und langfristigen Werten.

Wenn die AMAX Erfolg haben sollte, werden ihre Eigentümer und einige Einheimische viel Geld verdienen. Mit dem Molybdän könnten auch die Produkte, die einen harten, zähen Stahl erfordern, billiger werden. Andererseits könnten die »erneuerbaren« ökonomischen Aktivitäten in dem Gebiet – die Weide, die Erholung, Tourismus, die biologische und geologische Forschung – unbegrenzt weiter gehen, wenn das Gebiet um Crested Butte unzerstört bleibt. Und jene Tätigkeiten, die alle eine verhältnismäßig vernachlässigbare Einwirkung auf die nichtmenschlichen Bewohner der Gegend haben, würden auf Dauer auch einen weitaus größeren wirtschaftlichen Nutzen für die Vereinigten Staaten darstellen als die einmalig durchführbaren Bergbauoperationen.

AMAX und die anderen Bergwerksbetreiber würden die Bodenschätze entfernen und die Gegend innerhalb von ein paar Jahrzehnten verwüsten,

---

51 Zitiert nach Sumner, a.a.O.

eine massive Biotopzerstörung und eine soziale Zerrüttung zurücklassen. Wie die Walfänger und die anderen großen Gesellschaften, die sich auf die Ausbeutung der natürlichen Ressourcen spezialisiert haben, hat auch die Bergbauindustrie nur ein Ziel: Die Maximierung ihres Einkommens. Der Moloch besteht aus riesigen Kapitalansammlungen, die sich über das Antlitz des Planeten bewegen und irgendwo für ein oder mehrere Jahrzehnte haltmachen, um eine Ressource zu verschlingen; dann bricht er wieder auf, um eine andere zu verschlingen und läßt hinter sich eine verbrannte Erde zurück. Wenn viele der in diese Handlungen verwickelten Menschen sehr nett sind, so ist dies einfach ein zusätzliches Mittel, um die allgemeine Kurzsichtigkeit über die langfristigen Einwirkungen menschlicher Handlungen, die uns eigentlich alle betreffen, aufrechtzuerhalten.

Nur eine Bewußtwerdung der Öffentlichkeit und ein gemeinsames Handeln wird die Bergbaubetreiber auf die Dauer davon abhalten können, auch noch den Rest der biologischen und ästhetischen Ressourcen der Vereinigten Staaten zu zerstören. Es lassen sich Alternativen vorstellen – unter anderem könnten die Bergbauaktivitäten auf solche Landesteile beschränkt werden, die durch menschliche Tätigkeiten bereits in Mitleidenschaft gezogen wurden. Für das Molybdän im Mount Emmons ist der beste Verwendungszweck, den Mount Emmons zu erhalten.

Politik mit den Tropen

Auseinandersetzungen, wie die zwischen der AMAX und Crested Butte und breiter angelegte über den Erhalt von Naturschutzgebieten in den Vereinigten Staaten, verdeutlichen, daß die Amerikaner ein Bewußtsein zum Schutz naturnaher Gebiete und biologischer Ressourcen entwickeln. In Europa gibt es im wesentlichen keine unberührte Natur mehr; auch dort aber wurde politisch gehandelt, um einzelne gefährdete Populationen und Arten zu retten und in den einzelnen Ländern die Biotopzerstörung aufzuhalten. In den reichen Ländern aber sind die Menschen meistens gut ernährt, haben gute Wohnungen und freie Zeit. Sie können sich eine Umweltbetroffenheit leisten.

Selbst wenn sie in ihren eigenen Ländern erfolgreich sind, so stellt sich doch die Frage, was gewonnen wird, wenn die Verwüstungen der tropischen Lebewelt weitergehen. Der Verlust jener Ressourcen würde das, was in den gemäßigten Zonen verloren wurde bzw. noch verloren wird, weit in den Schatten stellen. Die politischen Schwierigkeiten beim Zügeln umweltzerstörenden Handelns innerhalb der Vereinigten Staaten sind ein Kinderspiel verglichen mit dem Überzeugen von Millionen Bauern, keinen Regenwald zu roden, um neue Felder zu bekommen, selbst wenn dort innerhalb eines Jahrzehnts der Ackerbau wieder zum Erliegen kommt; denn für die Bauern ist es eine Sache um Leben und Tod. Und die Regierungen der unterentwickelten Länder sind sehr verärgert über Menschen aus reichen Ländern, die sich in ihre Angelegenheiten mischen und ihnen erzählen, wie sie ihre Ressourcen zu benutzen haben. (Aber deswegen muß man sie ihnen ja noch lange nicht *abkaufen!*)

Auch in vielen unterentwickelten Ländern gibt es kleinere Natur- und Artenschutzbewegungen; doch besteht dort im Augenblick keine Möglichkeit, das Weiterwachsen des Aussterbens aufzuhalten. Der Druck durch das Bevölkerungswachstum und die wirtschaftliche Entwicklung, die heute die Zerstörung antreiben, ist überwältigend und wird noch andauern, bis auf beiden Seiten des Nord/Südgrabens grundlegende Einstellungsänderungen bei den Menschen erfolgen werden; im wesentlichen müssen diese Änderungen aber in den reichen Ländern stattfinden. Wenn es nur eine geringe Chance gibt, den Druck auf die tropische Lebewelt zu verringern, so müssen im Welthandelssystem und im Beziehungsgefüge zwischen den reichen und den armen Ländern grundlegende Veränderungen geschehen. Die Armen müssen einen Weg zu einem vernünftigen Leben finden, der keine unmittelbare Ausbeutung der nächstliegenden Ressourcen erfordert und bei dem die Langzeitfolgen beachtet werden, die heute bestenfalls ungefähr vorstellbar sind.

Für die Menschen in den entwickelten Ländern muß wesentlich sein, was mit der Flora und der Fauna der Tropen geschieht – denn es geht dabei auch um ihre *eigenen* Interessen, in die sie sich einmischen *müssen*. Wie uns Peter Raven mitteilte[52], werden durch die Folgen des ökologischen Zusammenbruchs fast mit Sicherheit auch die Angehörigen der überentwickelten Nationen in den Abgrund gerissen werden, wenn die biologische Diversität der Tropen endgültig zerstört würde.

Auf dieses Dilemma werden wir im letzten Kapitel nochmals eingehen. Hier müssen wir bereits mit Nachdruck feststellen, daß, falls die Politik gegen die Artenauslöschung weiterhin auf die gemäßigte Zone beschränkt bleibt, dies absolut sinnlos wäre. Die Natur- und Artenschützer müssen sich ebenso um die Politik der Regierungen der entwickelten Länder und der multinationalen Konzerne gegenüber den tropischen Ländern küm-

---

52 Brief vom 9. Juli 1980.

mern wie um ihre eigene Politik gegenüber dem Schnecken-Grundbarsch oder dem Wolga-Stör.

Die Auslöschungspolitik ist ein Kampf um Leben und Tod, von dem wir hier nur exemplarisch verschiedene Formen erwähnt haben. Er findet auf allen Ebenen statt, vom Bauernhof und Weiler bis zu Entscheidungen über Landesausbau auf nationaler Ebene. Der internationale Aspekt wird zukünftig stärker werden. Der Angriff auf die Natur durch eines ihrer Produkte, durch *Homo sapiens,* ist massiv und wächst laufend, wird zumeist durch kurzfristige Gewinne beherrscht und durch eine langfristige Blindheit gekennzeichnet. Bis jetzt waren die Natur- und Tierschützer – die Menschen, die darüber besorgt sind, was mit der belebten Welt geschieht und die deren Wichtigkeit für unser eigenes Leben verstehen – eine verhältnismäßig machtlose Minderheit, die sich auf einen ungleichen Kampf eingelassen hat. Doch waren sie insofern erfolgreich, daß Gesetze verabschiedet wurden und internationale Abkommen getroffen wurden, die helfen werden, Arten vor der direkten Ausrottung zu bewahren. Und in einigen Gebieten konnten sie das tödliche Marschieren der Biotopzerstörung zumindest aufhalten. Wenn andauernd auf der Befolgung dieser Gesetze und Abkommen beharrt wird; wenn andere dafür gewonnen werden, das Ziel des Erhaltens von natürlichen Systemen voll und ganz zu unterstützen; wenn sich die Bewegung ausbreitet und auch die Beziehungen zwischen den reichen und den armen Ländern davon betroffen sein werden, was für die Erhaltung der Diversitätsreserven in den Tropen wichtig ist; wenn wir uns alle bemühen, anderen – auch unseren Kindern – Achtung vor der Natur und Naturverständnis einzuflößen; wenn wir dies alles tun, könnte es eine Chance geben, einiges von der Natur, und auch uns selbst, zu retten.

Zoos, Reservate und Schutzgebiete: Die Taktik des Artenschutzes

Manchmal wird unter Natur- und Artenschutz verstanden, jegliche Technik aufzuhalten und Schreikraniche höher zu bewerten als Menschen. Aufgabe der Wissenschaft ist es, ein Verständnis davon zu vermitteln, daß es keine Entscheidungen zwischen wilder Natur und den Menschen gibt. Es handelt sich vielmehr um die Entscheidung zwischen einer reichhaltigen und einer verarmten menschlichen Existenz.
Thomas E. Lovejoy, Vorwort zu M. Soulé und B. Wilcox »Conservation Biology«, 1980

Bevor eine politische Strategie für die Erhaltung der organischen Vielfalt entworfen werden kann, muß zunächst einmal Übereinstimmung über die taktischen Ziele erreicht werden. Was kann angesichts der vielfachen Bedrohungen der irdischen Lebewelt eine sinnvolle Handlungsweise sein? Für was sollen die Natur- und Artenschützer politisch eintreten? Eine Antwort, die einem dabei sofort einfällt, ist, möglichst viel von jener Vielfalt in Zoos, Botanischen Gärten, Gehölzsammlungen, Nationalparks und Wildparks unter menschlicher Aufsicht zu erhalten. Schnell dahingesagt, klingt das auch ganz vernünftig. Und eine Erhaltung unter menschlicher Kontrolle *ist* auch tatsächlich ein Teil jener Lösung – aber eben nur ein Teil und vielleicht nicht einmal ein bedeutsamer. *Großflächige und nicht kontrollierte Reservate und ein verändertes menschliches Verhältnis auch außerhalb der Schutzgebiete scheinen für uns die Haupthoffnung für einen Schutz vor einem katastrophalen Anwachsen der Ausrottung zu sein.*

Aufzucht in der Gefangenschaft

In der einen oder anderen Form gibt es Zoos bereits seit langem – Menagerien unterhielten die alten Ägypter ebenso wie die alten Chinesen. Üblicherweise wird der erste Zoo dem ersten Herrscher der Chou-Dynastie, Wen, zugeschrieben. Er errichtete vor mehr als dreitausend Jahren den ersten »Garten der Einsicht«, in dem zu Bildungszwecken

Tiere aus allen Teilen des Reiches ausgestellt wurden. Sowohl die Griechen als auch die Römer hatten Zoos. Und die Römer sammelten große exotische Tiere in einem Maßstab, der zuvor und seitdem niemals wieder erreicht wurde; einige zum Ausstellen, die meisten aber für die Vernichtung in jenen sadistischen römischen »Spielen«. In der Arena wurden die Tiere gejagt, sie wurden gezwungen, einander zu bekämpfen oder sie mußten hungern und wurden dann auf Verbrecher oder Angehörige verfolgter Religionsgemeinschaften losgelassen. Unter diesen Tieren waren Löwen, Tiger, Leoparden, Nashörner, Elefanten, Flußpferde und Krokodile. Nero konnte Robben zeigen lassen, die von Eisbären gejagt wurden! An der Zahl von etwa elftausend wilden Tieren bei einem einzigen Ereignis – Daciens Eroberung im heutigen Rumänien durch Trajan – läßt sich die Größenordnung des Schlachtens abmessen.[1] Im frühen 19. Jahrhundert hatten sich die Menagerien der Könige und anderer Feudalherren des Mittelalters in Zoos eines mehr oder minder modernen Typs verwandelt. Beispielsweise übernahm 1829 die Königliche Zoologische Gesellschaft die Tiere der königlich-britischen Menagerie und errichtete den berühmten Londoner Zoo im Regent's Park. Heute gibt es weltweit Hunderte von Zoologischen Gärten.

Aufzucht in Zoos und Wildparks

Vor Tausenden von Jahren lebte in den Sümpfen des Flachlandes von Nordostchina ein sehr ungewöhnlicher Hirsch mit einem lohfarbenen Fell. Lange vor der Zeitwende war in dieser alten Zivilisation die Biotopzerstörung bereits weit fortgeschritten. Als während der Dschang-Dynastie (1766–1122 v. Chr.) die Chihli-Ebene kultiviert wurde, wurden die Sümpfe, in denen die Hirsche lebten, ausgetrocknet, und sie konnten in der Natur nicht mehr existieren.

1865 gelang es dem bekannten französischen Naturforscher und Missionar Abbé Armand David, über die Mauern des streng bewachten kaiserlichen Jagdparkes südlich von Peking zu schauen. Er sah dort eine Herde eines einzigartigen, der Wissenschaft bislang unbekannten Hirsches. Dieser hatte ungewöhnlich breite Hufe, einen längeren Schwanz als andere Hirsche und – was einmalig ist – in seinem Geweih verzweigte Rüdesprossen. Es handelte sich um die Art, die ehemals in der Chihli-Ebene

---

1 J. D. Hughes, Ecology in Ancient Civilizations, Albuquerque (University of New Mexico Press) 1975.

verbreitet gewesen war: in Gefangenschaft hatte sie im Wildpark die dreitausend Jahre überlebt.

Im darauffolgenden Jahr konnte der Franzose ein paar Häute nach Paris senden, wo sie wissenschaftlich beschrieben wurden als *Elaphurus davidianus;* Davidshirsch. Mehr als ein volles Jahrhundert, nachdem der schwedische Biologe Linné das formale System einer zweiteiligen lateinischen Namensgebung für die Lebewesen errichtet hatte, wurde in Gefangenschaft eine neue Art »entdeckt«.

Bald darauf erreichten ein paar Individuen des Davidshirsches den Westen, wurden erfolgreich vermehrt und auf Zoos verteilt. Das war nun wirklich Glück. 1892 trat nämlich der Hun-Ho-Fluß über seine Ufer, und seine Wasser rissen einen Teil der 59 Kilometer langen Ziegelmauer ein, die den kaiserlichen Jagdpark umschloß. Die meisten Hirsche entkamen und wurden von hungernden Bauern erlegt und aufgegessen. Fast alle Überlebenden wurden während des Boxeraufstands von 1900 getötet; ausländische Truppen, die im Park ihr Lager errichtet hatten, schossen den Rest der Herde ab und verkauften das Fleisch. Die wenigen überlebenden Hirsche wurden in Peking weiter gehalten, waren aber 1921 alle tot. In seinem Ursprungsland war der Davidshirsch ausgestorben, anderswo überlebten noch ein paar.

Angesichts dieser schlechten Nachricht aus China entschloß sich 1900 der Herzog von Bedford, auf seinem Gut in Woburn (Südengland) so viele Hirsche wie möglich zu versammeln. Es gelang ihm 1900–1901 sechzehn Tiere zu sammeln, und 1922 war die Herde auf vierundsechzig Hirsche angewachsen.

Die Herde wuchs weiter und aus ihrer Nachkommenschaft wurden in Zoos verschiedener Länder Herden aufgebaut. 1964 konnte der Londoner Zoo vier Tiere nach China zurücksenden, wo sie nach fünfzig Jahren Abwesenheit Bewohner des Pekinger Zoos wurden. Der Davidshirsch belegt also, daß Gefangenschaftspopulationen »als letztes Refugium dienen können für Arten, die keine unmittelbare Gelegenheit für ein Überleben in der Natur haben«.[2]

Auch eine andere berühmte Art existiert wahrscheinlich nur mehr in der Gefangenschaft – das Przewalskipferd, die letzte überlebende Art der

---

[2] Unser Abriß der Geschichte des Davidhirsches beruht hauptsächlich auf der Darstellung bei James Fisher et al., *Wildlife in Danger,* New York (Viking) 1969. Vgl. auch den von M. G. Soulé und B. A. Wilcox herausgegebenen Band *Conservation Biology: An Evolutionary-Ecological Perspective,* Sunderland, Mass. (Sinauer Associates) 1980, aus dem das Conway-Zitat stammt. Dieses Buch ist die beste breitangelegte wissenschaftliche Behandlung des Naturschutzthemas.

Wildpferde.[3] *Equus przewalski* hat ein helles Fell, einen großen Kopf, eine aufrechte kurze Mähne, einen langen Schwanz und kein Stirnhaar. Wegen der Konkurrenz mit den Haustieren und wegen des Drucks durch die Jagd (nachdem sich mongolische und chinesische Jäger Feuerwaffen zulegten) begann der Niedergang dieses einst in Zentralasien weit verbreiteten Wildpferds. Außerdem wurde der Genbestand der Herden durch häufiges Einkreuzen von domestizierten Pferderassen verändert.

Möglicherweise harren noch immer ein paar Überlebende des Przewalskipferdes in den ungastlichen Festungen des südwestlichen mongolischen Grenzgebietes aus, wo es noch 1967 zuverlässige Beobachtungen dieser Art gab.[4] Sicher ist aber, daß sie in der Gefangenschaft gut gedeihen. 1971 gab es in zweiundvierzig Zoos 182 Tiere, von denen bis auf eines alle in Gefangenschaft geboren wurden – was gegenüber 1964, als nur vierundzwanzig Zoos die Art hielten, ein Populationsanstieg um fünfzig Prozent ist.

1973 war die Zahl der Tiere in Gefangenschaft auf zweihundert gestiegen, und es wurde erörtert, einige von ihnen wieder auszusetzen. Aus der Herde des Prager Zoos, die die älteste, größte und produktivste in Gefangenschaft war, sollten die Tiere kommen. Jene Herde war zwar erst in der fünften bis achten Generation in der Gefangenschaft, doch sie hatte sich in der Zooumgebung bereits deutlichen Änderungen in ihren physischen und ihren Fortpflanzungscharakteristika unterworfen. Vor einer eventuellen Freilassung muß bedacht werden, daß Fohlen jetzt häufig außerhalb der in der Natur genau festgelegten Trächtigkeitssaison geboren werden. In der freien Wildbahn hätten solche Fohlen keine Überlebenschancen.[5] Das Problem der evolutiven Veränderungen in der Gefangenschaft, dem wir uns nun zuwenden werden, ist einer der vielen Gründe dafür, daß wir und andere nur eine begrenzte Begeisterung für Zooaufzucht als ein grundlegendes Werkzeug eines Natur- und Artenschutzes haben.

Ein großes Tier, das einst in der freien Wildbahn ausgelöscht war, ist gerade erst aus Zoobeständen wieder ausgesetzt worden. Es handelt sich um den Arabischen Spießbock, eine kleine, fast vollkommen weiße Antilope mit langen, geraden Hörnern, die seit biblischen Zeiten bekannt

---

3 Wenn man nicht »Pferd« so unscharf definiert, daß alle Angehörigen der Gattung *Equus* (zu der auch Zebras und Esel gehören) eingeschlossen sind.
4 Fisher, a.a.O., Seite 101-102.
5 J. Perry et al., »Captive propagation: A progress report«, in: R. D. Martin (Hrsg.), *Breeding Endangered Species in Captivity*. New York (Academic Press) 1975. – J. Volf, »Breeding of Przewalski Wild Horses«, in: R. D. Martin, a.a.O., Seite 263-270.

ist. Sie wurde wie folgt im Zweiten Buch Mose beschrieben: »Sein Ruhm ist wie der Erstling seines Bullen und seine Hörner sind wie die Hörner des Einhorns.« Fast überall im Nahen Osten lebte dieser Spießbock; um die Mitte des letzten Jahrhunderts aber begannen seine Populationen im nördlichen Teil seines Areals, das bis dahin trockenes, unbesiedeltes Gebiet war, auszusterben. Auch der Erste Weltkrieg gab keine Ruhepause: In der Heimat des Spießbocks fanden viele Kämpfe statt, und den Einheimischen wurden moderne Waffen in die Hand gegeben.
Wie die Nashörner mußten auch die Spießböcke unter dem Aberglauben leiden. Einige arabische Völker meinen, daß durch den Verzehr von Spießbockfleisch eine Kugel aus einer Wunde gezogen werden kann; und aufgrund der Dauerhaftigkeit und der Stärke des Tiers wurde sein Töten als Zeichen der Männlichkeit angesehen. Dies alles aber war belanglos, solange noch mit Speeren oder den alten langen Vorderladern vom Kamel- oder Pferderücken aus gejagt wurde. Wenn mit automatischen Waffen aus Autofenstern gefeuert wird, ergibt sich aber eine andere Situation. In den frühen fünfziger Jahren wurden bei einer einzigen Jagd dreihundert Kraftwagen benutzt. Die letzten beschriebenen Spuren des Spießbocks wurden 1954 in der Mafud-Wüste im nördlichen Saudiarabien festgestellt, und die endgültig letzten Überlebenden im südlichen Teilareal, das sich auf Oman beschränkte, scheinen in den frühen siebziger Jahren vernichtet worden zu sein.
Doch war der arabische Spießbock damit noch nicht von der Erde verschwunden. 1971 gab es in drei amerikanischen Institutionen vierundsechzig Tiere — eine »Weltherde«, die sich im Zoo von Phoenix befand, eine andere im Wildtierpark des Zoos von San Diego und eine dritte im Zoo von Los Angeles. In Zoos und bei Privatleuten im Nahen Osten befanden sich weitere fünfunddreißig Tiere.[6] Die Aufzucht in der Gefangenschaft war erfolgreich genug, um 1978 vier Tiere in ein jordanisches Reservat zurückzubringen und 1979 weitere vier. Plänen zufolge sollte 1980 eine kleine Herde nach Oman zurückkehren.
Ob diese Aussetzungen erfolgreich sein werden, bleibt abzuwarten. Bei der Bevölkerung von Oman wurde um Verständnis für den Schutz der Spießböcke geworben und gegen Wilderei wird es auch Polizeistrafen geben. Daß sich ein Umweltbewußtsein entwickelt, ist als hoffnungsvolles Anzeichen zu werten. Als eine Population von zwanzig Arabischen Tahrs (einer mit Ziegen und Schafen verwandten Wildart) gefunden wurde,

---

6 Die Zahlen der Tiere in Gefangenschaft und weitere Informationen über den Spießbock aus J. M. Dolan, »The Arabian Oryx: Its destruction, captive story, and propagation«, *International Zoo Yearbook* 16, 1976, Seite 230-239.

konnten Angehörige einheimischer Beduinenstämme überredet werden, Wildhüter zu werden und sie zu schützen. Eigentlich ist dies ja die Fabel von den Füchsen, die das Hühnerhaus bewachen sollen, denn dasselbe Volk war für die vorhergehende Verringerung der Tahrs verantwortlich. Nun aber bekommen die Beduinen für den Schutz der Tiere regelmäßig Gehälter bezahlt, und sie nehmen ihren Beruf sehr ernst. Auch für das Spießbockprogramm wurden Beduinen angestellt. Solange es in dieser Gegend eine stabile Regierung und verhältnismäßigen Wohlstand gibt, könnten die Aussichten für die ausgesetzten Spießböcke ebenso wie für die Tahrs ganz gut sein.[7]

Nicht jede Geschichte einer Vermehrung von Säugern in der Gefangenschaft gelangt jedoch an ein derartig gutes Ende. Sehr oft haben die Versuche einer Aufzucht in Gefangenschaft und der Erhaltung kleiner Populationen in Zoos mit einem Fehlschlag geendet. Nach verschiedenen mißlungenen Versuchen, im Nationalzoo von Washington zwei Bambusbären zu paaren, haben sich dann 1980 die Verantwortlichen zu einer künstlichen Besamung entschlossen. Durch Erdbeben und eine Habitatverschlechterung ist in China mittlerweile die kleine, übriggebliebene wildlebende Population gefährdet.[8] Südamerikanische Anstrengungen, in der Gefangenschaft Herden des Vikuña (des kamelartigen Wollproduzenten der Hochanden) zu erhalten, waren alles andere als erfolgreich. Dieser gefährdeten Art, die jetzt in neuen Reservaten lebt, geht es in der Wildnis viel besser als in der Gefangenschaft, wo die Todesrate größer als die Geburtenrate ist. Ein Experte kommentierte, daß »die Zukunft des wilden Vikuña besser aussieht als die Zukunft der gefangenen Exemplare... Das Problem, das wir jetzt lösen müssen, ist die Rettung der Vikuñas in Gefangenschaft!«[9] Vielleicht klappt die Aufzucht in der Gefangenschaft niemals; wir können froh sein, daß das System mit den Reservaten funktioniert.

Die wesentlichen Nachteile der Zoos als Refugium für organische Vielfalt sind ihre begrenzte Kapazität und ihr Bedürfnis, möglichst viele verschiedene Tiere zu zeigen, um ihren Bildungsauftrag zu erfüllen.[10] Eine Stichprobe von zehn großen Zoos zeigte, daß die Säugetierarten durchschnitt-

---

7 Die Informationen über die Auswilderung des Spießbockes und den Zustand des Tahr aus Ray Vicker, »The sultan and the oryx«, *International Wildlife*, Mai/Juni 1980. Über die Anstellung der Beduinen für das Spießbockprogramm wird berichtet im *IUCN Bulletin*, 1980.
8 »Pandaring«, *Time* vom 2. Juni 1980.
9 C. R. Schmidt, »Captive breeding of the Vicuña«, in Martin, a.a.O., Seite 283.
10 Vgl. zum Beispiel J. Perry und P. B. Kibber, »The capacity of American zoos«, *International Zoo Yearbook* 14, 1974, Seite 240-247.

lich nur von jeweils drei bis fünf Tieren repräsentiert werden – und von diesen sind auch noch einige zu jung, zu alt oder aus anderen Gründen nicht fortpflanzungsfähig. Um das mehr oder weniger andauernde Überleben von Arten in Gefangenschaft zu sichern, haben die Genetiker verschiedene Kriterien gefunden, die erfüllt sein müssen: eine Gefangenschaftspopulation von hundert oder mehr Tieren, von denen wenigstens die Hälfte in der Gefangenschaft geboren sein muß. 1971 wurde geschätzt, daß nur acht Säugerarten diese Normen erfüllten. Es waren dies der Sibirische Tiger, das Przewalskipferd, der Onager (oder Asiatische Wildesel), der Sikahirsch (ein kleiner Hirsch), der Davidshirsch, das Wisent, die Säbelantilope (eine mit dem Spießbock verwandte Art der Wüstenränder Nordafrikas mit gebogenen Hörnern) und die Mendesantilope (ebenfalls aus Nordafrika mit krummen Hörnern).[11] In diese Liste muß noch der Mongozmaki (ein auf Bäumen lebender Primat von Madagaskar und anderen Inseln des Indischen Ozeans) und selbstverständlich der Arabische Spießbock aufgenommen werden. Es wurde geschätzt, daß die heutigen Zoos in den Vereinigten Staaten vielleicht maximal hundert Säugerarten erfolgreich erhalten könnten (von mehr als viertausend weltweit existierenden Arten), jede davon mit einer Population von hundertfünfzig Individuen, um so eine Ausrottung durch einen Unfall oder den Verlust der genetischen Variabilität zu vermeiden.

Letzteres ist bei der Erhaltung von Gruppen sich geschlechtlich vermehrender Organismen in Gefangenschaft ein dauerndes Problem. Die Erhaltung ihrer genetischen Diversität ist nicht nur deshalb notwendig, damit sie sich langfristig an die veränderten Bedingungen der Gefangenschaft anpassen können, sondern auch, damit kurzfristig auftretende schädliche Auswirkungen der Inzucht vermieden werden können.

Lange Erfahrungen haben den Tier- und Pflanzenzüchtern gezeigt, daß Lebenskraft und Fruchtbarkeit von sich geschlechtlich vermehrenden Lebewesen tendenziell abnehmen, wenn zufällige genetische Veränderungen auftreten und die genetische Variabilität verlorengeht.[12] Eine Erosion

---

11 J. Perry et al., »Captive propagation«, a.a.O.
12 Zufällige Veränderungen treten in den Genfrequenzen aller Populationen auf, weil die Gene jeder Generation nur eine Stichprobe aus denen sind, die in der vorigen Generation vorhanden waren, und weil es bei diesem Vorgang einer »Probeentnahme« aufgrund statistischer Fehler nie zu einer völligen Repräsentation des ganzen Genmaterials in der Probe kommt. Wissenschaftlich werden diese Zufallsveränderungen mit Gendrift bezeichnet. Diese Fehler bei der Probeentnahme, ihre Beziehung zur Größe der Population und die Rolle der Gendrift wird verhältnismäßig allgemeinverständlich erörtert in P. Ehrlich, R. Holm, und D. Parnell, *The Process of Evolution,* New York (McGraw-Hill) 1974, Seite 97-102.

der genetischen Variabilität tritt sowohl wegen zufälliger Verluste als auch wegen der Inzucht auf, welche in kleinen Populationen unausweichlich ist. Die Schwächen und die Vermehrungsprobleme der Tiere werden durch Veränderungen in ihrer Genausstattung gemeinsam mit der veränderten genetischen Zusammensetzung der ganzen Population verursacht. Die Einzelheiten hiervon sind wissenschaftlich ziemlich kompliziert – die Ergebnisse aber nicht. Kleine Populationen müssen mit einer kleinen Anzahl an Genen auskommen, und häufig sind es obendrein häufig die »falschen« Gene. Auch das kann zur Ausrottung führen.

Das Abschätzen einer Populationsgröße, die zum Verhindern des Aussterbens einer Population aufgrund einer Inzuchtschwäche vonnöten ist, ist höchst schwierig.[13] Unter idealen Bedingungen könnten fünfzig Tiere genug sein; doch hundertfünfzig sind eine realistische Schätzung. Interessanterweise wurden Versuche, den gefährdeten Schwarzfußiltis in Gefangenschaft zu vermehren, dadurch blockiert, daß die in der freien Wildbahn gefangenen Tiere bereits Anzeichen der Inzucht aufwiesen – anscheinend sind bereits dort einige der Populationen zu klein. Diese Problematik könnte – wenn sie wirklich weitverbreitet ist – den Untergang der einzigen amerikanischen Iltisart beschleunigen.[14]

Die Frage nach dem Erhalt der genetischen Variabilität für eine künftige Evolution ist mit einer Entscheidung über die Ziele verbunden. Ist das Ziel, die gefangenen Lebewesen den wildlebenden Populationen, aus denen sie stammen, möglichst ähnlich zu erhalten? Oder geht es einfach um die Erhaltung der Linie in der Gefangenschaft? Der Genetiker Ian Franklin drückte es folgendermaßen aus: »Wollen wir den Elefanten erhalten, um uns des Überlebens von elefantenartigen Nachfahren zu versichern?« Denken Sie daran, wie sich in sehr wenigen Generationen das Przewalskipferd zu etwas völlig anderem entwickelte, als es die ursprüngliche, wildlebende Population war. Es ist viel einfacher, in der Gefangenschaft Populationen zu erlauben, sich in Formen zu verwandeln, die an die Bedingungen des Gefangenseins angepaßt sind, als den Anschein der ursprünglichen, freilebenden Art zu erhalten.

---

13 Vgl. die Kapitel von I. Franklin, M. Soulé, W. Conway und J. Senner in M. Soulé und B. Wilcox, a.a.O.
14 C. Hillman und J. Carpenter, »Masked mustelid«, *Nature Conservancy News,* März/April 1980.

Aufzucht in Gefangenschaft außerhalb von Zoos

Einst war die Nene oder Hawaiigans, das Wappentier von Hawaii, auf der Hauptinsel und auf Maui sehr zahlreich; hoch oben auf den Vulkanen Mauna Lea, Mauna Kea, Hualalai und Haleakala lebte sie auf spärlich bewachsenen Abhängen. Wie dies für viele Inselvögel typisch ist, war ihr Untergang auf Grund ihrer Zahmheit vorprogrammiert, als Gewehre eingeführt wurden. Die Jagdsaison, die durch die Gebräuche aus der gemäßigten Zone auf Herbst und Winter festgelegt war, fiel mit der Brutperiode dieser tropischen Gans zusammen. Viele Tausende wurden geschossen und als Walfängerproviant eingepökelt. Teile des Brutgebiets wurden zu Zuckerrohrfeldern und Weideland. Eingeführte Ichneumons, Schweine, Katzen und Hunde nahmen die höhergelegenen Nester aus.
Aus diesen Gründen war 1942 eine Population, die für das 18. Jahrhundert auf etwa 25 000 geschätzt wurde, auf fünfunddreißig wildlebende Individuen zusammengeschmolzen. Ein Ranchbesitzer, Herman Shipman, der 1918 mit zwei Vögeln angefangen hatte, hielt in der Gefangenschaft eine kleine Herde. 1946 besaß er zweiundvierzig Stück, doch tötete im selben Jahr eine Flutwelle alle bis auf elf. Er siedelte sie auf ein höhergelegenes Landstück um. Um 1950 konnte Shipman für ein Aufzuchtprogramm Vögel an die Verwaltung für Landwirtschaft und Forsten auf Hawaii und an den Wildfowl Trust in England abgeben, wo das Programm von dem berühmten Naturschützer Sir Peter Scott unterstützt wurde.[15]
Trotz anfänglicher Schwierigkeiten mit den Aufzuchtprogrammen gab es 1955 mehr gefangene als wildlebende Hawaiigänse. 1960 wurden die ersten freigelassen – zwanzig aus der gefangenen Schar auf Hawaii ergänzten die etwa fünfzig noch auf der Hauptinsel wildlebenden Vögel. Als nächster Schritt wurden 1962 auf den Hängen des Haleakalu auf Maui dreißig Gänse, die in England aufgezogen worden waren, eingebürgert. In beiden Fällen wurden ein oben offener Auswilderungspferch von etwa vierzig Ar Ausdehnung benutzt, der vor Raubtieren schützen sollte und in dem die Vögel mit zunächst gestutzten Flugfedern (um ein Wegfliegen zu verhindern) untergebracht wurden, damit sie sich an das Futter und die Umweltbedingungen des Habitats gewöhnen konnten. Als die Federn nachgewachsen waren, flogen sie allmählich aus dem Pferch aus. Auf

---

15 A. Berger, »Reintroduction of Hawaiian Geese«, in S. Temple (Hrsg.), *Endangered Birds: Management Techniques for Perserving Threatened Species,* Madison (University of Wisconsin Press) 1978, Seite 339-344.

Maui aber wurden von einem Ichneumon, das irgendwie in den Pferch kam, zwei Vögel getötet.[16]

Obwohl einige der Vögel in der Wildnis brüteten, waren die ersten Aussetzungen, besonders auf Maui, nicht so erfolgreich wie erhofft. In der Folge wurde eine neue und erfolgreichere Technik ausprobiert. Ein großer, umzäunter Nene-Park wurde geschaffen und mit Vögeln bestückt, die auf Dauer flugunfähig gemacht wurden. Die Nachkommenschaft dieser Vögel hatte keinen intensiven Kontakt mit Menschen und konnte aus dem Park fliegen. Anscheinend gedieh jene Generation in der Wildbahn. In den späten sechziger Jahren gab es mehr als tausend überlebende Hawaiigänse, von denen mehr als sechshundert in der freien Natur lebten. Die Hawaiigans könnte sich als hervorragender Erhaltungserfolg erweisen – als eine Art, die durch Aufzucht in der Gefangenschaft vom Rande der Ausrottung zurückgeholt wurde.[17]

Als wir dies schrieben, sind die entsprechenden Untersuchungen noch nicht durchgeführt worden, die nötig sind, um den Vermehrungserfolg zu beurteilen und festzustellen, ob die freilebenden Populationen ohne ein andauerndes Freisetzen zusätzlicher, im Pferch aufgezogener Vögel gleich bleiben oder gar anwachsen können.[18] Es kann durchaus möglich sein, daß teure, schwierige und risikobehaftete Programme zur Kontrolle der eingeführten Raubtiere erforderlich sind, um eine Erhaltung der Nene zu sichern.

In den Annalen der gefährdeten Arten hat kein Vogel mehr Schlagzeilen gemacht als der Schreikranich. Bereits 1937 wurde das Aransas National Wildlife Refuge in Texas errichtet, um die letzten Überlebenden des größten amerikanischen Vogels, die dort überwinterten, zu schützen. Den Sommer verbrachten die Vögel an ihren Brutplätzen im subarktischen Kanada. Als das Aransas Refuge errichtet wurde, überwinterten auch noch einige Vögel in Louisiana. Die Gesamtzahl der Art wurde auf neununddreißig Vögel geschätzt. Die Louisianapopulation starb aus, und 1942 gab es in Aransas achtundzwanzig Vögel. 1967 waren sie langsam wieder auf achtunddreißig alte und fünf junge Kraniche angewachsen. Der Bruterfolg war entmutigend langsam – häufig wurden zwei Eier gelegt, aber selten mit Erfolg mehr als ein Küken aufgezogen.[19]

---

16 J. Kear, »Returning the Hawaiian Goose to the wild«, in: Martin, a.a.O., Seite 115-123.
17 Tim Halliday, *Vanishing Birds: Their Natural History and Conservation.* New York (Holt, Rinehart and Winston) 1975, Seite 184-186.
18 A. Berger, a.a.O.
19 J. Fisher et al., *Wildlife in Danger,* New York (Viking) 1969, Seite 223-225.

Aufgrund dieses niedrigen Niveaus, auf dem die Schreikraniche sich vermehrten, wurde in den späten fünfziger Jahren eine umstrittene Idee vorgebracht – »überflüssige« Eier aus den Gelegen zu entnehmen und sie in Gefangenschaft auszubrüten und aufzuziehen. 1961 begann das praktische Stadium eines ähnlichen Programmes mit Kanadischen Kranichen, und 1967 wurde auch bei den Schreikranichen damit begonnen. Aus Gelegen mit zwei Eiern wurde eines entnommen und zum Patuxent Wildlife Research Center in Maryland gebracht, wo eine Herde in der Gefangenschaft aufgebaut werden sollte. Beim Ausbrüten und Aufziehen der Kraniche waren die Forscher erfolgreich, nicht aber bei deren weiterer Vermehrung. Die künstliche Befruchtung half dieses Problem zu umgehen, und so produzierten 1977 fünf der elf Paare in Gefangenschaft dreiundzwanzig Eier. Im gleichen Jahr legten die siebzehn Paare in der freien Wildbahn vierunddreißig Eier.

In einem Versuchsprogramm in Idaho wurden Schreikranicheier brütenden Kanada-Kranichen untergeschoben; der Erfolg dieses Kreuzpflegeversuchs aber ist noch nicht klar. Es gab einige ermutigende Ergebnisse bei der Aussetzung von in Pferchen aufgezogenen jungen Kanadischen Kranichen, und die Forscher von Patuxent wollen diese Aussetzungsmethode ebenfalls ausprobieren. Doch trotz dieser Erfolge sind die langfristigen Chancen für den Schreikranich, vor allem in der freien Natur, immer noch unsicher.[20]

Ein anderes berühmtes Aufzuchtprogramm entwarf der Ornithologe Tom Cade (Cornell-Universität): Er versuchte den Niedergang der Wanderfalken aufzuhalten. Diese schlanken Greifvögel, die an der Spitze der Nahrungspyramide stehen, werden durch die Ansammlung von chlorierten Kohlenwasserstoffen wie DDT in ihren Geweben gefährdet. Die Vermehrung in der Natur war sehr stark zurückgegangen, und die Art war gefährdet. In den sechziger Jahren verschwand die ganze Population der östlichen Vereinigten Staaten. Cade und seine Kollegen unternahmen trotz großer Schwierigkeiten einen Rettungsversuch. Obwohl 1970 das Programm begann, wurde erst drei Jahre später, als zwanzig Eier ausgebrütet wurden, ein Zuchterfolg erreicht. Bis 1980 waren Hunderte von Tieren erfolgreich gezüchtet worden, und im Osten waren an fünfzehn Plätzen mehr als zweihundert in Volieren großgezogene Tiere freigelassen worden. Davon erreichten aber nur zehn Prozent die Geschlechtsreife. 1979 wurden dann die ersten vier Küken in der Wildbahn von Eltern

---

20 C. Kepler, »Captive propagation of Whooping Cranes: A behavior approach«, in S. Temple, a.a.O., Seite 231-241.

aufgezogen, die in der Gefangenschaft ausgebrütet und herangezogen worden waren. Dies ist ein ermutigendes Zeichen; es bleibt aber zweifelhaft, ob das Wiedereinbürgerungsprogramm für Wanderfalken letztlich erfolgreich sein wird.[21]

Versuche zur Rettung von Arten durch Aufzucht in der Gefangenschaft können sehr umstritten sein. So wissen die Verteidiger des Kalifornischen Kondors *(Gymnogyps californianus)* nicht, was für jenen großen »Aasvogel«, der eine Flügelspanne von fast drei Metern und ein Gewicht von mehr als 10 Kilogramm haben kann, der beste Rettungsweg sein könnte. In vorgeschichtlicher Zeit lebte dieser riesige Geier in einem Areal von Florida bis Südkalifornien und – westlich der Rocky Mountains – bis hinauf nach Kanada. Zu der Zeit, als die Europäer durch den Kontinent vordrangen, hatte sich der Kondor bereits auf das Gebiet westlich der Rocky Mountains zurückgezogen und ließ in Florida nur seine Knochen zurück. Um die Jahrhundertwende war der Vogel auch in Mexiko und Kanada ausgestorben und sein Brutareal war auf Kalifornien zusammengeschrumpft. 1943 fanden die angesehenen Ornithologen Joseph Grinnell und Alden Miller heraus, daß er nur noch in einem kleinen Gebiet in den Bergen hinter Santa Barbara im Küstengebirge, quer durch das Central Valley in der südlichen Sierra Nevada und in den die Verbindung darstellenden, querlaufenden Landstrichen brütete. Habitatverlust, Nahrungsknappheit, Abschüsse, Vergiften, Eiersammeln, Umweltverschmutzung und allgemeine Belästigungen hatten ihren Tribut gefordert. Zu jener Zeit wurde von Carl B. Koford vorsichtig die Gesamtzahl auf etwa sechzig Vögel geschätzt, von denen nur fünf Paare nisteten. Mitte der sechziger Jahre war dann die Zahl der Kondore auf ungefähr fünfzig Stück gesunken. Für die Biologen in der San-Francisco-Bucht war es ein echter Festtag, als ein junger Kondor auftauchte, elegant über den Campus der Stanford-University schwebte und dann schließlich nahe bei dem Jasper-Ridge-Reservat landete. Wir erinnern uns noch gut daran, wie wir ihn mit dem Fernglas beobachteten, als er an einem ziemlich schlechten Tag auf einem Baum saß und entmutigt schien. Man konnte fast annehmen, daß er das Schicksal seiner Art kannte. Bis 1980 sank die Anzahl der Kondore noch weiter – auf ungefähr zwanzig bis dreißig Vögel.

Eindeutig stehen die Chancen gegen ein Überleben dieses großartigen Überbleibsels aus jener Zeit, als die Menschen erstmals nach Amerika

---

21 S. Campbell, »Is reintroduction a realistic goal?« in: Soulé und Wilcox, a.a.O., Seite 263-269; T. Scherman, »Day of the falcon«, *New York Times Magazine* vom 22. Juni 1980.

einwanderten. Ein hervorragend besetzter Ausschuß von neun Ornithologen empfahl ein Programm zur Rettung des Kondors, in dem sich die Verzweiflung über seine Überlebenschancen in der freien Natur niederschlug, die Gefährdungen wegen des weiteren Schießens von unverantwortlichen Jägern und die Furcht vor Brutmißerfolgen durch Pestizide. Der Bericht des Ausschusses, der gemeinsam von der Nationalen Audubon-Gesellschaft und der American Ornithologists' Union eingerichtet worden war, gipfelte in einem Projektvorschlag, der von der Fisch- und Wildbehörde durchgeführt werden sollte. Man sollte die meisten der noch übrigen Vögel einfangen und kurzzeitig festhalten, bis an ihnen kleine, mit Sonnenenergie betriebene Peilsender befestigt und Blutproben entnommen waren sowie durch eine geringfügige chirurgische Operation ihr Geschlecht bestimmt worden wäre. Auf diese Art könnten wichtige Daten über die Biologie des Kondors gesammelt werden.
Später sollten wieder neue Vögel eingefangen werden und zu einem Aufzuchtprogramm in der Gefangenschaft benutzt werden. Obwohl der Kalifornische Kondor bisher niemals in Gefangenschaft Junge aufgezogen hat, war der Ausschuß doch davon überzeugt, daß sich dies als durchführbar erweisen könnte. In Gefangenschaft könnten die Vögel sehr wahrscheinlich dazu verleitet werden, jedes Jahr ein Ei oder mehr zu legen (anstatt bisher alle zwei Jahre eines, wie sie dies in der Freiheit machen). Außerdem könnten sie mit pestizidfreiem Futter ernährt werden, das vermutlich die Rate für eine erfolgreiche Aufzucht erhöhen könnte. Der Plan sieht vor, daß nach dreißig oder vierzig Jahren in Gefangenschaft aufgezogene Vögel in einem guten Kondorhabitat ausgesetzt werden sollen, um so die Rettung der Art zu erreichen.
Alles in allem handelt es sich um einen beeindruckenden Plan, der sich modernster Techniken bedient. Warum aber haben wir uns, wie viele andere Biologen und Naturschützer, gegen ihn ausgesprochen? Wesentliches Motiv war die Furcht, daß das Ausmaß der geplanten Belästigungen für die überlebenden Kondore keine Kleinigkeit ist: Es könnte das Aussterben noch beschleunigen. Im Fang liegt ein nicht unerhebliches Risiko einer Schädigung bzw. Verhaltensänderung und auch im chirurgischen Eingriff und im Anheften des Senders.
Diese Risiken wurden durch das Herumpfuschen zweier Biologen (einer von der Fisch- und Wildbehörde, der andere von der Audobon-Gesellschaft) unterstrichen: Sie machten einen Film und ließen hierfür – möglicherweise in Verletzung ihrer Erlaubnis – einen Bergsteiger, der keine biologische Ausbildung hatte, ein mehr als 10 Kilogramm schweres Kondorjunges wiegen. Dem Bergsteiger gelang es, das Junge umzubringen –

eine Tragödie für die sich nur langsam vermehrende Kondorpopulation, in der seit 1965 durchschnittlich weniger als ein Küken im Jahr großgezogen wurde.[22] Für ein Schutzprogramm war dies wohl kein günstiger Beginn.
Jenseits der Schwierigkeiten durch die direkten Eingriffe bleibt auch das Risiko, daß die Kondore im Lauf ihrer Gefangenschaft genau jene Eigenschaften verlieren werden, die es ihnen erlauben, in der Natur zu überleben. Zwei Jahre lang sind die Jungvögel von ihren Eltern abhängig. Sie müssen von den ausgewachsenen Tieren die Kniffe zum Überleben lernen – wie sich Luftströmungen am besten ausnutzen lassen, wo am besten Nahrung zu finden ist, wie es sich mit den Steinadlern konkurrieren läßt usw. Wie sich diese Verhaltensweisen in Volieren erlernen lassen, ist überhaupt nicht geklärt, obwohl die Parallelarbeit, die nun mit dem nahe verwandten Kondor der Anden begonnen hat, wichtige Anhaltspunkte liefern könnte. Die bisherigen Erfahrungen mit einer Wiedereinbürgerung von Vögeln in die freie Wildbahn gestatten uns nicht, über die Erfolgschancen allzu zuversichtlich zu sein. Ganz offensichtlich schlugen die Wissenschaftler des Ausschusses diesen Kurs nicht deshalb ein, weil sie sich sicher waren, daß er funktionieren würde, sondern weil sie sich sicher waren, daß die Alternative Ausrottung heißen würde.
Es gibt andere Ansichten. Der vom Direktor der Point-Reyes-Vogelwarte, David Clark, geleitete Beirat des Sierra Club für den Kalifornischen Kondor empfahl 1979 einen eher konservativen Ansatz, zu dem auch Experimente mit gewöhnlichen Geiern über einen Zeitraum von drei bis vier Jahren gehören sollen, bevor eine Entscheidung bezüglich des Kondors gefällt wird. Und Carl Koford skizzierte vor seinem Tod einen Plan, wie der Kondor in der Natur erhalten werden könne, indem intensive und vorsichtige Beobachtungen die von dem Ausschuß bevorzugte, eher technische Verfahrensweise ersetzen sollen. Statt einer Aufzucht in der Gefangenschaft empfahl er ein Maßnahmenbündel zur Verbesserung der Umweltbedingungen für den Kondor – für eine Bereitstellung von Nahrungsmitteln in allen Jahreszeiten Sorge zu tragen, eine mögliche Verringerung der Konkurrenz mit Steinadlern und Truthahngeiern wissenschaftlich zu bewerten und noch andere.[23]
Selbstverständlich kann nicht garantiert weden, daß der naturnahe Plan besser als der technische funktionieren wird. Doch hat er unserer Ansicht nach einen ausschlaggebenden Vorteil: *Das Schicksal des Kondors bleibt*

---

22 Die Geschichte von dem getöteten Jungvogel wurde uns zunächst von David Brower mitgeteilt, dem Vorsitzenden von Freunde der Erde. Der Vorfall wurde auch im Wissenschaftsteil der *New York Times* vom 15. Juli 1980 beschrieben.
23 C. Koford, »Naturalistic Condor plan outlined«, *Condor Call*, Juni 1979.

so mit dem Schicksal seiner Umwelt verbunden. Für ein Lebewesen mit einer derartig niedrigen Fortpflanzungsrate ist es nämlich wesentlich, über eine Umwelt verfügen zu können, die über lange Zeit hin stabil ist. Denn es wird in jeder anderen Umwelt Schwierigkeiten mit der Wiederbesiedlung haben.[24] Außerdem ist vom Standpunkt des Erhalts der gesamten Vielfalt sein Habitat wichtiger als der Kondor. Im Februar 1980 schrieben wir an die Fisch- und Wildbehörde:
Selbst das erfolgreichste Gefangenschaftsaufzuchtprogramm wäre umsonst, wenn es kein geeignetes Habitat gibt, in dem der Vogel nach der Aussetzung erhalten werden kann... Daher sollte der Kondor nicht nur aufgrund echten Interesses, Mitleids und seiner ökologischen Rolle erhalten bleiben, sondern auch, weil er als Symbol für den Schutz großer Habitatflächen und damit vieler anderer gefährdeter Organismen dienen kann.

Der Biologe Steven Herman vom Everglade State College argumentierte in der gleichen Richtung:
Wenn man sich mit Nachdruck auf eine Fortpflanzung in Gefangenschaft und auf Pläne, die Brut auszusetzen, verlegt..., werden die Ölkonzerne, die Bergbaugesellschaften und die Baufirmen und Planer aufjubeln und an demselben Nachmittag, an dem die ersten Kondoreier in einer Brutmaschine liegen, neue Argumente haben. Beim Einkerkern des zweiten wilden Kondors werden sie sich wahrscheinlich ins Fäustchen lachen.

Solange jetzt dort, wo es noch Kondore gibt, ihr Habitat nicht geschützt werden kann, ist kaum vorstellbar, daß es bei Abwesenheit der Kondore für ihre künftigen Freilassungen geschützt werden wird. Wir meinen, daß der Kampf für den Vogel *und* für sein Habitat gemeinsam geführt werden muß. Selbst wenn die Vögel in der Gefangenschaft gerettet werden könnten, würde ihr Verlust in der Natur einer Katastrophe nahekommen. Koford bemerkte kurz vor seinem Tode, daß in der Umwelt des Menschen Tiere und Pflanzen mindestens ebenso wesentlich sind wie z. B. Musik. Dabei ist es gar nicht wichtig, ob alle Menschen jene nun wirklich beobachten und erleben können – ebenso wie es für die Wertschätzung des Mount Everest unwichtig ist, ob jeder Mensch persönlich seinen Gipfel besteigen kann oder nicht.
Mit dem Kalifornischen Kondor versuchen wir, auch den Naturgenuß für viele zukünftige Generationen zu erhalten. Durch deren Fang, Markie-

---

24 Vgl. beispielsweise D. Mertz, »The mathematical demography of the California Condor population«, *American Naturalist* 105, 1971, Seite 437-453.

rung, Käfighaltung etc. wird aber gerade auch der Naturgenuß stark gemindert.[25]

Das wichtigste Habitat des Kondors besitzt ein »hohes Öl- und Gas«-Potential, enthält Lagerstätten an Gips und Gold, ist ein Gebiet, für das Feuer- und Überschwemmungskontrollen gewünscht werden, zudem handelt es sich um ein bekanntes geothermales Gebiet. Zu allem Unglück ist es auch ein Bezirk, in dem das Fahren mit geländegängigen Fahrzeugen erlaubt ist.[26] Selbst wenn die Kondore erhalten bleiben, ist es jedoch zweifelhaft, ob die zerstörerischen Aktivitäten, die mit allen jenen geologischen Eigenschaften verbunden sind, aufgehalten werden können; wenn die Kondore erst einmal in Käfigen sitzen, so ist so gut wie sicher, daß die ganze Gegend untergeht.

Wenigstens so lange, wie sie in der Wildnis verbleiben, können aber die Kondore mit dazu beitragen, die Welle der Habitatzerstörung in den Bergen Südkaliforniens noch für ein paar Jahrzehnte aufzuhalten. Und noch ein paar Leute mehr werden sie zu sehen bekommen, wie man sie zu sehen bekommen sollte: in freier Wildbahn, zur Erinnerung an jene Vergangenheit, als die Kondore über den größten Teil des Kontinents segelten und über den Mammuten, Säbelzahntigern und Riesenfaultieren wachten und darauf warteten, daß jene starben. Man kann sich ausmalen, wie sie an den Rändern der La-Brea-Grube sitzen und mit ihren Riesengeierverwandten *Teratornis merriami* um eine Nahrungsgelegenheit konkurrieren – etwa ein verendendes Amerikanisches Kamel. Mit einer Flügelspanne von dreieinhalb Metern und einem Gewicht von fünfzig Pfund könnte *Teratornis* der größte Vogel gewesen sein, der jemals geflogen ist; daher verlor *Gymnogyps* viele Mahlzeiten an ihn. Während *Teratornis* jedoch am Ende des Pleistozäns ausstarb, gelangte der Kalifornische Kondor ins 20. Jahrhundert, um die Industriegesellschaft – falls sie daran interessiert ist – das musikalische Pfeifen hören zu lassen, das der Wind bewirkt, wenn er beim Segelflug durch seine Federn streicht.

Die letzte Frage stellte der Naturjournalist Kenneth Brower in seinem üblichen, poetischen Stil:

Und was, wenn die Vögel durch nichts zurückgebracht werden? Was, wenn sich Gymnogyps, der die Verbreitungsgebiete von Los Angeles bis zu seinem letzten Hügel kennengelernt hatte, sich einfach entschlossen hat, zu gehen? Vielleicht ist ja das Ernähren mittels Erdhörnchen für einen Vogel,

---

25 Comments on Fish and Wildlife Service Environmental Impact Assessment, v. 12. Oktober 1979.
26 Brief des Kongreßabgeordneten R. L. Lagomarsino (19. Wahlbezirk, Kalifornien) an die Freunde der Erde vom 25. März 1980.

der sich einstens mittels Mastodons ernährte, ein zu tiefer, ein zu unrühmlicher Fall. Wenn es aber Zeit für den Kondor ist, Teratornis nachzufolgen, so sollte er gehen, ohne auch noch durch Peilsender belästigt zu werden.[27]

Die Wichtigkeit des Habitats

Aus unserer Sicht kann eine Aufzucht in Gefangenschaft niemals mehr als eine verhältnismäßig unbedeutende Notbehelfsmaßnahme sein, um die Vielfalt der Arten und Populationen zu retten. Die logistischen Schwierigkeiten gestatten ohnehin nur, verhältnismäßig wenige, mehr oder weniger auffällige Arten zu retten, und wahrscheinlich sind die geretteten Exemplare genetisch verarmt und repräsentieren die gegenwärtige Variabilität nur einer oder weniger Populationen. Immer sind die Chancen einer erfolgreichen Wiedereinbürgerung problematisch – besonders dann, wenn das Entfernen einer besonders herausragenden Art aus der Natur zugleich auch ein Hauptargument für die Erhaltung des Habitats vom Tisch fegt. Hier stellt sich sodann die Frage nach dem bestmöglichen Einsatz knapper Mittel. Die Aufzucht in der Gefangenschaft ist kostspielig, und die Gelder, die in derartige Programme fließen, stehen für Naturschutzprogramme, die beim Ankämpfen gegen die Flut der Ausrottungen wirksam sein könnten, nicht mehr zur Verfügung. Es besteht die Gefahr, daß eine zu starke Betonung der Rettung einzelner Arten von absolut wichtigeren, aber weniger »verführerischen« Aufgaben (wie etwa der Rettung der tropischen Regenwälder) ablenkt.

Hinsichtlich der Erhaltung der *pflanzlichen* Vielfalt kann die Erhaltung in Botanischen Gärten einen vermutlich größeren Beitrag liefern, als es die Aufzucht in Gefangenschaft für die der Tiere vermag.[28] Wenigstens zwei kalifornische Pflanzen, die vormals in der Natur ausgestorben waren, wurden aus in Botanische Gärten geretteten Beständen wieder vermehrt.[29] Bestenfalls kann eine Gartenaufzucht sogar Programme zur Rettung oder Wiederbepflanzung nicht-gestörter Habitate ergänzen.

27 »Night of the condor«, zuerst veröffentlicht 1979 in *Omni;* wiedergedruckt in *Not Man Apart* vom Februar 1980.
28 Vgl. beispielsweise S. Walters, »The role of European botanic gardens in the conservation of rare and threatened plant species«, Gärtnerisch-Botanischer Brief *51*, Seite 2-21; A. Synge, »Botanic gardens and island plant conservation«, in: D. Bramwell, *Plants and Islands,* New York (Academic Press) 1980, Seite 379-390.
29 P. Raven, »Ethics and attitudes«, in: J. Simmons et al., »Conservation of Threatened Plants«, New York (Plenum) 1976, Seite 155-179.

Aber auch hier wird das Spiel in den Ökosystemen selbst gewonnen oder verloren – in diesem Fall in den landwirtschaftlichen Ökosystemen.
Wenn eine Wiedereinbürgerung von Pflanzen oder Tieren jemals erfolgreich sein soll, muß immer die Erhaltung der Habitatqualität vorrangig sein. – Der Große Goldfalter etwa starb um 1850 in England aus, als die Marschhabitate, in denen er vorkam, zerstört wurden. 1927 wurde der Schmetterling wieder eingeführt, wobei niederländische Varietäten benutzt worden waren; eine Kolonie in Woodwalton Fen überlebte unter sorgfältiger Pflege bis 1968, als eine starke Flut ihn im Juli wiederum ausrottete. 1970 wurde der Schmetterling wiedereingeführt, wobei in englischen Labors aufgezogene Stämme verwendet wurden. Die Lage wurde von dem Ökologen Eric Duffy eingehend untersucht; er folgerte, daß die holländischen Varietäten nicht gut an die englische Marschumwelt angepaßt seien und daß die Fläche der Reservate für das Überleben einer Population des Großen Goldfalters zu klein ist, wenn nicht laufend durch Tiere aus der Laborzucht der Bestand aufgefüllt würde.[30] Dieses Ergebnis ist nicht überraschend. Vor kurzem waren wir an Versuchen beteiligt, eine seltene Scheckenfalterart umzusiedeln, die durch Weidewirtschaft und geologische Explorationen auf großen Flächen ihres Areals bedroht ist; sie soll in Gebiete umgesiedelt werden, wo sie nicht vorkommt, wo aber die Nahrungspflanzen für Raupen und Nektarquellen für die ausgewachsenen Tiere reichlich vorhanden sind. Bislang konnte durch breitangelegte künstliche Besiedlung nur eine einzige Population etabliert werden, die sich nach drei Jahren gerade eben eigenständig am Leben erhalten kann. Selbst bei Insekten, von denen ja doch Tausende von Individuen zur Verfügung stehen, hängt also der Erfolg einer Besiedlung häufig von subtilen Eigenschaften des zur Verfügung stehenden Habitats ab.
Bei sich langsam vermehrenden Arten ist die Umweltqualität aber noch wichtiger, da hier zum Hervorbringen eines verpflanzbaren Stammes ungeheure Zeit- und Geldinvestitionen vorgenommen werden müssen. Beispielsweise ist nun ein ziemlich umfangreiches Programm zur Zucht von Galápagosriesenschildkröten angelaufen, und 1971 konnten einundsiebzig Jungtiere zur Wiederbesiedlung der Pinzon-(Duncan-)Insel herangezogen werden. Wenn aber die eingeschleppten Ratten, Schweine und Hunde, die sie bedrohen, nicht ausgerottet werden, ist es problematisch, ob die meisten Inseln in der Lage sein werden, sich selbst erhaltende

---

30 E. Duffy, »The reestablishment of the Large Copper butterfly, *Lycaena dispar batava* Obth., on Woodwalton Fen Natural Reserve, Cambridgeshire, England 1969 - 1973«, *Biological Conservation* 12, 1977, Seite 143-157.

Schildkrötenpopulationen zu tragen. Die laufende »Ammen«-Arbeit müßte unbegrenzt fortgeführt werden.[31]

Wenn man die biologische Vielfalt retten will, so *muß man sich auf den Schutz ganzer Ökosysteme konzentrieren*. Die Erhaltung von Lebewesen im biotischen Vakuum von Zoos, Labors und Botanischen Gärten kann ein wenig helfen, doch nirgendwo ausreichen. Eine Rekonstruktion ausgestorbener Arten aus eingefrorenem Genmaterial – wie dies manchmal von naiven Leuten vorgeschlagen wird – ist heute noch völlig undenkbar und wird es wohl für lange Zeit, wenn nicht für immer, bleiben. Ziemlich große Reservate, die mehr oder weniger intakte Ökosysteme umfassen, haben das bei weitem größte Potential für eine wirksame Erhaltung der biologischen Vielfalt.

Zu allem Unglück aber ist auch die Frage der Reservate mit Unsicherheit beladen. Das Verständnis dafür, daß die *ganze* biologische Mannigfaltigkeit der ganzen Erde bedroht ist (und nicht nur die Vielfalt einiger Orte), hat sich erst im letzten Jahrzehnt bei den Biologen richtig entwickelt. Dementsprechend beginnt die Forschung auch gerade erst, sich mit Fragen der Größe, Form, Verteilung und anderer Eigenschaften von Schutzgebieten zu befassen.

Reservate

Im Frühjahr 1980 hatten wir und zwei Kollegen, Bruce Wilcox und Dennis Murphy, ein sehr interessantes Arbeitsessen mit führenden Mitgliedern der Nature Conservancy, der wichtigsten privaten Vereinigung der Vereinigten Staaten, die sich der Erhaltung potentiell natürlicher Habitate in Nordamerika verschrieben hat. Das Treffen entstand aus dem gemeinsamen Interesse an der Problematik eines sachgemäßen Entwurfs von Schutzgebieten. In den letzten Jahren hat die Conservancy ihre Aufgabe dahingehend präzisiert, daß sie bei der Einrichtung von Reservaten weniger die Erhaltung einzelner Arten als die Bewahrung der biologischen Vielfalt in den Vordergrund stellt. Die Erfahrungen unserer Gruppe mit den Auswirkungen der Trockenheit von 1976/77 auf Kalifornien ließen uns in den letzten Jahren zu einer vollständigen Revision der Grundgedanken der Lösungsmuster kommen, die die Langzeitunterhaltung der Insektenvielfalt in gemäßigten Gebieten mehr oder weniger sichern sollen.

---

31 C. McFarland et al., »The Galápagos Giant Tortoises *(Geochelone elephantopus)*, Teil II: Conservation methods«, *Biological Conservation* 6, 1974, Seite 198-212.

Die Folgen eines Unterschätzens der notwendigen Größen für Reservate waren im Gebiet des tropischen Regenwalds seit langem offenkundig. Die Forschungen unserer Gruppe und von anderen haben gezeigt, daß für viele tropische Tierarten die Erhaltung kleiner Waldstücke vollkommen unzureichend ist. Gerade Arten, die auf wenige Nahrungspflanzen spezialisiert sind, kommen nicht mit kleinen Waldflächen aus – selbst wenn es sich um relativ kleine Organismen handelt wie *Euglossa holibris* –, sondern patrouillieren auf der Suche nach ihren speziellen Futterpflanzen regelmäßig über weite Gebiete. Sie werden also mit als erste aussterben, wenn Großflächen verschwinden und nur kleine Waldstücke übrigbleiben. Als nächste werden vermutlich die von diesen Spezialisten bestäubten Pflanzen aussterben, was wiederum zu einem Verlust von weiteren Pflanzenfressern führen kann, die auf denselben Pflanzen leben. Und dies kann sich wiederum auf Raubtierpopulationen auswirken, die ja auf die Herbivoren angewiesen sind . . . So würde schnell eine Kaskade von Auslöschungen die Artenvielfalt in einem kleinen Schutzgebiet vermindern.

Als wir unsere Forschungen mit den Scheckenfaltern begannen, hatten wir den Eindruck, daß das Jasper-Ridge-Schutzgebiet auf dem Campus der Stanford-University mit seinen dreitausend Hektar mehr als ausreichend sein würde, um dauerhaft Insektenarten wie die Scheckenfalter zu erhalten. Erst als klar wurde, daß natürliche Auslöschungen später durch eine Wiederbesiedlung aus anderen Populationen kompensiert wurden und dies ein wesentliches Grundprinzip war, begannen wir zu erkennen, daß unsere Annahme völlig falsch gewesen sein könnte. Ein paar Scheckenfalter machen aber noch keine ganze Fauna aus. Wenn auch das Verhalten dieser bestimmten Gruppe faszinierend ist, ist es als Stichprobe zu beschränkt, um diese Ergebnisse auf eine breite Vielzahl von Arten und Situationen zu verallgemeinern.

Kürzlich begannen wir, breitangelegte Forschung über das Aussehen von Reservaten für Schmetterlinge und Pflanzen der gemäßigten Zone zu treiben. Zu allem Unglück waren aber die idealen Experimente völlig unmöglich. Man kann nicht aus der Natur einfach fünfzig oder hundert Flächen unterschiedlicher Größe und mit von einander verschiedenen räumlichen Verhältnissen herausnehmen, aus den Gebieten um die Reservate alle Pflanzen und Schmetterlinge ausrotten und dann die »Inseln« für ein paar hundert Jahre beobachten, um zu sehen, was mit der Vielfalt in ihnen geschieht. Stattdessen ist es notwendig, auf bereits von der Natur durchgeführte »Experimente« zu achten und aus deren Ergebnissen die sachgemäße Planung von Reservaten abzuleiten.

Die Planung von Reservaten

Zum Glück hat die Natur bereits solche Experimente durchgeführt, indem sie die Flora und Fauna in Höhen-»Insellagen« auf Bergflächen der Wüsten des Großen Hochlandbeckens in Nevada und in Utah für Zeiträume, die sich ziemlich genau festlegen lassen, isoliert hat. Während der letzten Eiszeit bestand das ganze Becken aus Feuchthabitaten. Durch die Rückkehr der trockenen Klimas wurden Wüsten geschaffen, die die Berg»inseln« isolierten. – Wenn Schmetterlinge als Repräsentanten der Faunen benutzt werden, so heißt dies, daß alles, was getan werden muß (und das ist allerdings ziemlich viel), darin besteht, die Zusammensetzung der Schmetterlingsfaunen der Insellagen zu bestimmen und die Pflanzenarten, die dort jeweils von den Schmetterlingen gefressen werden. Dieses wären dann die Ergebnisse des Experiments der Natur, und diese Ergebnisse müssen nun interpretiert werden. Dieser Interpretation kommt zu Hilfe, daß in der Ökologie bereits eine Anzahl von Ideen existiert, die als die Theorie der *Inselbiogeographie* bekannt sind.

Inselbiogeographie meint einfach die Untersuchung der Gründe, warum Inseln weniger vielfältige Floren und Faunen als Festlandgebiete haben, und die Gründe, wieso einige Inseln mehr Diversität als andere besitzen.[32] Ein zentraler Gedanke der Inselbiogeographie ist gerade der, daß die Diversität und der Charakter von Fauna und Flora vieler Inseln mit der Größe der Inseln und ihrer Entfernung zum Festland in Beziehung steht. Ein zweiter zentraler Grundgedanke ist ein wenig komplizierter: daß die Artenzahl auf einer Insel ein Gleichgewicht erreichen wird, das durch die Raten, mit denen neue Arten ankommen und alte Arten aussterben, bestimmt ist.[33]

Ein gegebenes Gebiet kann nur einer bestimmten Zahl Pflanzen- und Tierindividuen eine Lebensgrundlage bieten. Wenn weitere Arten hinzukommen, muß die Durchschnittszahl der Individuen jeder Art sinken. Wie wir bereits gesehen haben, sind kleinere Populationen empfindlicher gegenüber der Auslöschung als große. Wenn daher die Populationen der Arten zusammenschrumpfen, steigt die Auslöschungsrate – und sie wird

---

32 Diese Theorie wurde so, wie sie heute existiert, zunächst entwickelt, um die Phänomene der Vogelfauna auf Inseln zu erklären; sie läßt sich auf einen klassischen Aufsatz zurückführen, der später den Kern eines Buches bildete: Robert H. MacArthur und Edward O. Wilson, The Theory of Island Biogeography, Princeton (University of Princeton Press) 1967.
33 Als Einführung vgl. B. Wilcox, »Insular ecology and conservation«, in: Soulé und Wilcox, a.a.O., Seite 95-117.

weitersteigen, bis sie mit der Rate von erfolgreichen Neubesiedlungen im Einklang steht; auf diese Weise entsteht ein Gleichgewicht der Artenvielfalt.

Dieses logisch klingende Modell scheint die Natur sehr gut zu belegen. Beispielsweise hatte 1883 der Inselvulkan Krakatau einen Ausbruch.[34] Die Insel lag zwischen Java und Sumatra und auf jenen beiden Inseln tötete die Flutwelle, die durch den Ausbruch des Krakatau entstand, schätzungsweise 36000 Menschen. Auf dem, was vom Krakatau übrigblieb, wurde alles Leben vernichtet und ermöglichte so den Beginn eines natürlichen Experimentes, das die Theorie der Inselbiogeographie – etwa achtzig Jahre, bevor sie entwickelt wurde – überprüfte.

Die Wiederbesiedlung des Krakatau geschah erstaunlich schnell. Zuerst kamen die Spinnen an. 1886 waren sechsundzwanzig Pflanzenarten vorhanden, und 1900 gab es einhundertfünfzehn Pflanzenarten und dreizehn Vogelarten. 1920 war die Zahl der Pflanzenarten auf 184 und die der Vogelarten auf siebenundzwanzig angewachsen. 1934 gab es 272 Pflanzenarten, aber immer noch siebenundzwanzig Vogelarten. Und fünf dieser Arten waren verschwunden, für die fünf neue gekommen waren! Es sieht sehr danach aus, als ob 1920 Krakatau eine mit der Theorie übereinstimmende Gleichgewichtszahl für Vögel erreicht hätte. Die Inselbiogeographie zeigt daher, daß sich nicht ein einziges Reservat herausnehmen und dann laufend von außen mit Arten bestücken läßt – selbst wenn das Habitat sogar für die eingeführte Art völlig passend ist. Wenn die Tragfähigkeit des Reservats einmal erreicht ist, werden Neubesiedlungen durch Auslöschungen ausgeglichen.

Von dem Standpunkt her, wie üblicherweise Schutzgebiete eingerichtet werden, interessiert jedoch eher, was passiert, wenn das Gebiet aus dem kontinentalen Ökosystem herausgenommen wird und die Gebiete rund herum beackert oder sonstwie abgeändert werden, so daß das als Reservat vorgesehene Gebiet wirklich zu einer Insel wird. Zunächst einmal wird ein Kurzzeitverlust von Arten, die im Ökosystem vorhanden waren, auftreten. Einige werden einfach ausgeschlossen; einige Tiere wandern weg – so streunen zum Beispiel Elefanten oder Weißbastgnus oft aus den Wildschutzgebieten und werden deshalb manchmal abgeschlachtet.

Wichtiger sind aber die Langzeiteffekte der Verinselung. Bestenfalls wird die Auslöschungsrate des Schutzgebietes genauso bleiben wie zuvor, als das Gefüge noch Teil eines größeren Systems war; wahrscheinlicher wird

---

34 Für eine zusammenfassende Darstellung vgl. B. Bolt et al., *Geological Hazards*, New York (Springer) ²1977.

jedoch ein Anstieg der Rate sein, weil die kleinere Fläche des Gebietes wenigstens für einige Arten auch kleinere Populationen bedeuten wird. Nun ist aber die Insel isoliert; das natürliche Ökosystem außerhalb seiner Grenzen ist zerstört oder schwer geschädigt, weil es erschlossen oder in Ackerland umgewandelt wurde. Häufig werden selbst so bewegliche Tiere wie Säugetiere und Schmetterlinge solche Flächen nicht überqueren können. Daher hört die Besiedlung vorzeitig auf, weil die Art nicht ungehindert aus dem Rest des Ökosystems hereinkommen kann. Wenn aber die Auslöschungsrate steigt oder gleichbleibt und die Besiedlungsrate stark nachläßt, so wird sich das Gefüge hin zu einer neuen, niedrigeren Artengleichgewichtszahl bewegen, die durch die neuen Auslöschungs- und Besiedelungsraten bestimmt wird.

Das führt zu einer Erscheinung, die in ihren einfacheren Formen als *Relaxation* von Flora und Fauna beschrieben wurde – als ein Driften zu einer weniger unterschiedlichen Lebewelt in jenem Schutzgebiet. Eine derartige Drift wurde zum Beispiel für die Barro-Colorado-Insel in Panama dokumentiert. Diese Insel wurde 1914 durch die Aufstauung des Gatúnsees für den Panamakanal geschaffen. Kurz darauf wurde sie zum Schutzgebiet erklärt und dem Wald war es möglich, die zuvor gerodeten Flächen wiederzubesiedeln. Lange Zeit gab es auf der Barro-Colorado-Insel eine wichtige biologische Station, die vom Smithsonian Institut unterhalten wurde. Seit dem Aufstauen sind achtundvierzig der ursprünglich zweihundertacht auf der Insel brütenden Vogelarten ausgestorben; davon anscheinend über ein Drittel wegen des Relaxationseffekts. Die anderen ausgestorbenen Arten waren Sekundärwald- und Waldrandarten, die ausgelöscht wurden, weil durch das Wiederwachsen des Waldes auf der Insel ihre Habitate zerstört wurden.[35]

Als wir die Barro-Colorado-Insel 1970 besuchten, fanden wir eine Schmetterlingsfauna vor, die nur ein schwacher Abglanz der sonst für Mittelamerika typischen reichen Mannigfaltigkeit war. Die Zahl der zu den Ithomiiniden gehörenden Falterarten sank von zwanzig auf sechs[36], da der Wald an die Stelle jener gestörten Flächen trat, auf denen die Futterpflanzen der Ithomiiniden gewachsen waren. Auch andere auf Lichtungen angewiesene Schmetterlingsgruppen wurden selten.

Jedoch können die Ergebnisse einer Verinselung noch drastischer sein als jene Verluste auf Barro Colorado. Selbst in großen Schutzgebieten kön-

---

35 E. Willis, »Populations and local extinctions of birds on Barro Colorado Island, Panama«, *Ecological Monographs* 44, 1974, Seite 153-161.
36 L. Gilbert, »Food web organization and the conservation of neotropical diversity«, in: Soulé und Wilcox, a.a.O., Seite 11-33.

nen sie sogar den endgültigen Verlust der größten Tierarten bedeuten. Wiederum wurden von der Natur Experimente durchgeführt, die diese Art eines Faunenzusammenbruchs illustrieren. Als die letzte Eiszeit endete, verursachte die Eisschmelze einen bedeutenden Anstieg des Meeresspiegels. Neue Inseln entstanden, so wurden zum Beispiel Sumatra, Java und Borneo vor zehntausend Jahren Inseln (also zu der Zeit, da die ersten Menschengruppen mit dem Ackerbau begonnen hatten). Zuvor waren sie alle Teil des asiatischen Kontinents und besaßen vermutlich die gleichen Säugetiere, wie sie heute auf der malaiischen Halbinsel gefunden werden. Zusammengenommen *haben* Sumatra, Java und Borneo auch mehr oder weniger vollständig die Säugerfauna von Malaysia. Keine der Inseln hat jedoch einzeln auch nur annähernd die Gesamtmenge der malaiischen Säugetiere. So fehlt zum Beispiel auf Java der Siamanggibbon, der Schabrackentapier, das Sumatranashorn, der Orang-Utan, der Malaienbär und der Asiatische Elefant. Die aber gibt es alle auf Sumatra, wo dagegen Panter und Banteng (eine Wildrindart) fehlen, die beide auf Java vorhanden sind. Auf Borneo fehlt der Tiger, das Javanashorn, der Panther, der Gibbon und der Schabrackentapir. Mit wenigen Ausnahmen läßt sich durch Knochenfunde belegen, daß die fehlenden Arten einst vorhanden *waren*.[37] Die Folgerungen aus diesem Phänomen für die Reservate sind weitreichend. Zum Beispiel nahmen die Populationsbiologen Michael Soulé, Bruce Wilcox und Claire Holtby die Daten vom Zusammenbruch der Großsäugerfauna auf Java, Sumatra, Borneo und vier weiteren Inseln, die einst mit der malaysischen Halbinsel vereint waren, berücksichtigten deren Zeitverlauf und die einbezogenen Flächen und versuchten eine Extrapolation, um eine Prognose für die Großsäugerfauna in Afrikas Schutzgebieten zu entwickeln. Obwohl es in ihrer Methode einige zugegebene Unsicherheiten gibt, sind ihre allgemeinen Schlußfolgerungen vernünftig und unheilvoll zugleich.

Sie schätzen, daß die afrikanischen Reservate, wenn sie erst einmal völlig voneinander isoliert sein werden, innerhalb von fünfzig Jahren ein Viertel ihrer Großsäuger, in fünfhundert Jahren zwei Drittel und in fünftausend Jahren neun Zehntel verloren haben werden. Die größten Reservate werden in den gleichen Zeiträumen etwa ein Zwanzigstel, ein Drittel und drei Viertel ihrer Arten verlieren.[38] In einem bestimmten Ausmaß kann

---

37 Unveröffentlichtes Material von D. Hooijer, aus J. Terborgh, »Preservation of natural diversity: The problem of extinction prone species«, *BioSciene* 24, 1974, Seite 715-722.
38 »Benign neglect: A model of faunal collapse in the game reserves of East Africa«, *Biological Conservation* 15, 1979, Seite 259-272.

eine kluge Bewirtschaftung die Auslöschungsraten in den Reservaten niedriger halten. Zumindest könnte eine Art, die in mehreren Schutzgebieten vorhanden ist und in einem ausstirbt, mittels eines Individuentransfers aus einem anderen wieder eingebürgert werden. Doch werden solche Bewegungen selbstverständlich die Isolation aufheben, die weitere Artenentwicklung fördern würde. Daher besteht der Preis, der gezahlt werden muß, um ein Aussterben zu verhindern, darin, eine künftige Diversifikation zu verhindern.

Relaxation und Zusammenbruch in Reservaten lassen sich eigentlich für alle Organismengruppen erwarten.[39] Unsere Erfahrung mit Schmetterlingspopulationen führt uns zu der Vorhersage, daß sich beide Erscheinungen auf den Bergspitzen-»Insellagen« des Großen Hochlandbeckens zeigen lassen. Es ist jedoch nicht von vornherein abzusehen, wie sehr sich die Zusammenbruchsraten für verschiedene taxonomische Gruppen unterscheiden werden. Es kann begründet angenommen werden, daß etwa Säugerfaunen rascher zusammenbrechen als solche von Vögeln oder Reptilien.[40] Doch haben die Wissenschaftler erst begonnen, diese Frage zu beantworten. Im wesentlichen müssen daher die Zusammenbruchmuster für populäre Arten und auch für die sehr wichtigen Pflanzen und die Wirbellosen noch erforscht werden.

Viele andere Faktoren komplizieren noch die Problematik einer Planung von Schutzgebieten. So sind beispielsweise selbst in verwandten Gruppen einige Tiere auslöschungs-»gefährdeter« als andere. Man kann etwa annehmen, daß fleischfressende Säuger empfindlicher sind als pflanzenfressende Säuger; die Fleischfresser haben nur verhältnismäßig kleine Populationen und benötigen pro Einzeltier eine Menge Raum. Selbst wenn alle anderen Faktoren gleich sind, werden aus den Wildschutzgebieten die Geparde schneller verschwinden als die Thompsongazellen.

Auch innerhalb von taxonomischen Gruppen kann die Gegenwart einer oder mehrerer Arten weitere Arten aus dem Schutzgebiet ausschließen. Der Tiergeograph Jared Diamond hat einige bestechende Untersuchungen über die Vögel von Papuaneuguinea und die Nachbargebiete angestellt. Er konnte zeigen, daß viele Arten in einem Schachbrettmuster verteilt sind. In jedem Gebiet oder auf jeder Insel trat von Zwillingssparten, d. h. Paaren nahe verwandter Vogelarten, jeweils nur der eine oder der andere Vertreter auf, niemals aber beide zusammen. Die Anwesen-

---

39 Vgl. zum Beispiel B. Wilcox, »Supersaturated island fauna: A species-age relationship for lizards on post-Pleistocene land-bridge islands«, *Science* 199, 1978, Seite 996-998.
40 Wilcox, in: Soulé und Wilcox, a.a.O.

heit des einen schloß anscheinend die andere Art aus. Die Beziehungen zwischen den vier Schweiftaubenarten Neuguineas sind sehr kompliziert. Nur bestimmte Artenkombinationen können in der Natur vorkommen. Niemals werden zum Beispiel alle vier zusammen vorgefunden und nur eine der vier möglichen Dreierkombinationen ist jemals gefunden worden; die anderen Kombinationen sind »verboten«. Wenn ein kleines Schutzgebiet mit einer der »verbotenen« Kombinationen bestückt würde, würden eine oder mehrere Arten aussterben.[41] Auch bei der Erhaltung dreier eng verwandter Arten der *Melidictes*-Honigesser Papuaneuguineas, wo nur zwei der drei Vogelarten zusammengefunden werden, wäre die Problematik ähnlich. Um alle drei Arten zu retten, sind wenigstens in zwei Berggebieten Schutzgebiete erforderlich.[42]

Mosaikverteilungen – wo die Lebewesen in zerstreuten Habitateinheiten vorkommen – sind für die Tropen kennzeichnender als für die gemäßigten Zonen und treffen besonders für den höchst bedrohten tropischen Regenwald zu. Der gelegentliche Eindruck der großen, gleichförmigen Ausdehnung des Waldes führt völlig in die Irre. Nicht nur die Vögel sind mosaikartig verteilt, sondern auch die anderen Tiere und Pflanzen, ja sogar die großen Bäume. Bodenunterschiede rufen oft weitreichende Verschiedenheiten in lokalen tropischen Vegetationen hervor,[43] und solche Unterschiede sind wiederum für die Verteilung der Insekten und anderer Pflanzenfresser sehr wesentlich.[44] Die Muster der zeitlichen Veränderung machen dies alles noch komplizierter. Tropische Wälder erleiden immer Störungen – vom Umfallen einzelner Bäume, der Erosion von Flußufern und den Erdrutschen an Bergen bis zu großen Windbrüchen durch Wirbelstürme und Aschenbedeckung durch Vulkanausbrüche. Nach einer Störung beginnt eine Invasion von Pflanzen auf die gestörten Flächen, wobei sich eine mehr oder minder definierte Abfolge feststellen läßt. Dieser Vorgang, den die Ökologen *Sukzession* nennen, bringt den Wald in sein verhältnismäßig stabiles hohes Niveau zurück.[45]

---

41 J. Diamond, »Assembly of species communities«, in: M. Cody und J. Diamond (Hrsg.), Ecology und Evolution of Communities, Cambridge (Harvard Universitiy Press) 1975, Seite 342-444.
42 J. Diamond, »Patchy distributions of tropical birds«, in: Soulé und Wilcox, a.a.O., Seite 57-74.
43 R. Foster, »Heterogenity in disturbance in tropical vegetation«, in: Soulé und Wilcox, a.a.O., Seite 75-92.
44 L. Gilbert, »Food web organization...«, a.a.O., Seite 11-33.
45 Für eine kurze Erläuterung von Sukzession vgl. P. R. Ehrlich, A. H. Ehrlich und J. P. Holdren, *Ecoscience: Population, Resources, Environment,* San Francisco (W. H. Freeman) 1977, Kapitel 4.

Denken Sie daran, daß im Barro-Colorado-Schutzgebiet das Zurückkommen des Waldes zu einem lokalen Aussterben zahlloser Vogelarten und zu einer Verringerung der Schmetterlingsdiversität führte. Wenn Schutzgebiete konzipiert werden, darf man daher nicht nur die augenblickliche Tragfähigkeit erörtern, sondern muß auch die Veränderungen in der Zeit, die sich wahrscheinlich auf diese Fähigkeit auswirken werden, mit berücksichtigen.

Beim Errichten eines Systems von Schutzgebieten muß auch die Möglichkeit von Naturkatastrophen mitbedacht werden, und wenn möglich, sollte man nicht alle verbliebenen Eier der Natur in einen einzigen Korb legen. So gab es beispielsweise im Nordwesten Europas einen flügellosen Seevogel namens Riesenalk – jener Vogel, auf den der Name Pinguin ursprünglich gemünzt war. Durch Menschen, die seine Eier sammelten und ihn wegen seiner Federn, seines Trans und Fleisches jagten, wurde er stark verfolgt. Als es nur noch ein paar zerstreute Kolonien gab, übernahm eine Naturkatastrophe den Rest. Eine der sichersten Brutkolonien vor Island wurde durch einen Vulkanausbruch zerstört.[46] Ähnlich hat das gleichzeitige Blühen und Sterben ihrer Futterpflanze, eines Bambusgrases, viel zu den Verlusten der letzten wilden Bambusbären beigetragen.

Wenn diese Faktoren alle erörtert worden sind, scheint das Geheimnis der Anlage von Schutzgebieten darin zu bestehen, daß es »so viele und so große wie möglich gibt«. Die große Ausdehnung soll die Relaxationsrate minimieren. Zahlreiche Örtlichkeiten erlauben, verschiedene Mosaiksteine von Habitaten miteinzubeziehen und das Problem des Ausschlusses zu verringern. Wenn jedoch angenommen wird, daß es unüberwindbare Einschränkungen derjenigen Flächenmengen gibt, die in Schutzgebiete umgewandelt werden können, so müssen Kompromisse unter Zuhilfenahme des besterhältlichen Wissens gemacht werden. Selbst heute, da das Wissen für eine mehr als ungefähre Planung unzureichend ist, sind bestimmte Grundsätze bekannt, die als Richtschnur gelten können. Wenn beispielsweise eine bestimmte Fläche unter Schutz gestellt werden soll, so ist bei einer kreisförmigen Ausdehnung ein Zusammenbrechen von Fauna und Flora weniger zu erwarten als bei einer länglichen. Für bestimmte Organismenarten werden verschiedene kleinere Schutzgebiete mehr Arten erhalten als ein großes mit der gleichen Gesamtfläche. Und wenn ein Reservat gestückelt werden muß, ist es besser, Korridore mit naturnahem

---

46 Halliday, a.a.O., Seite 72. – Der Name Pinguin kommt aus dem Gälischen (pen = Kopf, gwen = weiß). Die Riesenalke hatten im Unterschied zu jenen Vögeln, die jetzt Pinguine genannt werden, wirklich weiße Köpfe.

Habitat zu haben, die die einzelnen Fragmente verbinden, selbst wenn hierdurch die Fragmente selbst kleiner werden. Doch wird dies zu niedrigeren Auslöschungsraten führen als größere Fragmente, die in Isolation voneinander erhalten werden.

Wir werden ein großzügiges, weltweites System von Schutzgebieten errichten müssen, wenn etwas von der Vielfalt der ursprünglichen, lebendigen Ressourcen der Erde erhalten werden soll – und damit auch die Zivilisation. – Darum müssen zur Taktik der Ökologischen Bewegung Anstrengungen gehören, die größtmögliche *Fläche* für Schutzgebiete zu erlangen und sie an den bestmöglichen Plätzen zu errichten und sie so zu *gestalten,* daß die unausweichliche Diversitätserosion, die in ihnen stattfinden wird, auf einem Minimum gehalten wird.

Für diese Anstrengungen ist selbstverständlich wesentlich, daß die Menschen im allgemeinen und die Entscheidungsträger im besonderen sich dieser Wichtigkeit bewußt werden. Und diese Wichtigkeit läßt sich kaum übertreiben! Der bekannte Biologe E. O. Wilson hat es so gefaßt:

Die natürlich vorkommenden Pflanzen und Tiere jeder Nation sollten als Teil ihres Erbes aufgefaßt werden, als genauso kostbar wie ihre Kunstschätze und ihre Geschichtsstätten. Wenn die führenden Männer der Nationen, wie etwa der frühere Präsident von Costa Rica, Danile Oduber Quiros, den Mut haben, die Erhaltung von Ökosystemen in ihrem Herrschaftsgebiet voranzutreiben, so sollten sie – in Anerkennung der großartigen Beiträge, die sie damit nicht nur für ihre Generation liefern, sondern auch für die Generationen der Zukunft, so weit wir sie uns vorstellen können – mit internationalen Ehrungen bis hin zum Friedensnobelpreis bedacht werden.[47]

Präsident Oduber war für Costa Ricas großartiges Programm der Erklärung von großen Regenwaldflächen zu Nationalparks verantwortlich. Wir hatten das Glück, ihn kurz nach der Initiierung dieses Programms im

---

47 Vgl. beispielsweise E. O. Wilson, »The conservation of life«, *Harvard Magazine,* Januar 1980, Seite 28-37; M. S. Gilpin und J. M. Diamond, »Subdivision of nature reserves and the maintenance of species diversity«, *Nature* 285, 1980, Seite 567-567; A. J. Higgs und M. B. Usher, »Should nature reserves be large or small?« *Nature* 285, 1980, Seite 568-569. Vgl. auch T. E. Lovejoy und D. C. Oren, »Minimum critical size of ecosystem«, vorgelegt zum *Symposion on Forest Habitat Islands in Mandominated Landscapes,* auf der jährlichen Versammlung des American Institute of Biological Sciences am 25. August 1977 in der Michigan State University. Eine ausgezeichnete Übersicht der Probleme eines Reservenentwurfs und einer Reservenbewirtschaftung findet sich in O. H. Frankel und M. E. Soulé, *Conservation and Evolution,* New York (Cambridge University Press) 1981, Kapitel 5.

Dezember 1977 zu treffen, als wir Freilanduntersuchungen an *Euptychia*-Faltern in Costa Rica vornahmen. Später flogen wir über den ungestörten Regenwald des Corcovad-Nationalparks, ein beeindruckendes Vermächtnis von Odubers Weitblick. Zum Glück ist Odubers Nachfolger bei der Erhaltung des nationalen Erbes gleich weitsichtig. Präsident Rodrigo Carazo plant, Costa Ricas Nationalparks (die bereits heute einen größeren Flächenanteil haben als in jedem anderen mittelamerikanischen Staat) weiter auszudehnen, bis sie etwa zehn Prozent des nationalen Territoriums umfassen.[48] Es ist jedoch fraglich, ob Costa Rica in der Lage sein wird, ein solches Reservatensystem ohne Unterstützung von außen zu erhalten. Auch Brasilien hat großartige Pläne, etwa 600 000 Quadratmeilen (etwa achtzehn Prozent seines Territoriums) zu gutgelegenen Nationalparks und Schutzgebieten zu erklären und die Wälder auf mehr als einer Viertelmillion Quadratmeilen zu erhalten.[49] Bei der politischen Untermauerung dieser Entscheidung und der Ausführung dieses weitsichtigen *Plano Nacional de Parques* sollte die brasilianische Regierung unterstützt und ermutigt werden. Als wir im Dezember 1980 das Amazonasbecken besuchten, war die Lage alles andere als ideal. In einem Gebiet nahe Manaus war auf sehr armen Böden Wald gerodet worden, und nicht einmal, weil dies besonders einträglich wäre, sondern weil große Firmen mit Sitz in Südbrasilien bei Unternehmungen in anderen Teilen Brasiliens große Steuerabschreibungen vornehmen können. Auch der Schutz der bestehenden Reservate in Brasilien ist, wie wir hörten, noch sehr unzureichend. Hier sind die Politiker gefordert. Andernfalls wird in wenigen Jahrzehnten der intakte Urwald zerstört sein.

Jedoch ist nach unserer Ansicht Brasiliens offizielle Kehrtwendung in seiner Politik bezüglich Amazonien – von der unkontrollierten Ausbeutung zu einer Mischung aus Erhaltung und ökologisch abgesicherter Erschließung – das einzige, sehr ermutigende Ereignis an der Ausrottungsfront. Wir hoffen, daß Brasiliens Präsident Baptista Figueirado in die Fußstapfen des costaricanischen Präsidenten Oduber treten wird, und daß die Herrschenden der reichen Länder sich dazu bewegen lassen, Brasilien mit der Hilfe auszustatten, die es braucht, um diesen Plan Wirklichkeit werden zu lassen.[50]

48 »Resolutions for the Eighties«, *Harvard Magazine,* Januar/Februar 1980.
49 N. Myers, *Conversion of Tropical Moist Forests,* National Academy of Sciences, Washington D. C., Seite 133.
50 Die Informationen über Brasilien stammen aus Peter Eisner, »Brazil acts to keep green hell from into red desert«, *San Francisco Sunday Examiner and Chronicle,* 25. Mai 1980.

Die Pflege von Schutzgebieten

Die Einrichtung von Schutzgebieten ist nur der erste Schritt; danach kommt das Problem, sie zu erhalten. Selbstverständlich kam bisher in Jahrmilliarden die Natur ohne unterstützende Maßnahmen seitens der Menschen aus. Doch waren die Reservate damals groß und unterschiedlich genug, um Stabilität und die Möglichkeit zu weiterer Evolution zu sichern. Kleineren Gebieten fehlen diese Eigenschaften; es fehlt ihnen auch der sichere Überfluß – Spielraum, den zahllose Populationen gegen eine Auslöschung besitzen. Daher wird nun für alle Schutzgebiete ein bestimmtes Ausmaß an Management benötigt.

Der vielleicht größte Aberwitz ist, daß eine menschliche Pflege der Reservate notwendig ist, um sie vor den Menschen zu schützen. Auf der untersten Ebene heißt dies, sie gegen Wilderer zu schützen – was bisweilen für die Wildhüter sehr gefährlich sein kann. Doch gibt es in vielen Ländern auch einen andauernden Druck landloser Bauern, die als Landbesetzer in die Schutzparks eindringen. Einer Schätzung zufolge gibt es in Venezuela etwa 300 000 Brandrodungsbauern, die illegal in den Nationalparks und den anderen Reservaten leben. Einige hiervon sind landsuchende, illegale Einwanderer aus Kolumbien. Venezuelas Gesetze reichen an sich aus, um die Parks zu schützen, wenn sie befolgt und durchgesetzt würden; das geschieht aber nicht, weil die kommunalen Behörden Sympathien für die Besetzer haben.[51]

Auch wir können einerseits mit ihrer Situation nur sympathisieren – denn sie sind die Opfer der Überbevölkerung und der ungerechten Verteilung von Ressourcen. Sie stecken in einem Teufelskreis, auf den wir im nächsten Kapitel noch einmal zurückkommen werden. Das Problem ist, daß alle Schutzgebiete letztlich zum Untergang verurteilt sind und es zu grundlegenden Veränderungen der menschlichen Gesellschaft kommen wird.

Zu den Pflegemaßnahmen gehören Unterholzbeseitigung, die Kontrolle des Grundwasserspiegels und die Bekämpfung unerwünschter Tierpopulationen. Solche Maßnahmen sind besonders notwendig, wenn die Schutzgebiete sehr klein sind, wie etwa in Großbritannien, wo die 129 Reservate im Durchschnitt gerade acht Quadratkilometer groß sind. Die 62 Schutzgebiete davon, die in England liegen, weisen im Durchschnitt gerade vier

---

51 L. S. Hamilton, *Tropical Rainforest Use and Preservation*, New York (Sierra Club Office of International Environmental Affairs) 1976.

Quadratkilometer auf.[52] Die meisten sind damit kleiner als Jasper Ridge, das fünf Quadratkilometer umfaßt und vielleicht noch zu klein ist, um ohne regelmäßige Wiederbesiedlungen Ediths Scheckenfalter zu erhalten.[53]
Diese Unterhaltungsmaßnahmen können auch auf die Flächen jenseits der Schutzgebiete ernsthafte Auswirkungen haben. Zum Beispiel wurde 1980 in Michigan als Teil eines Programms der Habitataufbereitung für Kirtlands Waldsänger auf Bundesforstland ein Feuer gelegt. Das Feuer geriet außer Kontrolle und zerstörte (statt auf fünfundzwanzig Hektar zu brennen) 12500 Hektar. Ein Feuerwehrmann wurde getötet, hunderte Menschen mußten evakuiert werden und fünfundzwanzig Häuser und Hütten wurden zerstört.[54] In Jasper Ridge herrscht beständig die Angst, daß im Schutzgebiet ein Feuer beginnen und außer Kontrolle geraten und die anliegenden, teuren Häuser zerstören könnte. Ebenso wie die Häuser liegt das Schutzgebiet in einem »Chaparral«, einer Pflanzengesellschaft, die sich durch regelmäßiges Abbrennen aufrecht erhält. Es ist ein riskanter Platz, um ein Haus zu bauen oder ein Reservat zu unterhalten, wenn alles mit einer einzigen Flamme vernichtet werden kann. Die Pflanzen wachsen dann aus den hitzebeständigen Samen wieder nach, viele Tierarten gingen aber dauerhaft verloren, da es in der Nähe keine »Ersatz«-Populationen mehr gibt, von denen eine Wiederbesiedlung ausgehen könnte.
Sowohl in den reichen wie in den armen Ländern müssen Wege gefunden werden, um einen Ausgleich unter den vielen Zielen zu schaffen, denen Schutzgebiete dienen sollen. So sollen die Nationalparks der Vereinigten Staaten nicht nur die Artenvielfalt erhalten, sondern auch ein breites Spektrum von pädagogischen und Erholungsaufgaben erfüllen. Die meisten Parks sind sehr weit von den Städten entfernt und für viele Menschen unzugänglich. Im Gegensatz hierzu werden immer mehr kommunale und

---

52 E. Duffey, »The management of Woodwalton Fen: A multidisciplinary approach«, in E. Duffey und A. Watt, *The Scientific Management of Animal Communities for Conservation*. Oxford (Blackwell Scientific Publications) 1971, Seite 581-597. Viele andere Beiträge dieses Bandes sind ebenfalls einschlägig.
53 Die Zahl der Naturschutzgebiete in der Bundesrepublik Deutschland beträgt zur Zeit aufgeschlüsselt nach Ländern in Baden-Württemberg 309, in Bayern 199, Berlin 14, Bremen 3, Hamburg 15, Hessen 156, Niedersachsen 287, Nordrhein-Westfalen 251, Rheinland-Pfalz 119, Saarland 17, Schleswig-Holstein 102, insgesamt macht dies 1472 Schutzgebiete. Die Gesamtheit der Fläche beträgt 24 864 300 ha.
54 »›Prescribed fire‹ to aid birds finally stopped«, *Peninsula Times Tribune* vom 7. Mai 1980.

regionale Parks in oder nahe bei Städten errichtet[55]; grundsätzlich ist dies gut, aber auf der anderen Seite entsteht hier durch menschliche Aktivitäten besonders großer Druck auf die Lebewesen.

Die kommunalen und staatlichen Parks und die meisten Nationalparks sind jedoch bei weitem keine ungestörten Gebiete. Des weiteren sind sie nicht sehr großflächig. Die Nationalparks der Vereinigten Staaten umfassen weniger als ein Prozent ihres Territoriums. Selbst das ganze System der Nationalparks, zu dem Nationaldenkmäler, historische Sehenswürdigkeiten und andere Flächen von geringerem biologischem Interesse gehören, macht kaum mehr als drei Prozent aus. Als teilweise Wiedergutmachung konnte in den letzten Jahren durch den Druck der Natur- und Umweltschützer erreicht werden, daß große Flächen der Vereinigten Staaten zum Naturschutzgebiet (»wilderness area«) erklärt wurden. Diese Anstrengung hat andauernde Auseinandersetzung zwischen Umweltschutz- und Industrieinteressen verursacht. Da der größte Teil des fraglichen Landes der Bundesregierung gehört (manchmal auch den Staaten), standen häufig die Verwaltungen im Mittelpunkt des Konfliktes. Das Innenministerium, das herkömmlicherweise mit der Erweiterung der Ausbeutung von Naturressourcen befaßt war, soll nun der Verteidiger der verbleibenden Naturschutzgebiete sein. Nicht immer hat es sich an seine neue Rolle gewöhnt, besonders da die wirkungsvollsten Maßnahmen in naturnahen Gebieten meist darin bestehen, die menschlichen Störungen möglichst klein zu halten.

Mit die heißesten Kämpfe wurden in Alaska geführt. Es ging darum, mehr als vierundvierzig Millionen Hektar Bundesland (ein größeres Gebiet als Kalifornien und etwa fünf Prozent der Fläche der USA) zu geschütztem Gebiet zu machen. Ende 1978 erklärte der damalige Präsident Carter dreiundzwanzig Millionen Hektar für »dauerhaft geschützt«, nachdem im Kongreß ein gleichlautendes Gesetz gescheitert war. Die übrigen 21 Millionen Hektar wurden zeitlich begrenzt geschützt. Viele Bürger von Alaska waren aufgebracht, da sie diese Entscheidung als einen Eingriff in ihr Recht der Landnutzung ansahen, und sie drohten sogar, aus dem Staatenbund auszutreten. Die stärkste Opposition kam selbstverständlich von den Baufirmen und Planern sowie den Öl- und Bergbaukonzernen. Endlich konnte sich aber der Kongreß doch einigen und verabschiedete den Alaska National Interest Lands Conservation Act, der noch von Präsident Carter im Dezember 1980 unterzeichnet wurde. Dieses neue

---

55 J. Hart, »Parks for the people: The national debate«, *Sierra*, September/Oktober 1979.

Gesetz brachte Schutz für ungefähr 41 Millionen Hektar Land in Form von Nationalparks, Wildschutzgebieten und Bundeswäldern.[56]
Zum Glück für Alaska ist damit die Ausbeutung durch den Schutz seiner verhältnismäßig empfindlichen naturnahen Gebiete eingeschränkt, bevor die Schädigungen richtig begonnen haben. Die Ausweisung als Schutzgebiet kann ja rückgängig gemacht werden. Aber die Ausbeutung von biologischen und mineralischen Ressourcen läßt sich nicht mehr rückgängig machen.
Der Druck auf die achtundvierzig zusammenhängenden Staaten ist aber weitaus intensiver und wurde schon über einen längeren Zeitraum ausgeübt. Dort wurde die Umwelt durch die allgemeinen Auswirkungen einer größeren Bevölkerung ebenso wie durch direkte Ausbeutung mehr oder weniger ernsthaft zerstört. Und der Druck ist noch im Ansteigen! Heute sind die Gebiete der Rocky Mountains und des Großen Hochlandbeckens durch die wachsende Ausbeutung der dort vorhandenen mineralischen und fossilen Ressourcen bedroht, die vor allem der Kraftstoffgewinnung dienen sollen.
Selbst bereits geschützte Gebiete sind gegen solchen Druck nicht immun. Die Lage in den Nationalparks der achtundvierzig zusammenhängenden Staaten der USA ist bereits erschreckend. Unter den Anforderungen des Bevölkerungswachstums im südlichen Florida wird der Wasservorrat, der für die Sumpfsteppen des Everglades-Nationalparks lebensnotwendig ist, immer geringer. Der Big-Bend-Nationalpark wird durch die Luftverschmutzung der nahegelegenen mineralaufschließenden Fabriken und durch DDT angegriffen. Ähnliche Bedrohungen sind aus dem Glazier-Nationalpark berichtet worden: Saurer Regen fällt auf den Great Smoky Mountains Nationalpark. Im Grand Canyon hat die Luftverschmutzung durch Kohlekraftwerke Auswirkungen auf Pflanzen und Tiere;[57] verwilderte Esel verursachen in diesem Nationalpark und auch in anderen große Störungen zum Nachteil von vielen Tieren.[58]
Da erkannt wird, daß die Vorräte an Energie- und Mineralstoffen weniger werden, wird immer häufiger versucht, in Nationalparks oder ihrer direkten Nachbarschaft Bergbau oder Ölförderung zu betreiben. Auf privatem Land innerhalb des Lassen-Vulkan-Nationalparks planierte vor kurzem ein Ölkonzern einen Bohrplatz von der Größe eines Fußballfeldes – ohne etwa die Parkbehörde zu benachrichtigen oder im vorab zu schätzen,

---

56 Cathy Smith, »Alaska bill becomes law«, *Not Man Apart,* Januar 1981.
57 Robert Cahn, »The state of the parks«, *Audubon,* Mai 1980.
58 Joseph Stocker, »Battle of the burro«, *National Wildlife,* August/September 1980.

welche Auswirkungen ihre geothermale Testbohrung auf 1200 Meter Tiefe auf die Geysire und die heißen Seen des Parks haben wird.[59]
Und letztlich kostet die Schaffung und die Pflege von Nationalparks und Naturschutzgebieten Geld; und viele Bürger und Ökonomen sehen dieses Geld einfach als Verschwendung an in einer Zeit mit sehr großen Wirtschaftsproblemen.[60]
Reservate, die keine erklärten Nationalparks oder Naturschutzgebiete sind, sind ebenfalls bedroht. Wenn sie sich wie die Biologischen Untersuchungsgebiete der Universitäten in Privatbesitz befinden, werden sie allzu häufig von Umweltsündern ebenso wie von Kommunalverwaltungen als mögliche Naherholungsgebiete angesehen.
Durch das Fehlen einer Nationalen Biologischen Überwachungsstelle, die eine Bestandsaufnahme der biologischen Ressourcen des Landes durchführen würde und deren Ergebnis als Grundlage für die Überwachung und Bewirtschaftung dienen könnten, wird in den Vereinigten Staaten die Lage weiter kompliziert. In dieser Hinsicht sind die Vereinigten Staaten weit hinter Europa, Japan und sogar der Sowjetunion zurück. So könnte

---

59 Bei den lediglich 0,9% der Fläche der Bundesrepublik Deutschland, die als Naturschutzgebiet ausgewiesen sind, steht erfahrungsgemäß der Schutz der Natur meist nicht an erster Stelle, bisweilen ist der Naturschutz hier nur der Konkursverwalter, denn fast die Hälfte aller Naturschutzgebiete sind keine Vorranggebiete für seltene Tier- und Pflanzenarten, sondern eher Vorranggebiete für Erholung, Jagd-, Land- oder Forstwirtschaft oder wenn sie entsprechend groß sind, für militärische Nutzungen. Eine Überprüfung des Zustandes der niedersächsischen Naturschutzgebiete 1977 ergab, daß 34 Gebiete in ausgewiesenen Schwerpunkträumen der städtischen industriellen Entwicklung liegen, zehn Gebiete zu Bereichen gehören, in denen die Flurbereinigung vorgesehen ist, ein Gebiet durch Überstauung vernichtet werden wird, 46 Gebiete durch den Abbau oberflächennaher Bodenschätze gefährdet sind, 23 Gebiete durch verkehrsplanerische Maßnahmen betroffen sind, 74 Gebiete Einrichtungen zur Erholungsnutzung aufweisen und 114 Gebiete in Räumen liegen, die zur Sicherung und Entwicklung von Erholungsgebieten vorgesehen sind. Insgesamt sind durch die Festlegung in Plänen und Programmen auf Landesebene 164 der bestehenden niedersächsischen Naturschutzgebiete gefährdet oder gar in ihrem Bestand bedroht. Eine Hochrechnung auf das Bundesgebiet ist hier durchaus erlaubt. Diese Bilanz zeigt uns, wie groß der tatsächliche Stellenwert des Naturschutzes ist. Häufig nur als Papieraufkleber anerkannt, hat der Naturschutz es bis heute nicht geschafft, in seinen eigentlichen Anliegen von der Politik anerkannt zu werden. So kann es noch jeder Politiker ohne nennenswerten Stimmenverlust wagen, Naturschützer als wirre Romantiker zu bezeichnen und damit Heiterkeitserfolge beim politischen Frühschoppen zu ernten. Es gehört ebenso zu der politischen Klamottenkiste, Naturschutz als moderne Spinnerei beamteter Idealisten anzusehen, welche sich keine Sorge um Arbeitsplätze machen müssen. Vgl. H. Weiger: *Nationalparkzeitung* 27.
60 Robert Cahn, The state of the parks, *Sierra*, Mai/Juni 1980.

sich etwa eine computerisierte Kartierung der Flora und der Hauptelemente der Fauna des Landes mit einem verhältnismäßig geringen finanziellen Aufwand durchführen lassen. Mangels einer entsprechenden Übersicht auf Bundesebene ist es jedoch schwierig, Entscheidungsträger zu beraten, wo neue Schutzgebiete benötigt werden, um wirksam wertvolle biologische Reserven zu schützen und dabei nicht die begrenzten Geldmittel zu verschwenden.

Selbst ohne Einmischung von außen kann der Unterhalt von Schutzgebieten überaus kompliziert sein – wegen der vorhandenen biologischen Probleme, wegen der Finanzierungsfragen und auch wegen der Interaktionen auf der Verwaltungsebene. Die fehlende Koordination zwischen Regierungsstellen ist eine weitverbreitete Schwierigkeit bei öffentlich verwalteten Schutzgebieten. Der Strandkammerfink, ein kleiner, unscheinbarer Vogel, der an Floridas mittelöstlicher Küste wohnt, kann ein entsprechendes Beispiel liefern. 1979 konnten nur noch dreizehn Angehörige einer Unterart, die einst in die Tausende ging, gefunden werden. Zwölf der dreizehn waren Männchen und das andere war ein Jungvogel, dessen Geschlecht sich noch nicht bestimmen ließ. Für einen möglichen Aufzuchtversuch wurden drei hiervon gefangen – einer starb. Es ließen sich keine Weibchen finden. 1980 wurden nur noch vier Vögel aufgefunden – alles Männchen. Es wurde der Versuch unternommen, die Überlebenden mit einer anderen Unterart des Strandammerfinks zu kreuzen; aber die Art scheint ausgestorben zu sein – die erste, die verschwunden ist, seit 1973 das Artenschutzgesetz verabschiedet wurde.[61] Doch lebte dieser Vogel ja in einem Reservat, das der Regierung gehört! Was war passiert?

Obwohl der Ammerfink unter Schutz steht, wird er durch eine Habitatverschlechterung ausgerottet. 1963 kam der erste Angriff, als in der Nähe von Kap Canaveral ein vorzügliches Marschgebiet im Rahmen eines Stechmückenbekämpfungsprogramms geflutet wurde – die Fisch- und Wildbehörde, die das Reservat verwaltet, hatte zugestimmt.[62] Trotz der dringenden Bitte eines besorgten Biologen wurde zu jener Zeit kein Versuch einer Regeneration auch nur eines Teiles der Marsch unternommen. Einige Jahre später fand ein Biologe, der die einheimischen Ammernpopulationen aufnahm, sie in einem anderen Marschgebiet. Er konnte die Fisch- und Wildbehörde zum Kauf der Marsch überreden – doch dann entschied die Verkehrsbehörde von Florida, eine Schnellstraße

61 »A bird in the hand«, *New Scientist* 17, Juli 1980.
62 Norman Boucher, »Whose eye is on the Sparrow?« *New York Times Magazine*, 13. April 1980.

von Kap Canaveral nach Disneyworld zu bauen. Erschließungsfirmen begannen auf die Ränder der Marsch überzugreifen und bauten Drainagen; und ein Entwässerungsgraben zur Erhaltung der Landmenge trocknete die Marsch wirkungsvoll noch weiter aus. Mit der Zuschüttung jenes Kanals wartete die Fisch- und Wildbehörde unerklärlicherweise sieben Jahre. Die eine Marsch war überschwemmt, die andere trockengelegt. Eine Serie von Bränden war der letzte Schlag. Nach dem ersten ruhte auf den Schreibtischen im Regionalbüro der Fisch- und Wildbehörde eine Bitte um Feuerschutzausrüstungen, so lange, bis es zu spät war.

Bald werden noch weitere Vögel, obwohl sie in Schutzgebieten leben, aussterben, weil niemand in der Behörde, die sie schützen sollte, sich um sie gekümmert hat. Der Fall des Strandammerfinks zeigt, wie verletzlich die Lebewesen in kleinen Schutzgebieten sein können – vor allem, wenn die Behörden gleichgültig reagieren und inkompetent sind. Er zeigt auch, daß die biologische Voraussicht einer Situation *selbst in Schutzgebieten* noch keine Sicherheit gegen Ausrottung bedeutet. Wo aber, wie in den tropischen Regenwäldern, die Biologie äußerst kompliziert wie auch wenig verstanden ist, vervielfachen sich die Probleme. So sind in den Regenwäldern manchmal zur Unterstützung von Arten, die sich in Koevolution mit vielen anderen Arten entwickelt haben, jene anderen Arten wesentlich. Dies trifft etwa auf den riesigen *Casearia*-Baum im La-Selva-Reservat in Costa Rica zu. Von ihm ernähren sich mindestens zweiundzwanzig fruchtfressende Vogelarten, von denen einige in einer zwei bis sechs Wochen währenden Periode der Fruchtknappheit alleine von ihm abhängig sind. Wenn die *Casearia*-Population verlorengeht, werden auch andere Vögel verschwinden, und ihr Verlust würde wiederum die anderen Pflanzen, die von ihnen abhängig sind, angreifen. Daher sollte das Erkennen und Bewahren solcher wichtigen Pflanzen für die Bewirtschaftung tropischer Schutzgebiete eine hohe Priorität haben.[63]

Nicht bei allen Pflanzen ist dies aber so bekannt. Auch die Kraut- und Strauchpflanzen können für das Erhalten parasitärer Insekten die lebensnotwendigen Nektarvorräte bereitstellen, so daß diese dann die pflanzenfressenden Tiere in Schach halten können. Das kann wiederum die Bäume von Blattverlust und möglichem Absterben bewahren.[64] Das Verständnis der Funktion derartiger Nahrungsgefüge und ihrer Koevolution kann nicht nur wertvolle Einsichten für die Pflege der Schutzgebiete vermitteln, sondern außerdem Anhaltspunkte dafür bieten, wie sich in den benach-

---

63 Gilbert, »Food web organization«, a.a.O.
64 Ebda.

barten Landwirtschaftssystemen eine biologische Schädlingskontrolle durchführen läßt.

So wurden beispielsweise die Bauern in Trinidad, die die Passionsblume wegen der Passionsfrüchte anbauen, durch die Raupe eines langflügeligen *Heliconius*-Falters geplagt, der mit jenen verwandt war, über die wir in den nahegelegenen Bergwäldern forschten. Durch die Verwendung von Insektiziden wurden die Angriffe nur noch schlimmer. Der Grund für diese Schwierigkeit schien uns offenkundig zu sein: Die Pestizide töten jene Ameisen ab, die für die Kontrolle herbivorer Insekten (einschließlich *Heliconius*) in den tropischen Wäldern eine Schlüsselstellung besitzen. Da es sich bei ihnen um Raubtiere handelt, besitzen die Ameisen keine langen evolutionären Erfahrungen mit Pflanzengiften, wie sie *Heliconius* hat, und waren daher weniger fähig, rasche Resistenz gegen die synthetischen Gifte zu entwickeln. –

Wir wiederholen nochmals: Je kleiner das Schutzgebiet, um so mehr ist intensive Pflege erforderlich, um die Stabilität zu erhalten und um die Diversitätsverluste aufzuhalten. Viel kann durch eine kluge Pflege erreicht werden; viel kann aber auch durch eine – noch so – kurze Zeit einer mangelnden Pflege verlorengehen. Da kaum erwartet werden kann, daß der Mensch über die Jahrtausende hin fehlerlos handeln wird und weil selbst bei guter Pflege manchmal die Dinge schieflaufen können, scheint es uns unbedingt erforderlich, die Anzahl der Reservate zu erhöhen und ihre Pflege optimal zu gestalten.

Wenig Zweifel besteht darüber, daß die dauerhafte Erhaltung von Reservaten von der öffentlichen Aufklärung und anderen Maßnahmen abhängt, aufgrund derer Einwirkungen auf Reservate eher als durch Streifendienste und Stacheldraht (die häufig teuer und unwirksam sind) verhindert werden können. Es ist ja gerade der Witz des Natur- und Landschaftsschutzes, daß die Schutzgebiete selbst wichtige pädagogische Lehrmittel sind – allerdings nur dann, wenn sie für alle offen sind, und daß damit aber wieder häufig eine Schädigung von Flora und Fauna verbunden ist.

Zum Glück vermögen kleine Schutzgebiete, Zoos und sogar Museen in der Umwelterziehung eine wichtige Rolle zu spielen. Von großen Teilen der Öffentlichkeit wird in vielen Ländern die Wichtigkeit der Rettung großer Säugetiere und Vögel und augenfälliger Pflanzen anerkannt. Doch die Wichtigkeit des Schutzes kleinerer, weniger bekannter Lebewesen ist noch nicht ins Bewußtsein der Leute vorgedrungen. Vor kurzem konnte ein multinationaler Konzern in einer bundesweiten Anzeigenkampagne in den Vereinigten Staaten für ein Insektizid mit dem Spruch werben, daß es »jedes Insekt, das Sie finden«, tötet. In den Anzeigen waren nur »nützliche« Tiere zu sehen – etwa ein Monarchfalter, ein Marienkäfer und eine Gottesanbeterin, die der glückliche Käufer damit allesamt ausrotten könnte![65] Es ist dringend nötig, der Bevölkerung klar zu machen, welche Rolle unscheinbare Insekten in Ökosystemen spielen und welche mögliche Bedeutung sie für die Menschen haben, welchen Wert und welche Schönheit sie besitzen.

Zur Unterrichtung über solche Lebewesen sind keine riesigen Einrichtungen vonnöten; gefährdete Arten und Unterarten wie die Houston-Kröte und der Buchtscheckenfalter könnten in verhältnismäßig kleinen, bewirtschafteten Schutzgebieten und in Minizoos gehalten werden. Bei den unscheinbaren Lebewesen könnten alle Einrichtungen mit einem naturgeschichtlichen Bildungsauftrag ihrer Aufgabe besser als bisher gerecht werden. Die Xerces-Gesellschaft trägt sich bereits mit dem Gedanken, in einem geplanten Schmetterlingsschutzgebiet im Staat Washington ein Insektenerkennungszentrum zu errichten. In nächster Zeit sollten in allen Staaten derartige Zentren eingerichtet werden, um in ihnen besonders auf die Beziehungen zwischen Insekten und Pflanzen hinzuweisen, die für das Bereitstellen so vieler Ökosystemdienstleistungen so wesentlich sind und die auch stellvertretend für die unbekannten Rollen vieler weniger bekannter Organismen stehen könnten. Die Xerces-Gesellschaft begann auch mit einer Schmetterlingszählung am Nationalfeiertag (ähnlich dem Weihnachtsvogelzählen der nationalen Audubon-Gesellschaft). Dies könnte – im Verein mit positiven Anstrengungen zum Schutz bedrohter Schmetterlingspopulationen – dabei helfen, bei den Menschen das allgemeine Bewußtsein der Wichtigkeit von Insekten zu verbessern.[66]

Offensichtlich ist für eine gute Planung der pädagogischen Gesichtspunkte von Schutzgebieten, Zoos und Museen viel Expertenwissen nötig. So wird durch den großartigen, neuen Evolutionsraum im National Museum der Vereinigten Staaten belegt, daß statistische Ausstellungsstücke die dynamischen Vorgänge der Ökologie vermitteln können – dies ist im großen und ganzen das Ergebnis der Anstrengungen eines Evolutionsforschers des Smithsonian Instituts, John Burns. Auf einer sehr kleinen Fläche ist dort eine enorme Informationsfülle untergebracht. Solche Anstrengungen zur Aufklärung der Öffentlichkeit werden stark benötigt – und nicht nur, weil sie die Errichtung und die Bewahrung von Schutzgebieten erleichtern, sondern auch, damit das Wort von der organischen Diversität verbreitet wird und sich der Artenschutz nicht nur auf Zoos und Schutzge-

---

65 R. Pyle, »Conservation of Lepidoptera in the United States«, *Biological Conservation* 9, 1976, Seite 55-75.
66 Ebda., Seite 71-72.

biete beschränkt. Selten schien das bekannte H. G. Wells-Zitat so passend zu sein: »Immer mehr wird die menschliche Geschichte zu einem Wettrennen zwischen Erziehung und Katastrophe.«[67]

Naturschutz außerhalb von Zoos und Reservaten

Die Probleme und die Unsicherheiten, die bei der Gestaltung und Pflege von Reservaten auftauchen (und die politischen Probleme des Errichtens und Bewahrens dieser Schutzgebiete) machen deutlich: Für die Natur- und Artenschützer muß eine der Hauptaufgaben darin liegen, daß die Gebiete zwischen den Naturschutzgebieten nicht zu biologischen Wüsten werden, sondern die Funktion von Schutzgebieten für die Bewahrung der belebten Mannigfaltigkeit auf niedrigerem Niveau unterstützen.

Es ist unwahrscheinlich, daß die Schaffung von ein paar ungestörten Schutzgebieten oder auch Örtlichkeiten mit minimaler Störung ausreichen wird, um die notwendige Sicherheit für die anderen Bewohner der Erde zu erhalten. Um den anderen Arten in der Nachbarschaft von *Homo sapiens* ein erfolgreiches Weiterleben zu ermöglichen, wird eine viel größere und weltweite Änderung der Landnutzungspraktiken und des menschlichen Verhaltens gegenüber der Natur notwendig sein.[68]

Viele dieser Grundsätze sind bereits weithin anerkannt, und in einigen Gebieten werden sie auch praktiziert. Hierzu gehört die Einrichtung von Grünzonen in und um Städte, das vorsichtige und *auswählende* Holzschlagen in den tropischen Urwäldern und auch den Wäldern der gemäßigten Zone, das Akzeptieren geringer Verluste beim Viehbestand durch Raubtiere und durch Konkurrenten auf den Weideflächen und die Erhaltung von zahlreichen, verhältnismäßig ungestörten Gehölzen[69], Baumhecken

---

67 *The Outline of Human History*, Band 2, New York (Macmillan) 1921, Seite 594.
68 Gegenwärtig beträgt der Anteil von Naturschutzgebieten an der Gesamtfläche der Bundesrepublik 0,9 %. Etwa ¾ der ungefähr 1500 Naturschutzgebiete sind weniger als 50 ha groß, über die Hälfte sogar nur unter 20 ha groß. Der überwiegende Teil der Naturschutzgebiete ist für die Sicherung dauernd vermehrungsfähiger Populationen aller heimischer Tier- und Pflanzenarten nicht ausreichend. Dafür gibt es auch zahlenmäßige Belege. Bei einer Gefährdung von 36 % des gesamten Artenbestandes an Farn- und Blütenpflanzen in Schleswig-Holstein und Hamburg sind nach Rabe 1979 nur 44 % der gefährdeten Arten in Naturschutzgebieten vorhanden. Mehr als die Hälfte der knapp 430 gefährdeten Pflanzenarten wird heute durch kein einziges Naturschutzgebiet unseres Raumes erfaßt. Ähnlich sieht es bei den Brutvogelarten aus. Lediglich 33 % der Brutvogelarten sind in Naturschutzgebieten anzutreffen (Quelle: Erz und Sauer, 1980).
69 R. Forman, H. Galli und C. Leck, »Forest size and avian diversity in New Jersey woodlots with some land use implications«, *Oecologia* 26, 1976, Seite 1-8.

und Bachufern, um die Monotonie der Agrarlandschaften zu durchbrechen. In manchen Gebieten Europas waren die letztgenannten Praktiken schon gebietsweise erfolgreich, um eine verhältnismäßig reiche und unterschiedliche Landschaft zu erhalten und damit auch die Flora und Fauna in einigen der überbevölkerten Gebiete der Erde.[70]

Doch es muß noch sehr viel getan werden. Wo immer es möglich ist, müssen Versuche zu einer Ökosystemerholung unternommen werden. Wo es brachliegendes Land gibt, selbst winzige Fleckchen, sollte darauf die Rückkehr der potentiell-natürlichen Vegetation ermöglicht werden ebenso wie eine Besiedlung mit den damit vergesellschafteten Tieren. Das Anpflanzen von Rasen oder exotischen »Bodendeckern« sollte abgelehnt werden. Ein Wachsen der einheimischen Vegetation entlang den Trassen von Eisenbahnen, Autobahnen und Hochspannungsleitungen sollte, soweit es mit der Sicherheit vereinbar ist, gefördert werden. In diesen Gebieten muß die Verwendung von Herbiziden für ein unterschiedsloses Pflanzentöten verboten werden, und an ihre Stelle müssen genauere Verfahren treten – selbst wenn die unmittelbaren Kosten höher werden. Das öffentliche Bild des idealen Ökosystems muß sich wandeln: Es muß von der Monokultur eines gutgeschnittenen englischen Parkrasens mit gelegentlichen »Exemplaren« von Bäumen und eingefaßten Blumenrabatten zu jenen äußerst vielfältigen Kulturen hin verändert werden, wie sie die potentiell-natürlichen Ökosysteme darstellen.

In gleicher Weise müssen unverzüglich sämtliche Vorhaben, alle Fließgewässer dieser Erde einzufassen, zu kanalisieren und zu betonieren, aufgegeben werden. Einst waren die Bachläufe sowohl in städtischen wie

---

70 Üblicherweise wird behauptet, Europa sei nicht überbevölkert; Nichteingeweihte führen häufig die Niederlande mit ihrer Wohlhabenheit und ihrer Bevölkerungsdichte von etwa 900 Menschen pro Quadratmeile an, um diesen Punkt »zu beweisen«. In der wissenschaftlichen Diskussion wird dies der »Niederlande-Trugschluß« genannt (P. Ehrlich und J. Holdren, »Impact of population growth«, *Science* 171, 1971, Seite 1212-1217). Der wesentliche Punkt ist dabei, daß Europa im Ganzen und die Niederlande im Besonderen solche hohen Bevölkerungsdichten nur deshalb aufrechterhalten können, weil dies der Rest der Welt nicht kann. Bei den Pro-Kopf-Einfuhren von Protein kommt Holland gleich nach Dänemark, das die Spitzenstellung einnimmt; und auch andere Stoffe, die für seine Existenz wichtig ist, holt sich Holland aus aller Herren Länder. Würde rund um die Niederlande (oder um Europa) eine undurchdringliche Grenze errichtet, so würde sehr schnell das tatsächliche Ausmaß der Überbevölkerung sichtbar. In gleicher Weise wird auch bei der in den Massenmedien oft gehörten Vorstellung, die Vereinigten Staaten seien über weite Strecken hin »leer« oder »dünn besiedelt«, der zentrale Punkt vernachlässigt; nämlich daß es *Ressourcenverfügbarkeit* und *Umweltzwänge, nicht* aber Menschen pro Flächeneinheit sind, die ein Maß für die Überbevölkerung bilden.

ländlichen Gebieten die Zentren der Lebensgemeinschaften; sie sollten es wieder werden. Kanalisierung und die Betonbachbetten führen zu einer Zerstörung von Flora und Fauna der Fließgewässer und ihrer Ufer. Die Zerstörung der Ufer hat schlimme Auswirkungen auf die Gewässerorganismen, wie jeder erfahrene Angler erzählen kann. Der Verlust der Ufervegetation kann eine beschleunigte Bodenerosion und eine Unterhöhlung des benachbarten Landes zur Folge haben; die Selbstreinigungsfähigkeiten des Gewässers werden zumindest geschwächt. Und mit dem Uferökosystem verschwindet auch ein wertvolles Reservoir an möglichen tierischen Werkzeugen für eine Biologische Schädlingsbekämpfung (Vögel, Raubinsekten usw.). Die Rechtfertigungen für die meisten Gewässerbegradigungsprogramme sind wenig überzeugend (meist wird die Erosionskontrolle genannt) – wenn man nicht die Arbeitsbeschaffung für zahlreiche Baufirmen und Pionierkorps der Armee als gültige Entschuldigung annehmen möchte.[71]

Die Menschheit muß endlich begreifen, daß es gefährlich ist, auf nichtstabilem Land in der Nähe von tektonischen Gräben, auf Hängen aktiver Vulkane oder in Überschwemmungsgebieten zu leben. Wie Mount St. Helena einer aufgeschreckten Nation demonstrieren konnte, *glaubt* die Menschheit immer noch, sie könne die Natur *beherrschen!*

Wir wollen uns nicht jeder Entwicklung unter allen Umständen in den Weg stellen. Doch viele wichtige Vorhaben – das Erbauen von Häusern und Fabriken, Autobahnen und Eisenbahnen, der Ackerbau, die Weidewirtschaft – erfordern eine völlige Entfernung oder eine drastische Abänderung der Ökosysteme. Diese Aktivitäten werden wohl in einigem Ausmaß weitergehen – selbst in Gegenden, in denen es hierfür keine grundlegenden Bedürfnisse gibt. Doch sollte und könnte ein Teil des Schadens durch bewußte Anstrengungen ausgeglichen werden, die sicherstellen, daß nicht direkt für wichtige menschliche Tätigkeiten benötigte Gebiete in einem so ungestörten Zustand wie irgendmöglich bleiben können – oder wieder in jenen Zustand gebracht werden können. Diese Anstrengungen sollten auch strenge Gesetze für eine starke Verringerung des Fahrzeugaufkommens in solchen Gebieten einschließen sowie für eine Beschränkung von Insektiziden und Herbiziden. Und darüber hinaus muß eine breitgestreute Erziehung über die Lebenswichtigkeit der Erhaltung der Artenvielfalt einsetzen, wo und wann auch immer dies möglich ist.

---

71 J.R. Karr und J.G. Schlosser, »Water resources and the land-water interface«, *Science* 201, 1978, Seite 229-234.

Die Erhaltung der Vielfalt der Regenwälder

Den Möglichkeiten, mit denen sich außerhalb von Naturparks und Schutzgebieten die tropischen Regenwälder erhalten lassen, muß besondere Aufmerksamkeit entgegengebracht werden; denn für die Zukunft der Menschheit wird diese Vielfalt sehr wichtig sein. Um die besten Maßnahmen für Gebiete mit unterschiedlichen Bodentypen, Wetterbedingungen und einer unterschiedlichen Lebewelt zu bestimmen, werden sorgfältige Planung und eine beachtliche Forschung notwendig werden. Was zum Beispiel für jene Gebiete Amazoniens, deren Böden aufgrund der jährlichen Überschwemmungen sehr reich sind, zuträglich ist, kann für die riesigen Ausdehnungen unüberschwemmter Waldungen – die sogenannte *terra firma,* die neunzig Prozent des Bodens ausmacht – völlig unangebracht sein.[72] Der kleine Anteil überfluteter Böden könnte bei herkömmlicher Landwirtschaft hohe Erträge abwerfen, wie auch ein paar gute Bodenflächen, die sich auf die gebirgige *terra firma* verteilen – der größte Teil des amazonischen Landes ist jedoch für einen dauerhaften Anbau ungeeignet.

Daher muß in den Regenwaldgebieten die Landwirtschaft mit einer größeren Vorsicht als in den gemäßigten Zonen betrieben werden, wenn auf Dauer funktionierende Systeme geschaffen werden sollen.[73] Heute wird eher Wald gerodet, um neues Land zu erschließen, als daß man Ertragsverbesserungen auf bereits kultivierten Flächen versucht. Die Rodungen entsprechen dem Pionierimage und werden auch häufig von den Landbesitzern unterstützt, weil diese fürchten, daß ihre riesigen Ländereien durch eine Bodenreform geteilt würden. »Warum soll ich mein Land mit diesen hungrigen Bauern da teilen«, sagen sie, »wenn es noch so viel jungfräulichen Boden gibt, der nur darauf wartet, durch menschliche Technologie erschlossen zu werden?« In Mittelamerika wird

---

72 Vgl. zum Beispiel J. Pires und G. Prance, »The Amazon forest: A natural heritage to be preserved«, in: G. Prance und T. Elias, *Extinction is Forever,* New York (New York Botanical Garden) 1977, Seite 158-194. Dieser Beitrag enthält Karten von Brasiliens augenblicklichen und voraussichtlichen Waldreserven. Vgl. auch H. Irwin, »Coming to terms with the rainforest«, *Gardens* (New York Botanical Garden) 1, 1977, Seite 29-33.

73 D. Janzen, »Tropical agroecosystems«, *Science* 182, 1973, Seite 1212-1214. Andere Aspekte der landwirtschaftlichen Schwierigkeiten in tropischen Regenwäldern werden behandelt bei A. Gómez-Pompa, C. Vázquez-Yanes und S. Guevara, »The tropical rainforest: A nonrenewable resource, *Science* 177, 1972, Seite 762-765, und J. Parsons, »Forest to pasture: Development or destruction?« Rev. Biol. Trop. 24 (Suppl. 1), 1976, Seite 121-138.

über weite Strecken reiches, ebenes Land als Viehweide genutzt, was nur verhältnismäßig wenigen Leuten nutzt und die Möglichkeiten des Landes nicht ausschöpft. Wenn auf diesen ausgezeichneten Böden Nutzpflanzen angebaut würden, könnte der Druck auf die Halbwüsten und die Waldungen verringert werden.[74]
In gleicher Weise könnten viele Flächen mit verbrauchten Ackerböden und degradierter Savanne zur Pflanzung von Kiefern und Eukalyptusbäumen verwendet werden, um mit diesen neuen Wäldern die Notwendigkeit künftiger Urwaldrodungen für Nutzholz zu verringern. Auch eine Verwendung von Baumfrüchten könnte gefördert werden – so könnte etwa die Brotfrucht öfter als Nahrungsmittel verwendet werden. Da die natürliche Vegetation in tropischen Urwaldgebieten von Bäumen gebildet wird, sind diese weitaus mehr geeignet, ohne »Dünger« oder andere Techniken einer »modernen Bewirtschaftung« über lange Zeit Erträge zu bringen. Darüber hinaus ist eine Dauerertragskultur tropischer Harthölzer in einigen Gebieten sowohl möglich als auch wünschenswert. Denn – wie es der Botaniker Willem Meijer ausdrückte – »kann die Welt nicht nur von Papierbrei leben; auch tropische Qualitätsharthölzer werden in Zukunft benötigt«.[75]
Wahrscheinlich wird es zukünftig in Regenwaldgebieten beachtliche Bergbauaktivitäten geben; in einigen Ländern fing dies bereits an. So sind mehr als fünfhundert Quadratmeilen von Malaysia mit dem Abraum von Zinnminen bedeckt.[76] Normalerweise ist in tropischen Regenwäldern genügend Wasser für die Regeneration von Abraumhalden verfügbar, und es besteht genug Grund zur Annahme, daß mit Vorsicht Zerstörungen durch Bergbau in den tropischen Feuchtgebieten vermieden werden könnten.
Unsere Hauptaufgabe besteht zunächst darin, herauszufinden, wo Schutzgebiete eingerichtet werden müssen, bevor es zu spät ist und – wenigstens näherungsweise – zu bestimmen, wie die Flächen zwischen den Schutzgebieten am besten bewirtschaftet werden sollen, um sowohl der Menschheit zu dienen als auch die organische Diversität zu erhalten. Diese Forschung ist nun teilweise angelaufen. Zum Beispiel benutzt Brasiliens

---

74. G. Budowski, »A strategy for saving wild plants: Experience from Central America«, Prance und Elias, a.a.O., Seite 368-373.
75 »A new look at the plight of tropical rain-forests«, *Environmental conservation* 7, 1980, Seite 203-206. Vgl. auch E. G. Benya und M. Zuliani, »Saving tropical forests«, *BioScience* 30, 1980, Seite 724-725.
76 R. Aiken und M. Moss, »Man's impact on the tropical rain-forests of peninsular Malaysia: A review«, *Biological Conservation* 8, 1975, Seite 213-229.

»Project Radar Amason« Radarerkennungssysteme in Flugzeugen und wissenschaftliche Aufnahmen des Bodens, um das Amazonasbecken zu analysieren. Zum ersten Mal werden Karten hergestellt, die die Bodeneigenschaften und geologischen Züge, die Waldtypen und das Landwirtschaftspotential Amazoniens zeigen. Das Projekt wurde als eine »seltene Gelegenheit – die Chance, die Entwicklung eines Kontinents zu planen, bevor sie passiert«, beschrieben.[77]

So ermunternd dieser Anfang ist, es bleibt immer noch genug zu tun. Gerade erst hat der Versuch einer einfachen Auflistung von Flora und Fauna begonnen, von der Enträtselung der Beziehungen in den tropischen Ökosystemen sind wir noch weit entfernt. Ein Urwald in den tropischen Ökosystemen enthält genug Geheimnisse und Rätsel, um eine kleine Armee von Biologen für Jahrhunderte zu beschäftigen.

Erholung von Ökosystemen

Wenn ein Ökosystem durch natürliche oder menschliche Wirkfaktoren einmal verändert wurde, kann es niemals wieder exakt in seinen ursprünglichen Zustand zurückgeführt werden. Schon aus dem Grund nicht, weil die Einzelorganismen laufend älter werden und die Populationen sich laufend weiterentwickeln, ist es unmöglich, zweimal dasselbe Ökosystem (oder zweimal denselben Fluß) zu betreten. Dennoch gibt es verschiedene Stufen, auf denen eine Ökosystemschädigung rückgängig gemacht werden kann. Eine kleine, gerodete Fläche in einem tropischen Regenwald wird über einen Sukzessionsvorgang automatisch wieder zum optimalen Bestand zurückkehren, wenn sie nicht noch mehr gestört wird. Eine größere gerodete Fläche aber könnte letztlich zur Bodenverschlechterung führen, die wirksam eine Wiederkehr des Waldes verhindern wird, wenn die Menschen nicht enorme Anstrengungen unternehmen – und selbst dann könnte noch eine Regeneration unmöglich sein. Das Abholzen eines Großteils des Amazonasbeckens beispielsweise würde klimatische Veränderungen hervorrufen, die von vornherein ein Wiederwachsen des Regenwaldes unmöglich machen würden.

Die endgültig nicht wiedergutzumachende Störung eines Ökosystems ist selbstverständlich die Vernichtung seiner lebenden Bestandteile. So lange besteht Hoffnung, solange noch genetisch geeignete Populationen der Art

---

77 A. Hammond, »Remote sensing (II): Brazil explores its Amazon wilderness«, *Science* 196, 1977, Seite 513-515.

weiterbestehen. Daher wäre es für die Menschheit wichtig, *jetzt* so viele geschädigte Ökosysteme wie möglich wieder zu regenerieren, bevor viele der Grundbestandteile für immer verlorengegangen sind.
Natürlicherweise besteht der erste Schritt bei der Regeneration eines Gebietes zurück in einen mehr oder weniger natürlichen Zustand in der Entfernung jener Kräfte, die es schädigen. Beispielsweise ist das Entfernen von Ziegen und anderen eingeführten Pflanzenfressern auf vielen Inseln eine Grunderfordernis für die Wiederherstellung eines mehr oder minder ursprünglichen Zustandes. Wenn in der gemäßigten Zone bestimmte Waldgebiete in ihr potentiell-natürliches optimales Niveau zurückgeführt werden sollen, muß nicht nur ein Holzschlag ausgeschlossen werden, sondern auch saurer Regen.
Zu allem Unglück ist jedoch der gegenwärtige Stand einer Erforschung der Vorgänge einer Ökosystemerholung noch bruchstückhafter als der Wissensstand der Ökologie im allgemeinen. Man kann jedoch feststellen: So, wie einige Systeme schneller als andere geschädigt werden können, können sich einige auch einfacher erholen.[78] Aquatische Ökosysteme scheinen ziemlich »elastisch« zu sein. So zeigte zum Beispiel der Lake Washington im Gebiet von Seattle in den späten fünfziger Jahren eine starke Überdüngung aufgrund menschlicher Einflüsse. Die Umlieger schlossen sich zusammen und beschlossen 1958 die Errichtung eines neuen Abwassersystems, das die Überdüngung vom See abhielt. Als dieses System funktionierte, folgte rasch die Erholung. Zwischen 1963 und 1974 wurde das Wasser klarer, gingen die Populationen schädlicher Blaualgen zurück und selbst der Blaurückenlachs wurde wieder häufiger.[79]
Mit der Themsemündung in England ist eine ähnliche Erfolgsgeschichte verbunden. Vor mehr als dreihundertundfünfzig Jahren hoffte der Bischof von London, daß die Themse wieder sauberer würde. Hundertfünfzig Jahre später bemerkte ein anderer Beobachter:
Die Themse ist mit allerlei Schmutz aus London und Westminster gesättigt – Exkremente haben geringen Anteil an jener Masse, die sich aus Chemikalien, Mineralien und Giften, die in den Werkstätten und Manufakturen

---

78 J. Cairns, Jr., J. Stauffer, Jr., und C. Hocult, »Opportunities for maintenance and rehabilitation of riparian habitats: Eastern United States«, in: R. Johnson und J. McCormick (Hrsg.), *Strategies for Protection and Management of Floodplain Wetlands and Other Riparian Ecosystems*, Washington (U.S. Department of Agriculture, Forest Service: GTR-WO-12) 1979.
79 W. Edmondson, »Recovery of Lake Washington from eutrophication«, in: J. Cairns, Jr., K. L. Dickson und E. Herricks (Hrsg.), The Recovery and Restoration of Damaged Ecosystems, Charlottesville (University Press of Virginia) 1977, Seite 102-109.

benutzt werden, zusammensetzt. Sie wird durch die faulenden Kadaver von Vieh und Mensch angereichert und mit dem Inhalt der Waschbütten, der Gossen und der gemeinen Verrichtungen vermischt.[80]

Trotzdem scheint die Themse im 18. Jahrhundert immer noch ein gutes Fischgewässer gewesen zu sein. Durch die Installierung der vielen Wasserklosetts im 19. Jahrhundert stieg die Abwasserflut drastisch an, und um 1950 hörte die gewerbsmäßige Fischerei auf. Nur noch Aale konnten in den verschmutztesten Flußabschnitten überleben; die meisten Wasservögel und andere am Fluß lebende Tiere waren verschwunden. Über hundert Jahre später, in den fünfziger Jahren unseres Jahrhunderts, wurden dann Schritte unternommen, um die Schmutzlast zu verringern; seitdem ist die Wasserqualität beständig gestiegen. Und ein Jahrzehnt später erfolgte eine beachtliche ökologische Erholung der Mündung und des Flusses. 1977 fanden sich im Fluß wieder wachsende Populationen von etwa neunzig Fischarten, darunter Schollen und Seeforellen, Seebarsche, Dorsche, Makrelen, Meerbarben und sogar Lachse, aber auch eine Vielzahl Wirbelloser, große Mengen von Enten und anderem Federwild.[81]

Gegenüber diesen sich schnell erholenden Systemen liegen die Regenwälder am anderen Ende des Spektrums. Man schätzt, daß die völlige Erholung eines abgeholzten Flachlandregenwaldes in den Tropen über tausend Jahre in Anspruch nehmen wird.[82] Interessanterweise wird aber ein anderes aquatisches System die größte Erholungszeit benötigen. John Cairns vom Zentrum für Umweltforschung am Virginia Polytechnic Institute faßte es so zusammen:

Mit großer Wahrscheinlichkeit ist anzunehmen, daß die riesigen ozeanischen Ökosysteme sehr empfindlich sind ... und in erster Linie durch ihre riesigen Ausmaße und die daraus resultierende Verdünnung aller potentiell schädlichen Stoffe geschützt werden. Sollte aber ein ganzer Ozean geschädigt werden, so wird die Zeit der Erholung unsere Einbildungskraft übersteigen; dies auch deshalb, weil viele der Lebewesen höchst anfällig gegenüber Veränderungen sind und voraussichtlich nicht in der Lage sein wer-

---

80 Tobias G. Smollet, *Humphry Clinkers Reise,* zitiert nach A. Gameson und A. Wheeler, »Restoration and recovery of the Thames estuary«, in: Cairns et al., a.a.O., Seite 73.
81 Gameson und Wheeler, a.a.O.; T. Holloway, »Back from the dead: The restoration of the River Thames«, *Environment,* Juni 1978.
82 P. Opler, H. Baker und G. Frankie, »Recovery of the tropical lowland forest ecosystems«, in: Cairns et al., a.a.O.

den, die Schwierigkeiten einer Besiedlung neuer Gefüge fern von ihrem ursprünglichen Standort zu ertragen.[83]

Es wäre die Pflicht jener, die meinen, es würde die Weltmeere nicht schädigen, wenn sie als Abfallgrube mit unbegrenztem Fassungsvermögen dienten, diese Worte zu beachten. Die Korallenriffe der Kaneohe-Bucht auf Hawaii haben begonnen, sich zu erholen, seit keine ungeklärten Abwässer mehr eingeleitet werden. Wenn aber die Verschmutzung der Ozeane zu stark wird, kann eine Erholung solcher Systeme nicht mehr in einer Zeitspanne geschehen, die für Menschen interessant ist.
Zum Schluß wollen wir feststellen, daß es möglich ist, durch die künstliche Verbesserung von Ökosystemen die organische Diversität zu erhöhen. So ist wohlbekannt, daß eine Verbesserung der strukturalen Komplexität des Meeresbodens Flächen mit einer hohen Fischartenvielfalt schaffen kann. Dies konnte die Errichtung künstlicher Riffe aus Betonblöcken für Forschungszwecke sowohl im australischen Großen Barrier-Riff wie auch bei den amerikanischen Jungferninseln schön aufzeigen.[84] Angler wissen dies bereits seit einiger Zeit sehr genau und haben häufig alte Autoreifen und anderen Schrott auf dem Meeresboden versenkt, um ihre Fangquote zu erhöhen. Die künstlichen Riffe gewähren zunächst einmal Schutz vor Räubern aus dem tiefen Wasser, den gewisse Arten zum Überleben brauchen. Der australische Biologe Bary Russell konnte zeigen, daß die Anzahl des Säbelzahnschleimfisches (der im ersten Kapitel erwähnt worden ist) durch die Anzahl der zur Verfügung stehenden Löcher begrenzt wird. Es gelang ihm mit dem einfachen Mittel, Betonblöcke mit vorgebohrten Löchern an das Riff anzuhängen; als die künstlichen Rückzugsmöglichkeiten vorhanden waren, schnellte die Zahl der Schleimfische in die Höhe.
In gleicher Weise können zur Erhöhung der Artenvielfalt in terrestrischen Ökosystemen künstliche Standorte geschaffen werden. Zum Beispiel können, um den Bruterfolg und die Populationsdichte verschiedener Vogelarten zu erhöhen, künstliche Nisthöhlen angebracht werden.[85] Dies haben schon Millionen Menschen getan, indem sie in ihren Gärten Vogelkästen aufhängten.

83 »Waterway recovery«, *Water Spectrum,* Herbst 1978, Seite 28.
84 Vgl. beispielsweise J. E. Randall, »An analysis of the fish populations of artificial and natural reefs in the Virgin islands«, *Caribbean Journal of Science* 3, 1963, Seite 31-47; F. H. Talbot, B. C. Russell und G. R. V. Anderson, »Coral reef fish communities: Unstable, high-diversity systems«, *Ecological Monographs* 48, 1978, Seite 425-440.
85 S. Temple, a.a.O. (Teil II).

Die künstlichen Verbesserungen von vielen derartigen Ökosystemen lassen jedoch nach, wenn sie nicht ständig erneuert werden.[86] Je mehr über Ökosysteme gelernt wird, um so eher könnte es möglich sein, Wege zu finden, die sowohl die Diversität erhöhen, als auch die Arbeitsmenge reduzieren, die zum Erhalten des höheren Diversitätsniveaus nötig ist.
Bei alle dem dürfen wir nicht vergessen, daß, wenn auf einer Fläche Gras oder Bäume gepflanzt wurden, dies nicht unbedingt heißt, ein wertvolles Ökosystem geschaffen zu haben. In der Regel ist ein derartig vereinfachtes Gefüge entweder sehr instabil oder kann keine ökologischen Dienstleistungen erbringen (oder beides). Fichtenfarmen, Kokusnußplantagen, Golfplätze und Rasen erhalten verhältnismäßig wenig Diversität und sind normalerweise völlig unzureichender Ersatz für die natürlichen Gefüge, an deren Stelle sie stehen.[87]

---

[86] Künstliche Riffe können jedoch auch als Ankerpunkte für neu siedelnde Korallen dienen und so einen Kern bilden, von dem aus ein natürliches Riff entstehen kann.

[87] Gärten können wenigstens teilweise wichtige biologische Ausgleichsfunktionen erfüllen, die von überbeanspruchten Landschaftsräumen wegen ihren vielfaltsfeindlichen Monostrukturen nur sehr eingeschränkt wahrgenommen werden können. Kleingartenanlagen in Ballungsgebieten erfüllen wegen ihrer klimatischen Ausgleichsfunktion und als Ersatz für den Garten am Haus wichtige Funktionen. Privat nutzbare Freiräume, in denen keine Produktionszwänge bestehen, sind eine gute Voraussetzung zur Schaffung von vielfältigen Lebensräumen für Mensch, Tier und Pflanze. Je abwechslungsreicher ein Garten gestaltet ist, desto intensiver werden auch die Anregungen für die Kinder sein. Ebenso wirkt sich auch eine monotone Umwelt negativ auf die seelische Entwicklung und das Wohlbefinden des Menschen aus.
Wo der Garten am Haus nicht möglich ist, sollte verstärkte Schaffung von Kleingärtenanlagen angestrebt werden. Die ökologische und soziale Bedeutung solcher Kleingärten kann gar nicht hoch genug eingeschätzt werden. Folgende sechs Grundforderungen sollten bei der Anlage und dem Betreiben eines ökologischen Gartens beachtet werden. Vgl. Bund Naturschutz in Bayern (Hrsg.): »Ökologischer Garten«, Frankfurt am Main (fischer alternativ) 1981.
1. Schaffung unterschiedlicher Standorte bezüglich Bodenqualität, Besonnung, Feuchtigkeitszustand, Windverhältnissen.
2. Ansiedlung von Pflanzengemeinschaften, die vorgegebenen Standorten entsprechen.
3. Kein Einsetzen freilebender Tiere. Diese nehmen den angebotenen Lebensraum von selbst an, wenn er ihren Bedürfnissen entspricht.
4. Erhaltung des natürlichen Nährstoffkreislaufs in Form von Kompostieren und Mulchen.
5. Unterstützung pflanzeneigener Abwehrkräfte mit Hilfe geeigneter Kulturmethoden.
6. Verzicht auf Giftanwendung bei Pflanzenschutz und Düngung.

Das Bewahren der menschlichen Vielfalt

Definitionsgemäß sind auch Menschen Bestandteil der Ökosysteme, und es läßt sich argumentieren, daß das Bewahren ihrer Vielfältigkeit ein verdienstvolles Ziel ist, das auch für die Erhaltung der Diversität anderer Lebewesen wichtig ist.[88] Naturvölker verfügen häufig über ein umfassendes Wissen der medizinischen Verwendung anderer Lebewesen. Die Hawaiianer wußten von der Antikrebswirkung der Körperflüssigkeit bestimmter meerlebender Würmer – eine Wirkung, die sich im Labor bestätigte. Daher wird das Bewahren unterschiedlicher menschlicher Kulturen der Gesellschaft den Zugang zu einem Volkswissen ermöglichen, das sonst verloren gehen würde. Jenes Wissen wird den Nutzen erhöhen, der aus anderen Arten gezogen werden kann und damit auch stimulierend für ihre Erhaltung wirken.[89]

Noch wichtiger aber ist es, zu erkennen, daß in der abendländischen Kultur keineswegs alle Geheimnisse zu finden sind, die zur Erhaltung unserer Erde beitragen. Vielleicht liegt etwa das Geheimnis, wie die Menschen friedlich miteinander leben können, in der Kultur der sanften Tasaday auf Mindanao begraben. Vielleicht könnte uns die indianische Kultur einige wesentliche Einsichten dafür vermitteln, wie man mit den von den naturalen Ökosystemen auferlegten Zwängen leben kann, anstatt zu versuchen, sie zu beherrschen. Dies wird durch folgendes Zitat aus einem Brief des Häuptlings Sealth vom Duwamish-Stamm (im heutigen Staat Washington) von 1855 nahegelegt:

Meinem Volk ist jedes Stück Erde heilig. Jede glänzende Tannennadel, jeder sandige Strand, jeder Nebel in den dunklen Wäldern, jede Lichtung und jedes summende Insekt ist heilig in der Erinnerung und in der Erfahrung meines Volkes... der weiße Mann ist ein Fremder, der in der Nacht kommt und sich vom Land nimmt, das er braucht. Die Erde ist nicht sein Bruder, sondern sein Feind, und wenn er sie erobert hat, zieht er weiter. Er verläßt die Gräber seiner Väter, und das Gebietsrecht seiner Kinder wird vergessen... alle Dinge teilen den selben Atem – die Tiere, die Bäume, der Mensch. Der weiße Mann scheint die Luft nicht zu bemerken, die er atmet. Wie ein Mann, der viele Tage lang stirbt, ist er empfindungslos gegen

---

88 Dieser Teil beruht zum Teil auf P. Ehrlich, »Diversity and the steady state«, in: J. Comer (Hrsg.), *Quest for a Sustainable Society* (im Druck). Eine ursprüngliche Version dieses Artikels wurde veröffentlicht als »Variety is the key to life«, *Technological Review*, März/April 1980.
89 George N. Appell, »The pernicious effects of development«, *Fields Within Fields...* Nr. 14, Winter 1975.

Gestank... Was ist der Mensch ohne Tiere? Wenn alle Tiere gegangen sind, werden die Menschen sterben, weil sie sich so sehr langweilen. Was immer den Tieren geschieht, geschieht auch dem Menschen. Alle Dinge stehen in einem Zusammenhang. Was der Erde widerfährt, widerfährt auch den Söhnen der Erde... Auch die Weißen werden gehen müssen – vielleicht früher als die anderen Stämme. Wenn einer weiter sein Bett beschmutzt, wird er eines nachts in seinem eigenen Abfall ersticken. Wenn alle Büffel geschlachtet sind, alle Wildpferde gezähmt, die heimlichen Ecken des Waldes vom Mief vieler Menschen erfüllt sind und der Blick über die Hügel von den sprechenden Drähten gestört wird, wo ist dann das Dickicht? Verschwunden. Wo ist der Adler? Verschwunden. Wenn man dem sanften Pony und der Jagd auf Wiedersehen sagen muß, so ist das das Ende des Lebens und der Beginn des Überlebens.[90]

Zum Bewahren einer kulturellen Diversität können viele Schritte unternommen werden; einer davon ist für uns von besonderem Interesse: Bei der Errichtung von Schutzgebieten müssen wir uns darum bemühen, Naturvölker mit ihren natürlichen Habitaten zu »erhalten«. Durch das Vordringen der herrschenden westlichen Kultur werden die Eingeborenenkulturen beispielsweise in Amazonien rasch zerstört. Dieser Prozeß verläuft direkt (über Versklavung und Tötung) und indirekt (durch Umweltzerstörung) – ein Verhalten menschlicher Kulturen gegenüber anderen Arten, das uns vertraut ist. Seit 1960 ist die Zahl der Indianerstämme, die frei im brasilianischen Amazonien leben, von 260 auf 143 gesunken, und weniger als zehn hiervon haben tausend oder mehr Angehörige. Etwa sechsundzwanzig Stämme wurden im letzten Jahrzehnt vernichtet; über 30 000 Menschen wurden vertrieben oder getötet. Die meisten übriggebliebenen Stämme haben eine schwindende Zahl von Überlebenden – ein sinkendes Potential für die Kultur des Stammes.

Wie aber lassen sich die restlichen Eingeborenenkulturen retten? Angenommen, jedes Stammesgebiet würde in ein unverletzliches Schutzgebiet verwandelt? Solch ein Plan ist nun vorgeschlagen worden, um den berühmten Yanomamo-Stamm auf einer Fläche von mehr als 130 000 Quadratkilometern in Nordwestbrasilien zu erhalten. Es bestehen Chancen, daß in Verbindung mit der neuen brasilianischen Haltung gegenüber

---

90 Aus einem Brief, der 1855 an den nordamerikanischen Präsidenten Franklin Pierce geschrieben wurde und in dem ein Verkauf des Landes seines Stamms erörtert wurde. Wiederabgedruckt in *Greenpeace Chronicles*, September 1979. Der Name der Stadt Seattle, die in der Mitte des Gebietes der Duwamish errichtet wurde, ist eine Verballhornung des Namens des Häuptlings Sealth.

Amazonien dieser und andere Nationalparks errichtet werden können.[91]
Bestenfalls müssen die wenigen verbleibenden »primitiven« Völker mit einer beträchtlichen Kulturveränderung rechnen, da sie zumindest hin und wieder Kontakt zu einer dominanten Kultur haben. Schlimmstenfalls aber – wenn nicht bald drastische Maßnahmen ergriffen werden – werden ihre Kulturen völlig verschwinden. Trotz der gegenwärtig aufgeklärteren Haltung Brasiliens hinsichtlich einer Erhaltung Amazoniens könnte sich der einmal von seinem Innenminister Mauricio Rangel Reis abgegebene Kommentar als richtig erweisen: »Die Ideale einer Erhaltung der indianischen Bevölkerungen in ihren eigenen Habitaten sind sehr schöne Ideen, aber unrealistisch.«[92]

Von der Taktik zur Strategie

Schöne Ideen haben in unserer Welt wenig Aussicht, gegen diesen »Realismus« anzukommen. Deshalb wird der Versuch einer Ausführung der hier diskutierten Taktiken ohne eine umfassende Strategie niemals ausreichend sein.[93] Die Angriffe auf den Scheckenfalter, auf das Läusekraut und – wichtiger – auf die Arten der tropischen Wälder sind ein Zeichen dafür, was in Zukunft noch geschehen wird. Wenn der expansionistische »Realismus« von heute fortbesteht, werden früher oder später alle Schrauben gelöst sein; die ganze Menschheit wird in der dann kommenden Sintflut ersaufen. Wenn nicht der Kurs der Gesellschaft geändert wird, wird letztlich jede Population, jede Art, jeder Zoo und jede Baumhecke dem »Fortschritt« eines Industriellen oder Politikers im Weg stehen. Wie wir im ersten Kapitel feststellten, wird es für jeden in der Natur lebenden Organismus in Zukunft einen Tellico-Staudamm geben – und auch für jede Menschengruppe oder Familie, deren Land und Kultur von denen, die die Planierung steuern, für unwichtig angesehen werden.
Wie gesagt, die Taktik des Natur- und Artenschutzes ist wichtig – die Kämpfe um die Rettung einzelner Arten und um die Einrichtung und

---

91 C. Holden, »Park is sought to have Indian tribe in Brazil«, *Science* 206, 1979, Seite 1160-1162.
92 Das Zitat und die Zahlen der Stämme stammen aus G. Hawrylyshyn, »No match for progress«, *International Wildlife*, März/April 1976.
93 Dieser Teil beruht zum Teil auf P. Ehrlich, »The strategy of conservation, 1980–2000«, in: Soulé und Wilcox, a.a.O.

Erhaltung von Schutzgebieten –, weil sie zunächst Aufschub bedeutet und den Tag der Endabrechnung veschieben hilft. Dennoch sind wir davon überzeugt, daß eine völlig neue *Strategie* für die Bewahrung der organischen Diversität entwickelt werden muß, die auf den fünf ehernen Gesetzen des Natur- und Artenschutzes beruht:[94]

1. Beim Arten- und Naturschutz gibt es nur erfolgreiche Verteidigung oder Rückzug – niemals einen wahren Vormarsch –; eine einmal vernichtete Art und ein einmal zerstörtes Ökosystem lassen sich nie wieder errichten.
2. Andauerndes menschliches Bevölkerungswachstum und ein Natur- und Artenschutz sind im Grunde unvereinbar.
3. Ein nur auf Wachstum bedachtes ökonomisches System ist gleichfalls nicht mit dem Natur- und Artenschutz vereinbar.
4. Die Vorstellung, daß nur Kurzzeitziele und unmittelbares Glück von *Homo sapiens* bei moralischen Entscheidungen über die Nutzung der Erde erörtert werden brauchen, ist tödlich – nicht nur für die nichtmenschlichen Lebewesen, sondern auch für die Menschheit selbst.
5. Argumentationen für das Recht nichtmenschlicher Lebensformen auf Existenz (oder auch für ihre ästhetischen Werte und ihre unverzichtbare Bedeutung) oder Mitleidsappelle für die, die unsere Lebensgefährten im All sein könnten, treffen zumeist auf taube Ohren. Bis sich die ethischen Einstellungen weiterentwickeln, muß der Naturschutz als eine Frage des menschlichen Wohlergehens und – langzeitig – des menschlichen Überlebens betrachtet werden.

Die neue Strategie muß kompromißlos sein und sich insgesamt auf eine Veränderung der Gesellschaft stützen. Die heutige Gesellschaft, die noch ökologische Gefüge angreift, muß sich zu einer Gesellschaft entwickeln, die automatisch die Vormundschaft für die Natur übernimmt. Es ist dies eine Strategie, die von den meisten »praktisch«-denkenden Menschen für unrealistisch oder undurchführbar gehalten wird. Die Ironie liegt nun gerade darin, daß für die Gesellschaft in Wahrheit nichts *unpraktischer* ist als die Beibehaltung des gegenwärtigen Kurses.

---

94 Vgl. ebda., Seite 338.

Die Strategie des Natur- und Artenschutzes

Es ist zunächst notwendig, einen Entwurf für eine Wirtschaftsordnung mit einer friedlichen Stabilität zu entwickeln. Jene »leistungsfähige Wachstumswirtschaft«, die zu reproduzieren uns die Herrschenden ermahnen, ist auf einer Erde mit einer begrenzten Ausdehnung nicht möglich, und die andauernden Versuche, sie zu schaffen, sind die *Grundbedrohung für den Frieden.*
David R. Brower, »Not Man Apart«, Mai 1980

Die Haupttaktiken des Naturschutzes sind verhältnismäßig einfach: zahlreiche gutgelegene Schutzgebiete überall auf dem Globus zu errichten und sie (und die Räume dazwischen) klug zu bewirtschaften. Wenn diese Taktik erfolgreich angewendet werden kann, sollte eine biologische Verarmung aufzuhalten sein. Wie aber können die politischen, ökonomischen und psychologischen Ressourcen der Menschheit mobilisiert werden, um dieses Ziel zu erreichen? Unglücklicherweise gibt es keinen *einzelnen* Opponenten, gegen den sich die Kräfte der Natur- und Artenschützer sammeln können. Die Biosphäre wird in ganz kleinen Stücken zu Tode gebracht: etwas Überausbeutung hier, ein wenig Biotopzerstörung dort, ein bißchen mehr saurer Regen irgendwo anders. Nicht nur »wir« sind die Feinde, sondern eigentlich alle menschlichen Aktivitäten. Wenn zum Erhalten der Pflanzen, Tiere und Mikroorganismen keine geeigneten Schritte unternommen werden, wird die Menschheit bald einer ebenso ernsten Katastrophe wie einem unbegrenzten Atomkrieg gegenüberstehen.

Wir brauchen daher eine Strategie dafür, wie wir die Gesellschaft so verändern können, daß sich das rasche Anwachsen der Ausrottungen wieder verlangsamt. Es muß sich um eine weltweite Umwandlung handeln, zumal es die Alltagsaktivitäten der Menschen sind, die die anderen Lebewesen am stärksten bedrohen – die Art und Weise, wie die Menschen auf der Suche nach Nahrungsmitteln, Kleidern, Schutz und anderen Annehmlichkeiten die naturalen Gefüge behandeln. Die Umwandlung hin zu einer *dauerhaften* Gesellschaft ist Thema einer ganzen Reihe von kürzlich erschienenen Büchern. Am besten läßt sich eine dauerhafte Gesellschaft als eine beschreiben, die sich darauf beschränkt, innerhalb von Umweltzwängen zu leben, statt ständig zu wachsen und verzweifelt das Ziel einer Naturbeherrschung vor Augen zu haben. Wir können hier nur eine Zusammenfassung jener Strategie wiedergeben, um unsere Überzeugung zu bekräftigen, daß – wie so viele andere Probleme, denen die Menschheit nun gegenübersteht – die Ausrottungsproblematik nicht durch kleinere Korrekturen im soziopolitischen System gelöst werden kann.[1]

Bevölkerungskontrolle

Ein Ende des Bevölkerungswachstums, so rasch es ohne Verletzung der Humanität möglich ist, und eine allmähliche Bevölkerungsverringerung auf ein dauerhaft gleiches Niveau sind Voraussetzung, wenn die Populationen der meisten anderen Arten eine Chance zum Weiterbestehen haben sollen. Für *Homo sapiens* gelten die Gesetze der Biologie ebenso wie für die Iriomoto-Katze oder Ediths Scheckenfalter. Mit Millionen anderer Arten teilen die Menschen den Schatz der Sonnenenergie, den Lebensraum und die anderen Ressourcen der Erde. Wenn die anderen noch über Lebensraum und Subsistenzbedingungen verfügen sollen, so müssen wir Menschen gewillt sein, für sie Raum und Ressourcen zu opfern, die sonst von uns Menschen benutzt werden könnten. Auch wenn dieses Opfer letztlich im Interesse der Menschheit (besonders in dem der zukünftigen Generation) liegt, wird es dennoch ein Opfer für jene sein, die große Familien haben wollen, nun aber ihre Reproduktion beschränken müssen.

Glücklicherweise ist nun die Vorstellung, daß »jedes Vorhaben ohne Bevölkerungskontrolle ein verlorenes Vorhaben« ist, weithin akzeptiert – selbst Leute, denen die Ausrottungsproblematik nicht bewußt ist. Wenn erst die extreme Unvereinbarkeit eines andauernden Bevölkerungswachstums mit dem Überleben anderer Arten allgemeinhin verstanden wird, wird diese Erkenntnis weitere Anstrengungen zu einer Bevölkerungskontrolle hervorrufen. Doch eine Beschränkung der Zahl der Menschen ist zwar natürlich eine absolut notwendige Voraussetzung, wird aber nicht ausreichen – ja, nicht einmal eine Verminderung auf eine Anzahl, die sich dauerhaft erhalten kann, ohne die Ökosysteme zu verschlechtern. Selbst von einer Weltbevölkerung von nur zwei Milliarden Menschen (weniger

---

1 Eine Übersicht und Einführung in diese Literatur wird gegeben in P. R. Ehrlich, A. H. Ehrlich und J. P. Holdren, *Ecoscience: Population, Resources, Environment*, San Francisco (W. H. Freeman) 1977, vgl. auch Anmerkung 9.

als die Hälfte der heutigen Bevölkerung) könnten leicht genügend Schrauben losgedreht werden, um die Zivilisation zu zerstören, wenn jeder dabei z. B. wie ein Amerikaner leben wollte. Die Einwirkungen des Menschen auf die Ökosysteme bestimmen sich nicht nur dadurch, wie viele Menschen es gibt, sondern auch dadurch, wie sie leben wollen.[2] Die Gewohnheiten der Menschen müssen so verändert werden, daß sie nicht länger eine beständige Erosion der organischen Vielfalt verursachen.

Ökonomisches Wachstum

Der berühmte Wirtschaftswissenschaftler Alfred Marshall nannte seine Disziplin »das Studium der Menschheit im alltäglichen Leben«. Wenn sich die menschlichen Aktivitäten ändern müssen, ist daher die Reform des Wirtschaftssystems eine zentrale Herausforderung, die durchgeführt werden muß, wenn mit der Errichtung einer dauerhaften Gesellschaft begonnen werden soll.

Wenn unser Zeitalter sich überhaupt noch durch etwas kennzeichnen läßt, so durch die Herrschaft der ökonomischen Werte. Werte wie Gleichheit, Gerechtigkeit, Mitgefühl, Frieden, Beistand oder Anstand müssen gegenüber dem Anhäufen der Reichtümer und dem Bestreben nach einem Wachstum des Bruttosozialprodukts eine Nebenrolle einnehmen. Dieses Ungleichgewicht, das nur von wenigen Leuten hinterfragt wird, wird in erster Linie durch eine Gleichsetzung von absolutem materiellem Wohlstand mit Wohlergehen gerechtfertigt. Es gibt jedoch unzählige Belege dafür, daß – sobald einmal eine bestimmte Stufe von Annehmlichkeiten erreicht ist – die Begriffe Wohlstand und Wohlergehen nicht mehr automatisch zusammengehören oder sich sogar gegenseitig ausschließen, so daß schließlich der rein quantitative Wohlstand überwiegt.[3]

Das Streben nach Wohlstand für die breite Masse ist eine historisch sehr junge Entwicklung, sie ist erst drei Jahrhunderte alt.[4] Dieses Streben bildet den Hauptgrund dafür, daß *Homo sapiens* für die anderen Arten zu einer derartigen Bedrohung geworden ist. In jenen wenigen Jahrhunder-

---

2 P. R. Ehrlich und J. P. Holdren, »Impact of population growth,« *Science* 171, 1971, Seite 1212–1217.
3 Vgl. Ehrlich, Ehrlich und Holdren, *Ecoscience,* Kapitel 14. Über die relative Verarmung vgl. L. C. Thurow, *The Zero-Sum Society,* New York (Basic Books) 1980, Seite 198 ff.
4 R. L. Heilbroner, The Wordly Philosophers. New York (Simon und Schuster) 1980.

ten – die nicht mehr als einen Augenblick auf der Skala der biologischen Evolution darstellen – wurde ein Wirtschaftssystem geschaffen, das materiellen Wohlstand zum Hauptziel nimmt. Dieses System gereichte vielen Menschen zum Wohle – doch wurden seine Wohltaten auch von schwerwiegenden Kosten begleitet. Im 18. und 19. Jahrhundert wurden ungeheure Opfer gebracht, um eine Kapitalanlage zu ermöglichen, auf der eine allgemeine Vermögensbildung aufgebaut werden konnte. Jene Opfer, die fast nur von den ärmsten Teilen der Gesellschaft aufgebracht wurden, ermöglichten erst die Industrielle Revolution. Diese wiederum ermöglichte eine beispiellose Ausbeutung der Ressourcen und – damit unbeabsichtigt verbunden – das Entstehen weiterer Kosten durch den Angriff auf die natürlichen Ökosysteme.[5]

Die auf einseitigen Opfern beruhende Industrielle Revolution führte auch zu einer ungeheuren internationalen Ungleichheit bei Wohlstand und Macht, ja sogar zur Spaltung des Planeten in reiche und in arme Nationen. Sie führte weiter zur Bevölkerungsexplosion und zur Atombombe. Heute sind Kosten und Nutzen jener Revolution sehr ungleich zwischen den Menschen aufgeteilt, und sie sind ebenso ungleich zwischen den Generationen aufgeteilt. Beispielsweise wurden die Nutzen der Ausrottung der Wandertaube (bei der die Eisenbahnen eine zentrale Rolle spielten) von Menschen des letzten Jahrhunderts geerntet; die Kosten aber werden noch immer gezahlt – und sie werden auch von den zukünftigen Generationen noch gezahlt werden müssen.[6]

Am Wirtschaftswachstum ist so erschreckend, daß es die Menschheit jetzt veranlaßt, gegen die physischen und biologischen Schranken zu drücken, in denen das Wirtschaftssystem arbeiten muß. Für diesen Druck ist die wachsende Auslöschungsrate und die hieraus resultierende Bedrohung der Ökosysteme (die die Zivilisation ja eigentlich wagen!) ein deutliches Anzeichen. Die steigenden Zahlen von Menschen, die alle noch mehr

---

5 Sie werden als externe oder soziale Kosten (oder in wirtschaftswissenschaftlicher Begrifflichkeit als »external diseconomics«) bezeichnet, weil es sich um Kosten des Wirtschaftens handelt, die auf andere als die betreffende Firma fallen. Eine Standardannäherung neoklassischer Volkswirte zur Behandlung von »Umweltschutz«-Problemen ist es, die externen Kosten zu internen oder privaten Kosten zu machen – demnach soll die Firma *alle* Kosten ihres Wirtschaftens übernehmen. Unglücklicherweise ist dies aber in der wirklichen Welt nicht möglich, weil hierdurch viele Preise bis in die Unendlichkeit hochgetrieben würden – eine Tatsache, die den meisten neoklassischen Nationalökonomen verloren geht.
6 Der Preis, den wir heute für die Ausrottung der Wandertaube bezahlen, kann nur abgeschätzt werden.

Luxus haben möchten, sind ein Anzeichen dafür, daß bereits jetzt die Tragfähigkeit der Erde für *Homo sapiens* überschritten worden ist.[7]

Die Umwandlung des Wirtschaftssystems

Das wachstumsorientierte Wirtschaftssystem wird möglicherweise – sogar wahrscheinlich – Knall auf Fall zusammenbrechen, ob es will oder nicht, wenn es an die natürlichen Grenzen stößt. Statt sich die Natur untertan zu machen, wird dann die Natur sich dieses System untertan machen. In diesem Falle würde die Menschheit mit ihrem gescheiterten Wirtschaftssystem gewaltig in der Tinte sitzen.[8] Andererseits könnte es einen vernünftig geplanten Übergang zu einer Gleichgewichtswirtschaft geben. Die Umwandlung eines Systems, das auf ständiges Wachstum ausgerichtet war, in eines, das für eine dauerhafte Gesellschaft angemessen ist, würde beträchtliche, aber doch lösbare Probleme aufwerfen.[9] Sowohl vom Gesichtspunkt der Menschheit als auch von dem der anderen Arten wäre ein planvoller Übergang einer Katastrophe vorzuziehen.

Was aber steht einer solchen Umwandlung im Weg? Das Haupthindernis liegt darin, daß die meisten Entscheidungsträger in allen Gesellschaften

---

7 Vgl. Ehrlich, Ehrlich und Holdren, a.a.O., besonders Seite 716–717.
8 Häufig wird von Ökonomen eine Stagnationsperiode eines wachstumsorientierten Wirtschaftssystems damit verwechselt, wie ein Gleichgewichtswirtschaftssystem aussehen würde – vgl. zum Beispiel L. C. Thurow, a.a.O., Seite 115 ff. Wie Herman Daly, der führende Theoretiker einer Gleichgewichtswirtschaft, kürzlich schrieb, sollten »die Fehler der Wachstumswirtschaft ... nicht als Argument gegen die Gleichgewichtswirtschaft benutzt werden. Die Tatsache, daß Flugzeuge auf die Erde fallen, wenn sie versuchen, an einem Ort in der Luft stehen zu bleiben, spiegelt kaum die Tatsache wider, daß Flugzeuge allesamt für Vorwärtsbewegung konstruiert wären. Es ist überhaupt kein Beweis dafür, daß Hubschrauber nicht an einem Ort in der Luft stehenbleiben können.« – »Postscript. some commen misunderstandings and further issues concerning a steady-state economy,« in: H. E. Daly (Hrsg.), *Economics, Ecology and Ethics:* Essays Toward a Steady-State Economy, San Francisco (W. H. Freeman) 1980.
9 Mit dem Entwerfen von einem Gleichgewichts- oder dauerhaften Wirtschaftssystem hat Herman E. Daly von der Louisiana-State-Universität begonnen. Falls die Zivilisation überdauert, wird in der Geschichte der Wirtschaftswissenschaften bei den Namen der großen Ökonomen des 20. Jahrhunderts auch der von Daly genannt werden. Seine wesentlichen Gedanken sind zu finden in seinem wunderbar geschriebenen *Steady-State-Economics: The Economics of Biophysical Equilibrium and Moral Growth,* San Francisco (W. H. Freeman) 1977. Auch dem Laien sind die Gedanken dieses kleinen Büchleins verständlich. Seine neuere Sammlung (vgl. Anmerkung 8) ist ebenfalls sehr zu empfehlen.

nicht erkennen (wollen), wie dringlich dieses Umdenken ist. Das hängt zum Teil damit zusammen, daß diese Zwänge von den sie beratenden Ökonomen vollkommen ignoriert werden. Wenn sie glauben, daß es überhaupt irgendwelche Grenzen eines physischen Wachstums geben könnte, so verlegen sie sie in eine entfernte Zukunft und lassen sie eine Aufgabe für künftige Generationen sein. Sie setzen die Umweltproblematik mit »Umweltverschmutzung« gleich und nehmen an, daß die Menschen wählen können, ob sie mit Umweltproblemen oder ohne sie leben. Ihrer Ansicht nach ist das ökologische Bewußtsein einfach »eine Nachfrage nach weiteren Gütern und Dienstleistungen (saubere Luft, sauberes Wasser usw.), das sich nur insofern von anderen Konsumbedürfnissen unterscheidet, als es nur kollektiv erreicht werden kann«.[10] Ähnlich gelten die anderen Arten als Gebrauchsartikel, die die Gesellschaft je nach ihren Wünschen bewerten oder nicht bewerten kann.[11] Die Abhängigkeit der Gesellschaft von den Ökosystemdienstleistungen, die wiederum von anderen Arten abhängen, taucht eigentlich nie in ökonomischen Berechnungen auf.[12]

Daher verhalten sich die Ökonomen und die von ihnen beratenen Politiker so, als ob die Welt unendlich sei. Sie nehmen an, daß sich die natürlichen Ressourcen unbegrenzt ersetzen ließen[13], weil sie von den dabei entstehenden Umweltkosten oder von Geologie, Physik und Chemie nichts wissen (wollen). Vor kurzem schrieb tatsächlich ein Wirtschaftswissenschaftler (der anscheinend ein altes Buch über Alchimie gelesen hatte), »die zukünftige Menge einer natürlichen Ressource wie Kupfer könne nicht einmal im Prinzip berechnet werden... weil Kupfer aus anderen Metallen hergestellt werden kann«.[14]

---

10 L. C. Thurow, a.a.O., Seite 104–105. Trotz Thurows widersinniger Anschauungen von Ressourcen- und Umweltfragen (die nur den Zustand der heutigen Wirtschaftswissenschaften widerspiegeln) handelt es sich hierbei um ein interessantes Buch.

11 Ebda., Seite 114–115.

12 Nicht in allen Behandlungen von Umwelt durch »mainstream«-Ökonomen wird dieser Punkt ganz falsch gesehen. Vgl. etwa J. V. Krutilla und A. C. Fisher, *The Economics of Natural Environments*. Baltimore (John Hopkins University Press) 1975.

13 H. O. Barnett und C. Morse, *Scarcity and Growth: The Economics of Natural Resource Availability,* Baltimore (John Hopkins Press) 1963. Noch immer ist diese Sichtweise in den Wirtschaftswissenschaften die übliche. Vgl. etwa G. Anders, W. Gramson und S. Maurice, »Does resource conservation pay?« *IIER Original Paper Nr. 14,* International Institute of Economic Research, Los Angeles 1978.

14 J. L. Simon, »Resources, population, environment: An oversupply of false bad news,« *Science* 208, Seite 1431–1435. Ein Gymnasiast würde sich wegen eines solchen

In gleicher Weise verstehen die meisten Ökonomen und Entscheidungsträger nicht, daß der gleiche thermodynamische Hauptsatz, der dem Ökosystem seine pyramidale Struktur zuweist, auch die Gesamtaktivitäten der Menschheit einschränkt.[15] Wegen der thermodynamischen Einschränkungen ist es nicht möglich – *nicht einmal in der Theorie möglich* –, daß ein Wirtschaftssystem mit einem »perfekten« Umweltverhalten immer weiter wächst. Selbst mit einem ökologisch idealen Wirtschaftssystem wird ein andauerndes Wachstum letztendlich zu einem Ökosystemzusammenbruch führen, dem alle Arten – auch die Menschheit – zum Opfer fallen würden.[16] Doch die wirkliche Welt ist selbstverständlich nicht perfekt; daher wird jede Zunahme eines weltweiten materiellen Wirtschaftswachstums ihren Preis mit der Ausrottung von Arten fordern.[17]

Fehlers schämen. Daß es sich dabei um keinen Ausrutscher handelt, macht der Artikel im ganzen deutlich, der in jeder wissenschaftlichen Zeitschrift ein tolles Glanzstück für die Ausgabe zum 1. April sein könnte.

15 Ebda., vgl. auch R. Zeckhauser, »The risks of growth,« *Daedalus*, Herbst 1973, Seite 103–178. Zeckhauser, ein bekannter Volkswirtschaftler und der Autor eines guten Buches über Politikanalyse, kann die Risiken des Wachstums nicht analysieren, da er die Zwänge nicht versteht, die uns der Zweite Thermodynamische Hauptsatz auferlegt. Er behauptet: »Bei Öl kann Recycling keine Lösung sein, weil die alternative Technologie der Atomstromerzeugung billiger ist.« Der Zweite Hauptsatz besagt, daß unter keinen Umständen Öl als Energiequelle wiedergewonnen werden kann.

16 Aus den Naturgesetzen folgt, daß in der wirklichen Welt alle Aktivitäten Wärme erzeugen. Die Hitzeangriffe bleiben – egal wie erfolgreich die Menschen dabei sein werden, ihre Angriffe auf naturale Ökosysteme zu vermindern – doch bestehen und sind (wenn alles andere als gleich angesehen werden kann) proportional zum Niveau der wirtschaftlichen Tätigkeiten. Keine technologische Innovation wird es *Homo sapiens* gestatten, den Folgen des Zweiten Thermodynamischen Hauptsatzes zu entrinnen. Eventuell werden alle Arten, einschließlich der Menschen, einem *Wärmetod* zum Opfer fallen, wenn das Wirtschaftswachstum weitergeht – selbst wenn alle anderen Probleme der Menschheit und der Natur gelöst werden könnten. Vgl. Ehrlich, Ehrlich und Holdren, a.a.O. für weitere Einzelheiten. Eine Phantasie eines Erreichens der Wärmegrenze gibt der Physiker John Fremlin, »How many people can the world support?« *New Scientist*, 29. Oktober 1964.

17 1976 hat Hubert Weiger vom BUND Bayern folgende Thesen zum Umweltschutz aufgestellt:
 – Umweltpolitik muß neu als Politik der Verwendung knapper Ressourcen mit dem Ziel, die Wohlfahrt zu maximieren, definiert werden.
 – Die Wirtschaft ist kein offenes System, sondern bildet zusammen mit der Natur einen Kreislauf.
 – Die Umwelt ist ein öffentliches Gut, welches zunehmend knapp wird.
 – Die Bedürfnisse der Menschen müssen durch den Einsatz von möglichst wenig Güterverbrauch befriedigt werden.
 – Wirtschaftswachstum ist kein Ziel an sich. Der erwünschte Zuwachs oder Abbau des realen Sozialprodukts ist nur Reflex der Förderung der Wohlfahrt. Das

Reiche Welt – arme Welt

Wenn alle ein verhältnismäßig annehmbares Leben führen würden und die menschliche Bevölkerung *nicht* weiterwachsen würde, dann gäbe es ein relativ einfaches Gesetz für die Ausrottungsproblematik: das materielle Wirtschaftswachstum bremsen, sehr stark bremsen. Kein Land mehr zubetonieren; wenn neue Häuser gebraucht werden, statt dessen alte Wohnquartiere modernisieren. Kein weiteres Land mehr unter den Pflug nehmen oder zur Weide machen. Wo nötig, die Bewirtschaftung auf den bestehenden landwirtschaftlichen Flächen verstärken. Keine neuen Bergwerke mehr eröffnen: alles der Wiederverwertung zuführen; um die unausweichlichen Verluste beim Recyclingprozeß auszugleichen, alte Halden und Stollen aufarbeiten. Dauerhaftigkeit und nicht Verfügbarkeit zum Produktionsziel machen. Rohe Gewalt durch Klugheit und technische Innovation ersetzen. Zu lernen, immer mehr Waren aus jeder in Arbeit verwandelten Energieeinheit und aus jedem herangezogenen Kilogramm Mineralstoffe zu ziehen. Wenn Wirtschaftssektoren wachsen müssen, keine physischen Ressourcen der Erde hierfür in Beschlag nehmen (wie etwa die heutige Computerindustrie); andere können schrumpfen. Die Gesamteinwirkung auf die Umwelt soll sinken oder höchstens gleichbleiben. Dies alles läßt sich in einem demokratischen, im wesentlichen kapitalistischen System erreichen. Für eine politische Anweisung wäre es das Grunderfordernis, den Ressourcenfluß in das Wirtschaftssystem zu begrenzen – etwa über ein System mit Erschöpfungsquoten, wie es der Wirtschaftswissenschaftler Herman Daly vorgeschlagen hat.[18] Auf der Grundlage einer solchen Anweisung würden die meisten anderen notwendigen Schritte fast automatisch erfolgen, wie z. B. ein Wachstum der Wirtschaftsaktivitäten zur effizienten Nutzung von Ressourcen und ein Schrumpfen solcher, die dies nicht tun.

> Angebot an Boden, Wasser, Luft, Rohstoffen, Energie muß auf den ökologisch zulässigen Umfang beschränkt werden. Die Nachfrage nach diesen Gütern hat sich diesem beschränkten Angebot anzupassen, d. h. in einer Umkehr der bestehenden Verhältnisse hat sich das Angebot knapper Umweltgüter nicht nach der steigenden Geldvermehrung und Geldschöpfung induzierten Nachfrage zu richten.
> – Die Energieerzeugung ist der zentrale Faktor der Umweltbelastung. Der zulässige Energieverbrauch muß deshalb der neue ökonomische Knappheitsmesser werden.
> – Eine drastische Verminderung des Bevölkerungswachstums stellt langfristig die einzige Lösung für ein Überleben der Menschheit dar. In den Industriestaaten ist eine Stabilisierung der Bevölkerungszahl anzustreben. Vgl. *Natur und Umwelt* 2, 1976.

18 Daly, *Steady-State Economics,* a.a.O.

Wo es möglich ist, die obigen strengen Regeln zu befolgen, muß ein Ausgleich zur Ökosystemerholung stattfinden. In Randgebieten liegende Äcker und überweidetes Land müssen wieder der Natur überlassen werden. Die Reichen könnten zu einem neuen Hobby ermutigt werden: Landgüter zu kaufen, damit diese aus der Produktion genommen werden und als Sozialbrachen eine Sukzession ermöglichen. Hübsch zurechtgetrimmte Parks müssen in artenreiche Gebiete mit einer potentiell-natürlichen Vegetation überführt werden. Trotz möglicher Kosten muß jener bisher wenig bemerkte, aber wesentliche Sektor des Wirtschaftssystems geschützt und verbessert werden – jener Sektor, der die Menschheit mit kostenlosen Ökosystemdienstleistungen versorgt: Arten und ihre Umwelt.

Offensichtlich wird die Ausführung dieser einfachen Rezepte sehr schwierig sein. Wie es vonstatten gehen könnte, wird nun gerade zu erforschen begonnen.[19] Doch wird die Lage noch weiter kompliziert, weil nicht alle ein verhältnismäßig annehmbares Leben führen können und weil die Bevölkerung noch immer wächst. Wenn jetzt beim materiellen Wirtschaftswachstum die Bremsen angezogen werden, so würde dies bedeuten, daß die Mehrheit der Weltbevölkerung zu einem Leben im Elend verurteilt würde. Man kann kaum erwarten, daß jene Völker, in deren Länder sich der größte biologische Reichtum der Erde befindet, irgendeinen Plan akzeptieren werden, der sie in Armut sterben läßt. Und es läßt sich auch nicht erwarten, daß sie langfristig denken und über die künftigen Verluste bei den Ökosystemdienstleistungen betroffen sind. Gandhi soll einmal gesagt haben: »Einige Menschen sind so arm, daß Gott ihnen nur in Gestalt von Brot erscheinen kann.« Die Sorge um Kakteen oder Elefanten – gleich, ob nur für die nächste Woche oder für die ganze Nachwelt – ist ein Luxus, den sich nur die leisten können, deren Grundbedürfnisse befriedigt sind.[20] Wenn auch die Problematik eines begrenzten materiellen Wachstums in einer Welt der Ungleichheiten schwierig zu lösen ist, so ist sie doch theoretisch nicht unlösbar. Der Ansatz hierzu ist bereits skizziert worden.[20] Notwendig ist eine starke Verringerung der Angriffe auf die Ökosysteme durch die reichen Länder – ein Aufgeben der Überentwicklung. Dies könnte wiederum Platz schaffen für die notwendige Entwicklung der armen Länder. Das heißt zunächst einmal das Aufgeben der Vorstellung, daß die reichen Länder die armen unterstützen

---

19 So hat zum Beispiel die International Union for the Conservation of Nature and Natural Resources eine »Welterhaltungsstrategie« entwickelt. Für deren Beschreibung vgl. R. Allen, *How to Save the World,* Totowa, N.J. (Barnes and Noble) 1980.
20 Ehrlich, Ehrlich und Holdren, a.a.O., Kapitel 15.

könnten, wenn die reichen noch reicher werden, so daß dabei einige Wohltaten für die armen abfallen und sie aus dem Schmutz heben. Statt dessen muß eine Umverteilung des Wohlstandes in Angriff genommen werden. Denn zu lange zu zögern könnte bedeuten, daß nichts mehr zur Umverteilung übrig bleibt. Hungersnöte, Seuchen, thermonuklearer Krieg und Ökosystemzusammenbruch können das menschliche Kapital verspielen[21], ein Faktor allein reicht dafür schon aus. Seit langem wird eine Umverteilung des Reichtums als wesentlicher Bestandteil für die Errichtung einer dauerhaften Gesellschaft angesehen[22], doch ist es eine umstrittene Zielvorstellung geblieben. Ein offenkundiger Grund hierfür ist, daß die Leute, denen Wohlstand genommen werden soll, fürchten, daß sie zurück auf die Bäume und an die offenen Feuerstellen sollen. Doch diese Furcht ist unbegründet. Wenn beispielsweise angenommen wird, daß sich die Vereinigten Staaten dafür entscheiden, das endgültige Opfer zu bringen und ihren Pro-Kopf-Energieverbrauch auf die Hälfte zu vermindern, so daß den armen Ländern mehr Energie zur Verfügung steht – würde dies ein Ende der amerikanischen Zivilisation bedeuten? Wohl kaum – es würde die Nation einfach auf das Niveau des Energieverbrauchs von 1940 (oder von Frankreich heute) zurückbringen. Und selbstverständlich würde es der technologische Fortschritt erlauben, daß die Energie wirksamer ausgenützt würde als vor vierzig Jahren; mit der gleichen Energiemenge könnten viel mehr Waren und Dienstleistungen als damals produziert werden. Es ist durchaus wahrscheinlich, daß mit einigem Geschick und einiger Entschlossenheit die Vereinigten Staaten bei diesem niedrigen Pro-Kopf-Energieverbrauch sich doch an einer Lebensqualität erfreuen könnten, die zehnmal höher als heute ist.

Die Wagen würden kleiner, die Luft sauberer, das Leben länger und weniger hektisch; und die amerikanischen Ökosysteme und ihre Bestandteile wären in einem besseren Zustand. Die von den Amerikanern eingesparte Energie könnte im Durchschnitt ausreichen, um die Energie, die 175 Menschen in Bangladesch oder zwölf Menschen in Ägypten zur Verfügung steht, zu verdoppeln.[23] Eine Umverteilung wäre kompliziert, aber durchführbar. Und sie würde auch für die Geber keine größeren

---

21 Vgl. etwa ebda., Seite 690–691.
22 Vgl. beispielsweise die gleichlautende Empfehlung, die 1968 von zwei Wissenschaftlern, Lord Snow aus Großbritannien und Andrej D. Sacharow aus der UdSSR (dem Friedensnobelpreisträger und »Vater der russischen Wasserstoffbombe«), gemacht wurde, ebda., Seite 925.
23 Die Energiestatistiken stammen von der Weltbank, *World Development Report*, 1979.

Unbequemlichkeiten mit sich bringen. In den reichen Nationen ist der politische Wille notwendig, eher eine wirtschaftliche Reife zu entwickeln, als ein Wachstum um des Wachstums willen fortzusetzen (»das Wuchern von Krebszellen«, wie es Edward Abbey einst nannte). Doch auch der politische Wille der armen Länder ist notwendig, Entwicklungsziele neu zu definieren und abzusichern, so daß der Nutzen des Fortschritts von allen geteilt wird und nicht nur auf eine Elite beschränkt bleibt.
Wie lassen sich solche drastischen Veränderungen der internationalen Szenerie erreichen? Sicherlich nicht durch Auflagen von oben – etwa durch eine Weltregierung, etwa durch die Vereinten Nationen. Die Menschheit hat diesen Weg versucht und abgelehnt. Die Bewegung muß von unten wachsen, aus den einzelnen (reichen und armen) Nationen, die darin übereinkommen müssen, daß ihre Zukunft voneinander abhängt. Neue Wege müssen eingeschlagen werden, welche die Entwicklung zur Ausrottung stoppen. Die Kenntnis der Folgen einer Fortsetzung des gegenwärtigen Kurses muß daher, wenn die Katastrophe vermieden werden soll, eine große Rolle spielen. Zum Glück gibt es hierbei einige ermutigende Anzeichen. Mitte 1980 legten der U.S. Council on Environmental Quality und das Außenministerium »*Global 2000. Der Bericht an den Präsidenten*« vor. Das Dokument, das in Zusammenarbeit mit zahlreichen Regierungsstellen erarbeitet worden war, sah »weltweite Probleme in einem alarmierenden Ausmaß bis zum Jahr 2000« voraus, zu denen auch »eine fortschreitende Verschlechterung und Verarmung der natürlichen Ressourcenbasis der Erde« gehören soll.
Der Stellvertretende Außenminister Thomas Pickering kündigte an, daß die düsteren Ergebnisse von »Global 2000« sowohl an die US-Botschaften in aller Welt als auch an die ausländischen Regierungen geschickt würden. Der Grundgedanke dafür war, »eine weltweite Zusammenarbeit zu begründen, die die Aussichten für die Zukunft verbessern kann«.[24] Die Notwendigkeiten für derartige internationale Bildungsanstrengungen werden durch die weitverbreitete Ignoranz unterstrichen, die über die Folgen einer fortgesetzten Erosion der biologischen Ressourcen der Welt selbst bei jenen herrscht, die hierüber informiert sein sollten.
Beispielsweise zeigte eine Befragung 1979, daß zwölf von neunzehn Journalisten aus vierzehn Ländern glaubten, daß aus dem immer rascher werdenden Tempo der Ausrottungen kein materieller Schaden erwachsen würde.[25] Ein bekannter englischer Kolumnist, Henry Fairlie, der sich über

---

24 *Denver Post* vom 25. Juli 1980.
25 *Atlas World Press Review*, April 1979, Seite 13.

einen Extremismus in der Ökologischen Bewegung Amerikas beklagte, verhüllte seine Ignoranz mit Halbwissen: »Nichts von dem, was ich trage, esse oder trinke – mit Ausnahme des gelegentlichen Stücks Wildbret, das mir ein Jäger schickt –, kommt aus den Vorräten der Natur. Selbst die Naturschützer erhalten nichts von der Natur, sondern nur von ihrer Kultivierung durch den Menschen.«[26] Fairlies Abscheu vor Fisch und Schalentieren können wir nur bewundern, nicht jedoch sein fehlendes Verständnis für die tausend Wege, auf denen Mutter Natur ihn und den Rest von uns unterstützt. Falls er sie je verstehen wird, wird er auch über die vielen Möglichkeiten erschrecken, die *Homo sapiens* ersonnen hat, um jene Systeme zu zerstören, die er benötigt, um die Gesellschaft zu erhalten.

Wenn dieses Problem einmal genügend Menschen aufgerüttelt haben wird, können verschiedene internationale Lösungen entwickelt werden. Eine adäquate Sichtweise der Ökonomen kann sich dann endlich entwickeln und die reichen Nationen werden erkannt haben, daß eine Änderung ihres Verhaltens, eine Mäßigung ihres eigenen Ressourcenverbrauchs und eine Unterstützung armer Nationen in ihrem eigenen Interesse liegt. Wenn etwa Brasilien geholfen würde, sein geplantes System von Regenwaldschutzgebieten zu errichten, so könnte dies für die Vereinigten Staaten viele Milliarden Dollar wert sein – schon weil die Klimaveränderungen, die die Zerstörung der brasilianischen Waldungen begleiten, die landwirtschaftliche Produktivität der Vereinigten Staaten stark reduzieren könnten, und damit einen Sektor, der 1980 allein bei Exportverkäufen mehr als vierzig Milliarden Dollar einbrachte. Ohne jene Ausfuhren wäre es für die Vereinigten Staaten noch schwieriger, ihre Rechnungen für die Öleinfuhr zu bezahlen, als es dies heute schon ist. Außerdem sind die unterentwickelten Länder in steigendem Maß von Nahrungsimporten aus den Vereinigten Staaten abhängig, um ihre Menschen zu ernähren. Was mit dem Amazonasbecken geschieht, verdient internationale Betroffenheit – und auch der hiervon abhängige Zustand von Nordamerikas landwirtschaftlichem System.

Es steht außer Frage, daß die Hilfe für die armen Länder die beste Investition ist, die die reichen Länder jemals machen können; es ist aber mehr als fraglich, ob dies von den reichen Nationen rechtzeitig bemerkt wird. Seit langem ist bereits eine Veränderung des internationalen Wirt-

---

26 Aus *New Republic,* 1978, wiedergedruckt in *High County News,* Jahrgang 2, Nr. 22, 16. November 1979.

schaftssystems überfällig, und vielleicht wird sie durch die ineinander verwobenen Fragen von Ressourcenknappheit und Ausrottungen in Angriff genommen.

Ein utopischer Ausblick

Welche Strategie sollte hinsichtlich der Bewahrung der biologischen Vielfalt auf diesem Planeten eingeschlagen werden, solange die menschliche Bevölkerung und ihre Wirtschaft immer noch wachsen? Zunächst müßten offensichtlich jene explosiven Einstellungen, die das Denken der meisten Leute – vor allem im Westen – beherrschen, durch so etwas wie Aldo Leopolds »Landethik« ersetzt werden.[27] Die herkömmlichen Einstellungen sind zu allem Unglück am stärksten bei einflußreichen und mächtigen Individuen – bei den Regierungs- und Wirtschaftsführern. Bauern, die nahe an der Natur leben, haben gewöhnlich einen Begriff von einem sorgfältigen Umgang mit der Natur; wirtschaftlicher Druck – der in den armen Ländern häufig am stärksten ist – zwingt sie aber zu Praktiken, die auf lange Zeit hin die Produktivität des Landes unterhöhlen. Daher wird eine Unterstützung und Förderung beim Durchführen von Maßnahmen zur Bodenerhaltung, zum Schutz von lokalen Wassereinzugsgebieten, zur Wiederaufforstung von Gehölzen und Waldungen, zur Vermeidung einer Überweidung, zur vorsichtigen Bewässerung und so weiter nötig sein.
Alle Menschen müssen lernen, der Vielfalt hohe Bedeutung beizumessen. Sie müssen potentiell natürliche und weniger natürliche Gebiete hegen und schützen; und sie müssen verstehen, daß deren Existenz nicht nur die eigene Lebensqualität erhöht, sondern auch die langfristige Produktivität ihrer Äcker. Zu Beginn des Jahres 1980 veröffentlichte die International Union for the Conservation of Nature and Natural Resources einen Plan, um die Lebensressourcen der Erde zu erhalten und die Zivilisation auf eine dauerhafte Grundlage zu stellen. Ihre »Welterhaltungsstrategie« beruht auf drei wichtigen Punkten:
1. Dem Erhalt der wesentlichen ökologischen Vorgänge und der lebensunterstützenden Systeme;
2. dem Bewahren der genetischen Diversität;
3. der Verwendung von Arten und Ökosystemen nur in vertretbarem Maß.

Des weiteren zielt diese Strategie auf verschiedene Gebiete (auf die Dauer angelegt), denen in den nächsten Jahrzehnten besondere Aufmerk-

---

27 *Sand County Almanac*, New York (Oxford University Press) 1949 (Reprint 1970).

samkeit gewidmet werden muß. Zunächst einmal den landwirtschaftlichen Systemen. Die gegenwärtig weitverbreitete Verschlechterung des Landes, einschließlich des Vorganges der Wüstenbildung und der Erosion der genetischen Ressourcen von Nutzpflanzen, muß aufgehalten und womöglich umgekehrt werden. Die Wassereinzugsgebiete müssen besonders geschützt werden. Denn mindestens die Hälfte der Weltbevölkerung ist davon direkt betroffen, wie diese Wassereinzugsgebiete bewirtschaftet werden (auch wenn nur zehn Prozent in den entsprechenden Bergregionen leben). Nicht zuletzt müssen die Weltmeere, die Deltabereiche und die küstennahen Feuchtgebiete geschützt und erhalten werden.

Den gefährdeten Arten muß besondere Aufmerksamkeit zukommen – weil sie selber wichtige Ressourcen und Bestandteile der Ökosysteme sind. Die Strategie empfiehlt zur Rettung von Arten denen Priorität einzuräumen, die entweder genetisch sehr unterschiedlich von anderen Organismen sind oder aber kulturell bzw. wirtschaftlich wichtig (oder nahe Verwandte haben, für die dieses zutrifft); oder die in artenreichen Gebieten (wie dem tropischen Regenwald) leben, wo leicht viele Arten auf einmal erhalten werden können. Solche Erwägungen sollten berücksichtigt werden, wenn Entscheidungen über die Größe und den Ort von Naturschutzgebieten gefällt werden.

Diese »Welterhaltungsstrategie« ist vermutlich nicht ausgefeilt genug, um die biologische Diversität der Erde angemessen zu bewahren; doch sie ist zumindest ein guter, erster Schritt. Ihre Absicht war, von allen Nationen als Zielbündel akzeptiert und dann zum Bestandteil der Landesausbaupolitik gemacht zu werden. Wir wären glücklich, wenn diese Ziele von der Regierung der Vereinigten Staaten zu politischen Zielen erklärt würden und wenn versucht würde, auch andere davon zu überzeugen. Doch trotz einem dringenden Bedürfnis nach solchen Strategien scheint bisher hierfür kein Interesse in Washington – oder in anderen Hauptstädten – vorhanden zu sein. Doch ist die Vorstellung, daß natürliche Systeme und Arten zu den wichtigsten allgemeinen Gütern einer voneinander abhängigen Welt gehören, eine Denkform, deren Zeit nun gekommen ist.[28] Es handelt sich um keinen hoffnungslosen Traum. Die Aufgabe ist nicht zu groß. In den sechziger Jahren meinten alle in den Vereinigten Staaten, daß es hoffnungslose Träumerei sei, zu glauben, die Geburtenraten in

---

28 Wie gering das Interesse unserer Politiker an der weltweiten Umweltsituation ist, zeigt die Bundestagsdebatte im Deutschen Bundestag vom 28. Oktober 1982. Vor fast leerem Haus wurde der Bericht an den amerikanischen Präsidenten Jimmy Carter »Global 2000« diskutiert. Lediglich 50 Abgeordnete hatten sich im Plenarsaal eingefunden.

Amerika würden drastisch und plötzlich fallen. Und es geschah dennoch. Wenn die Zeit für soziale Veränderungen reif ist, können sie mit erstaunlicher Geschwindigkeit eintreten. Darin liegt die Hoffnung für unsere Mitfahrer im Raumschiff Erde und auch für uns. Sicher existieren ermutigende Anzeichen. In den Vereinigten Staaten und in vielen anderen reichen Ländern hat das Bevölkerungswachstum aufgehört[29], und auch in vielen armen Ländern kam es zu beachtlichen Verringerungen der Wachstumsrate. In wenig mehr als einem Jahrzehnt wurde überall die Umweltproblematik zu einer wichtigen politischen Frage. *Beinahe* hätte der Schnecken-Grundbarsch den Tellico-Damm verhindert – so etwas hätte es vor 1970 überhaupt nicht gegeben. Gleichgewichtsökonomie und wirtschaftliches Nullwachstum wurden zu Diskussionsthemen. Viele Menschen suchen in der richtigen Richtung nach Lösungen – die Welterhaltungsstrategie ist dafür ein Beispiel.[30]

Zugegebenermaßen ist es ein bescheidener Beginn, wenn die meisten Menschen noch zögern und debattieren, während die Uhr bereits fünf Minuten nach zwölf zeigt. Doch die ersten zu Tale rollenden Steine könnten allen die Lawine ankündigen. Ein öffentliches Vorbild wird jetzt benötigt. Ähnlich wie Präsident Kennedy den Vereinigten Staaten den Weg ins All gewiesen hat, könnte ein anderer Präsident der amerikanischen Nation – und, wie zu hoffen wäre, der ganzen Welt den Weg weisen, wie sie die Erde als Raumschiff behandeln soll. Irgend jemand muß dafür eintreten und es in unserem Sinne vorantreiben, denn *Homo sapiens* ist gegen die Auswirkungen der Biotopzerstörung ebensowenig immun wie die Schimpansen, Königstiger, Weißkopfseeadler, Scheckenfalter oder die Goldene Siegwurz. Ken Brower bemerkte im Zusammenhang mit dem Kalifornischen Kondor: »Wenn die *Geier,* die unsere Zivilisation beobachten, tot umfallen werden ... ist es an der Zeit, innezuhalten und sich zu fragen, was der Grund dafür ist.«[31]

---

29 Ehrlich, Ehrlich und Holdren, a.a.O., Kapitel 5; Population Reference Bureau, *1980 World Population Data Sheet*. Vgl. auch Parker Mauldin, »Population trends and prospects«, *Science* 209, 1980, Seite 148–157.
30 Es galt als ehernes Gesetz der Volkswirtschaftler, daß synchron zum Energieverbrauch auch das Bruttosozialprodukt ansteigt. Während aber in der Bundesrepublik Deutschland der Energieverbrauch zwischen 1973 und 1983 gleich blieb, konnte das Bruttosozialprodukt einen Anstieg von 14 % verzeichnen. Es ist also durchaus möglich, den Wohlstand zu vergrößern, ohne zusätzliche Energie zu verbrauchen. Oder sollte man besser mißbrauchen sagen?
31 »Night of the Condor«, zuerst in Omni veröffentlicht; nachgedruckt in *Not Man Apart*, Februar 1980.

Dank

Als Biologen teilen wir seit Jahren die Sorge um den »Lautlosen Tod«, das Aussterben der Pflanzen und Tiere, und unsere Sorge hat sich noch verstärkt. Wir können nicht alle nennen, die mit uns seit einem Jahrzehnt und schon länger über diese Problematik diskutiert haben. Das Ergebnis dieser Diskussionen machte das Buch überhaupt erst möglich. In diesem Zusammenhang sollen genannt werden:
Richard W. Holm und John B. Thomas (beide am Department of Biological Sciences, Stanford), Hugh Iltis (Department of Botany, University of Wisconsin), Peter H. Raven (Direktor des Missouri Botanical Garden), Michael E. Soulé (Institute for Transcultural Studies, Los Angeles), E. O. Wilson (Department of Biology, Harvard) und George M. Woodwell (Ecosystems Center, Woods Hole).
Dick Holm und Peter Raven waren außerdem so freundlich, die erste Fassung dieses Buches zu lesen und ausführlich zu kommentieren. Andere Kollegen, die ebenfalls das ganze oder einen Teil des Manuskripts begutachteten, waren Loy Bilderback (Department of History, State University of California, Fresno), Thomas Eisner (Division of Biological Sciences, Cornell University), A. C. Fisher und John P. Holdren (Energy and Resources Program, Universitiy of California, Berkeley), John Harte (Lawrence Berkeley Laboratory), David E. Lincoln (Department of South Carolina), Kirk Smith (East-West Center) und Cheryl E. Holdren, Harold A. Mooney und Bruce A. Wilcox (Department of Biological Sciences, Stanford).

Aus der Zahl derer, die uns Informationen lieferten, Fakten überprüften usw., seien erwähnt:
Gordon R. V. Anderson (National Parks and Wildlife Service, Canberra), L. Charles Birch (Department of Zoology, Sidney), Keith S. Brown, Jr. (Instituto de Biologia, Universidade Estadual de Campinas), Richard C. Cassin, Dennis A. Murphy, David Regnery und Ward B. Watt (Department of Biological Sciences, Stanford University), Anthony V. Hall (Bolus Herbarium, University of Cape Town), John McCosker (California Academy of Sciences), Thomas E. Lovejoy (World Wildlife Fund), Shirley McGreal (International Primate Protection League), Norman Myers (Nairobi, Kenya), David Brower, Elizabeth Kaplan und David Phillips

(Freunde der Erde), A. Hugh Synge (Royal Botanical Gardens, Kew) und Judith Wagner (Department of Biology, California State University, Hayward).

In Stanford kämpfte Jane Lawson Bavelas nicht nur mit der Übertragung handschriftlicher Notizen in die erste Fassung des getippten Manuskripts, sie brachte darüber hinaus viele nützliche redaktionelle Vorschläge ein. Siu Ling Chen unterstützte bei der Tipparbeit Mrs. Mary Johnson, die die endgültige Fassung des Manuskripts großartig zustandebrachte. Wieder einmal versorgte uns die Falconer Biology Library unter Leitung von Michael Sullivan mit einer Fülle von weiterführender Literatur. Claire Shoens ist ebenso zu nennen wie Zoe Chandik, Sarah Gilman und Judy Levitt, für die es keine unüberwindbaren Hindernisse gab. Don Biggs sorgte schnell und zuverlässig für die anfallenden Fotokopien.
Sarah M. Hiebert vom Rocky Mountain Biological Laboratory war uns des öfteren mit ihren Sekretariatskenntnissen bei besonders kniffligen Fragen der Manuskripterstellung behilflich.
Laura Burtness und Jill Holdren unterstützten uns fachkundig beim Korrekturlesen. Jeder, der je so tollkühn war, ein Buch zu schreiben, wird ermessen können, welch ungeheure Wohltat die Hilfe solcher Mitarbeiter bedeutet.
Charlotte Mayerson (Random House) und Ginger Barber (Virginia Barber Literary Agency) sind das Manuskript sorgfältig durchgegangen, ihnen gebührt gleichfalls unser Dank. Ihre klärenden Fragen und ihre Lektoratserfahrung waren von großem Wert.
Den Erwähnten und Unerwähnten, die zur Entstehung des Buches beigetragen haben, soll Ruhm gebühren; Tadel soll uns allein betreffen.
Schließlich sei nochmals LuEsther in Liebe und Freundschaft gedankt, deren Hilfe so entscheidend für unsere Arbeit war.

Register und Verzeichnis der erwähnten Tiere und Pflanzen

Kursiv gesetzte Seitenzahlen verweisen auf Fußnoten

Adirondacks (USA) 210f.
Ägypten 356
Afrika 28f., 44, 93, 141, 173, 174f., 183, *225*, 247, 280
Alaska 185, 202f., 326f.
Alkaloide 83, 84, 86, 142
Altmühl *214, 220*
Amazonasbecken 11, 20, 35, 125, 129, 231, *232*, 323, 336, 338, 344, 358
American Ornithologists Union 307
Antarktis 147ff., 218
Antibiotika 84f., 87
Appalachen (USA) 210
Aransas National Refuge 304
Arhabasca (Alberta, Kanada) 216
Arizona 170
Arten 34ff.
Artenbildung 37, 38, 49
– geographische 44–48
Artenschutzabkommen *s.* Konvention über den Handel...
Artenschutzgesetz (der USA) 260, 261, 263, 264f., 279, 329
Asien 173, *225*
Atomkrieg 245ff.
Ausrottung 136ff., 155ff.
Aussterben 21ff., 49f., 50–56
Australien 98, 101f., 165f., 193, *225*, 236, 267, *275*, 278
Azodrin 199f.

Badland-Nationalpark 203
Baikalsee 213

Balearen 192
Bangla Desch 356
Barro Colorado-Insel (Panama) 317, 321
Bayerischer Wald 210
Bayern *214*
Beaufortsee 271
Belgien *186*
Bergbau 214–218, *216*, 337
Big Bend-Nationalpark 327
Boden 128ff. 130f.
Bodensee *198*
Bolivien 83
Borneo 109, 318
Brasilien *63*, 65, 130, 231, 323, 344f., 358
Bremen *257*
Brisbane (Australien) 183
Bundesrepublik Deutschland *19, 63, 74,* 91, 130, *183, 184, 186, 187, 190, 198, 199,* 202, *206,* 210, *214, 216, 257, 258, 275, 276,* 278, *283f., 288, 328, 333, 361*

Cañete-Tal (Peru) 134, 198
Cardiganshire (Wales) 215
Carnivoren 110f., 116, 120
Central Valley (Kalifornien) 193f.
Chikago-Fluß 213, *214*
Chile *63*
China 55, 99, 192f., *282, 282,* 296f., 300
Climax (Colorado) 289, 290
Colorado 52f., 205, 216, 217, *232*, 250
Colorado-Fluß 217
Costa Rica 322f.

Crested Butte (Colorado) 215, 286ff.

Dämme 219f.
Dänemark *334*
DDD *201*
DDT 90f., 109, 119f., 133, 134, *198,* 199, 200, 207, 305, 327
Destruenten 111, 112, 132f.
Deutschland *237, 256, 282*
Dickey-Lincoln-Staudamm (Maine, USA) 219
Dominikanische Republik 129
Donau 213, *214, 260*
Duncan (Pinzon), Insel 235f., 312

Ekuador 83, 187
Elfenbein 174f., 278, 280, *283, 284*
Endrin 198, *198,* 201
Environmental Defense Fund (EDF) 259, 260
Eriesee (USA/Kanada) 41ff.
Ernährung 91–100, 136
Eskimos 48, 158f., 268–271
Espirito Santo (Brasilien) 227
Euphrat 193, 249
Everglades (Florida) 23, 327
Evolution 21f., 36–39, 40, 50

Fidschi-Inseln 187
Fischfang 98, 151ff.
Florida 182, 240, 329
Fort Jefferson-Nationaldenkmal (Florida) 239
Frankreich *186, 284*
Friends of Earth 80, *288*

Gabun 167f.
Galápagos-Inseln 44–48, 234ff. *234,* 238
Geländefahrzeuge 240–244, *240f.,* 250
Gilette (Wyoming) 217
Glazier-Nationalpark 327
Gombe (Tansania) 16ff.
Grand Canyon 327
Great Smoky Mountains-Nationalpark 327
Greenpeace 80
Grenada 239
Großbritannien 151, 169, 170, 188ff., 236, 256, 324
Großes Barriere-Riff (Australien) 30, 33, 176, 239f., 341
Großes Hochlandbecken (USA), 319, 327

Hamburg *333*
Harz *202,* 210
Haustiere *74,* 178
Hawaii 47, 71f., 104, 176ff., *177, 233,* 234, 303f., 343
Herbivoren 110f., 116, *116,* 119ff., 142, 157
Herbizide 198, 205ff., 250, 334
Hessen *257*
Holz 224, 228, 230, 233, 337
Houston 184
Hunsrück *211*

Idaho 205, 217
Illinois-Fluß 212, 213
Indianer 83, 94, 103, 343f.
Indien 55, 129, 173, 220
Indischer Ozean 268, 270
Indonesien 228, 231
Insektizide 37, 95, 119, 134, 198, 203, 206, *207f.,* 250, 331
International Union for the Conservation of Nature 281
Internationale Liga zum Schutz der Menschenaffen (IPPL) 80, 167f.

Internationale Walfangkommission (IWC) *63,* 266, 267f., 269f., 271f., 275
Iran 163, 173
Irland 97
Island *63, 186,* 321
Israel 99, 200
Italien 118, *284*

Jagd 154–166
Japan *63,* 80, 170, *186,* 194, 213, *225,* 231, 267f., 269, 270, 272, 274, 275, *275,* 277, *284*
Jasper-Ridge-Naturschutzgebiet 237, 241, 314, 325
Java 318
Jemen 55
Jugoslawien *186*
Jungfern-Inseln 341

Kalifornien 101, 103, 152, 164, 170, 192, 218, 246, 306
Kanada 80, 96, 154, 158, 210, 222, 276, 277
Kaneohe-Bucht (Hawaii) 176f., *177,* 341
Kapprovinz (Südafrika) 184, 191f.
Kaspisches Meer 220
Kenia 174, 175, 194f., 278, *284*
Kentucky 216
Kleiner Tennessee-Fluß 259f.
Kohlendioxid 126ff.
Kolumbien 83
Konsumenten 110, 112
Konvention über den Handel gefährdeter Arten (CITES) *276,* 277, *277,* 278, 282, *282,* 284
Korallenriff 30–33, *342*
Krakatau 316
Krim 183
Kuba 174
Kyzyl-Agad-Reservation (UdSSR) 163

Lahaina (Hawaii) 71
Lake Washington 339
Lanai (Hawaii) 178
Landwirtschaft 91, 133, 187–195, *190*
La Selva-Reservat 330
Lassen Vulkan-Nationalpark 327
Lateinamerika 93, 183, *225,* 232
Lizard Island (Australien) 30
Los Angeles 181, 182, 197, 209
Love-Kanal (Niagara, USA) 208
Lüneburger Heide *211*
Luft 122f.
Luftverschmutzung 209, *209, 211f.,* 216, *257,* 327

Madagaskar 82, 156
Magellanstraße 218
Main 213, *213, 214*
Malawi-See 99
Malaysia 54, 228, 231, 337
Mano-See (USA) 197
Marokko 169
Massachusetts 218
Maui (Hawaii) 71f.
Mauritius 156, 220
Mexiko 94, 96, 103
Michigan 161, 325
Michigan-See 213
Mississippi 198, 217
Molybdän 215, 286, 289ff., *290*
Montana 217, 222
Mosel 130
Mount Emmons (Colorado) 286ff.
Mount St. Helena 335

Nahrungsketten 111, *199, 201*
Nahrungspyramide 116, 120, 305
National Audubon Society 256, 307, 332

Nationalparks 28, 247, 326ff.
National Wildlife Federation 256
Natriumfluorazetat 205
Nature Conservancy 313
Naturhandel 167–175, 276–283, *283f.*
Naturschutzgebiete *184, 186,* 326, *328, 333*
Neckar 130
Nepal 129
Neuschottland (Kanada) 211
Neuseeland 98, 156, 187, *192, 225,* 236
Nevada 205, 315
New Jersey 181
New York 182, 211
Niederlande *186, 334*
Niedersachsen *328*
Nigeria 167
Nitrate 112f.
Nordrhein-Westfalen *210*
Norwegen *63,* 210, 275

Ökosysteme 106–109, 338–345
Ölverschmutzung 218, 250
Oman 299
Oregon 182, 205
Ostasien 183
Oxidationsmittel 209
Ozeanien *225*
Ozon 123

Panama 233
Papua-Neuguinea 65, *65,* 188, 319f.
PCB 119, 207, *207f.*
Pelzhandel 171–174
Penicillin 85, 86
People's Trust for Endangered Species 272
Peru *63,* 83, 152
Pestizide 121, 199–203, 331
Pflanzen als Nahrungsquelle 92–97
Philippinen *63,* 228, 231
Phosphate 112
Photosynthese 114, 122, 127

Pikes Peak 238
Pitlochry (Schottland) 210, *210*
Platte River (USA) 219
Portugal 274
Předmost (ČSSR) 156

Queensland (Australien) 172, 213

Rajathan (Indien) 196
Reflexion der Erdoberfläche 124ff.
Regen, saurer 27, 123, 210ff., *210, 211f.,* 214, 251
Relaxation 317, 319
Reservate 313–333
Rhein 130, 213
Rhein-Main-Donau-Kanal 9, *214, 220, 260, 261*
Rocky Mountains 210, *210, 284f.,* 327
Rocky Mountain-Nationalpark 238
Rodung 126, 127, 129, 222–233, *222, 232,* 336, 338
Ruanda 59f.
Ruhrgebiet 27, *209*
Ruwenzori-Nationalpark (Uganda) 163, 174

Sahara 107, 126
Sahel-Savanne 107f., 126, 196
Salton-See (Kalifornien) 243
Sandwich-Inseln 234
San Francisco 179ff., 182, 183
San Francisco-Fluß 243f.
Santa Catalina-Insel (Kalifornien, USA) 234
St. Croix 239
Santa Cruz (Kalifornien) 241
St. Helena 234
Savanne 100, 108, 173
Schadstoffkonzentration 118ff.
Schleswig-Holstein *333*
Schwandorf (Bayern) 288

Schweden *207,* 256
Schwefeldioxid 208, *209*
Schweiz *63,* 186, 280,
Schwermetalle *202, 209* 214
Serengeti-Nationalpark (Tansania) 100
Shetland-Inseln 151
Sierra Club 256, 308
Sierra Leone 89
Sierra Nevada 209
Skandinavien 27
Sowjetunion *63,* 163, 170, 173, 222, *225,* 267, 269, 275, *275,* 277, *282,* 290
Sri Lanka 165
Startbahn West (Rhein-Main-Flughafen Frankfurt) *288*
Stickoxid 209, 210
Stickstoff 112f., 123, 137f.
Straßennetz 185f., *186, 187*
Sudan 196
Südafrika *63,* 174, *186,* 191f., 272, 274
Südkorea *63,* 275
Sulz *214*
Sumatra 54, 171, 318
Swaziland 187

Tanganjika-See (Zaire/Tansania) 99, 230
Tansania 16ff., 163
Tasmanien 231
Tellico-Staudamm (Tennessee) 26, 219, 259–264, *261,* 265, 361
Texas 103, 170
Thailand 233
Themse 339f.
Tierhandel *s.* Naturhandel
Tigris 193, 249
Trinidad 188, 230, 331
Tropen 292ff.
tropischer Regenwald *16,* 35, 85, 118, 128, 193, 224–233, *224, 229, 232,* 247, 250, 314, 320, 322f., 330, 336ff., 340, 345, 358
Tsavo-Nationalpark (Kenia) 195

367

Uganda 163, 174
Ural 221
Utah 217, 315

Variabilität, genetische 95ff., 117, 120, 142ff., 302
–, geographische 40–44, 121
– innerhalb einer Art 86
Venezuela 324
Vereinigte Staaten *63,* 78f., 96, 97, 98, 135, 140, 153, 160ff., 164, 181, 184, 185, *186,* 192, 196, 197, 201f., 203, 204, 205, 206, 207, 208, 216, 217, 219, *225,* 236, 256–259, *256,* 267, 270, 274, *275,* 276f., 278, 281f., *290,* 326ff., 356, 358, 361
Victoria-See (Tansania/Uganda) 99

Wald *16,* 124, 137, 140, 209, *209, 210, 211f., 221,* 222f., *223, 225f.,* 227, 257
Walfang 61f., *62, 63,* 64, 149ff., 266–275, *270, 275*
Wankie-Nationalpark (Simbabwe) 55
Washingtoner Abkommen *s.* Konvention über den Handel…

Wasserverschmutzung 212ff., *213*
Wattenmeer *288*
Weiße Berge (New Hampshire) 238
Wilderness Society 256
Wolga 220, *220,* 221
World Wildlife Fund 80, 280
Wüste 126, 195ff., 242, 315
Wyoming 205, 217

Xerces Society 181, 182, 332
Xucurui (Brasilien) *232*

Zaire 59f., 174, *284*
Zoos 169, 280f., 295–302

Verzeichnis der erwähnten Tiere und Pflanzen

Bedrohte und ausgestorbene Arten sind *kursiv* gesetzt

Aal 340
Adamsmistel 187
Adler 120, 164, 200, 201 f., 205, *208*
Afrikanischer Elefant 28 f., 174 f., 280
Algen 33, 131, 177
Alk 10
Alligator 23 f., *23*
Alse 198
Amaranthus 93
Ameisen 68, 131, 189, 331
Ameisenbär 38
Ameisenlöwe 68
Amerikazwergdommel 243
Ammer 200
Amphibien 35, *74*, 186, *186, 187*
Anophelesmücke 28, 200
Antilopen *16*, 25, 38, 70, 99 f., 118, 163, 173, 195, 220, 298, 301
Ara 278
Arabischer Spießbock 298 f., 300, *300*, 301
Arabischer Tahr 299 f.
Arizonaklapperschlange 169
Asiatischer Elefant 318
Atlantischer Lachs 211
Attwaterpräriehuhn 184
Auerochse 10, 157
Auster 119
Australopithecus 37

Bachsaibling 211
Bären 25, 35, 38, 77, 118
Bäume 107, 131
Bakterien 19, 84 f., 113, 130 f., 132, 210
Balearenpfingstrose 192
Balitiger 173

Bananenstaude 92, 187
Banteng 318
Barons Scheckenfalter 180
Barsche 31, 99, 176, 201, 213
Bartrobbe 159
Baumwolle 200
Baumwolltamarinen 88
Beifuß 205, 206
Beifußhuhn 205
Berggorilla 10, 59 f.
Beutelratte 38, 243
Biber 212
Bienen 69, 70, 135
Bison 162 f.
Blattschneiderameise 68
Blaualgen 113, *113*, 339
Blaumeise 276
Blaurückenforelle 219
Blaurückenlachs 339
Blauwal 72 f., 149, 150, 266
Böhmzebra 100
Bohnen 92, 113
Bombardierkäfer 66, *66*
Bootsschwanz 212
Borstenkiefer 197
Braunbär 35, 77
Brauner Pelikan 199
Breitmaulnashorn 54 f., 56
Brennessel 20
Brillenpinguin 218
Brontosaurier 24
Buche *212*
Buchtscheckenfalter 180 f., 237, 332
Buckelwal 61, 71 f., 266
Büffel 25, 163, 195, 212
Buffalo-Fisch 198
Buntbarsch 99
Buschfliege 101 f.

Casearia(-Baum) 330

Camerons Wolfsmilch 192
Caoba-Bäume 187
Ceratopsiden 25
Ceylonelefant 165
Chaetodon milaris 176
Chaparralhain 246
Chrysomia rufifaces 132
Cinchona 83

Dachs 38, 220
Darwinfink 44–48
Davidshirsch 296 f., *297*, 301
Delphin 61, 63, 80
Dermatobia hominis 68
Dickhornschaf 220, 243, 244
Dinornis 156
Dinosaurier 23 ff., *23*, 37 f., 51 f., 72, 249
Diptocarpen 228
Dodo 53, 156
Donnerechsen 51
Dornenkrone 33
Dorsch 340
Douglasie *237*
Dromedar 154
Drossel 200
Druckerantilope 100
Drusenkopf 234, 235
Dunkelbläuling 188

Ediths Scheckenfalter 179 f., 183, 188, 325
Eiche 212
Eichhörnchen 236
Eidechse 139, 243
Eisbär 158, 296
Eiskraut 182
Elch 193, 212, 219
Elefanten *16*, 20, 28 f., 53, 87, 163, 165, 174 f., 195,

280, *283, 284,* 296, 316, 318
Elenantilope 99, 100
El Segundo-Bläuling 182
Ente 98, 212, 340
Erbsen 92, 113
Erdferkel 38
Erdhörnchen 165
Erdkröte *186*
Erdnuß 92, 113
Esel 236, 327
Eucalyptus currisi 183
Euglossa holibris 314
Eukalyptusbaum 337
Eule 200, 204
Eumaeus atala 182

Fackelblume 187
Fadenwürmer 36
Falke *284*
Federflügler 65
Feige 135
Feigenkaktus 101
Felchen *201*
Feuersalamander *186*
Fichte 91, *209, 210, 212,* 342
Fingerhut 84
Fink 44–48, 329f.
Finnwal 149
Fischadler 199, 219
Fische 35, 98f., 168, *201*
Flechten 107
Fleckensalamander 211
Fledermaus *24,* 38
Fliegen 36, 67, 68, 70, 135
Flugsaurier 25
Flußpferd 163, 195, 296
Foraminiferen 51
Forelle 215
Frosch 186
Fruchtfliegen 88
Fuchs 35, 167
Fuchsschwanz 94

Gabelbock 205
Gänsefußgewächse 94
Gänsesäger 243
Galápagosriesenschildkröte 235f., 250, 312
Galápagostomate 235

Galwespe 68
Gans 98
Gazelle 99, 100
Gecko 109
Geier 132
Gelbwangenkakadu 278
Gemse 192
Gemswurz 192
Gepard 173f., 281, 319
Gerfalke *284*
Gerste 94
Getreide 92ff., 95ff., 117
Gibbon 168
Gilakrustenechse 194, *194*
Giraffe *16,* 100, 195
Glattnatter 169
Glaucopsyche lygdamus 52f., 74, 142f.
Gnus 99, 100, 316
Godleys Hahnenfuß 192
Goldene Siegwurz 184f., *185,* 192, 193
Gorilla 10, 38, 59ff., 77, 81, 167, 168
Gottesanbeterin 67
Gräser 70, 107
Grasfrosch *186*
Grauwal 266
Griechische Landschildkröte 282
Grizzly 35, 164, 222
Grönlandwal 266, 268–271
Großer Brachvogel 77
Großer Fleckenbläuling 188f., *189*
Großer Goldfalter 312
Großer Panda 300, 321
Großohrhirsch 205
Großohrkitfuchs 204
Guayule 103
Gürteltier 38, 88
Guyanaklippenvogel 169

Habicht 91, 111, 200
Haemulon 239
Hai 30
Hakenlilie 220
Hausen 220
Hecht *207,* 212, 213

Heliconius-Falter 188, 230, 331
Hering 151
Himbeere 234
Hirsche 25, 38, 118, 139, 163, 205, 220, *221,* 301
Hirschhornkoralle 239
Hirse 92, 96
Hirtenstar 178
Hornhecht 212
Houstonkröte 332
Hubbardia 220
Huhn 98, 115
Hummel 135
Hund 25, 35, 38, *74,* 303
Hyäne 132
Hygrotus versicolor ab. semilineatus 260
Hypogymnia physodes 91

Ichneumon 303
Insekten 24, 36, *52,* 64–70, 135
Iriomotokatze 194, *194*

Jaguar 281
Jasminblütige Erika 191f.
Javanashorn 54, 55
Javatiger 173
Jojoba 103f.
Jungfernblume 82, 83, 84

Käfer 64, 65ff.
Känguruh 38, 102, 165f.
Kaiserfisch 30
Kakadu 278
Kakteen 121, 169ff., 242
Kaktusmotte 101
Kalifornische Möwe 197
Kalifornische Sardine 153
Kalifornische Schwarzeiche 35
Kalifornische Wüsteneiche 35
Kalifornischer Kondor 10, 53. 306–311
Kalifornisches Ziesel 89f.
Kamel 98
Kammerlinge 51
Kanadaluchs 281

Kanadischer Kranich 305
Kaninchen 38, 98, 101, 139, 189, 237, 243
Kanincheneule 204
Karibu 158f., 185
Karnerbläuling 182
Karpfen 212
Kartoffel 92, 96, 97
Kaspitiger 163, 173
Kassava 92
Kastanie 237
Kastanienmehltau 237
Katze 25, *74*, 109, 237, 303
Kiefer 143, 183, 197, 209, 224, 337
Kieselalge 20
Kirtlands Waldsänger 325
Klappmützenrobbe 154
Klee 113
Kniphofia umbrina 187
Koala 172
Kobantilope 99, 163
Koboldkärpfling 201
Königstiger 173
Kohlmeise 111
Kohlweißling 236
Kojote 164f., 197, 205, 220
Kokospalme 92, 342
Kondor 10, 53, 306–311
Korallen 30–33, 177, 239, *342*
Korallenbarsch 176
Korallenfische 20, 178
Korbmuschel 119, 213
Kragenhuhn *212*
Krallenfrosch 88
Kranich 304f.
Krill 147
Kröten 139, 186, 187
Krokodile 23f., *23*, 174, *283, 284*, 296
Kronenkranich 167

Lachs 211, 340
Lachsforelle 198
Läusekraut 219, 251, 345
Lapérrines Ölbaum 196
Leopard 281, 296
Lerche 200
Leucaena 104

Leuchtkäfer 67
Libelle 50
Lippenblütler 234
Löwe *16,* 163, 296
Luchs 219, 281, *284*
Luesthers Scheckenfalter 180
Lupine 52f., 113, 142f.
Luzerne 113, 116, 135

Magellanpinguin 218
Mais 92, 93, 96, 97
Makrele 30, 340
Malaienbär 318
Mammut 154, 310
Marabu 167
Marder 219
Marienkäfer 101
Mauretanische Landschildkröte 169
Maus 38, 87
Meerbarbe 198, 340
Meeresschildkröte *284*
Meerschwalbe 31, 32
Meerschweinchen 88
Mehltau 97
Melidictes-Honigesser 320
Mendesantilope 301
Menhade 198
Menschenaffen 167f., 280
Mesopotamischer Damhirsch 163
Miesmuschel 139, 213
Mikroben 131
Milben 36, 130f., 231
Mistkäfer 68, 102
Mittelmeerfelsmaus 200
Moa 156
Möwe 41ff., 197, 212
Mohn 84
Mohrenhirse 92
Mohrrüben 135
Molche *186*
Monarchfalter 48
Mondrautenfarn 77, 81
Mongozmaki 301
Moostierchen 87
Morpho(-Falter) 20, 65
Moschusochse 157

Moskito 20, 36f., 95, 99, 109, 178
Motte 68
Mungo 178
Myxomatose 101

Nashörner 54ff., 118, 175, 280, 282, 296
Nashornkäfer 65
Natter 41ff., 169
Nene (Hawaiigans) 303f.
Nördlicher Seebär 277
Nordamerikanischer Fischotter 281

Ölpalme 187
Onager 163, 301
Opuntie 101
Orang-Utan 231, 318
Orchideen 70, 171
Oregonscheckenfalter 182
Orfe 91
Otter 219
Ozelot 278, 281, *284*

Panther 318
Panzernashorn 54, 55f.
Papageien *284*
Papageienfisch 30, 176
Pavian 167
Pelikan 120, 199
Pferd 38, *74*
Phytoplankton 153, 199, 210
Pieper 200
Pilze 130, 131
Pinguin 147f., 207, 218, 321, *321*
Plankton 153, 199, *201,* 210
Pottwal 63, 103, 149, *275*
Präriehund 203f.
Przewalskipferd 297f., 301, 302

Rafflesia arnoldii 171
Ratte 87, 109, 178, 236
Raubvögel 120, 164, *199,* 200
Rautenkrokodil 174
Rauwolfia 84

Regenwurm 91, 107, 130f.
Reh *221*
Reiher 213
Reis 92, 99, 113, *113*
Reismelde 94
Rentier 98, 157, 185
Reptilien 35, 37, *74*, 98, 169, 319
Rhesusaffe 87
Riemenzunge (Himantoglossum caprium) 192
Riesenalk 10, 321, *321*
Riesenfaultier 310
Riffbarsch 31
Rinder 25, 38, 98, 99, 100, 101, 104, 107, 116, 141, 178, 206, 231, 232, 250
Ringsturmmöwe 212
Rizinus 102
Robbe 38, 80, 154, 158f., 296
Robbins Fingerhut 238
Roggen 94
Rohrkatze 200
Rostpilz 95
Rotes Riesenkänguruh 166
Rotfuchs 91
Rotholzbäume 276
Rotkehlhüttensänger 236
Rotluchs 281
Rundschwanzseekuh 240
Russische Landschildkröte *282*
Russischer Kaktus 242

Säbelantilope 301
Säbelzahnschleimfisch 31f., 341
Säbelzahntiger 154, 310
Säugetiere 22, 36, 249, 319
Saguarokaktus 170
Salamander 88, 186, 204, 211
Salinenkrebs 197
Sandlaufkäfer 68
San-Joaquin-Peitschenschlange 193
Sardelle 152
Sardine 152
Sattelrobbe 154

Saurier *s.* Dinosaurier
Schaben 69
Schabrackentapir 318
Schachblume 183
Schafe 25, 98, *132*, 164ff., 189, 193, 243, 244, 250
Scheckenfalter 179ff., *183*, 188, 237, 314, 325, 345
Schildkröten 47, 169, 213, 235f., *282*, *284*
Schimmelpilz 20, 84
Schimpanse 10, 15–18, 19, 20, 88ff., 167, 168, 230
Schlangen 204, 220, 278
Schlupfwespe 101, 109
Schmeißfliege *132*
Schmetterlinge 20, 36, 64, 88, 92, 111, 179–183, *183*, 187–190, *190*, 216, *221*, 237f., 312, 315, 317
Schmetterlingsblütler 113
Schmetterlingsfisch 30, 176
Schnabeltier 38, 154
Schnecken 33, 91
Schnecken-Grundbarsch 25f., *27*, 56, 77, 80, 219, 251, 259–263, 265, 361
Scholle 340
Schreikranich 304f.
Schwämme 87
Schwalbenwurzgewächse 70
Schwan 212
Schwarzfußiltis 204, 302
Schwarzrotkleidervogel 47, 178, 250
Schwebfliegen 101, 135
Schweiftaube 320
Schweifwaldhuhn 204
Schweine 98, 178, 250, 303
Schwertwal 63, 148f.
Seeanemone 87
Seebarsch 340
Seeforelle 340
Seegräser 94, *94*
Seegurke 88, 177
Seehund 159
Seeleopard 147
Seestern 33, 139
Seiwal 149
Siamanggibbon 318

Sibirischer Tiger 173, 301
Siegelringnatter 41ff.
Sikahirsch 301
Sittiche 212, 278, *284*
Sojabohnen 92, 117
Sonnenbarsch *201*
Sperling 178, 236
Spinnmilben 134
Spirochäten 71
Spitzmaulnashorn 54f., 56, 175
Stachelmakrele 30
Stankeviczkiefer 183
Star 236
Steinadler 308
Steinbrand 96
Stelzen 200
Sthenele Braunfalter 181
Stör 220f.
Strandammerfink 329f.
Strandmauerfink 329
Strauß 167
Streifengnu 141
Stubenfliege 109
Südlicher Glattwal 266
Süßkartoffel 92
Sumatranashorn 54, 55, 56, 117, 231, 318
Sumpffliege 197

Tanzfliege 67
Taube 10, 98
Teratornis merriami 310f.
Thomsongazelle 100, 141, 319
Thymian 188, 189, 234
Tiger 38, 173, 281, 296, 318
Tilapia massambica 99, 101
Tintenfisch 87f.
Tölpel 45
Topiantilope 163
Torfmoos 91
Tritonschnecken 33
Trommelfisch 198
Truthahn 98
Truthahngeier 308
Tsetsefliege 108
Tyrannosaurus rex 23, 25

Ulme 236

Vikuña 300
Vögel 22, *23*, 24, *24*, 36, *74*, 92, 98, 201, 205, 319
Vogelfalter 64, *65*
Vuleito-Palme 187

Waffenfliegen 135
Wale 20, 38, 61–64, *63*, 71ff., *72*, 148ff., 266–275
Walroß 159
Wanderfalke 120, 199, *284*, 305f.
Wandertaube 10, 160ff., 350
Wasserbüffel 98
Weißbartgnu 100, 316
Weißkopfseeadler 164, 201f., 219, 222
Weißschwanzadler *208*
Weizen 92, 94, 95, 96, 101, 143
Wels 198, *201*
Wespen 68, 70, 88, 135
Widerbart 171
Wildschwein 200
Wisent 301
Wolf 77, 164, *164*, 222, 281f.
Wolfsmilchgewächse 104
Wollmammut 157
Wollsackschildlaus 101
Wombat 102

Yami 92

Zackenbarsch 31
Zebra 100
Zecke 20, 111
Ziege 25, 38, 98, 178, 192, 234f., 235, 250, 339
Ziesel 89f.
Zooplankton 210
Zuckerrohr 92
Zuckerrübe 92
Zwergnashorn 156
Zwergtaucher *201*
Zwergwal 149, 270

Wer keine Zukunft mehr sieht,
hat auch keine.

Joseph Huber
**Die verlorene Unschuld
der Ökologie**
232 Seiten, Broschur

Es gibt Alternativen *in* der Industriegesellschaft, aber keine zu *ihr*. Unsere Chance liegt darin, aus dem Teufelskreis zweifelhafter Realpolitik und verzweifelter Illusionen auszubrechen und einen neuen Wirklichkeitssinn zu entfalten. Die Ökologie bedeutet nicht das Ende der Industrie, sondern ihre Fortsetzung. Industrie und Ökologie gehen eine Verbindung ein.
Sie tun dies mittels der neuen Technologien wie z. B. der Mikroelektronik, Telematik, Gentechnik, Biomasseverarbeitung, Solartechnik und der Ökotechnik. Mit diesen neuen Technologien verliert die Ökologie ihre industrielle Unschuld, und die Industrie gewinnt neues Leben.

S. Fischer